Elettronica DIY

Guida completa

Nella collana *Guida completa*:

3ds Max per l'architettura (IV ed.), di Fabio D'Agnano
Android 4, di Massimo Carli
Applicazioni iOS con HTML e JavaScript, di Richard Wagner
AutoCAD 2014, di Santapaga e Trasi
Autodesk Revit Architecture 2011, di Minato e Nale
Costruire applicazioni con Access 2010, di Mike Davis
Costruire applicazioni con Excel 2013, di Mike Davis
CSS (III ed.), di Gianluca Troiani
ePub: per autori, redattori, grafici, di Brivio e Trezzi
Evitare i rischi legali dei Social Media, di Elvira Berlingieri
Fotoelaborazione: creatività e tecnica, di Eismann e Duggan
Fotografia digitale (III ed.), di Paolo Poli
Fotografia digitale Fine Art, di Marco Fodde
Grafica 3D con Blender, di Francesco Siddi
Hacker 7.0, di McClure, Scambray, Kurtz
Hacking Web, di Michal Zalewski
HTML5 CSS3 JavaScript, di Pellegrino Principe
HTML5 e CSS3, di Gabriele Gigliotti
Il manuale dell'e-commerce, di Roberto Ghislandi
Il manuale della crittografia, di Ferguson, Schneier, Kohno
Il manuale di Arduino, di Maik Schmidt
Java 7, di Pellegrino Principe
JavaScript, di Yank e Adams
Joomla! La guida ufficiale, di Marriott e Waring
jQuery (II ed.), di Castledine e Sharkie
L'arte della fotografia digitale in bianconero, di Marco Fodde
Linux Server per l'amministratore di rete (IV ed.), di Silvio Umberto Zanzi
Linux Ubuntu (IV ed.), di Hill, Bacon, Krstić, Murphy, Jesse, Savage, Burger
OS X 10.8 Mountain Lion, di Accomazzi e Bragagnolo
Manuale di redazione, di Mariuccia Teroni
Microsoft Windows 8, di Mike Davis
MySQL 5, di Michael Kofler
Mobile Design, di Castledine, Wheeler, Eftos
Modellazione 3D con AutoCAD 2013, di Daniele Nale
Photoshop CS6, di Trezzi e Andreini
Photoshop per il web design, di Corrie Haffly
PHP per professionisti, di MacIntyre, Danchilla, Gogala
Presentazioni: quello che i libri non dicono, di Ford, McCullough, Schutta
Raspberry Pi, di Pier Calderan
Rhinoceros per professionisti, di Daniele Nale
Robot Fai Da Te, di Pier Calderan
SEO: ottimizzazione web per motori di ricerca (II ed.), di Davide Vasta
Social Media ROI, di Vincenzo Cosenza
Social Network, di Marco Massarotto
SQL: quello che i libri non dicono, di Bill Karwin
Sviluppare applicazioni con iOS SDK, di Adamson e Dudney
Sviluppare applicazioni con Objective-C e Cocoa, di Tim Isted
Sviluppare applicazioni con WordPress, di Thord Daniel Hedengren
Sviluppare applicazioni con PHP e MySQL, di Kevin Yank
Sviluppare applicazioni web multi-device, di Peter Gasston
Sviluppare siti con gli standard web, di Zeldman e Marcotte
Virtualizzazione di desktop e server, di Maurizio Parrino
Usabilità mobile, di Nielsen e Raluca
Web Analytics, di Davide Vasta
Web design, di Jason Beaird

Pier Calderan

Elettronica DIY

APOGEO

Elettronica DIY

Autore:
Pier Calderan

ISBN 978-88-503-3273-1

Realizzazione editoriale:
PMT sas – Monza

Editor:
Fabio Brivio

Redazione:
Federica Dardi

Copertina e progetto grafico
Enrico Marcandalli

Illustrazioni dei circuiti sulle breadboard grazie a Fritzing (http://fritzing.org/)

FSC
www.fsc.org
MISTO
Carta | A sostegno della gestione forestale responsabile
FSC® C215702

Finito di stampare
nel mese di gennaio 2026
presso PUNTOWEB S.r.l.
Ariccia (Roma)

Indice generale

Introduzione .... **xiii**

Istruzioni per l'uso xiii

File di supporto al libro xiv

Capitolo 1 Cosa serve per iniziare **1**

Dove e come acquistare il materiale 1

- Hacker elettronico 2
- Strumentazione e materiali per iniziare 2
- Consigli per gli acquisti 3
- Altri kit 4

Prototipazione 4

- Breadboard 6
- Millefori 8
- Basetta presensibilizzata 9
- PCB 14

Cavi e connettori 14

- Spine e prese 15
- Interruttori e pulsanti 16
- Cavi 18
- Spelare i fili 19
- Unire fili 20
- Saldatura e dissaldatura 22
- Coccodrilli e morsetti 25

Attrezzatura essenziale 26

- Terza mano 26
- Multimetro 27
- Oscilloscopio 29

Alimentazione 32

- Alimentatore da banco 33

Capitolo 2 **Elettronica di base 35**
Elettronica analogica e digitale 35
Elettronica di base 37
Tensione 39
Corrente 40
Potenza 42
Resistenza 43
Capacità 44
Induttanza 46
Componenti passivi 47
Resistore 47
Condensatore 56
Induttore 61
Trasformatore 63
Relè 63
Altri componenti 64
Componenti attivi 69
Diodo 69
Transistor 72
Transistor MOSFET 77
Circuito integrato 79
Microprocessore 80

Capitolo 3 **Motori, sensori e display 85**
Modularità 85
Motori elettrici 85
In questo capitolo 85
Motore DC 86
Motore DC senza spazzole 86
Motore passo-passo 87
Servomotore 89
Sensori 90
Sensore ottico 90
Sensore acustico 94
Sensore di movimento 96
Accelerometro 96
Sensore di tilt 97
Sensore di temperatura 98
Sensore magnetico 98
Sensore GPS 99
Display 100
LCD 16 × 2 100
LCD grafico 128 × 64 pixel 101
Display a LED sette segmenti 102
LED 103

LED RGB ... 104
Matrice di LED ... 106

Capitolo 4 Progettare da zero ... 107
Simboli ... 107
Componenti passivi ... 108
Componenti attivi ... 108
Porte logiche ... 109
Interruttori ... 109
Simboli vari ... 109
Schema elettrico ... 110
Strumenti per la progettazione ... 110
Fritzing ... 113
Interfaccia ... 113
Esempi pratici ... 118
PCB ... 124
Software di simulazione ... 127
Circuit Simulator ... 128
CircuitLab ... 130
Qucs ... 133

Capitolo 5 Primi passi ... 137
Prima di iniziare ... 137
Esperimenti con le pile ... 138
Pile e accumulatori ... 138
Misurare la tensione di una pila ... 142
Serie e parallelo ... 143
Esperimenti con le celle solari ... 144
Esperimenti con i trasformatori ... 144
Misurare la tensione di rete ... 145
Ridurre la tensione ... 146
Elevare la tensione ... 147
Isolare un circuito ... 148
Alimentatori ... 148
Esperimenti con i resistori ... 150
Misura della resistenza ... 150
Caduta di tensione ... 150
Partitore di tensione ... 153
Misurare l'intensità luminosa ... 155
Regolatore di tensione ... 157
Esperimenti con i diodi ... 158
Raddrizzatore a diodi ... 158
Alimentare un LED ... 159
Illuminazione con LED RGB ... 162
Esperimenti con i condensatori ... 162
Caricare un condensatore ... 163

Scaricare un condensatore 164
Livellare la tensione 167
Esperimenti con i transistor 167
Stabilizzare e regolare la tensione 168
Semplice oscillatore sinusoidale con un transistor 170
Polarizzazione di un transistor 172
Preamplificatore con controllo di ingresso 174
Preamplificatore con controllo di toni 176
Esperimenti con i circuiti integrati 178
IC regolatori di tensione 179
IC amplificatori operazionali 180
Preamplificatore con filtri 184
IC amplificatori audio 184
IC 555 188
Generatore di segnali con il 555 188
Timer con il 555 193
Lampeggiatore variabile 195
Circuiti integrati digitali e microprocessori 196
Famiglie di IC logici 209
Microprocessore 229
Shield fai-da-te 239

Capitolo 6 30 progetti con Arduino 243

IDE di Arduino 243
Installazione 243
Risorse di Arduino 250
Progetti hardware con Arduino 250
Procedura per l'assemblaggio dei progetti hardware 251
Accensione e spegnimento di tre LED tramite tre pulsanti 252
Controllo della luminosità di LED tramite potenziometri 253
Controllo di velocità di due motori DC tramite potenziometri e transistor 255
Interfaccia display retroilluminato 16×2 256
Interfaccia display a 7 segmenti 259
Interfaccia display grafico 128×64 pixel 262
Oscilloscopio con display grafico 264
Controllo bidirezionale di due motori DC 265
Controllo di servomotori con potenziometri e sensori 269
Controllo di LED RGB con potenziometri e sensori 270
Controllo di potenza per luci di casa con relè 271
Uso del sensore di tilt 273
Termometro a LED con sensore di temperatura 274
Termometro con visualizzazione su display 275
Interfaccia MIDI con display 276
Generatore di forme d'onda con display 281
Mini synth programmabile con 6 potenziometri 282
VU meter audio LED 283

VU meter audio stereo con display ... 285
Scrittura e lettura dati su SD Card ... 286
Connessione Internet ... 290
Scrivere e leggere i dati dalla card SD ... 293
Controllo remoto da Web ... 293
Orologio con display controllato via Web ... 295
Orologio con allarme controllato via Web ... 296
Comunicazione wireless ... 297
Controllo remoto da un dispositivo wireless ... 306
Braccio meccanico con controllo remoto ... 315
Rover con controllo Wi-Fi ... 318
Controllo Bluetooth ... 320
Controllo con sensore a ultrasuoni ... 322
Sviluppo di programmi per comunicare con Arduino ... 324
Ambienti di sviluppo open source ... 325

Appendice A Strumenti ... 329
ATtiny45 e ATtiny85 ... 329
Caratteristiche di ATtiny45 e 85 ... 329
In questo capitolo ... 329
Display a 7 segmenti con ATtiny45/85 ... 333
Raspberry Pi ... 337
Il processore ... 338
Tastiera e mouse ... 341
Porta GPIO ... 341
Raspberry Pi Connection Bridge ... 351
Teensy 3.0 ... 352
pcDuino ... 357
Dotazione ... 357
Sistema operativo ... 359
Esempi di programmazione hardware ... 361
UDOO ... 363

Indice analitico ... 365

Dedicato al mio editor, Fabio Brivio,
per il suo continuo sostegno e la sua pazienza.

Introduzione

Collegare un diodo, un resistore, un transistor, un circuito integrato e alimentare tutto con una pila "per vedere l'effetto che fa...". La magia dell'elettronica sotto gli occhi, senza problemi, creando un mondo fantastico di oggetti che si muovono, che si illuminano, che comunicano fra di loro e che sembrano addirittura dotati di vita propria. Questo vuole essere *Elettronica DIY*.
Gli inglesi usano il termine "hacking" con il significato di curiosare, indagare, scoprire e vedere cosa si può fare con componenti già esistenti, divertendosi a progettare anche cose nuove o fuori del normale. Noi usiamo il termine "smanettare", ma è la stessa cosa. Questo libro vuole essere di supporto a quanti si sentono un po' hacker (nel senso buono del termine) e un po' inventori o semplicemente curiosi di imparare.

Istruzioni per l'uso

Il libro è suddiviso in capitoli organizzati in modo sistematico per facilitare il processo di apprendimento, ma nulla vieta di saltare qua e là una volta apprese le nozioni di base. Talvolta sono presenti nel testo alcune avvertenze e precauzioni, perché l'ambiente elettrico può essere pericoloso. Si prega di tenerne conto.

Capitolo 1, *Cosa serve per iniziare*. Soprattutto per chi inizia è un capitolo di fondamentale importanza. Oltre ai consigli su come attrezzare un mini-laboratorio di elettronica, vengono date istruzioni di tipo pratico sull'uso dell'attrezzatura di base, sulla saldatura e informazioni sui materiali necessari.

Capitolo 2, *Elettronica di base*. Il capitolo è dedicato alle nozioni di base dell'elettronica, ma non è solo pura teoria. Ci sono anche dei piccoli esperimenti pratici per conoscere meglio i componenti passivi e attivi che verranno utilizzati nei progetti.

Capitolo 3, *Motori, sensori e display*. È stato dedicato un capitolo a parte per motori, sensori e display, perché rientrano nella categoria di componenti modulari. Una volta assemblato un circuito per il controllo di un motore o di un display per il monitoraggio si potrà riutilizzare in diversi progetti.

Capitolo 4, *Progettare da zero*. In questo capitolo vengono trattati gli strumenti essenziali per la progettazione di prototipi e di schemi elettrici tramite software Open Source di Electronic Design Automation e di simulazione.

Capitolo 5, *Primi passi*. Questo capitolo è dedicato agli esperimenti. Dai più semplici con una pila fino alla costruzione di un microcontroller che funziona come un clone di Arduino. Tutto attraverso l'apprendimento delle tecniche di sviluppo hardware analogico e digitale.

Capitolo 6, *30 progetti con Arduino*. Ben trenta progetti basati sulla scheda Arduino, acquistata in negozio o autocostruita in laboratorio, per rendere operativi i circuiti elettronici fatti finora, scrivendo veri programmi in un linguaggio semplificato, all'interno dell'ambiente di sviluppo software di Arduino.

Appendice A, *Strumenti*. Non si tratta di una semplice "appendice", ma di un allargamento a esperienze importanti con microscopici processori ATtiny con i quali miniaturizzare i progetti fatti per Arduino, la minuscola scheda di sviluppo Teensy e computer completi come Raspberry Pi e pcDuino, dalle dimensioni di una carta di credito o poco più. Il capitolo si chiude con l'annuncio della nuova scheda UDOO di cui si sentirà parlare molto.

File di supporto al libro

Dalla home page del sito `www.robomag.net` si può accedere alla pagina *Risorse*, dalla quale si possono scaricare liberamente i file di supporto al libro, ovvero le immagini a colori (le stesse del libro), gli sketch di esempio per Arduino e i relativi layout di Fritzing. Nel sito sono disponibili alcuni sketch extra per Arduino, come varianti dei progetti descritti nel libro, e i layout di Fritzing relativi agli esperimenti del Capitolo 5.
Dal sito di Apogeo è inoltre possibile scaricare all'indirizzo `http://bit.ly/elettronicaDIY` l'Appendice B, *Risorse* che contiene una collezione di link e materiali utili.

Capitolo 1

Cosa serve per iniziare

In questo capitolo

- Dove e come acquistare il materiale
- Prototipazione
- Cavi e connettori
- Attrezzatura essenziale
- Alimentazione

Dove e come acquistare il materiale

Negli ultimi anni abbiamo assistito a un fenomeno di crescita del fai da te elettronico e lo si può vedere dalla proliferazione dei negozi online. Al contrario, sono sempre meno diffusi i negozi fisici. Solo nei grossi centri urbani è abbastanza facile trovare il negozio ben fornito di componenti elettronici e aggiornato con le ultime schede Arduino, Raspberry Pi e simili. In provincia, è triste dirlo, è sempre più difficile.

La cosa più semplice è affidarsi a Internet, stando però attenti all'ubicazione dei fornitori. Se sono oltreoceano si rischia di pagare un'enormità per il trasporto e per i dazi doganali. Se sono in territorio europeo si possono pagare cifre elevate di trasporto. Fortunatamente sono presenti negozi online italiani che importano grandi quantitativi dai giganti dell'elettronica fai da te, per cui, anche pagando leggermente di più rispetto al prezzo in dollari, si può risparmiare sul trasporto e/o sul dazio.

Un'alternativa che diventa sempre più conveniente, ma anche più divertente, sono le fiere dell'elettronica. Ultimamente si stanno diffondendo un po' dappertutto e offrono sempre più spesso materiale elettronico di qualità.

Oltre ai soliti banchetti con pacchi di componentistica surplus a prezzi irrisori, si vedono ormai anche le schede Arduino e relativi shield e vari kit per il principiante. Per chi inizia l'organizzazione del proprio laboratorio è l'occasione per trovare i materiali di base di cui si parla nei prossimi paragrafi. Nell'Appendice B, *Risorse* disponibile online all'indirizzo `http://bit.ly/elettronicaDIY`, sono

disponibili gli indirizzi delle maggiori fiere dell'elettronica in Italia. Iscrivendosi alla newsletter di alcuni siti, si ricevono gli aggiornamenti del calendario delle fiere.
Per iniziare il cammino nel meraviglioso mondo della sperimentazione elettronica si consiglia di partire da un laboratorio minimale, ma ben attrezzato.

Hacker elettronico

Qualche decennio fa, si dovevano smontare fisicamente i vecchi apparecchi elettronici per recuperare qualche componente per il laboratorio. Da una vecchia radio o un apparecchio TV non più funzionanti, si tiravano fuori i componenti per costruire piccoli amplificatori o semplici casse acustiche.
Oggi diverse decine di siti propongono kit per l'elettronica, la robotica, il modellismo e per i maker in generale. È quindi facile capire come sia conveniente acquistare kit pronti all'uso invece di smontare vecchi apparecchi.
Una volta fatta la pratica sui primi circuiti, si può diventare "hacker elettronici" e pensare di utilizzare i componenti di questo o quel kit per infinite nuove rielaborazioni.
Lo spirito hacker è quello di smembrare e riutilizzare le risorse, inventando anche nuove soluzioni, sperimentando poi sul campo le proprie idee e scoperte.
È un po' lo spirito di questo libro: spingere alla sperimentazione, imparando strada facendo. Detto all'inglese: *learning by doing*.

Strumentazione e materiali per iniziare

Ecco un possibile elenco di strumenti e materiali per iniziare a organizzare il proprio laboratorio di elettronica.

Strumenti

- Cassettiere per componenti elettronici
- Set di cacciaviti a stella e a taglio
- Forbici da elettricista
- Tronchese
- Pinza a becco
- Pinza normale
- Stazione saldante
- Multimetro digitale
- Alimentatore da banco
- Mini-trapano a colonna

Materiali per iniziare

- Set di resistori
- Set di condensatori
- Set di diodi

- Set di LED di vari colori
- Transistor vari (scelti in base ai progetti)
- Circuiti integrati (scelti in base ai progetti)
- Display LCD
- Breadboard
- Cavetti per breadboard
- Scheda Arduino UNO (opzionale)

Consigli per gli acquisti

Premesso che esistono vari siti di vendita di "pacchetti" per l'hobbista, il consiglio è quello di leggere prima questo libro, in modo da capire cosa veramente occorre, evitando così di riempire il laboratorio di cose inutili o scarsamente riutilizzabili. Non è necessario sborsare cifre assurde e il consiglio numero uno è sempre quello di usare il buonsenso. Per esempio, se si vogliono sviluppare molti progetti di questo libro è consigliabile l'acquisto dal sito ufficiale di Arduino (`www.arduino.cc`) di un Arduino Starter Kit (Figura 1.1a) dal costo accessibile e comprensivo di tutto il materiale per decine di progetti. Ecco il contenuto del kit:

- una scheda Arduino UNO rev.3
- un cavo USB
- una breadboard
- una basetta di supporto in legno
- un adattatore per batteria 9V
- 70 cavi plastificati rigidi
- due cavi plastificati flessibili
- 6 fotoresistori
- 3 potenziometri da 10 kΩ
- 10 tasti a pressione
- un sensore di temperatura
- un sensore tilt
- un LCD alfanumerico (16×2 caratteri)
- un LED (bianco)
- un LED (RGB)
- 8 LED (rosso)
- 8 LED (verde)
- 8 LED (giallo)
- 3 LED (blu)
- un motore CC 6/9V
- un servomotore
- un cicalino piezoelettrico
- un ponte H L293D

- 2 fotoaccoppiatori 4N35
- 5 transistor BC547
- 2 transistor mosfet IRF520
- 5 condensatori 100 nF
- 3 condensatori 100 μF
- 5 condensatori 100 pF
- 5 diodi 1N4007
- 3 gelatine trasparenti (rosso, verde, blu)
- uno strip di connettori maschio (40X1)
- 20 resistori 220 Ω
- 5 resistori 560 Ω
- 5 resistori 1 kΩ
- 5 resistori 4,7 kΩ
- 10 resistori 10 kΩ
- 5 resistori 1 MΩ
- 5 resistori 10 MΩ

Al di là della bellezza intrinseca del kit, oltre ai progetti fatti con Arduino, si potranno riutilizzare molti dei componenti elettronici del kit per ulteriori progetti.

Altri kit

Sulla falsariga del sito Arduino sono nati molti altri distributori di hardware elettronico che offrono kit simili al precedente, come, per esempio *Starter Pack for Arduino* del sito Adafruit (`www.adafruit.com`) (Figura 1.1b) oppure *SparkFun Inventor's Kit*, distribuito da Robot-Italy (`www.robot-italy.com`) o ancora *Homotix Kit Arduino* del sito italiano `www.homotix.it`.
Per quanto riguarda i kit di attrezzi, sono disponibili stupende valigette per il principiante, comprensive di tutti gli strumenti essenziali, come pinze, cacciaviti, saldatore, multimetro e così via (Figura 1.1c).
Un elenco completo (per quanto possibile) di distributori di kit è disponibile nell'Appendice B, *Risorse,* disponibile online all'indirizzo `http://bit.ly/elettronicaDIY`.

Prototipazione

Con il termine "prototipazione" si intende quel processo finalizzato alla realizzazione di prototipi elettronici. Per qualsiasi progetto, grande o piccolo che sia, si consiglia di adibire a laboratorio uno spazio in casa, in garage o, potendo, in un luogo dedicato.
Il laboratorio deve essere dotato di alcuni attrezzi indispensabili per poter costruire il proprio prototipo elettronico. Questo, una volta verificato il suo perfetto funzionamento, potrà venire eventualmente finalizzato su una basetta professionale tramite un servizio di stampa PCB. Come vedremo, lo si potrà fare anche comodamente da casa, ovvero mandando il file di produzione fatto con Fritzing (vedi, nel Capitolo 4, *Schema elettrico*) a un servizio di stampa PCB professionale.

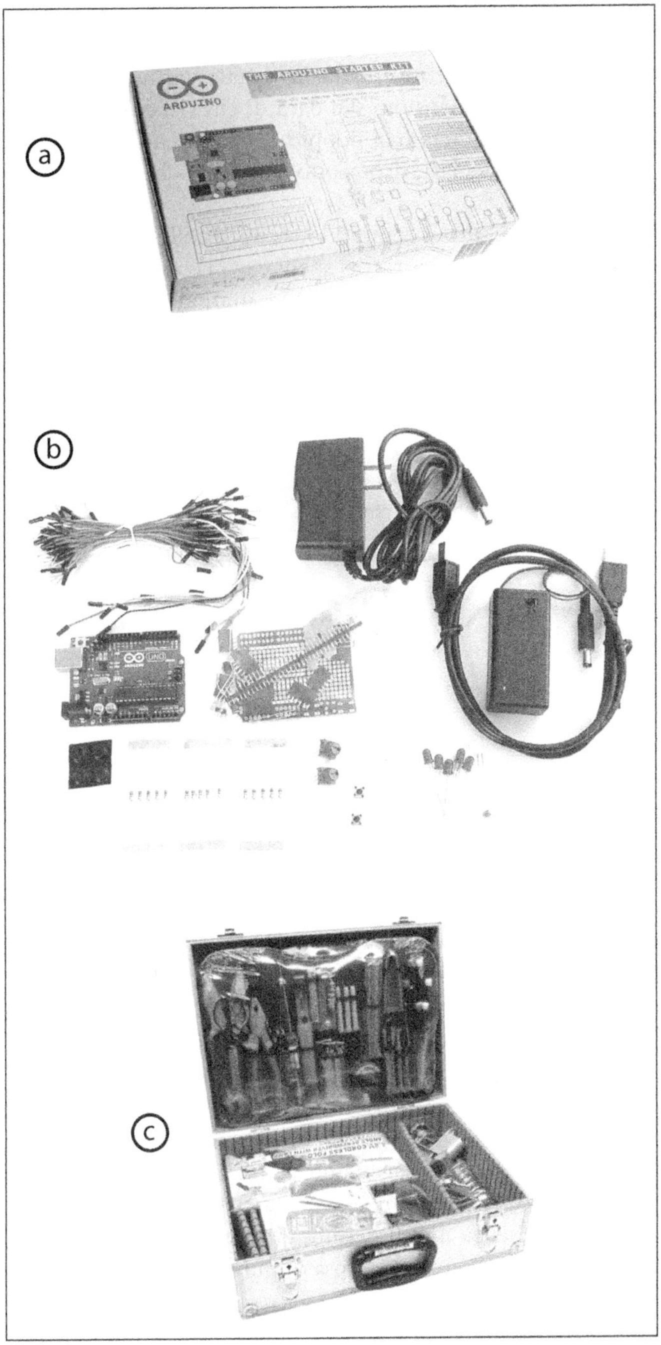

Figura 1.1 (a) Arduino starter kit,
(b) Starter Pack for Arduino,
(c) Valigetta per il principiante.

Breadboard

Inutile dire che se non ci fosse bisognerebbe inventarla. La basetta sperimentale, comunemente chiamata "breadboard" ha le dimensioni standard di circa 165 × 55 mm, ma esistono modelli di dimensioni pari alla metà o al doppio delle dimensioni standard e, per alcuni kit di sperimentazione particolari, si possono trovare anche di dimensioni *mini* e *tiny*.

A ogni modo, il sistema di funzionamento è sempre lo stesso: i collegamenti non richiedono saldature e basta inserire negli appositi fori spedi cavo rigido e/o cavetti per breadboard per poter collegare i vari componenti elettronici in modo veloce e sicuro.

In pratica, l'elemento base è composto da una matrice di fori a passo standard (2,54 mm) collegati internamente secondo uno schema predefinito, in senso verticale e orizzontale come illustrato nella Figura 1.2a.

Nella figura si può notare la foto di una breadboard "reale" di dimensioni standard e uno screenshot di breadboard "virtuale", usata per creare progetti con il succitato software Fritzing.

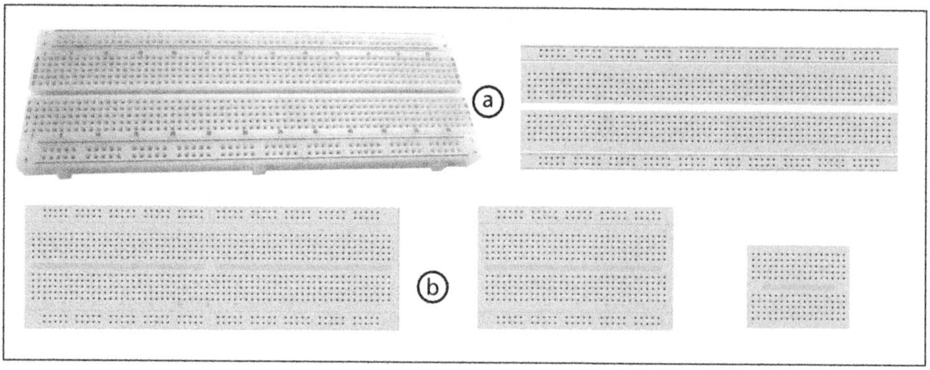

Figura 1.2 (a) Breadboard reale e breadboard virtuale; (b) breadboard di tipo semplice di diverse dimensioni e senza contrassegni dell'alimentazione.

Usare una breadboard è semplicissimo e, prestando un po' di attenzione, può essere riutilizzata indefinitamente. Attenzione a non forzare l'inserimento nei fori con cavi troppo grossi (oltre 1 mm) oppure ad applicare correnti troppo elevate (oltre 1 ampere). Ovviamente, i progetti su breadboard non potranno mai essere considerati definitivi, soprattutto perché è facile che qualche cavo di collegamento si sfili durante gli spostamenti. Il sistema è sicuramente vantaggioso perché permette di poter verificare e modificare velocemente qualsiasi collegamento senza inutili perdite di tempo. Come vedremo, se tutto funziona su breadboard, si potrà passare a qualcosa di più stabile.

Uso della breadboard

Una volta fatta un po' di pratica con la realizzazione di alcuni progetti, si potrà tentare di assemblare i prototipi direttamente su breadboard, ma, almeno per le prime volte, si consiglia vivamente l'uso di Fritzing.

Un vantaggio notevole offerto dall'uso di questo potentissimo software è che i progetti virtuali possono venire salvati nel disco rigido del proprio computer e quindi "rimontati" nuovamente sulla stessa breadboard in qualsiasi momento. Sarebbe davvero scomodo lasciare i vari prototipi montati perennemente su decine di breadboard!
I terminali dei componenti e i ponticelli (spezzoni di filo rigido o cavetti per breadboard) vanno infilati nei fori della breadboard, rispettando rigorosamente la disposizione dei collegamenti interni.
La Figura 1.3a illustra la disposizione fisica dei collegamenti fra i fori della matrice. Si deve immaginare la breadboard di dimensioni standard divisa idealmente a metà in senso longitudinale e trasversale. Per comodità, nella figura sono state evidenziate quattro sezioni immaginarie con i numeri 1, 2, 3 e 4.

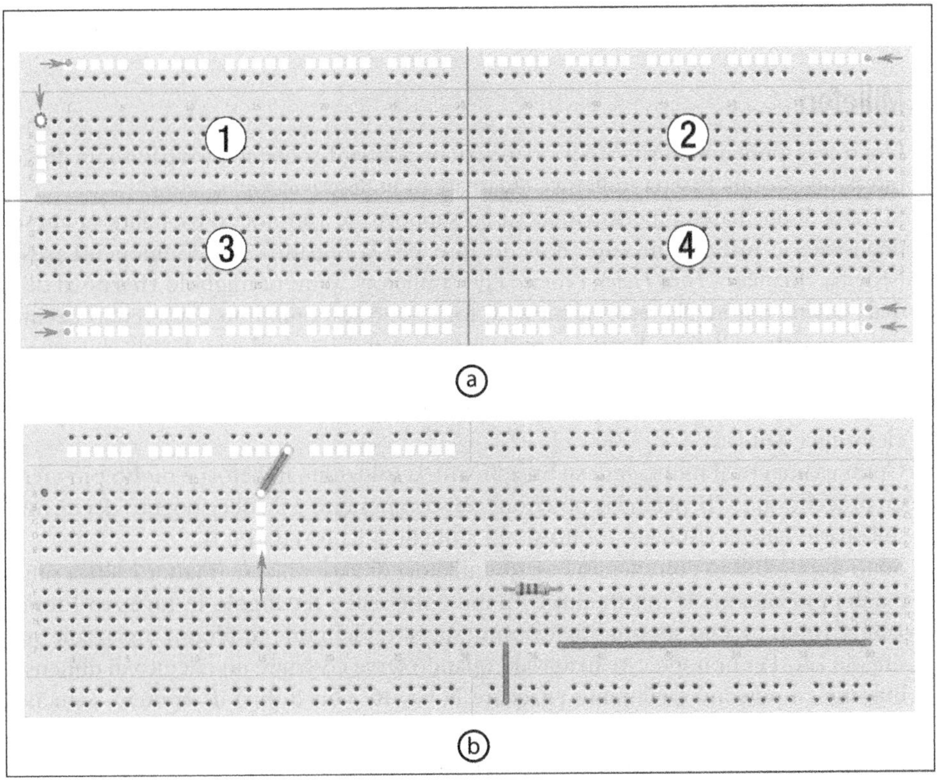

Figura 1.3 (a) Organizzazione interna dei collegamenti di una breadboard.
(b) Con Fritzing si possono evidenziare con il clic del mouse i fori collegati.

Ogni sezione è composta da cinque file orizzontali e da 32 colonne comunicanti fra loro:

- le cinque file comunicanti delle sezioni 1 e 2 sono contrassegnate sulla breadboard con le lettere A, B, C, D, E;
- le cinque file comunicanti delle sezioni 3 e 4 sono contrassegnate sulla breadboard con le lettere F, G, H, I, J.

Alimentazione della breadboard

Sulla parte esterna all'area centrale corrono due file parallele, alle quali applicare l'alimentazione positiva (+) e la massa del circuito (-). Tenendo conto delle quattro sezioni, una breadboard di dimensioni standard (full+) ha quattro possibili alimentazioni indipendenti, mentre una breadboard di dimensioni metà (half+) ha due sezioni di alimentazione.

ATTENZIONE

Le file di alimentazione sono sempre collegate in senso longitudinale e sono solitamente contrassegnate dal colore rosso per l'alimentazione positiva e dal colore blu per il collegamento a massa. Nelle breadboard di tipo semplice le alimentazioni non sono contrassegnate e alcune hanno solo una fila di alimentazione per lato.

Per ulteriori riferimenti sull'uso della breadboard con Fritzing, vedere il Capitolo 4.

Millefori

Dopo aver montato e verificato il circuito su breadboard, solitamente si passa a un progetto più stabile su una basetta millefori, chiamata in inglese *prototyping board*.
Si tratta di una basetta sperimentale su un supporto in vetronite o bachelite su cui sono depositate le piazzole in rame con un foro per la saldatura dei componenti passanti (sistema chiamato *Thru Hole*). Notare che "millefori" è un nomignolo riferito al design della basetta e non alla reale quantità di fori. Sono disponibili in commercio decine di tipi di basette millefori, di varie grandezze e con diverse tipologie di collegamento.
Per gli usi più comuni si utilizza la basetta standard con piazzole circolari e passo di 2,54 mm, che è lo stesso utilizzato per zoccoli, circuiti integrati, pin header e altri componenti elettronici standard.
Contrariamente al montaggio su breadboard, la soluzione millefori è molto più vicina a un progetto su PCB, perché la posizione dei componenti e il collegamento dei terminali sulla parte ramata risultano molto simili a quelli della basetta PCB.
Sono disponibili in commercio basette millefori di varie misure (Figura 1.4a), a singolo e a doppio lato, ma la misura più comune è il classico rettangolo in formato Eurocard 160 × 100 mm, con spessore di 1,6 mm, spessore del rame di 35 μm e piazzole su un singolo lato. Per non sprecare materiale, quando serve costruire un circuito di dimensioni inferiori, si possono facilmente ritagliare le basette con forbici da lamiere, seguendo i fori come guida.
Alcuni modelli più costosi hanno le piazzole prestagnate. Quelle a doppio lato hanno anche i fori metallizzati.
Per applicazioni particolari esistono millefori di tipo "pad", con piazzole collegate a gruppi, o "stripboard", con piazzole collegate in strisce parallele. Queste ultime sono utili se si fa largo uso di circuiti integrati. Esistono anche millefori dotate di pettine per l'inserimento su slot di computer.
La saldatura su millefori avviene come nei normali circuiti stampati. Le piste nella parte ramata possono venire unite saldando spezzoni di cavo rigido. Si può anche sfruttare la lunghezza dei reofori dei componenti stessi, saldandoli fra loro (Figura 1.4b).

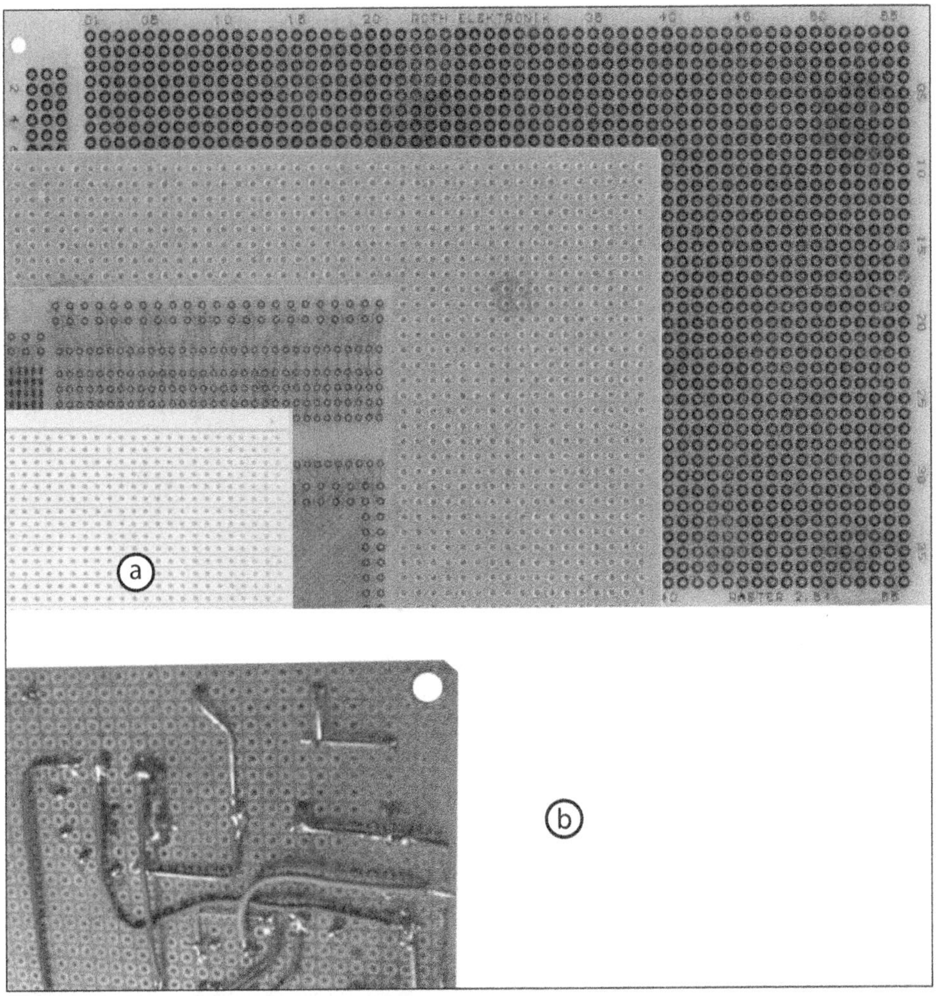

Figura 1.4 (a) Vari tipi di basette millefori e (b) saldatura su millefori.

Basetta presensibilizzata

Il passaggio da breadboard a millefori è abbastanza semplice e prevede solo un po' di attenzione in fase di saldatura dei componenti.

Per un prototipo di livello superiore si può pensare all'uso di basette presensibilizzate per la fotoincisione in casa. Chiaramente, il luogo per operare non può essere la cucina o il salotto. Per lo sviluppo fotografico e l'incisione chimica bisogna disporre di un ambiente adatto, come un angolo del garage o dello scantinato.

Le basette presensibilizzate sono disponibili in vari formati e sono solitamente offerte a prezzi accessibili. Non si consiglia l'applicazione manuale di *Photoresist* in bomboletta spray da spruzzare su basetta ramata per rendere la superficie fotosensibile. Questo processo è complicato e non offre quasi mai il risultato sperato.

Le basette presensibilizzate (solitamente di tipo positivo) sono disponibili nel formato standard 160 × 100 mm (Figura 1.5a), ma ce ne sono anche di misure maggiori. Esistono anche a doppia faccia presensibilizzata, per cui è possibile produrre PCB a doppio lato. L'emulsione fotosensibile della basetta va esposta fotograficamente utilizzando una fonte omogenea di raggi ultravioletti. Il tempo di esposizione ai raggi ultravioletti può variare in base alle caratteristiche fornite dal produttore, ovvero alle caratteristiche dell'emulsione, all'intensità e alla distanza della sorgente luminosa. Normalmente il tempo di esposizione si aggira intorno ai 10-15 minuti se si usa una lampada UV o un bromografo.
In teoria, allungando enormemente i tempi, potrebbe bastare anche una normale lampada a luce bianca, dato che è sempre presente un certa emissione nel campo dell'ultravioletto. Esistono bromografi per l'hobbistica a prezzi accessibili e si trovano in rete molti progetti di bromografi fai-da-te (Figura 1.5b). Per esperienza, è sufficiente "hackerare" l'impianto di illuminazione di una comunissima zanzariera per costruire un perfetto bromografo dotato di due lampade UV (Figura 1.5c).

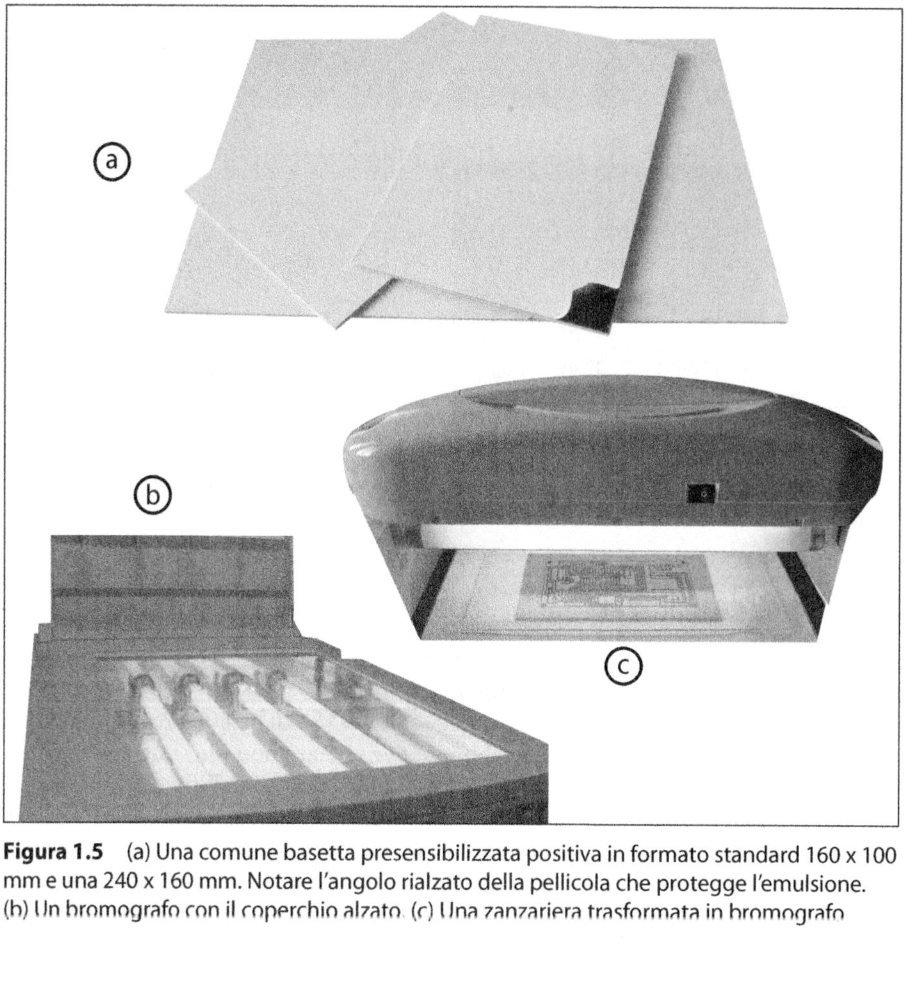

Figura 1.5 (a) Una comune basetta presensibilizzata positiva in formato standard 160 x 100 mm e una 240 x 160 mm. Notare l'angolo rialzato della pellicola che protegge l'emulsione. (b) Un bromografo con il coperchio alzato. (c) Una zanzariera trasformata in bromografo.

Per ottenere una buona maschera, altrimenti detto "master" di stampa, basta stampare il circuito tramite una stampante laser (consigliata) su un foglio di acetato trasparente e fissarlo poi alla basetta presensibilizzata (Figura 1.6a). È possibile anche la stampa su un foglio bianco, ma bisogna calcolare tempi di esposizione molto più lunghi. La stampa su carta bianca non offre comunque contorni dettagliati delle piste.

La procedura di esposizione è semplice: basta fissare con nastro adesivo il master su un vetro e poggiare il tutto sul lato sensibile della basetta.

Una volta esposto per il tempo ottimale il lato sensibile mascherato, si potrà togliere il master e procedere allo sviluppo dell'emulsione, esattamente come avviene in fotografia.

Dopo lo sviluppo dell'emulsione e lavata la basetta da ogni residuo chimico, si potrà procedere all'incisione per corrodere le parti in rame che sono state esposte alla luce UV, lasciando intatte le piste in rame protette dal master.

Per il processo di sviluppo si può usare una soluzione fatta in casa a base di idrossido di sodio (la comune soda caustica) oppure usare una soluzione commerciale (Figura 1.6b) senza idrossido di sodio, molto meno caustica e molto più efficace. In ogni caso sono consigliati guanti in latice.

È sufficiente versare un cucchiaino di granuli (circa 20 grammi) in una vaschetta contenente mezzo litro di acqua tiepida (50° C) per ottenere una soluzione sufficiente a sviluppare una basetta di 100 × 160 mm in pochi secondi (Figura 1.6c).

Muovere di tanto in tanto la basetta nella vaschetta e, quando appare l'immagine sviluppata del circuito bene definita, si può rimuovere e sciacquare la basetta.

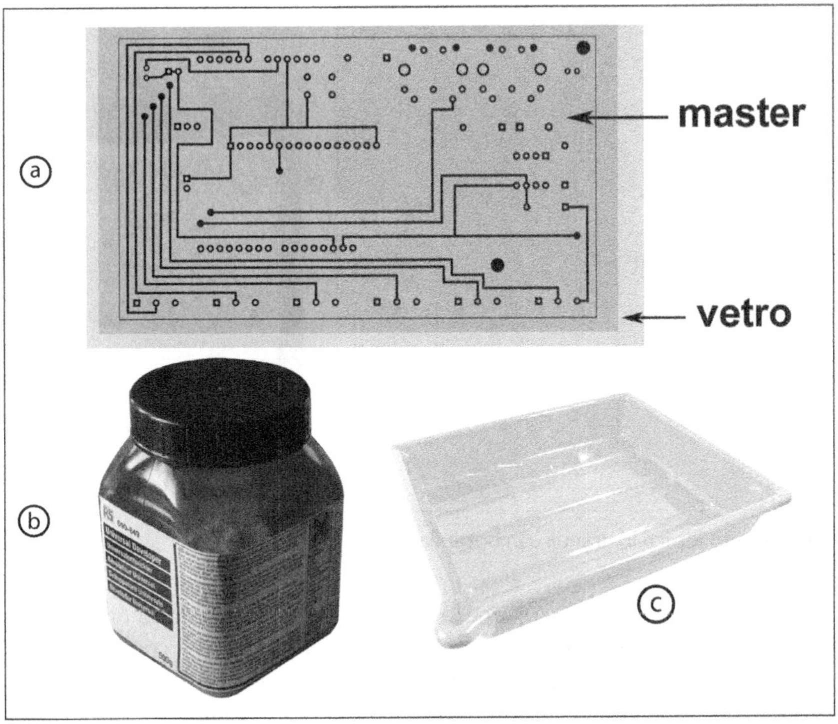

Figura 1.6 (a) Master su un vetro. (b) Soluzione in granuli per sviluppo fotografico di basette presensibilizzate. (c) Bacinella di sviluppo.

Incisione della basetta

Una volta sviluppata, la basetta va sottoposta al processo di incisione che avviene in una soluzione di cloruro ferrico versato in una vaschetta diversa da quella usata per lo sviluppo. Sono disponibili confezioni in granuli da sciogliere in acqua al 50%, oppure in bottiglie di soluzione liquida pronta all'uso (Figura 1.7). Essendo un prodotto altamente corrosivo e nocivo per l'ambiente, si consiglia di effettuare l'operazione nel garage o in un ambiente adatto. È necessario indossare guanti in gomma e occhiali protettivi, nonché indumenti da lavoro. Se oggetti metallici vengono a contatto con il cloruro ferrico, vanno lavati immediatamente con abbondante acqua. Evitare comunque il contatto diretto con la pelle o schizzi su qualsiasi oggetto. Una volta asciutte, è praticamente impossibile togliere le macchie di cloruro ferrico, che assumono un aspetto rossastro, tipico della ruggine (ossido di ferro).
Un litro di soluzione di cloruro ferrico è sufficiente a corrodere una superficie di rame pari a un metro quadrato di basette, per cui, una volta usato, il prodotto può venire riutilizzato.

Figura 1.7 Cloruro ferrico in granuli e in bottiglia.

Il tempo di corrosione del rame da parte del cloruro ferrico dipende da diversi fattori, primo fra tutti la temperatura ambiente. Per accelerare il processo di corrosione si può riscaldare la soluzione tramite apposite resistenze elettriche oppure agitare la vaschetta con moto ondulatorio a intervalli regolari. Usare sempre una pinza in plastica o anche le mani, purché siano protette da guanti in gomma.

Terminata la corrosione del rame, è necessario far gocciolare la basetta il più possibile e quindi lavare con abbondante acqua. Di solito, con una soluzione fresca di cloruro ferrico, il tempo per la corrosione si aggira intorno ai 45-60 minuti. Accertarsi di corrodere il più possibile le parti esposte, facendo attenzione però che questa non intacchi anche le piste protette.

Pulitura e foratura

Prima di procedere alla foratura della basetta bisogna asportare l'emulsione dalle piste in rame con un batuffolo di cotone imbevuto con qualche goccia di solvente per unghie.
Il trapano deve essere possibilmente del tipo a colonna a velocità variabile (Figura 1.8).
La velocità di rotazione consigliata è di 3500 – 4000 giri al minuto.
Il diametro delle punte da utilizzare varia solitamente da 0,8 a 1 mm fino a 1,5 mm o anche 2 mm per i piedini di componenti come i potenziometri e i morsetti.
Per i fori delle viti di fissaggio o dei distanziatori si usa di solito la punta da 3 mm.

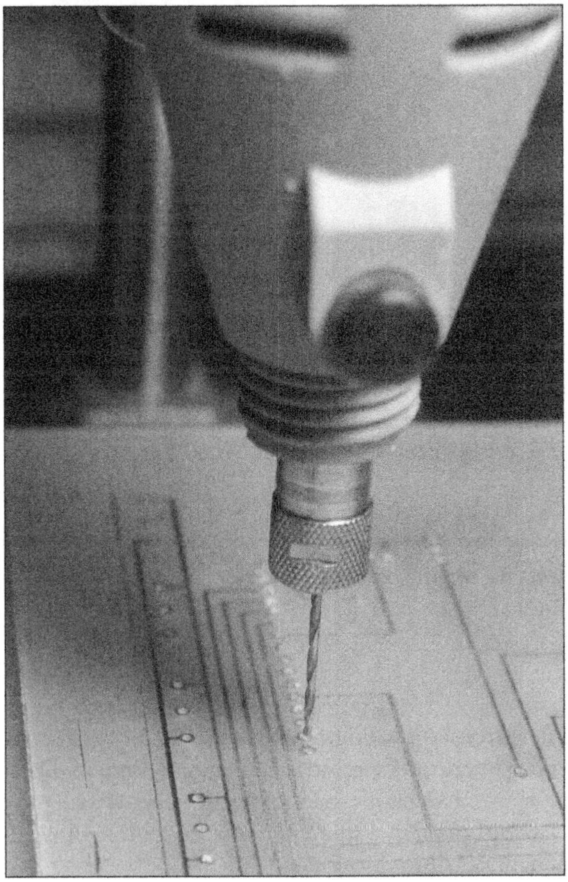

Figura 1.8 Foratura della basetta con un trapano a colonna.

PCB

PCB è la sigla che sta per *Printed Circuit Board*, traducibile come "basetta circuito stampato" a sua volta abbreviata solitamente "circuito stampato".
Mandare oggi un file di produzione a un servizio di stampa PCB non è costoso, né complicato. Come vedremo nel Capitolo 4, anche tramite lo stesso software di progettazione Fritzing è possibile ordinare da casa la stampa PCB del proprio prototipo o produrre un file professionale Gerber da mandare a un qualsiasi servizio di stampa PCB.
È ovvio che chi vuole commercializzare i propri circuiti stampati non può fare a meno di PCB. I prezzi diminuiscono notevolmente per quantitativi oltre il centinaio di unità, ma ci sono stampatori che offrono servizi professionali a costi accessibili anche per quantitativi molto bassi.
Per un elenco di servizi di stampa PCB, vedere l'Appendice B, *Risorse* disponibile online.
La Figura 1.9 illustra una basetta professionale prodotta dal servizio di stampa Fritzing.

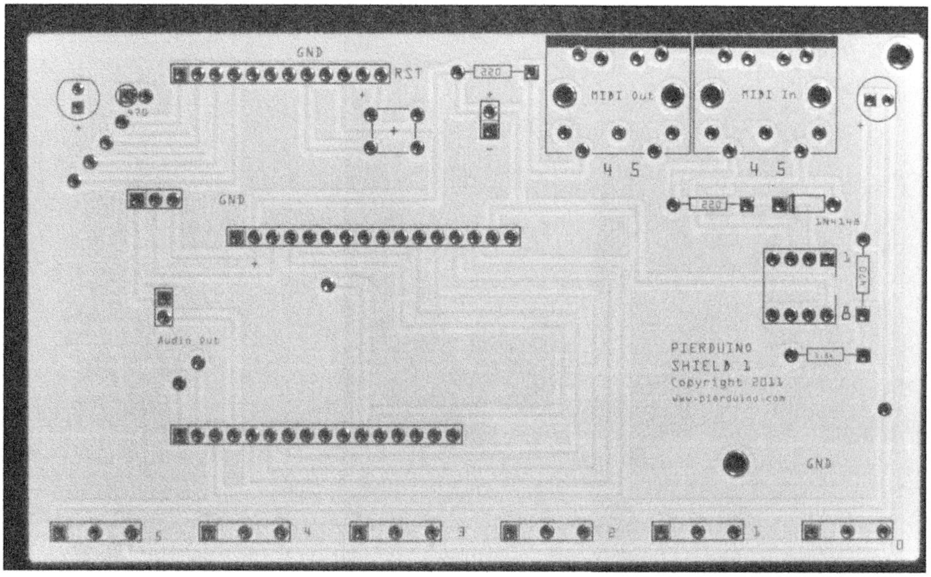

Figura 1.9 PCB a doppio lato prodotta dal servizio di stampa Fritzing.

Cavi e connettori

Anche in un semplice laboratorio elettronico casalingo non devono mancare quei materiali che sono necessari per i collegamenti dei circuiti analogici e/o digitali. Data la vastità dell'argomento, verrà preso in considerazione solo lo stretto necessario.
Nella Figura 1.10 sono illustrati vari tipi di prese e spine per collegamenti audio, video e digitali usati nei circuiti sperimentali del libro.

Spine e prese

A seconda del tipo di progetto sono necessarie spine e cavi di diversi tipi.
TS mono (Tip, Sleeve = punta e manicotto): per il collegamento audio sbilanciato mono si usano prese, cavi e spine con collegamento TS. Il cablaggio TS è il seguente.

- Punta del connettore (Tip): terminale per il canale mono.
- Manicotto del connettore (Sleeve): massa.

Diametri standard:

- 6,3 mm (1/4 di pollice);
- 3,5 mm (1/8 di pollice);
- 2,5 mm (3/32 di pollice).

TRS stereo (Tip, Ring, Sleeve = punta, anello e manicotto): per il collegamento audio stereo sbilanciato o bilanciato si usano prese, cavi e spine con collegamento TRS. Il cablaggio del connettore TRS è il seguente.

- Punta del connettore (Tip): terminale per il canale sinistro.
- Anello del connettore (Ring): terminale per il canale destro.
- Manica del connettore (Sleeve): massa.

Diametri standard:

- 6,3 mm (1/4 di pollice);
- 3,5 mm (1/8 di pollice);
- 2,5 mm (3/32 di pollice);

RCA stereo: per il collegamento sbilanciato stereo RCA di dispositivi con uscita di linea (CD player, piastre di registrazione, amplificatori) si usano spine, cavi e prese con connettore RCA (*Radio Corporation of America*). Il collegamento RCA è composto da due sottili cavi coassiali mono, composti da un solo conduttore centrale e da un avvolgimento con calza intrecciata per la schermatura. Per convenzione i connettori sono di colore rosso (canale destro) e bianco (canale sinistro).
Per il collegamento analogico video composito si usa un solo connettore RCA, solitamente con spina e presa di colore giallo.
USB: la connessione digitale USB standard prevede il collegamento digitale tramite un cavo coassiale schermato con quattro conduttori. Sono ufficialmente disponibili i seguenti tipi di connettori.

- USB di tipo A.
- USB di tipo B.
- Mini USB di tipo A.
- Mini USB di tipo B.
- Micro USB di tipo A.
- Micro USB di tipo B.

La piedinatura più comune è quella relativa al connettore tipo A e tipo B, illustrata nella Tabella 1.1. Le prese USB mini e micro sono usate di solito per il collegamento a fotocamere, dischi rigidi, smartphonee così via.

Tabella 1.1 Piedinatura dei connettori USB tipo A e tipo B.

Piedino	Nome	Colore
1	VBUS	ROSSO
2	D-	BIANCO
3	D+	VERDE
4	GND	NERO

La tensione di alimentazione sul piedino 1 (VBUS) è di circa +5 V, con assorbimento di corrente massima di 500 mA.
Le linee di dati seriali sono collegate ai piedini 2 (D-) e 3 (D+).
Il piedino 4 va collegato alla massa del cavo e del circuito.
MIDI: il connettore MIDI (*Musical Instrument Digital Interface*) serve alla comunicazione seriale di dati digitali MIDI e prevede una connessione a loop di corrente su due soli terminali di un connettore DIN (*Deutsches Institut für Normung*) a 5 poli.
Il cavo è di tipo coassiale con due connettori e schermatura con calza intrecciata. Il collegamento a massa del cavo è previsto solo da un lato e non serve alla comunicazione seriale dei dati.

Tabella 1.2 Piedinatura dei connettori MIDI (lato saldatura).

Piedino	Nome
1	non collegato
2	GND
3	non collegato
4	dati (+5V presa maschio)
5	dati (+5V presa femmina)

Pin header: il termine pin header, traducibile come "connettore a pin", è ormai diventato d'uso comune nel linguaggio dei progettisti di circuiti stampati in cui sono previsti collegamenti a circuiti shield (tipo Arduino e simili) oppure a circuiti esterni tramite cavi flat.

Interruttori e pulsanti

Ci limiteremo a illustrare interruttori e pulsanti per basse tensioni comunemente usati nei circuiti trattati nel libro (Figura 1.11).
Lo scopo dell'interruttore è quello di interrompere una connessione elettrica e, viceversa, di ripristinarla al bisogno. Una variante dell'interruttore è il deviatore (o commutatore), che serve a commutare un collegamento su due o più linee. Ha sempre un polo comune, di solito al centro, e due poli laterali.
Il pulsante è invece un interruttore momentaneo e serve per attivare o disattivare collegamenti elettrici con la pressione di un tasto. Può essere di tipo normalmente aperto o normalmente chiuso.

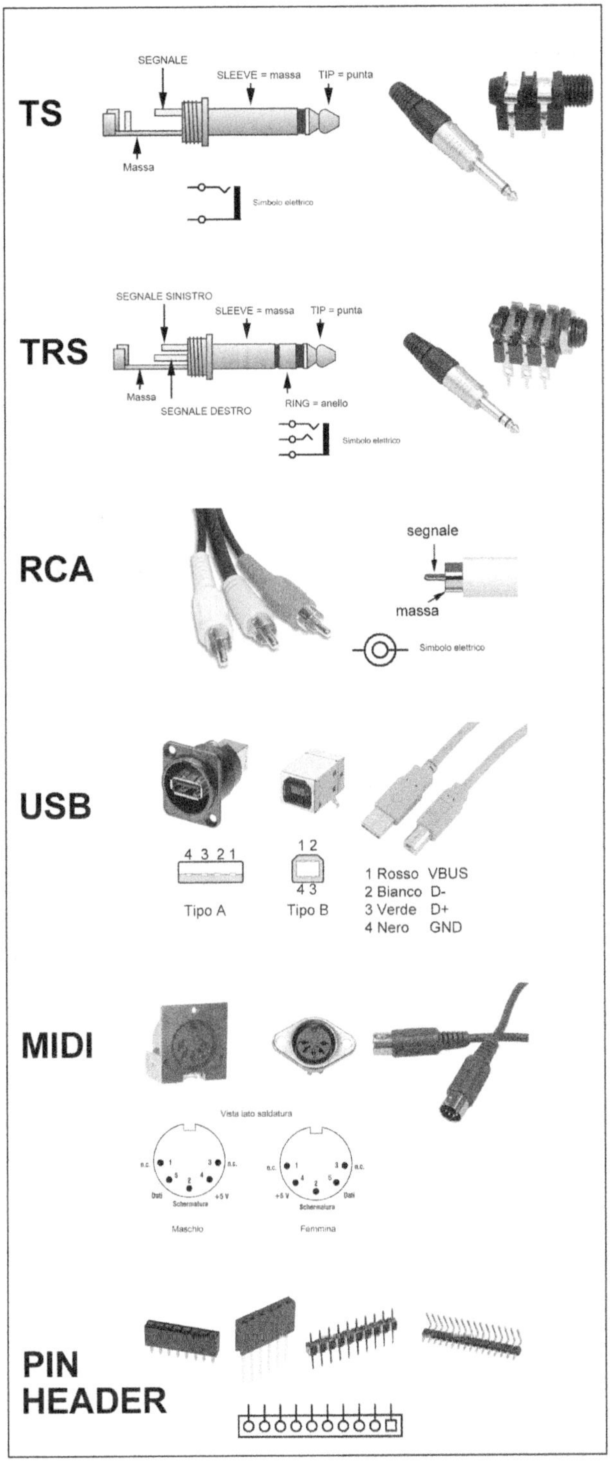

Figura 1.10 Connettori comunemente usati per collegamenti analogici e digitali.

Tutti gli interruttori, deviatori e pulsanti possono essere a una via o più vie (unipolari o multipolari), nel senso che possono agire contemporaneamente su più collegamenti elettrici.

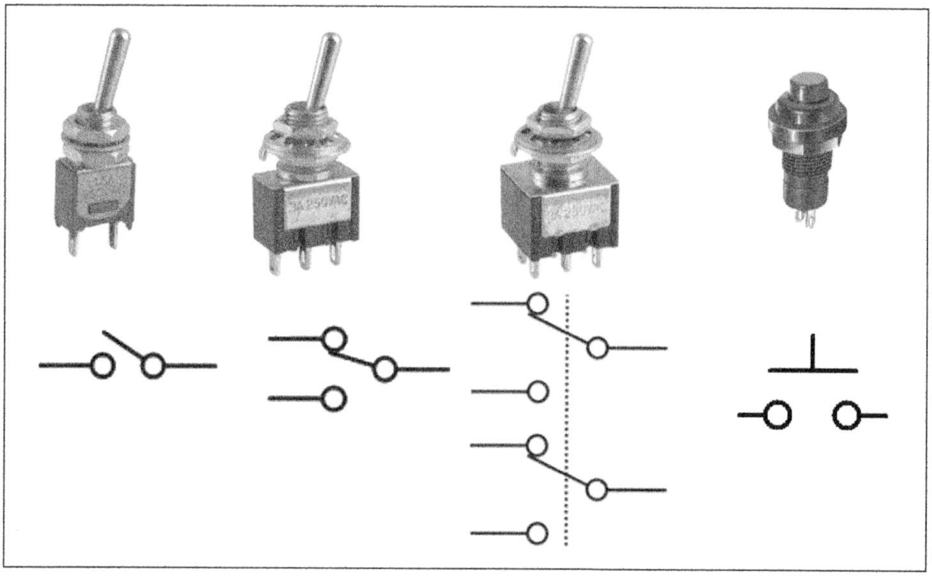

Figura 1.11 Interruttori e pulsanti fra i più comunemente usati.

Cavi

Dei mille tipi di cavi esistenti, diamo uno sguardo ai principali cavi usati per i progetti di questo libro.

- Cavo coassiale (Figura 1.12a): cavo elettrico per connessioni analogiche di tipo audio e video, per trasmissioni di segnali in radiofrequenza o per trasmissioni seriali digitali. A seconda del tipo di collegamento, il cavo coassiale è costituito da uno o più conduttori avvolti da una schermatura, chiamata calza o treccia, che deve essere collegata alla massa del connettore o del circuito.
- Filo unipolare (Figura 1.12b): per collegamenti di prova su breadboard o per effettuare ponticelli o collegamenti volanti, è sempre utile avere un certo numero di matassine di filo unipolare di colori diversi, di tipo rigido o flessibile o cavetti appositamente predisposti per breadboard.

A seconda delle necessità il diametro può variare da 0,5 a 1 mm. Quelli rigidi sono ideali per essere infilati direttamente nei fori della breadboard o nei pin header, mentre quelli flessibili servono per effettuare collegamenti volanti con saldatura diretta sul circuito di prova.

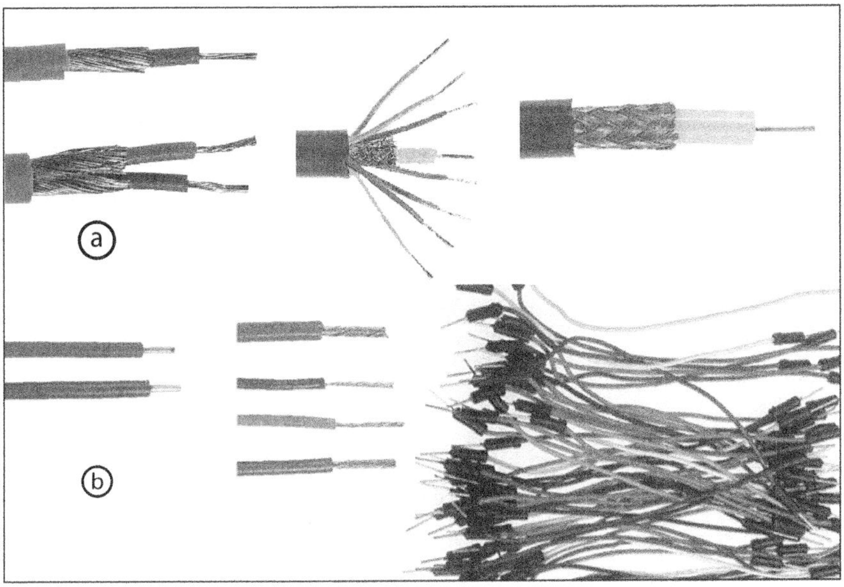

Figura 1.12 (a) Vari tipi di cavo coassiale. (b) Filo unipolare rigido, filo unipolare flessibile e cavetti per breadboard.

Spelare i fili

Non esiste un unico metodo per spelare i fili. A seconda del tipo di cavo si adottano tecniche diverse. Spesso l'operazione può essere snervante o provocare frustrazione quando non si usa uno strumento corretto. Può succedere che, invece di spelare il filo, lo si tagli inavvertitamente o si danneggi l'anima in rame o la treccia dei cavi coassiali. Oltre a poter usare (spesso inutili) strumenti chiamati "spelafili" (Figura 1.13a), il metodo più comune e anche più professionale è quello di usare le forbici da elettricista, dotate di apposito incavo per spelare con destrezza cavi e fili (Figura 1.13b). Con questo non si vuole sconsigliare l'uso di spelafili, ma questi strumenti spesso fanno perdere più tempo, soprattutto con i cavi coassiali. Inoltre, se non perfettamente regolati e di ottima qualità, gli spelafili possono causare la rottura del filo interno o provocare danni alla guaina esterna. Una buona pratica con le forbici da elettricista rende il lavoro più veloce e sicuro con qualsiasi tipo di cavo o filo.

La tecnica per spelare fili unipolari usando le forbici da elettricista si effettua in tre mosse, semplici e decise (Figura 1.14a).

1. Incidere leggermente la guaina protettiva con l'incavo delle forbici su tutta la circonferenza.
2. Stringere delicatamente il filo, usando sempre l'incavo delle forbici.
3. Stringere con forza il filo nel palmo della mano, mentre si spingono verso l'esterno le forbici usando il pollice.

Una tecnica usata da molti elettricisti, ma fortemente sconsigliata, è quella di bruciare con un accendino la guaina esterna ed estrarla ancora calda incidendola con un'unghia.

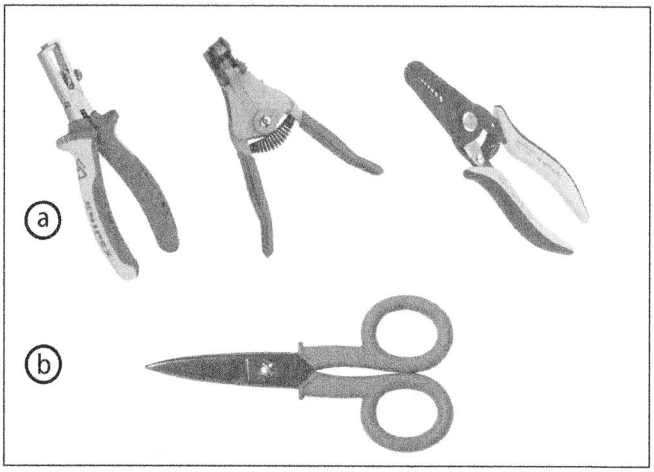

Figura 1.13 (a) Alcuni modelli di spelafili. (b) Le classiche forbici da elettricista.

È un metodo che può provocare ustioni alle dita e danneggiare il filo stesso. Un'altra tecnica *fortemente* sconsigliata è quella di usare i denti a mo' di pinza spelafili.
La tecnica per spelare cavi coassiali usando le forbici da elettricista è leggermente più complessa (Figura 1.14b).

1. Incidere leggermente la guaina protettiva usando con attenzione le lame delle forbici su tutta la circonferenza oppure usare un taglierino.
2. Se si usano le forbici, si può tagliare un po' la guaina su un lato e sull'altro e quindi piegare la guaina stessa fino a provocarne il distacco.
3. Se si usa un taglierino, fare attenzione a non incidere troppo la guaina, per non ferire la calza sottostante.
4. Estrarre la sezione di guaina lasciando la calza nuda.
5. Disfare la calza per poterla saldare a un connettore.
6. Spelare il filo interno usando lo stesso metodo per i fili unipolari visto prima.

Unire fili

Anche per unire fili non esiste una tecnica specifica. Per unire due fili, di solito, si segue questa procedura (Figura 1.14c).

1. Spelare i due fili.
2. Attorcigliare le parti nude con un pinza o a mano.
3. Saldare la parte attorcigliata e tagliare la parte eccedente.

Se non si vogliono saldare i fili, si possono collegare assieme usando morsetti volanti o connettori tipo mammut. Una soluzione sicuramente molto più ingombrante.

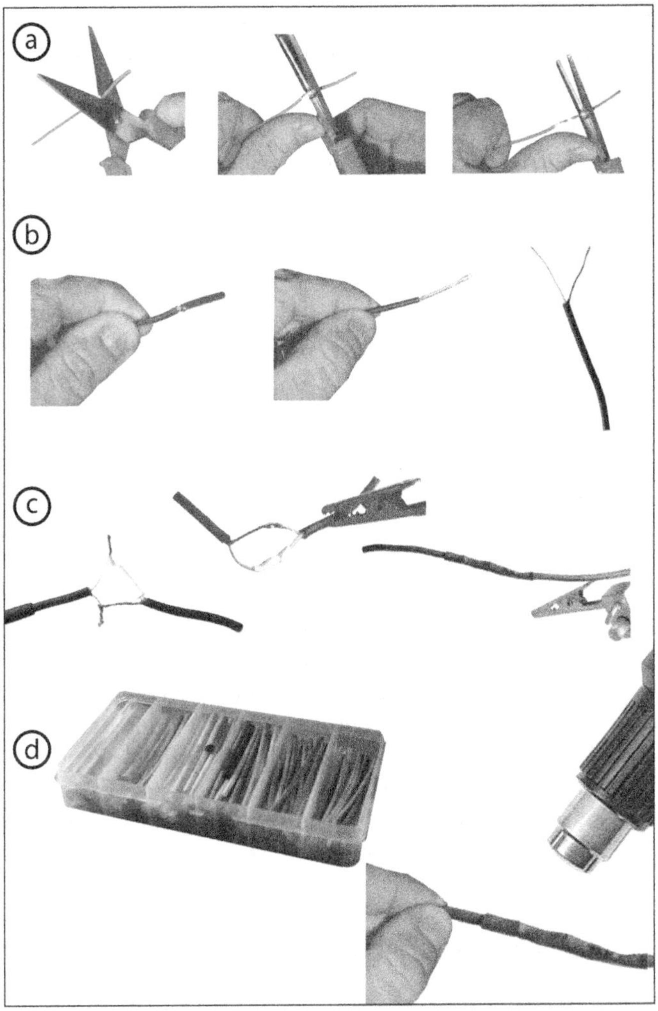

Figura 1.14 (a) Tecnica per spelare fili unipolari. (b) Tecnica per spelare cavi coassiali. (c) Tecnica per unire fili. (d) Alcuni tipi di guaine termoretraibili e tecnica d'uso.

Guaina termoretraibile

Per proteggere le aggiunte di fili o i collegamenti a interruttori o ad altri dispositivi, invece del tipico nastro isolante da elettricista, è molto più efficace e duraturo l'uso di guaine termoretraibili (Figura 1.14d). Ce ne sono di molti diametri e colori e la loro applicazione è davvero molto semplice.

1. Tagliare un po' di guaina termoretraibile del diametro adeguato al filo, ovvero di diametro leggermente superiore.
2. Infilare lo spezzone di guaina nel filo prima di effettuare la saldatura.
3. Saldare il filo.
4. Coprire la saldatura con la guaina termoretraibile.

5. Avvicinare allo spezzone di guaina termoretraibile una fonte di calore come un phon non troppo caldo o un apposito riscaldatore per guaine o tenere a debita distanza la fiamma un accendino (sconsigliato).
6. Ripetere l'operazione anche sul lato opposto della guaina.
7. Dopo alcuni secondi la guaina si restringerà in modo ottimale attorno al punto di saldatura.

Saldatura e dissaldatura

Per la saldatura dei componenti su basetta millefori, su PCB o semplicemente per saldature al volo, è necessario attrezzarsi di saldatore o, meglio, di una stazione saldante. Senza spendere consistenti cifre per stazioni professionali con controllo digitale (Figura 1.15a), possono assolvere degnamente allo scopo delle ottime stazioni saldanti con regolazione analogica della temperatura, ideali per il laboratorio elettronico medio-piccolo orientato alla saldatura di circuiti integrati e processori (Figura 1.15b). Tutte le stazioni saldanti dispongono di una spugnetta per la pulizia della punta e di un potenziometro per la regolazione della temperatura.
In alternativa, è possibile usare un più economico saldatore a stilo di bassa potenza, simile a quello rappresentato nella Figura 1.15c. Se ne sconsiglia l'uso perché la temperatura non può essere controllata. In questo caso, occorre acquistare la spugnetta a parte.
Per la saldatura di circuiti integrati o zoccoli, è importante che la temperatura del saldatore sia costante e che la punta sia adeguata al tipo di circuito. La potenza massima della stazione saldante dovrebbe aggirarsi sui 40-50 watt. Anche la scelta della punta del saldatore è decisiva al fine di ottenere una saldatura perfetta.
Nella Figura 1.15d sono illustrati tre tipi di punta; la prima è adatta a saldature di precisione, la seconda per zoccoli e reofori a sezione piatta e la terza per saldare componenti SMD (*Surface Mount Device*).
Evitare nel modo più assoluto i saldatori a pistola di potenza elevata, che servono solo in elettrotecnica per saldare grossi cavi e componenti di potenza. Evitare anche l'uso di saldatori a gas.

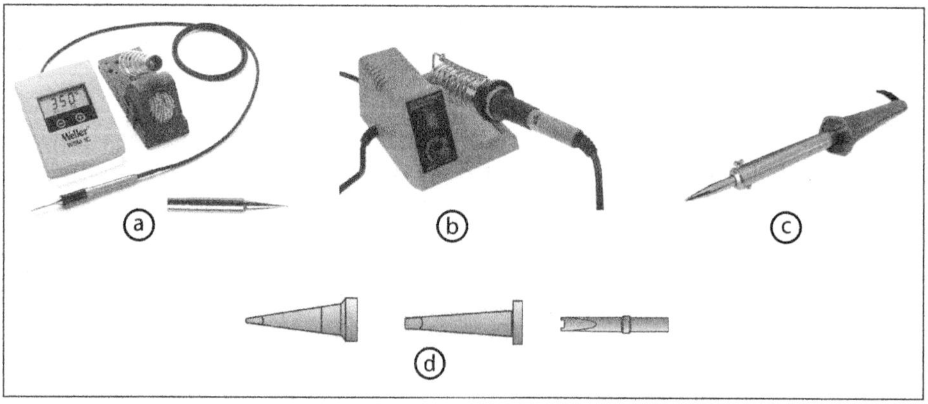

Figura 1.15 (a) Stazione saldante a controllo digitale, (b) a controllo analogico e (c) saldatore a stilo. (d) Alcuni tipi di punte.

Saldatura

La saldatura è un'operazione molto delicata e chi non l'ha mai eseguita è bene che faccia un po' di pratica prima di bruciare componenti elettronici, piste, piazzole e la punta stessa del saldatore. Per non procurare danni agli oggetti o a se stessi, il saldatore va considerato sempre come un dispositivo elettrico in grado di produrre temperature elevate. Nel caso di scottature accidentali, tenere nelle vicinanze una pomata o uno spray per le ustioni. Anche ai più esperti capita di scottarsi.

La saldatura è un processo termico che deve unire in modo indissolubile tre elementi: la piazzola in rame, il reoforo in alluminio e la lega di stagno.

Per ottenere questa fusione, viene usato il filo saldante, chiamato spesso solo "stagno", ma che in realtà è una lega di stagno 60/40, ovvero con una percentuale del 60% di stagno e del 40% di piombo. Da qualche anno è disponibile anche lo stagno Lead-Free (senza piombo) che costa molto di più, e che probabilmente soppianterà la lega 60/40 per salvaguardare la salute e l'ambiente. È bene operare in un ambiente aerato e comunque non inalare i fumi prodotti dalla saldatura, perché il piombo è tossico e a dosi molto elevate può essere letale.

A seconda della qualità, all'interno del filo saldante è già presente il flussante anticorrosivo, per cui non è necessario acquistarlo a parte. Se il filo saldante è povero, occorre aggiungere la pasta flussante prima della saldatura.

Per saldature di precisione si consiglia un filo saldante di diametro 0,5 mm, mentre per saldare cavi può essere utile un diametro di 0,8 o 1 mm (Figura 1.16a).

Operazioni di saldatura

Regola d'oro: la saldatura perfetta deve essere eseguita alla temperatura ottimale e nel minor tempo possibile.

Per "temperatura ottimale" non si intende la più alta, ma quella che permette l'operazione di saldatura nel più breve tempo possibile.

La temperatura della punta per saldature su circuiti stampati e basette millefori, di solito, è compresa fra 330° e 350° centigradi. Motivo per cui sono più indicate le stazioni saldanti a controllo digitale con display numerico, che permettono un monitoraggio continuo della temperatura. Le stazioni analogiche hanno un potenziometro con scala graduata e riescono a garantire una buona stabilità, ma solitamente non evidenziano i gradi centigradi.

L'operazione di saldatura va eseguita in tre movimenti decisi, precisi e rapidi (Figura 1.16b).

1. Appoggiare la punta per circa un secondo fra piazzola e reoforo del componente per un breve preriscaldamento.
2. Avvicinare il filo saldante per un secondo o due, fra piazzola e reoforo, non sulla punta, in modo che la lega fonda subito, lasciando una quantità sufficiente a coprire la piazzola.
3. Togliere dalla piazzola il filo di stagno, attendere circa un secondo e togliere la punta del saldatore.

Tempo totale dell'operazione: quattro/cinque secondi circa. Se si arriva a otto/dieci secondi, significa che la lega di stagno è scadente o che la temperatura della punta è troppo bassa. Controllare anche che la punta non sia rovinata e, nel caso, cambiarla.

Non eccedere mai con lo stagno, perché potrebbe colare su altre piste o piazzole vicine, creando cortocircuiti.
Lasciare sempre che la saldatura si solidifichi da sola, diventando lucida. Non soffiare mai sulla saldatura per accelerare il raffreddamento. Se la saldatura è opaca oppure è a forma di pallina, vuol dire che è "fredda". Una saldatura fredda non consente un buon contatto fra le parti. Se si prova a muovere un po' il reoforo, si staccherà sicuramente dalla piazzola.

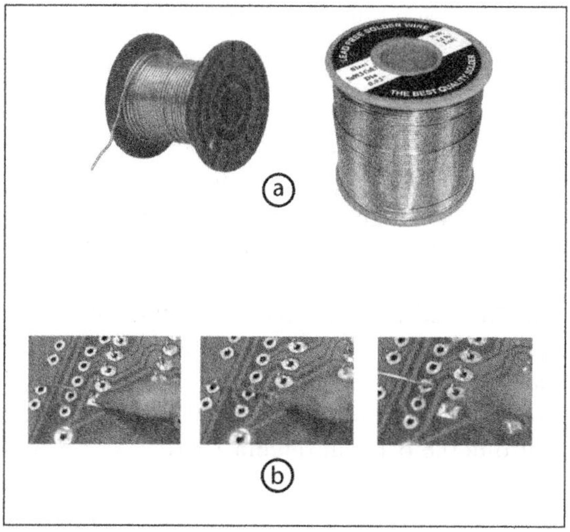

Figura 1.16 (a) Filo saldante 60/40 e una bobina di stagno Lead-Free.
(b) Le tre fasi della saldatura.

Decalogo per allungare la vita della punta e per assicurare sempre una buona saldatura.

1. Pulire sempre la punta sulla spugnetta, possibilmente imbevuta con acqua distillata, evitando così depositi di calcare.
2. Non percuotere mai o lasciare cadere il saldatore con la punta calda.
3. Non permettere che lo stagno bruci sulla punta, creando incrostazioni.
4. Bagnare la punta con un po' di stagno e pulirla sulla spugnetta prima della saldatura.
5. Finita la saldatura, non lasciare inutilmente il saldatore acceso per ore, ovvero spegnere la stazione o abbassare la temperatura al minimo.
6. Non pulire la punta con carta vetrata o altri materiali abrasivi.
7. Non sciogliere mai plastica, bruciare legno o altri materiali diversi dalla lega di stagno.
8. Non usare solventi per la pulizia, perché potrebbe distaccarsi la placcatura della punta.
9. Non usare troppa forza durante la saldatura, tentando di piegare i reofori, per esempio.
10. Pulire la punta sulla spugnetta e stagnarla prima di spegnere la stazione.

Dissaldatura

Nel caso si verifichi una cattiva saldatura o se cola troppo stagno sulla piazzola, è necessario riscaldare nuovamente lo stagno e togliere la parte in eccesso con un economico "aspira-stagno" a molla (Figura 1.17a) liberando il più possibile il reoforo e ripetere la saldatura. Non insistere troppo con il calore sulla piazzola di rame, perché potrebbe venire danneggiata irrimediabilmente.
Esistono anche complete stazioni dissaldanti o dissaldatori professionali (Figura 1.17b). Considerato il costo, questi sono rivolti a laboratori in cui la mole di lavoro può giustificarne la spesa.

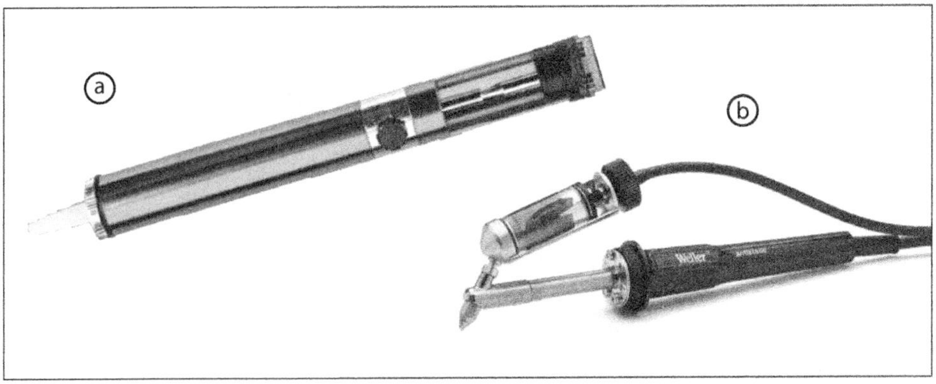

Figura 1.17 (a) Un economico "aspira-stagno" a molla. (b) Un dissaldatore professionale.

Coccodrilli e morsetti

I coccodrilli sono utilissimi, se non indispensabili, per effettuare collegamenti volanti fra parti di un circuito in prova o per effettuare misurazioni al volo.
Nella Figura 1.18a sono illustrati i tipi più comuni.

- Coccodrilli per puntali: si infilano nei puntali del multimetro per effettuare misurazioni al volo.
- Coccodrilli con cavetto: per effettuare collegamenti volanti fra vari punti del circuito, di solito di lunghezza limitata a 30 o 50 cm.
- Coccodrilli nudi: si possono saldare o crimpare su cavi unipolari per la costruzione di cavetti di lunghezza personalizzata.

Per effettuare collegamenti mobili su un circuito stampato o una basetta millefori si usano normalmente morsetti e morsettiere multiple come quelle illustrate nella Figura 1.18b. In questo caso, il fissaggio a vite (in alcuni modelli è a molla) consente un efficace e duraturo collegamento a una linea di alimentazione esterna oppure un collegamento ad altri dispositivi esterni al circuito, come sensori, motori e altri attuatori.
Ce ne sono di vari tipi e grandezze e di diverso passo, per cui bisogna fare attenzione a prendere quelli con passo 5 mm per poterli inserire senza difficoltà su millefori con passo standard 2,54 mm. Sapendo che il foro va comunque allargato a 1,3 mm, il passo 5 mm si adatterà perfettamente.

Inoltre, essendo componibili, si consiglia di prendere i morsetti a due e tre contatti. In caso di necessità si possono combinare fra loro per personalizzare la morsettiera.

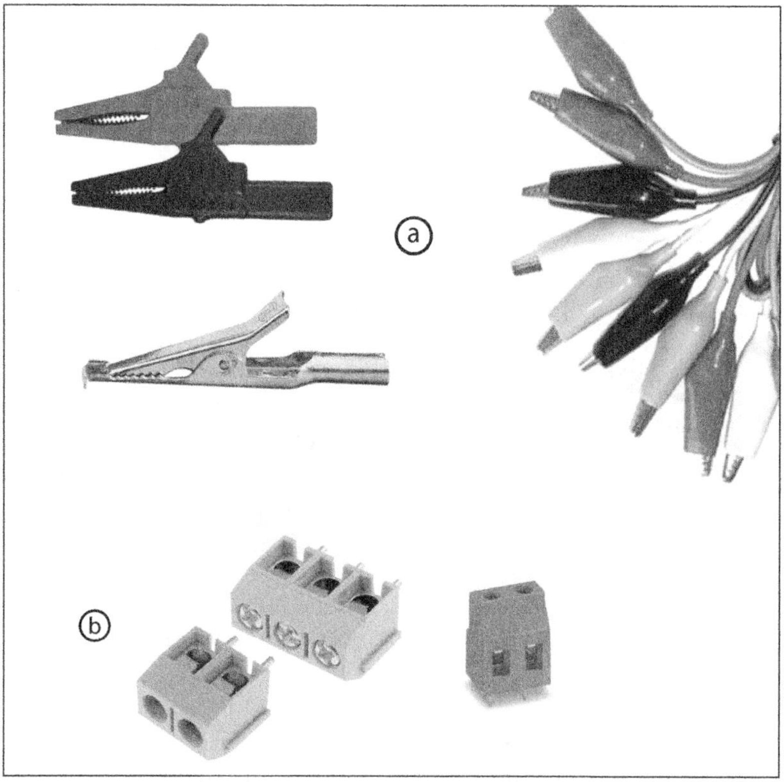

Figura 1.18 (a) Vari tipi di coccodrilli. (b) Alcuni tipi di morsetti per PCB e millefori.

Attrezzatura essenziale

Limitando l'attrezzatura da laboratorio allo stretto necessario, sono considerati assolutamente indispensabili i seguenti dispositivi:

- terza mano;
- multimetro;
- oscilloscopio.

Terza mano

Soprattutto se si lavora da soli, l'operazione di saldatura diventa problematica quando è necessario tenere ferma la basetta o quando si devono saldare cavi, prese, spine e quant'altro. Il sistema di aiuto più diffuso viene chiamato amichevolmente "terza mano". La Figura 1.19 illustra un paio di modelli disponibili in commercio. Di solito, una terza mano è dotata di lente di ingrandimento, di coccodrilli orientabili, di vaschetta porta-spugnetta e di un supporto porta-saldatore. Alcuni modelli sono dotati anche di illuminazione sotto la lente o di faretto orientabile a LED. In alternativa a questo prezioso dispositivo di aiuto, si può usare una piccola morsa da tavolo (sconsigliato).

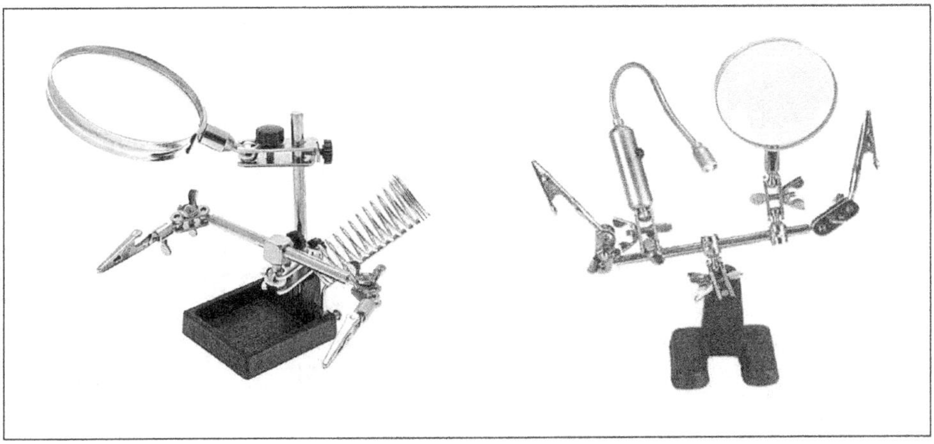

Figura 1.19 Due modelli di "terza mano".

Multimetro

Il multimetro, chiamato anche *tester*, è indubbiamente un apparecchio utile in qualsiasi laboratorio di elettronica. Esistono multimetri di diverse tipologie e specializzati per misurazioni elettriche particolari. È possibile acquistare un multimetro digitale di discreta qualità per pochi euro, ma è consigliabile non risparmiare troppo.
Un multimetro deve dare, possibilmente, misurazioni con un'approssimazione vicina allo zero, anche se nel campo dell'hobbistica non viene richiesta una tale precisione.
In ogni caso, il multimetro deve essere in grado di svolgere le seguenti misurazioni:

- resistenza elettrica in ohm;
- tensione elettrica continua DC in volt;
- tensione elettrica alternata AC in volt;
- corrente elettrica continua DC in ampere;
- corrente elettrica alternata AC in ampere.

Nei multimetri un po' più sofisticati, si possono trovare anche le seguenti caratteristiche:

- misurazioni di capacità e induttanze;
- prova diodi e transistor;
- misurazioni di correnti fino 10 A e oltre.

Oggi sono sempre più diffusi i multimetri digitali (Figura 1.20a), ma esistono ancora i multimetri analogici con amperometro ad ago (Figura 1.20b). Per un certo tipo di misurazioni elettriche è sicuramente più comodo osservare l'andamento "analogico" del movimento dell'ago per rilevare variazioni continue di un segnale, altrimenti difficili da interpretare tramite il display numerico di un multimetro digitale.

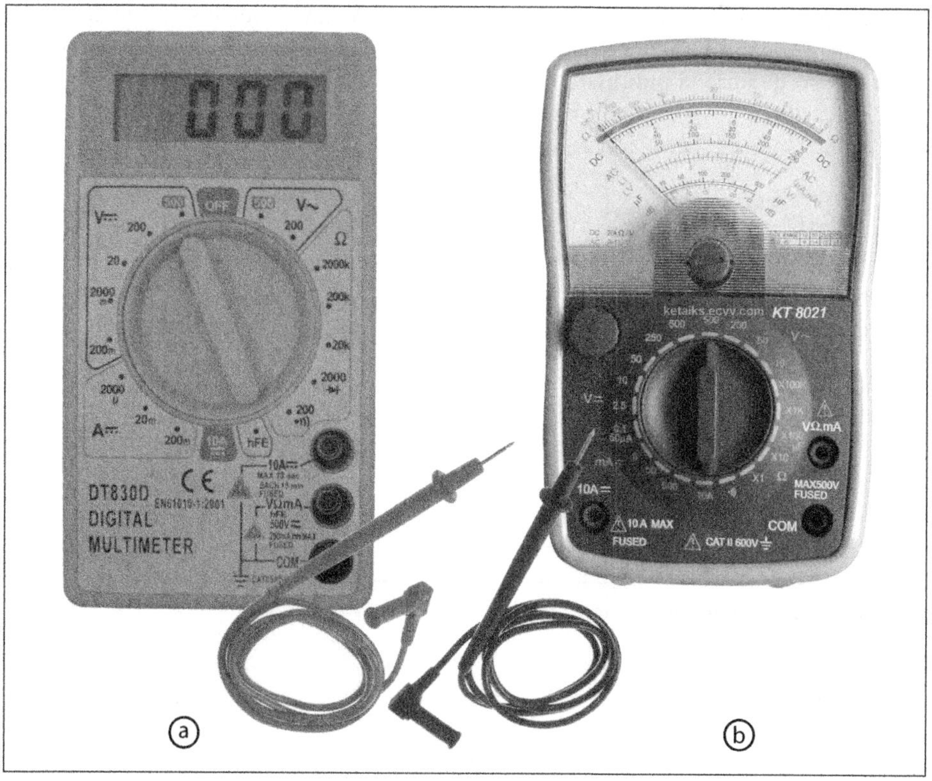

Figura 1.20 (a) Multimetro digitale. (b) Multimetro analogico.

Misurazioni con il multimetro

Per usare un multimetro con profitto, ecco alcune semplici indicazioni per effettuare le misurazioni più comuni.

Tensione continua

Per la misurazione di tensioni continue (Figura 1.21a), ruotare il selettore del multimetro su V DC, indicato con il simbolo V e una linea continua con una linea tratteggiata ⎓.

- Selezionare il valore di fondo scala, cioè la tensione che si prevede sia superiore a quella misurata. Per esempio, se si deve misurare la tensione di una pila a 9 V, bisogna impostare il fondo scala su 20 V ⎓.
- Mettere i puntali in parallelo alla pila e osservare la misurazione sul display.

Tensione alternata

Per la misurazione di tensioni alternate (Figura 1.21b), ruotare il selettore del multimetro su V AC, indicato con il simbolo V e una tilde ~.

- Selezionare il valore di fondo scala, cioè la tensione che si prevede sia superiore a quella misurata. Per esempio, se si deve misurare la tensione di rete a 220 V, bisogna impostare il fondo scala su 400 o 600 V ~.
- Mettere i puntali in parallelo al circuito e osservare la misurazione sul display.

Attenzione a non toccare i puntali durante la misurazione quando la tensione è elevata.

Corrente continua

Per la misurazione di correnti continue (Figura 1.21c), ruotare il selettore del multimetro su A DC, indicato con il simbolo A e una linea continua con una linea tratteggiata ⎓.

- Selezionare il valore di fondo scala, cioè la corrente che si prevede sia superiore a quella misurata. Per esempio, se si deve misurare la corrente circolante di un circuito in cui si pensa possa circolare una corrente massima di 500 milliampere, bisogna impostare il fondo scala su 1 o 2 A ⎓.
- Mettere i puntali in serie al circuito e osservare la misurazione sul display.

Corrente alternata

Per la misurazione di correnti alternate (Figura 1.21d), ruotare il selettore del multimetro su A AC, indicato con il simbolo A e una tilde ~.

- Selezionare il valore di fondo scala, cioè la corrente che si prevede sia superiore a quella misurata. Per esempio, se si deve misurare la corrente circolante di un circuito in cui si pensa possa circolare una corrente massima di 10 ampere, bisogna impostare il fondo scala su 20 A~.
- Mettere i puntali in serie al circuito e osservare la misurazione sul display.

Attenzione a non toccare mai i puntali durante la misurazioni di correnti elevate.

Resistenza elettrica

Per la misurazione della resistenza (Figura 1.21e), ruotare il selettore del multimetro su ohm, indicato con il simbolo Ω.

- Selezionare il valore di fondo scala, cioè il valore della resistenza che si suppone sia superiore a quella misurata. Per esempio, se si deve misurare il valore di un resistore il cui valore si pensa possa essere di 1000 Ω, bisogna impostare il fondo scala su 2000 Ω.
- Mettere i puntali in parallelo al resistore e osservare la misurazione sul display.

Non toccare i puntali del multimetro per non falsare la lettura del resistore introducendo in parallelo la resistenza del proprio corpo.

Oscilloscopio

Fino a qualche tempo fa, un oscilloscopio professionale era un apparecchio costoso, ma fortunatamente oggi si possono trovare oscilloscopi economici alla portata di tutti. Non solo, ma si possono trovare sul mercato dell'usato occasioni imperdibili anche per oscilloscopi di una certa levatura.

L'oscilloscopio è uno strumento di misura basato su un display analogico o digitale nel quale vengono evidenziati i segnali elettrici (ampiezza) in base al loro andamento temporale (frequenza) (Figura 1.22a).

In pratica, si può misurare l'ampiezza del segnale (tensione) sull'asse verticale y mentre si visualizza la sua frequenza sull'asse orizzontale x.

Gli oscilloscopi più comuni arrivano a misurare frequenze di qualche decina di MHz (segnali audio e televisivi) fino a frequenze digitali di diversi GHz (telefonia, Wi-Fi) negli apparecchi digitali più costosi.

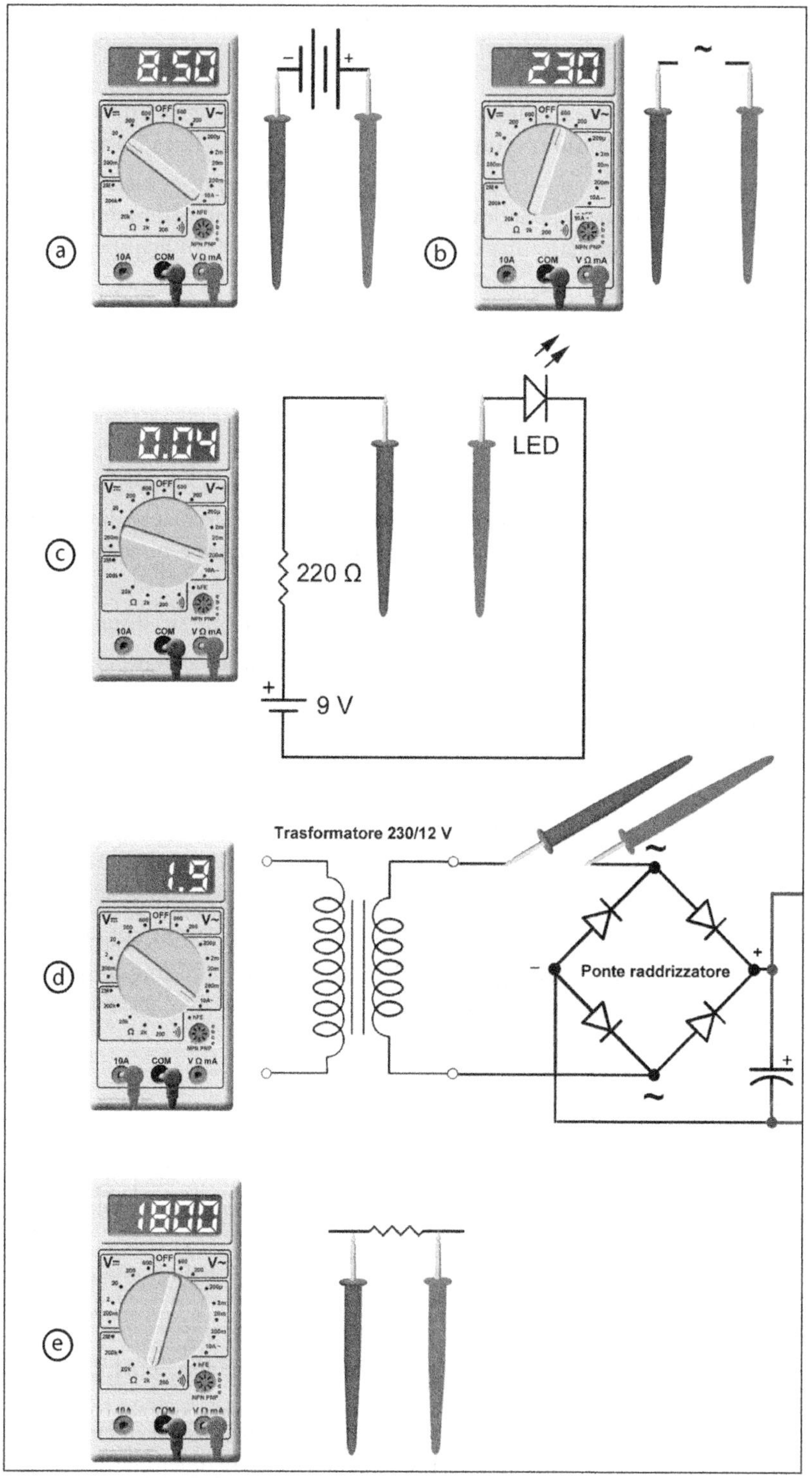

Figura 1.21 Misurazioni con multimetro digitale.

Esistono anche dei comodi oscilloscopi tascabili (Figura 1.22b) oppure dotati di interfaccia per PC (Figura 1.22c) e addirittura per iPhone o smartphone Android per pochi euro. Infine, dedicato a coloro che amano costruirsi le cose, nel Capitolo 6 viene descritto un interessante progetto di oscilloscopio fatto con Arduino.

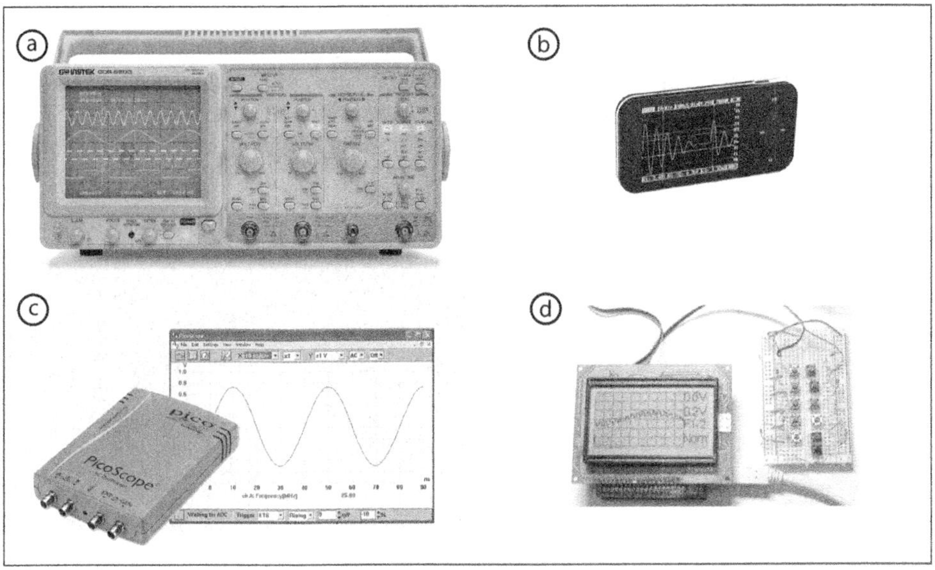

Figura 1.22 (a) Oscilloscopio tradizionale di tipo analogico. (b) Oscilloscopio digitale tascabile. (c) Oscilloscopio su PC. (d) Oscilloscopio fatto con Arduino.

Come usare l'oscilloscopio

Benché a prima vista sembri complicato, l'uso di un oscilloscopio è abbastanza semplice, almeno per le misurazioni più comuni.

All'ingresso dell'oscilloscopio deve essere collegata una sonda, così viene chiamato il puntale dotato di un divisore di tensione interno con terminazione a massa.

I controlli di base comunemente presenti in un oscilloscopio analogico sono i seguenti.

- *Bright*: regola la luminosità della traccia.
- *Focus*: mette a fuoco la traccia sul display.
- *Trigger Level*: seleziona il livello del trigger.
- *Trigger Source*: seleziona la sorgente del trigger (interna o esterna).
- *Trigger Mode*: seleziona come effettuare il trigger (automatico o normale).
- *Slope*: seleziona la pendenza del fronte sul quale effettuare il trigger.
- *Timebase* (o *Time/Div*): seleziona la velocità della scansione orizzontale (frequenza).
- *Input level* (o *Volts/Div*): regola il livello d'ingresso (ampiezza).
- *Vertical position*: regola la posizione verticale della traccia sul display.
- *Horizontal position*: regola la posizione orizzontale della traccia sul display.

I modelli a doppia traccia (o multitraccia) consentono di confrontare contemporaneamente due o più segnali in ingresso. I controlli per il monitoraggio della seconda traccia rimangono pressoché identici.

Monitoraggio dei segnali

L'oscilloscopio serve soprattutto al monitoraggio dei segnali analogici o digitali. Per esempio, se si vuole visualizzare la forma d'onda di un segnale audio, è sufficiente collegare la sonda dell'oscilloscopio all'uscita del preamplificatore collegando il puntale e la massa della sonda rispettivamente al polo positivo e alla massa di un connettore RCA. Si vedrà "danzare" la forma d'onda sul display a tempo di musica, evidenziando l'andamento del contenuto armonico del segnale audio (Figura 1.23).

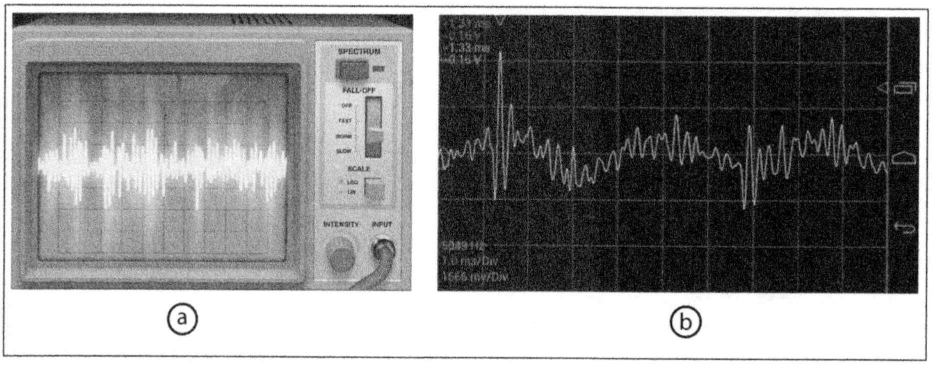

Figura 1.23 Forma d'onda del segnale audio (a) su un oscilloscopio software (Soundbeam) per iPhone e (b) Oscilloscope Pro per Android.

Per altri esempi pratici di utilizzo dell'oscilloscopio si veda il progetto "Oscilloscopio con Arduino" spiegato nel Capitolo 6.

Alimentazione

Oltre a essere ben attrezzato, un laboratorio deve essere soprattutto sicuro, per cui si consiglia di curare il più possibile la sezione dedicata all'alimentazione generale e quella destinata ai circuiti di prova.

Innanzitutto, deve essere predisposto un quadro elettrico o, in alternativa, una ciabatta di alimentazione cablata con prese di rete e interruttori in grado di alimentare singolarmente i vari strumenti come la stazione saldante, l'oscilloscopio, gli alimentatori da banco, il computer, il monitor video, l'impianto audio e così via.

Non aggrovigliare mai i cavi di alimentazione, che vanno collegati ai singoli dispositivi e soprattutto non usare mai una sola presa multipla a muro.

Alimentatore da banco

Non deve essere sottovalutata l'utilità di un alimentatore da banco, anche si tratta di una spesa non indifferente.
Ce ne sono di vari modelli e con caratteristiche più o meno professionali, da cui dipende il costo. Un alimentatore da banco alla portata di tutti e sufficiente nella maggior parte dei casi, è rappresentato nella Figura 1.24:

- tensione regolabile da 0-30 volt;
- corrente regolabile fino a 5 ampere;
- display digitale;
- regolazione fine della tensione;
- regolazione fine della corrente;
- presa centrale di massa per un'eventuale alimentazione duale.

Con un alimentatore da banco con queste caratteristiche si possono alimentare anche i circuiti a doppia alimentazione e regolare con precisione la tensione e l'assorbimento in corrente in modo ottimale.

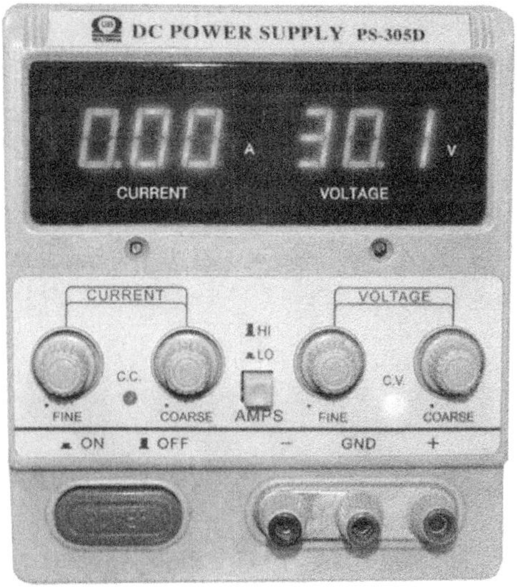

Figura 1.24 Alimentatore da banco da 0-30 volt, 5 ampere con display e controllo fine per tensione e corrente.

Capitolo 2

Elettronica di base

In questo capitolo

- Elettronica analogica e digitale
- Elettronica di base
- Componenti passivi
- Componenti attivi

Elettronica analogica e digitale

Prima di parlare della differenza fra elettronica analogica e digitale è necessario spiegare i concetti di segnale analogico e segnale digitale.
Prendendo come esempio una diffusa metafora, un segnale analogico può essere paragonato al profilo di uno scivolo o di una retta inclinata, mentre un segnale digitale può essere paragonato a quello di una scala o di una linea a gradini (Figura 2.1a).
Si intuisce immediatamente che la linea continua rappresenta un insieme di valori infiniti, nel senso di "non definibili" con precisione. La linea a gradini rappresenta invece un insieme di valori finiti, ovvero distinguibili (numero di gradini).
In altre parole, per descrivere una posizione sulla rampa la si può indicare solo in modo grossolano, usando un'analogia del tipo "all'inizio, a metà, a tre quarti e così via", mentre nella scala a gradini si può indicare la posizione con precisione, ovvero indicare il numero del gradino.
La differenza fra andamento "analogico" e andamento "numerico" sta proprio nel senso di continuità dalla rampa contro il senso di precisione offerto dalla scala a gradini.
I valori continui vengono pertanto definiti "analogici", mentre i valori numerici vengono definiti "digitali", dal latino *digitus*, che significa dito della mano.
Nel mondo digitale, spesso si usa il termine "discreto", inteso come participio passato del verbo discernere, cioè distinguere. Questo ci porta a enunciare un concetto fondamentale alla base della tecnologia analogica e di quella digitale:

- analogico è sinonimo di continuo, non analizzabile con precisione;
- digitale è sinonimo di discreto, analizzabile con precisione.

Nell'elettronica analogica vengono usati circuiti, per lo più basati su transistor o su circuiti integrati analogici, che trattano segnali in cui i valori di tensione variano in continuazione entro un intervallo minimo e massimo di ampiezza.

Per esempio, un tipico circuito analogico è quello di un amplificatore audio: il suono in uscita dagli altoparlanti viene prodotto da una tensione applicata ai capi dell'altoparlante, che si muove in "analogia" al segnale di ingresso, per esempio quello di un microfono o di un'altra sorgente sonora. In pratica, il debole segnale di un microfono (o altra sorgente) viene mandato a uno stadio di amplificazione che produce una tensione variabile sui terminali dell'altoparlante, che così potrà muovere l'aria circostante e rendere udibili i suoni provenienti dal microfono (o altra sorgente).

Nell'elettronica digitale vengono impiegati invece circuiti integrati, microprocessori e altri dispositivi "logici" in grado di trattare segnali digitali basati su due soli stati di tensione: 0 V e 5 V (Figura 2.1b).

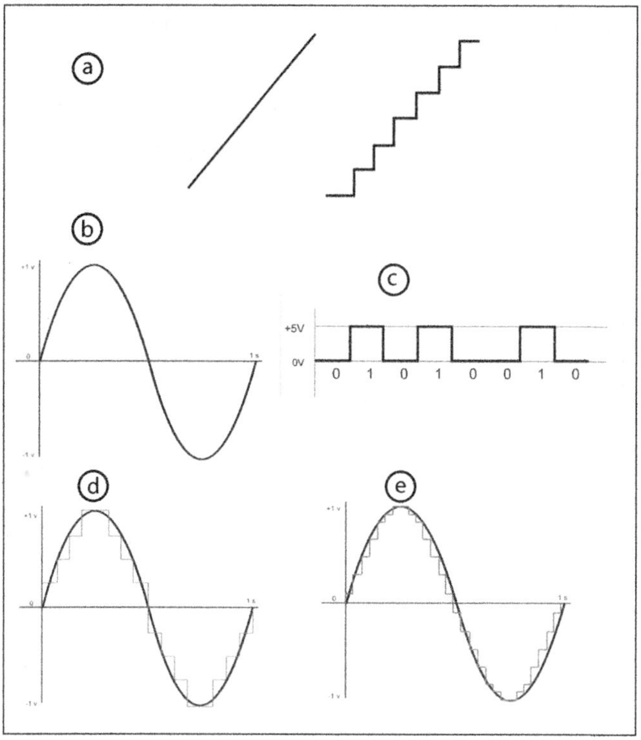

Figura 2.1 (a) Metafora dello scivolo e della scala a gradini per rappresentare un andamento analogico e digitale. (b) Segnale con il tipico andamento analogico. (c) Segnale digitale costituito da una serie bit. (d) Segnale analogico digitalizzato a una risoluzione di 16 bit. (e) Segnale analogico digitalizzato a una risoluzione di 24 bit.

Rimanendo nell'ambito audio, un tipico circuito digitale chiamato ADC (*Analog to Digital Converter* = convertitore analogico digitale) è in grado di trasformare in numeri, ovvero "digitalizzare" il segnale analogico proveniente da un microfono (o altra sorgente), tramite una serie di impulsi di tensione di 0 e 5 volt (Figura 2.1c). Questi impulsi digitali possono venire facilmente memorizzati su un supporto come un disco rigido, un chip di memoria, un CD, un DVD o altro.

Per facilitare la comprensione dei segnali digitali vengono usati gli stati logici "basso" e "alto", corrispondenti rispettivamente a "bit 0" e "bit 1". Ricordiamo che *bit* è la contrazione dei termini *binary digit*, ovvero numero binario. In una conversione analogico-digitale si otterrà un segnale digitalizzato come quello rappresentato nella Figura 2.1d. Aumentando la risoluzione in bit si potrà ottenere una forma d'onda digitalizzata più fedele all'originale (Figura 2.1e). Viene spesso usato come sinonimo di digitalizzazione il termine "campionamento", inteso come conversione dei dati analogici in "campioni" digitali.

Nel caso di un campionamento audio, i dati memorizzati su un supporto digitale (per esempio un CD) non possono venire riprodotti direttamente da un altoparlante. Questi dati vanno "letti" da un dispositivo digitale (lettore CD) e convertiti in segnali analogici. Il circuito DAC (*Digital to Analog Converter*) contenuto nel dispositivo di lettura è in grado di ricostruire il segnale analogico fornendo a un amplificatore una serie di tensioni variabili che potranno essere riprodotte da un altoparlante.

Per fare un esempio, il segnale audio analogico, normalmente percepito in un intervallo di frequenza compreso fra 20 Hz e 20 kHz deve essere digitalizzato (campionato) a una frequenza di almeno 44,1 kHz e 16 bit di risoluzione per poter essere percepito con una buona qualità. I normali CD audio sono prodotti in base questo standard. Più sono elevate la frequenza di campionamento e la risoluzione in bit, più il segnale riconvertito in analogico sarà simile a quello originale.

Bisogna dire che quasi sempre elettronica digitale e analogica convivono. Anche nel più sofisticato dispositivo digitale ci sarà sempre la necessità di comunicare dati ai sensi umani. Per cui, da una parte, ci sarà bisogno di sensori in grado di catturare luce, movimento, suono e così via. Questi dati analogici verranno campionati e trattati in digitale e, in molte occasioni, riconvertiti in analogico per poter essere percepiti dai nostri sensi.

In questo libro verranno trattati circuiti analogici, circuiti digitali e circuiti ibridi. Si imparerà a costruire semplici circuiti analogici che potranno far funzionare circuiti digitali e circuiti digitali in grado di convertire i dati digitali in segnali analogici.

Elettronica di base

La corrente elettrica è un flusso di "elettroni", cioè di quelle particelle che costituiscono la parte esterna di tutti gli atomi della materia di cui è composto l'universo.

L'atomo è costituito da un nucleo di protoni dotati di carica positiva e di neutroni, privi di carica. Attorno al nucleo ruotano alla velocità della luce gli elettroni che, essendo dotati di carica negativa (-), devono sfuggire all'attrazione della carica positiva (+) dei protoni del nucleo (Figura 2.2). I neutroni non hanno nessun ruolo in questa azione di attrazione.

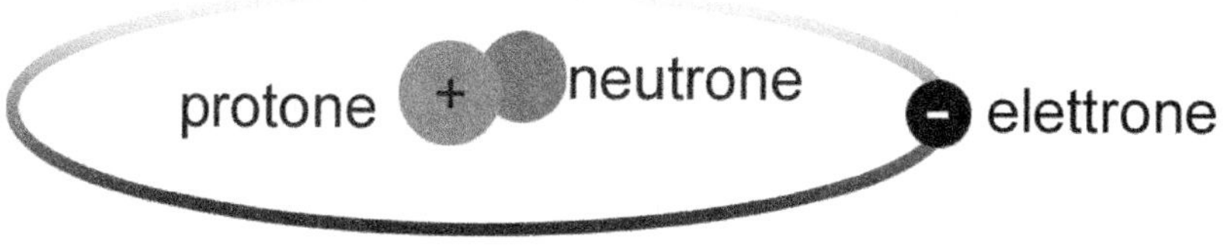

Figura 2.2 L'atomo è formato da protoni (+), neutroni (carica nulla) ed elettroni (-) in perfetto equilibrio energetico.

Ogni atomo, a seconda dell'elemento a cui appartiene, ha un numero ben definito di protoni, di neutroni e di elettroni. In condizioni normali questo numero è sempre uguale e l'atomo si trova quindi in equilibrio perfetto, con la carica positiva e quella negativa che si controbilanciano a livello energetico. Per esempio, l'atomo di idrogeno possiede un protone, un neutrone e un elettrone, l'atomo di elio possiede due protoni, due neutroni e due elettroni, l'atomo del rame possiede 29 protoni, 29 neutroni e 29 elettroni, l'atomo dell'argento possiede 47 protoni, 47 neutroni e 47 elettroni, quello dell'oro 79 protoni, 79 neutroni e 79 elettroni e così via. Tutti gli elementi chimici sono catalogati nella cosiddetta tavola periodica, nella quale sono disposti in base al loro numero atomico, gruppo (colonna) e periodo (riga) di appartenenza.

Alcuni elementi sono naturalmente portati ad acquisire o perdere elettroni. Per esempio, se si strofina una bacchetta di plastica su un indumento di lana, si crea uno squilibrio di elettroni nella bacchetta di plastica, per cui questa è in grado di attrarre piccoli pezzi di carta o capelli. Gli antichi greci si accorsero che questo accadeva facilmente con l'ambra, chiamata *electron*. Per cui questo fenomeno venne chiamato triboelettrico (*tribos* = strofinio). L'antico termine dell'ambra diede il nome all'elettricità.

In pratica, in tutti i circuiti elettrici, la perdita di elettroni di un elemento provoca uno squilibrio di cariche che deve essere sempre compensato. Un atomo con elettroni in eccesso viene chiamato *ione negativo*. Un atomo con protoni in eccesso, ovvero che ha perso elettroni, viene chiamato *ione positivo*.

Gli ioni negativi (atomi che hanno acquisito elettroni) sono detti anche *anioni* mentre gli ioni positivi (atomi che hanno perso elettroni) sono detti *cationi*.

I terminali di un generatore di corrente elettrica, per esempio una pila, si chiamano elettrodi (dal greco *odos* = strada, quindi "strada degli elettroni").

Per cui si avrà:

- *anodo* – l'elettrodo che attira gli anioni (elettrodo positivo);
- *catodo* – l'elettrodo che attira i cationi (elettrodo negativo).

Di solito si è portati a pensare che il flusso della corrente elettrica scorra dal polo positivo verso il polo negativo. Al contrario, il flusso della corrente elettrica va sempre dal polo negativo verso il positivo, dato che sono sempre gli ioni positivi quelli che attirano gli elettroni per ristabilire l'equilibrio di energia dell'atomo. Quindi, in una pila i segni di anodo e catodo sono invertiti.

Tensione

Le cariche di uguale polarità (negativa o positiva) si respingono reciprocamente. Per esempio, quando si prova ad avvicinare il polo positivo di una calamita al polo positivo di un'altra calamita si avverte una certa resistenza e non si riuscirà a unire i due poli.
Una calamita è invece in grado di attirare gli oggetti metallici, perché gli atomi di questi oggetti sono in equilibrio atomico e gli elettroni più esterni vengono attratti dai protoni in eccesso della calamita. Bisogna sempre tenere a mente che sono i protoni (le cariche positive) che attraggono gli elettroni (cariche negative).
Osservando i terminali di una comune pila (Figura 2.3), si noterà sempre un polo contrassegnato con il segno positivo (+) e un polo contrassegnato con il segno negativo (-). Significa che, in una situazione normale, la pila possiede un eccesso di ioni positivi sul polo positivo e, viceversa, un eccesso di ioni negativi sul polo negativo.

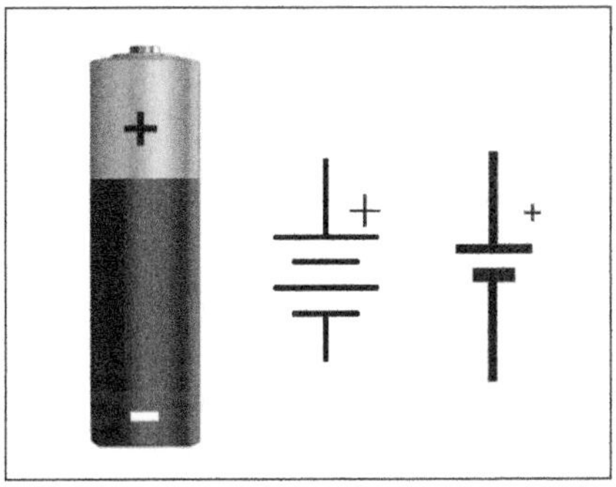

Figura 2.3 Una comune pila da 1,5 volt con le indicazioni del polo positivo e del polo negativo. A destra simboli elettrici più comunemente usati.

Lo squilibrio di cariche positive e cariche negative di una pila o di un generatore di corrente elettrica viene chiamato "differenza di potenziale". Fra due poli con differente potenziale elettrico si genera pertanto la cosiddetta "tensione" elettrica.
L'unità di misura della tensione è il *volt* (simbolo V), in onore ad Alessandro Volta (Como, 1745 – Camnago Volta, 1827), l'inventore della prima pila costruita su base elettrochimica.
Se colleghiamo i due terminali della pila con un filo di materiale conduttore, per esempio di rame, gli elettroni del polo negativo verranno attratti dal polo positivo. Questo movimento di elettroni genera una *corrente elettrica.*
La corrente elettrica cesserà quando verrà ristabilito negli atomi l'equilibrio energetico tra i protoni e gli elettroni degli atomi che compongono gli elementi chimici usati per la pila. In altre parole, la pila si "scarica" con il passaggio di cariche negative verso il polo positivo.
Il flusso di elettroni può essere sfruttato per produrre "energia elettrica".
Per esempio, per produrre calore si fanno passare gli elettroni attraverso un materiale resistivo che oppone "resistenza" al flusso di elettroni.
Si può produrre luce se gli elettroni attraversano un filamento, causando un attrito così forte da far diventare incandescente il filamento stesso (lampadina a incandescenza). Con l'energia degli elettroni si possono realizzare "elettrocalamite", quando gli elettroni vengono fatti passare attraverso un filo avvolto a un pezzo di ferro o in una spirale in aria.

Volendo complicare le cose, si possono costruire circuiti elettronici in grado di "guidare" gli elettroni in modo che interagiscano con i componenti passivi e i componenti attivi per un'infinità di applicazioni: dalla semplice accensione di diodi LED al controllo digitale di circuiti integrati, di microprocessori e via dicendo.
Una pila (chiamata anche accumulatore) possiede un elettrodo positivo e un elettrodo negativo perché al suo interno gli elementi chimici presentano uno squilibrio di elettroni dovuto alla diversa ionizzazione.
Le pile possono essere di vario tipo e offrire tensioni diverse per poterle sfruttare opportunamente come sorgenti di alimentazione in vari dispositivi elettronici.
Il volt è l'unità che misura lo squilibrio fra le cariche positive e negative, ovvero la differenza di potenziale elettrico. In altre parole, il volt misura la "forza" dei singoli elettroni che potenzialmente vengono attratti quando il circuito viene chiuso. Una pila da 1,5 volt ha un potenziale basso e può alimentare un circuito il cui assorbimento di energia è esiguo. Una pila da 9 volt ha un potenziale sei volte maggiore rispetto a una pila da 1,5 volt e può alimentare un circuito molto più esigente di energia.
Per comodità, la differenza di potenziale elettrico viene espressa anche con i multipli e sottomultipli del volt:

MV	Megavolt (10^6)	Un milione di volt
kV	Kilovolt (10^3)	Mille volt
mV	millivolt (10^{-3})	Un millesimo di volt
μV	microvolt (10^{-6})	Un milionesimo di volt

Corrente

Quando viene messo in movimento in un circuito, il flusso di elettroni che vanno dal polo negativo al polo positivo produce una "corrente elettrica".
L'unità di misura della corrente elettrica è l'*ampere* (simbolo A), in onore a André-Marie Ampère (Poleymieux-au-Mont-d'Or, 1775 – Marsiglia, 1836), fisico francese che dedicò la sua vita allo studio dei fenomeni elettrici e fisici.
Giusto per dare un'idea del significato di corrente elettrica, 1 ampere corrisponde a circa $6{,}28^{-18}$ (6 280.000.000.000.000.000) elettroni che scorrono dal polo negativo verso il polo positivo nel tempo di 1 secondo, ovvero 1 coulomb al secondo:

1 A = 1 C/1 s

NOTA

Il coulomb è l'unità di misura della carica elettrica, in onore a Charles Augustin de Coulomb (1736 – 1806), scienziato francese che per primo studiò il moto delle cariche elettriche. Definito con il simbolo C nel sistema internazionale, un coulomb è pari alla quantità di carica elettrica trasportata in 1 secondo dalla corrente di 1 ampere: 1 C = 1 A x s.

Contrariamente a una diffusa cattiva abitudine, bisogna sempre prestare molta attenzione a maneggiare un circuito in cui scorre corrente elettrica. L'intensità della corrente elettrica non dipende dal valore di tensione. È possibile prelevare 1 A di corrente da una tensione di 1 volt come dalla tensione di rete a 220 volt.

In modo analogo, un circuito che eroga una tensione di milioni di volt potrebbe produrre una corrente irrisoria di qualche milionesimo di ampere ed essere quindi del tutto innocua. Per esempio, la leggera scossa (pur sempre fastidiosa, ma non letale) che si percepisce sulle dita quando si apre la portiera dell'auto, è prodotta dalla scarica di corrente elettrostatica prodotta dallo sfregamento di tessuti plastici (l'effetto triboelettrico visto in precedenza). La scintilla che talvolta si vede in questi casi viene prodotta dall'attrito degli elettroni che superano l'isolamento del materiale dielettrico (l'aria) per ristabilire l'equilibrio ionico "disturbato" dallo strofinamento. Si tratta di un piccolissimo fulmine che scarica a terra migliaia di volt con una corrente infinitesimale. Al contrario, i fulmini di un temporale scaricano a terra milioni di volt con correnti dell'ordine delle decine di migliaia di ampere.

La scarica elettrostatica quando si maneggiano circuiti elettronici può essere letale per i circuiti elettronici, specie quelli con schede di memoria e processori. Anche se la corrente è debole, le alte tensioni possono danneggiare irreparabilmente le loro ridotte strutture in silicio. Per evitare danni, è consigliabile "scaricarsi" a terra toccando un termosifone o un rubinetto metallico prima di maneggiare circuiti integrati, microchip o transistor.

Nell'elettronica digitale vengono usate normalmente basse tensioni e amperaggi molto limitati, per cui si usano solo i sottomultipli dell'ampere. I più usati sono i seguenti:

mA	milliampere (10^{-3})	Un millesimo di ampere
μA	microampere (10^{-6})	Un milionesimo di ampere

Nelle formule la corrente elettrica viene indicata con la lettera I (lettera i maiuscola), corrispondente alla misura della *intensità* di corrente.

Corrente continua e corrente alternata

La corrente elettrica può essere di due tipi:

- corrente continua o diretta – pile, celle solari, alimentatori DC;
- corrente alternata – alternatori, trasformatori, alimentatori AC;

Questo significa che la tensione ai capi del generatore può produrre un flusso di elettroni continuo o alternato.

Gli elettrodi di una pila hanno sempre un conduttore con polarità negativa e uno con polarità positiva, quindi gli elettroni scorrono sempre in un'unica direzione, producendo una *corrente continua* (o corrente diretta) costante nel tempo.

La corrente continua si indica con la sigla CC (corrente continua) o DC (in inglese *Direct Current*) (Figura 2.4a).

Ai capi di un cavo inserito in una presa della rete domestica o di un trasformatore, la corrente cambia di direzione in modo alternato, cioè ognuno dei due poli cambia alternativamente la polarità, producendo così una *corrente alternata.*

La corrente alternata si indica con la sigla CA (corrente alternata) o AC (in inglese *Alternate Current*). L'inversione della polarità in un generatore di corrente alternata avviene alla frequenza di 50 hertz (simbolo Hz), ovvero di 50 periodi al secondo, seguendo un andamento sinusoidale per non causare bruschi cambiamenti di polarità (Figura 2.4b).

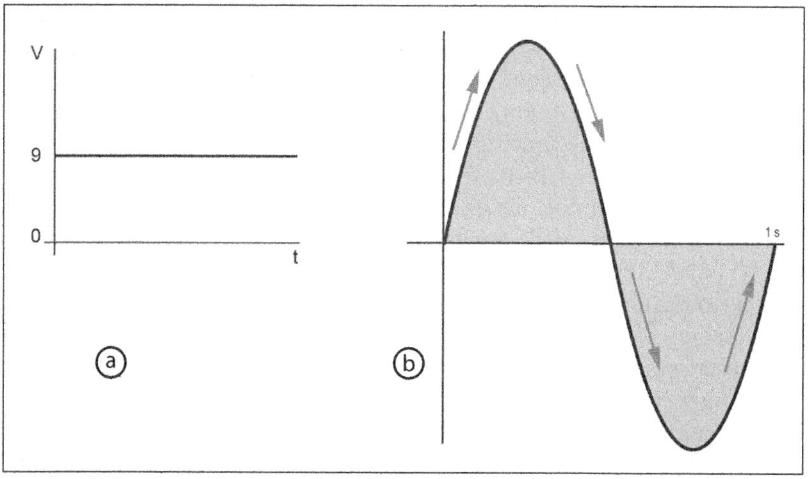

Figura 2.4 (a) Rappresentazione del flusso di corrente continua nel tempo. L'asse y rappresenta la tensione V. L'asse x rappresenta il tempo t. Nell'esempio la tensione è 9 volt. (b) Rappresentazione del flusso di corrente alternata nel tempo. L'asse y rappresenta la tensione V. L'asse x rappresenta il tempo t. Nell'esempio, la frequenza è di 1 Hz (1 ciclo al secondo). La frequenza di rete è di 50 Hz (b).

Potenza

La potenza elettrica è data dal prodotto di tensione e corrente. Conoscendo il valore di tensione di un qualsiasi generatore (pila, trasformatore, rete elettrica e così via) e la corrente prelevata per alimentare un circuito, è possibile calcolare il valore della "potenza" assorbita dal circuito, che in genere si traduce in "consumo" di corrente.

L'unità di misura della potenza elettrica è il *watt* (simbolo W), in onore a James Watt (Greenock, 1736 – Handsworth, 1819), ingegnere britannico che studiò le leggi fisiche e meccaniche derivate dalle macchine a vapore.

La formula per esprimere la potenza in watt è molto semplice:

watt = volt × ampere

Per esempio, un motore elettrico alimentato a 9 volt con una corrente circolante di 0,5 ampere assorbe una potenza elettrica di:

9 × 0,5 = 4,5 watt

Conoscendo la potenza assorbita in watt e la corrente circolante è possibile ricavare il valore della tensione di alimentazione tramite la formula inversa:

volt = watt / ampere

Conoscendo la potenza assorbita in watt e a tensione applicata è possibile ricavare il valore della corrente necessaria tramite la formula inversa:

ampere = watt / volt

Notare che si usa il concetto di potenza anche per esprimere l'erogazione di energia elettrica. Un circuito di alimentazione può erogare un certo numero di watt, ma per farlo deve comunque consumare energia e, quindi, assorbire potenza dalla rete. Molta energia viene purtroppo persa nel processo di trasformazione e dispersa sotto forma di calore. In elettrotecnica vengono usati i multipli del watt, mentre in elettronica è più comune usare il watt e i suoi sottomultipli. I più usati sono i seguenti:

MW	Megawatt (10^6)	Un milione di watt
kW	Kilowatt (10^3)	Mille watt
mW	milliwatt (10^{-3})	Un millesimo di watt
μW	microwatt (10^{-6})	Un milionesimo di watt

Resistenza

Normalmente la corrente elettrica è in grado di interessare tutti i corpi fisici, siano essi solidi, liquidi o gassosi. Ma non tutti i materiali sono buoni conduttori di elettricità. Esistono in natura elementi chimici che contengono molti elettroni liberi: per esempio, oro, argento, rame, alluminio, ferro e stagno sono ottimi conduttori elettrici.
Altri composti come ceramica, vetro o plastica contengono pochi elettroni liberi e quindi non riescono a far scorrere gli elettroni quasi in nessun modo. Per questo motivo, questi materiali sono chiamati isolanti. Anche la carta o il legno sono considerati ottimi isolanti.
Fra la categoria di materiali isolanti e quella di conduttori esiste anche una categoria di materiali intermedi che sono considerati scarsi conduttori o scarsi isolanti, come, per esempio il nichelcromo, la costantana e la grafite. Tutti questi materiali, che offrono una scarsa conduttività e per questo oppongono una certa "resistenza" al flusso di elettroni, vengono utilizzati in elettronica per la costruzione di resistori, potenziometri e trimmer. Si tratta di componenti elettronici passivi che possono introdurre nel circuito una resistenza fissa al passaggio di elettroni (nel caso del resistore fisso) oppure regolarne il flusso in modo variabile in base a condizioni esterne (potenziometri o sensori ottici, termici e così via).
L'unità di misura della resistenza elettrica si chiama *ohm* (simbolo **Ω**) indicata con la lettera greca omega maiuscola, in onore a Georg Simon Ohm (Erlangen, 1789 – Monaco di Baviera, 1854), un fisico tedesco che enunciò l'omonima legge.
Per comodità, in ambito elettronico vengono usati spesso i multipli seguenti:

KΩ	Kilo ohm (10^3)	1000 ohm
MΩ	Mega ohm (10^6)	1.000.000 ohm

Legge di Ohm

La legge di Ohm esprime il rapporto lineare tra la tensione e la corrente circolanti in un circuito. In pratica, è il rapporto tra la differenza di potenziale V (tensione in volt), posta ai capi di un conduttore elettrico, e la corrente elettrica *I* (corrente in ampere) che lo attraversa:

R (valore in ohm) = V (tensione in volt) / I (intensità di corrente in ampere)

Dalla suddetta formula è facile ricavare che la resistenza di 1 ohm è pari alla corrente di 1 ampere con una caduta di tensione di 1 volt ai capi del conduttore.
Per i più curiosi, 1 ohm corrisponde alla resistenza che gli elettroni incontrano passando attraverso una colonna di mercurio lunga 1 063 millimetri, del peso di 14,4521 grammi, a una temperatura di 0 gradi.
Nella Figura 2.5 è illustrato il tipico triangolo per ricordare la legge di Ohm. La parola latina VIR (uomo) è facile da ricordare, per cui basta mettere al vertice del triangolo la lettera V per stabilire le relazioni fra volt, intensità di corrente e resistenza.

- Nascondendo mentalmente la V, rimane il prodotto I × R.
- Nascondendo mentalmente la I, rimane il rapporto V / R.
- Nascondendo mentalmente la R, rimane il rapporto V / I.

I componenti elettronici passivi che oppongono resistenza al passaggio di elettroni si chiamano *resistori* o, erroneamente, resistenze.

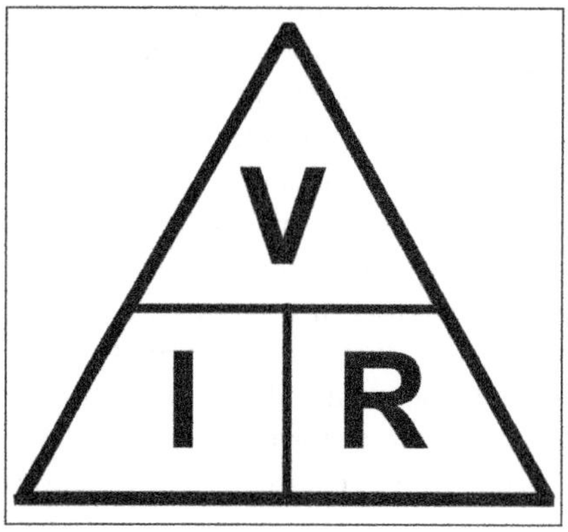

Figura 2.5 Triangolo VIR per ricordare facilmente la legge di Ohm.

Capacità

La capacità elettrica (più raramente, capacitanza) è la predisposizione di un corpo ad aumentare il proprio potenziale elettrico quando viene sottoposto a una tensione elettrica. In altre parole, un corpo in grado di accumulare una carica elettrica viene chiamato *condensatore*. Fisicamente, un condensatore è composto da due elementi metallici separati tra loro da un materiale isolante come plastica e derivati (poliestere, polistirene, polipropilene, Mylar), carta, ceramica, ossido di tantalio, mica o anche semplicemente aria.
Il comportamento di un condensatore può venire paragonato anche al già citato effetto triboelettrico, ovvero lo strofinamento di un oggetto isolante su un corpo conduttore (per esempio, una bacchetta di plastica su un indumento).

Collegando i terminali di un condensatore a una pila che fornisce una tensione continua, gli elettroni si dispongono sul polo negativo tentando di raggiungere il polo positivo. Essendo il polo positivo isolato, gli elettroni non lo potranno mai raggiungere e rimarranno condensati sul terminale negativo (Figura 2.6).
Togliendo l'alimentazione, i terminali del condensatore rimangono carichi, cioè su un terminale ci sarà un eccesso di elettroni, i quali rimarranno "condensati" sul terminale fino a quando il terminale non verrà messo in contatto con il terminale positivo (cortocircuito).

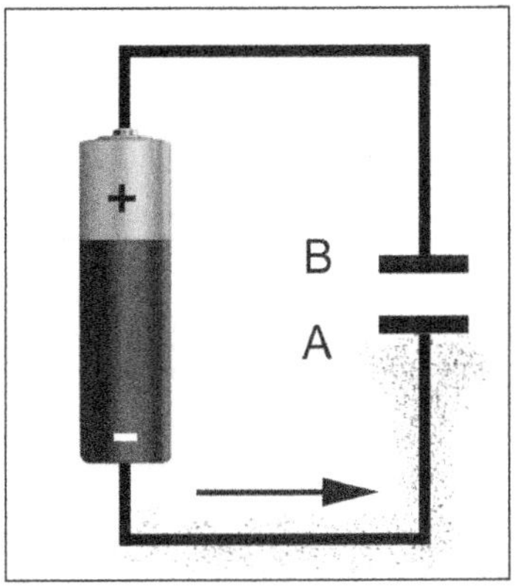

Figura 2.6 Applicando sui terminali di un condensatore una tensione continua, gli elettroni si accumulano sul terminale A, ma non potranno raggiungere il terminale B, perché risulta isolato.

Se invece viene applicata una tensione alternata, si otterrà un passaggio "alternato" di elettroni fra i due terminali del condensatore, con la differenza che gli elettroni incontreranno una certa resistenza proporzionale alla capacità stessa del condensatore e alla frequenza della tensione alternata applicata sui terminali (Figura 2.7).

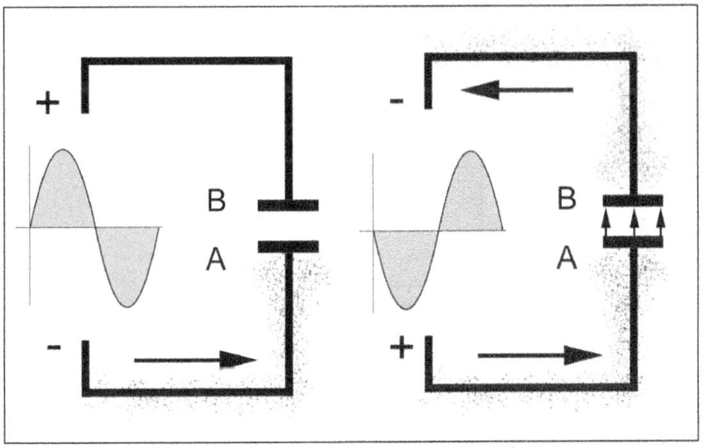

Figura 2.7 Quando la tensione alternata inverte la sua polarità, gli elettroni accumulati sul terminale A si riversano sul terminale positivo e il terminale opposto B si carica di elettroni. Il ciclo si ripete quando la corrente inverte nuovamente la polarità, alla frequenza di rete di 50 Hz.

La capacità elettrica di un condensatore si misura in *farad* (simbolo F), in onore a Michael Faraday (Newington Butts, 1791 – Hampton Court, 1867), un noto chimico e fisico britannico che fece numerose scoperte nel campo dell'elettricità, fra cui la capacità.
Il farad può essere espresso come il rapporto di quantità elettrica e tensione:

$$F = Q / V$$

dove F = farad, Q è la quantità di carica e V è la tensione.
Essendo 1 farad un valore teorico elevato, vengono usati solo i suoi sottomultipli:

µF	microfarad (10^{-6})	Un milionesimo di farad
nF	nanofarad (10^{-9})	Un miliardesimo di farad
pF	picofarad (10^{-12})	Un millesimo di miliardesimo di farad

I componenti passivi in grado di condensare cariche elettrici vengono chiamati condensatori o anche capacitori.

Induttanza

Viene chiamata *induttanza* la proprietà dei dispostivi elettrici di indurre una forza elettromagnetica o elettromotrice. Tali componenti si chiamano induttori.
In altre parole, quando una corrente elettrica scorre in un circuito elettrico produce un campo magnetico nello spazio circostante (Figura 2.8).

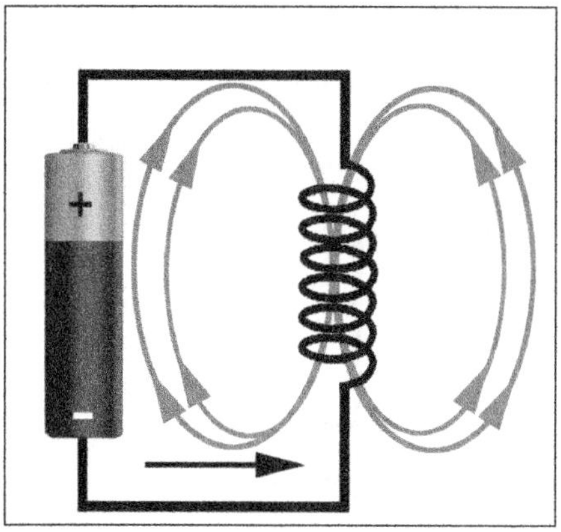

Figura 2.8 Il campo magnetico prodotto da un induttore percorso da una corrente elettrica.

L'unità di misura dell'induttanza è detta *henry* (simbolo H), in onore di Joseph Henry, (Albany, 1797 – Washington, 1878), un fisico statunitense che studiò le correnti indotte realizzando elettromagneti, in seguito impiegati nel primo telegrafo a filo.
Per definizione, in un induttore di 1 henry, una corrente di 1 ampere al secondo genera una f.e.m. (forza elettromotrice) di 1 volt, oppure la resistenza di 1 ohm al secondo:

1 H = 1 Wb / 1 A

dove H = henry, Wb = weber, A = ampere
Da cui, effettuando le sostituzioni, si ottiene l'uguaglianza:

1 H = 1 V × s / 1 A = 1 ohm × s

dove H = henry, V = volt, A = ampere, s = secondo

NOTA

Il weber (simbolo Wb) è l'unità di misura del flusso magnetico. Un weber è pari al flusso magnetico attraverso una spira che produce una forza elettromotrice di 1 volt per secondo su 1 ampere di corrente.

L'induzione elettromagnetica viene sfruttata in vari dispositivi e componenti passivi come trasformatori, bobine, relè, antenne, motori elettrici, elettrocalamite e così via.

Componenti passivi

In tutti i circuiti elettronici sono sempre presenti i *componenti passivi*, ovvero quei componenti che possono creare una resistenza al passaggio di elettroni (resistori) o accumulare cariche di elettroni (condensatori) o diffondere elettroni nell'aria e nei corpi circostanti (induttori). Il tutto accade in modo passivo, senza alcun rilascio di energia. Al contrario, assorbono sempre un po' di energia per svolgere il proprio compito.
L'introduzione di componenti passivi in un qualsiasi circuito elettronico provoca una perdita di energia, che in parte viene trasformata in calore e in parte assorbita dal circuito stesso. Per questo motivo è necessario calcolare adeguatamente i parametri per il loro utilizzo ottimale e scegliere i componenti più idonei al circuito.
I componenti passivi più comunemente usati in elettronica sono i seguenti:

- resistore
- condensatore
- induttore
- trasformatore
- relè

Resistore

Il resistore, comunemente chiamato, in modo improprio, "resistenza", è sicuramente il componente elettronico più usato in assoluto e, soprattutto in fase di progettazione, è di fondamentale importanza conoscerne il valore e le caratteristiche. Innanzitutto, distinguiamo quattro tipi fondamentali di resistori:

- resistori fissi
- resistori variabili
- fotoresistori

- termistori

Nella Figura 2.9 sono illustrati i simboli per i vari tipi di resistori usati comunemente negli schemi elettrici.

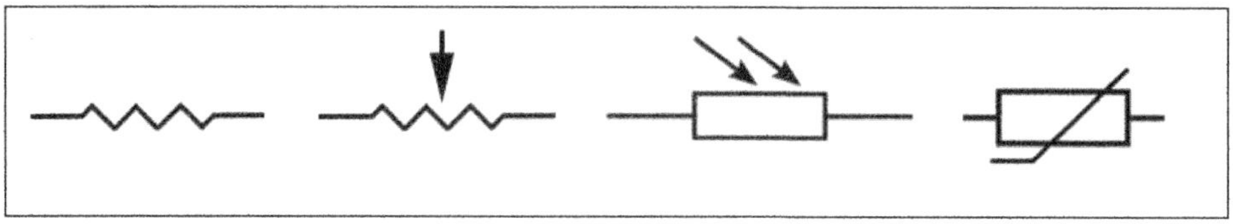

Figura 2.9 I simboli comunemente usati per il resistore fisso, il resistore variabile, il fotoresistore e il termistore.

Resistore fisso

Il resistore fisso più comunemente usato è di forma cilindrica con due terminali ai lati chiamati reofori. Il materiale di cui è composto il corpo è solitamente un impasto di ossidi metallici o di carbone.

Il valore resistivo in Ω è riportato sul corpo tramite una serie di anelli colorati (Figura 2.10a), che vanno letti in base a un codice colori (vedi più avanti). Normalmente, nei circuiti elettronici di bassa potenza, ovvero a bassa tensione e con esigue correnti circolanti, si impiegano resistori da 1/8 di watt, 1/4 di watt o 1/2 watt.

Nei circuiti elettronici di potenza, in cui circolano forti correnti, si impiegano resistori a filo di nichelcromo con potenza dissipabile superiore ai 2 watt. In questi resistori il valore resistivo non viene indicato tramite anelli colorati, ma scritto per esteso (Figura 2.10b).

Per circuiti miniaturizzati si usano resistori SMD (*Surface Mounting Device*), ovvero resistori piccoli quanto la capocchia di uno spillo o anche meno, con montaggio e saldatura sulla superficie del circuito stampato (Figura 2.10c) tramite macchinari automatici appositi. Il valore resistivo viene stampigliato sul corpo del resistore in base a una codifica personalizzata a seconda del costruttore.

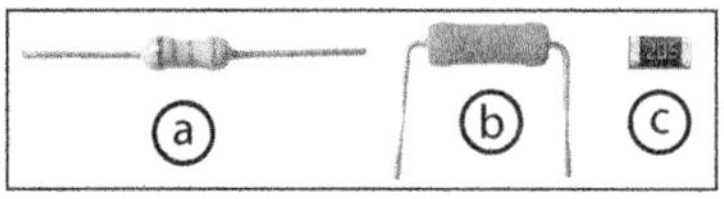

Figura 2.10 A sinistra, un comune resistore fisso. Il valore in Ω è riportato secondo un codice colori. Al centro, un resistore di potenza con il valore stampigliato per esteso. A destra, un resistore SMD ingrandito.

> **NOTA**
>
> Nei progetti di questo libro vengono usati resistori standard da 1/4 di watt con quattro anelli per la lettura del codice colori.

I resistori più comunemente usati riportano un codice colori a quattro anelli per identificare il valore in Ω resistivo. Il codice colori è stato pensato in modo estremamente

semplice per essere facilmente ricordato. I resistori di precisione riportano cinque o anche sei anelli (non verranno trattati in questa sede).
Per una corretta lettura del codice colori, la posizione del primo anello è sempre opposta all'anello della tolleranza che di solito è color argento o oro.
La logica del codice colori degli anelli impone sempre che il primo e il secondo anello riportino il valore numerico e che il terzo anello sia il moltiplicatore. Il quarto anello (se presente) riporta sempre la tolleranza. Per tolleranza si intende la percentuale di fluttuazione del valore resistivo nominale.
Facciamo qualche esempio:

- se non è presente il quarto anello, la tolleranza è del 20% rispetto al valore nominale (resistore di scarsa qualità);
- se il quarto anello è di color argento, la tolleranza è del 10% rispetto al valore nominale (resistore di media qualità);
- se il quarto anello è di color oro, la tolleranza è del 5% rispetto al valore nominale (resistore di buona qualità, il caso più comune).

Nei resistori di altissima precisione la tolleranza è dello 0,05%.

Colore	**1° anello 1° cifra**	**2° anello 2° cifra**	**3°anello Moltiplicatore**	**4° anello Tolleranza**
Argento	-	-	× 0,01 (10^{-2})	± 10%
Oro	-	-	× 0,1 (10^{-1})	± 5%
Nero	0	0	× 1 (10^{0})	-
Marrone	1	1	× 10 (10^{1})	± 1%
Rosso	2	2	× 100 (10^{2})	± 2%
Arancio	3	3	× 1000 (10^{3})	-
Giallo	4	4	× 10.000 (10^{4})	-
Verde	5	5	× 100.000 (10^{5})	± 0,5%
Blu	6	6	× 1.000.000 (10^{6})	± 0,25%
Viola	7	7	× 10.000.000 (10^{7})	± 0,1%
Grigio	8	8	× 100.000.000 (10^{8})	± 0,05%
Bianco	9	9	× 1.000.000.000 (10^{9})	-

Di seguito alcuni esempi.
Codice colori di un resistore da 470 Ω con tolleranza ± 5% (Figura 2.11a):
1° anello = giallo (1a cifra) = 4
2° anello = viola (2a cifra) = 7
3° anello = marrone (moltiplicatore × 10) = 470
4° anello = oro (tolleranza) = ± 5%
Codice colori di un resistore da 22.000 Ω con tolleranza ± 10% (Figura 2.11b):
1° anello = rosso (1a cifra) = 2
2° anello = rosso (2a cifra) = 2
3° anello = arancio (moltiplicatore × 1000) = 22.000
4° anello = argento (tolleranza) = ± 10%
Codice colori di un resistore da 820 KΩ con tolleranza ± 5% (Figura 2.11c):

1° anello = grigio (1a cifra) = 8
2° anello = rosso (2a cifra) = 2
3° anello = giallo (moltiplicatore × 10.000) = 820.000
4° anello = oro (tolleranza) = ± 5%

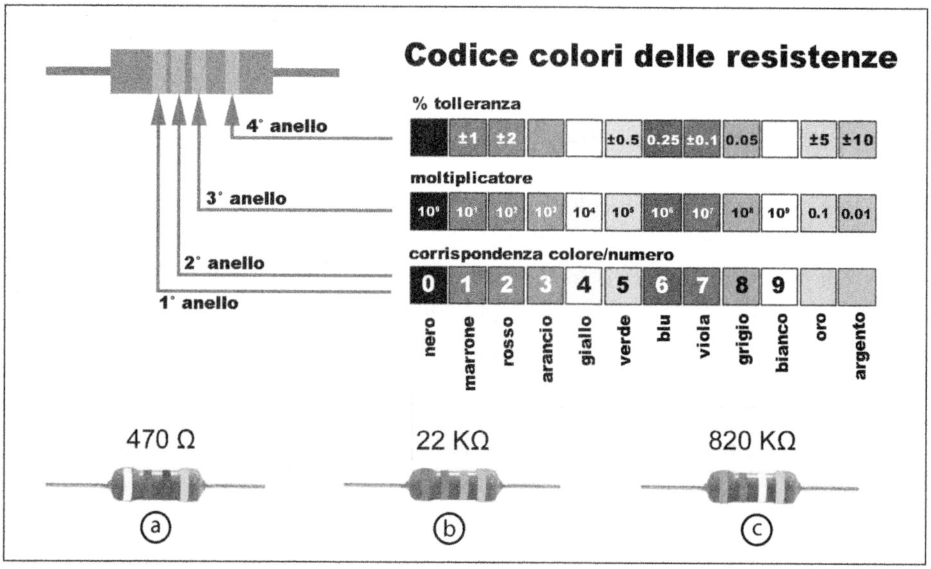

Figura 2.11 Il codice colori di tre resistori fissi.

Per ricordare la sequenza del codice colori esiste un metodo empirico abbastanza semplice. Basta pensare alle frequenze dello spettro luminoso:

- il nero equivale all'assenza di luce e quindi alla mancanza di colore (valore 0);
- dall'infrarosso all'ultravioletto ci sono le "frequenze" di colore crescenti da 1 a 7: marrone, rosso, arancio, giallo, verde, blu e viola;
- il grigio (valore 8) può essere ricordato come somma del nero più il bianco;
- il bianco equivale alla somma di tutte le frequenze della luce e quindi al numero più alto, il 9.

Un fattore importante da tenere in considerazione è che normalmente i resistori hanno valori standard, ovvero non esistono resistori di qualsiasi valore.
I valori resistivi standard che si trovano normalmente in commercio e soprattutto nei negozi per hobbisti sono i seguenti:

- 10
- 12
- 15
- 18
- 22
- 27

- 33
- 39
- 47
- 56
- 68
- 82

Con relativi multipli, cioè 100, 120, 150 ... 1000, 1200, 1500 ... 10.000, 12.000, 15.000 e così via.

Per cui, se fosse necessario utilizzare un resistore con un valore fuori standard, di solito se ne cerca uno con un valore vicino (se il circuito non è critico) oppure, se il valore resistivo nel circuito è critico, si possono usare due o più resistori collegati in serie o in parallelo, a seconda delle necessità.

Collegamento di resistori in serie

Con il collegamento di due o più resistori in serie si ottiene un resistore equivalente alla somma dei valori resistivi dei singoli resistori.

Per esempio, per ottenere il valore fuori standard di 386 Ω, basta collegare in serie un resistore standard da 330 Ω e un resistore standard da 56 Ω (Figura 2.12a). Per ottenere un valore fuori standard di 1400 Ω, a seconda di cosa si ha disposizione in laboratorio, si possono mettere in serie tre resistori da 470 Ω (totale 1410 Ω) oppure uno da 1 KΩ, uno da 220 Ω e uno da 180 Ω (totale 1400 Ω). Spesso, sfruttando la tolleranza dei resistori si arriva a ottenere un valore pressoché perfetto.

Collegamento di resistori in parallelo

Se si collegano due o più resistori in parallelo, il calcolo per il valore risultante è leggermente più complicato (Figura 2.12b).

Per due soli resistori si applica la seguente formula:

$$R = (R1 \times R2) / (R1 + R2)$$

Nel caso si colleghino un resistore da 220 Ω (R1) e un resistore da 330 Ω (R2):

$$R = (220 \times 330) / (220 + 330) = 72\,600 / 550 = 132\ \Omega$$

Se i resistori sono di valore uguale, con il collegamento in parallelo si ottiene sempre un resistore pari alla metà del valore di ciascun resistore. Supponendo di collegare due resistori da 220 Ω in parallelo, si otterrà un resistore da 110 Ω:

$$R = (220 \times 220) / (220 + 220) = 48\,400 / 440 = 110\ \Omega$$

Per il collegamento in parallelo di *n* resistori, invece, la formula da applicare è più complessa (Figura 2.12c):

$$1 / R = 1 / R1 + 1 / R2 + 1 / R3 + ... + 1 / Rn$$

Supponendo di voler collegare in parallelo un resistore da 220 Ω (R1), un resistore da 100 Ω (R2) e un resistore da 330 Ω (R3), si otterrà un resistore equivalente con il valore seguente:

1 / R = 1 / 220 + 1 / 100 + 1 / 330 = 56,9 Ω (circa)

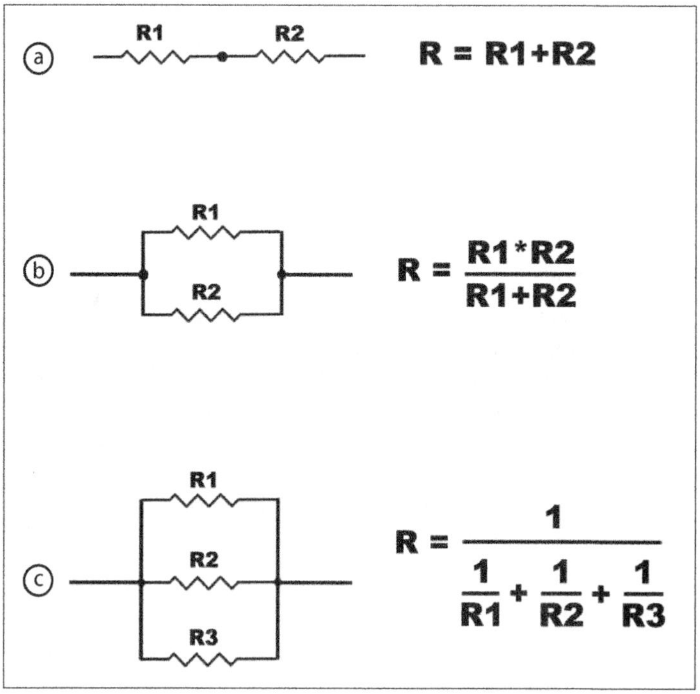

Figura 2.12 Collegamento di resistori in serie e in parallelo.

Esperimento con un resistore

Facendo riferimento alla legge di Ohm, si possono ricavare tutti i valori di corrente, resistenza e tensione, a seconda delle necessità circuitali.
Per esempio, se un resistore oppone una resistenza di 10 Ω in un circuito alimentato da una tensione di 5 Volt, la corrente circolante sarà:

I = V / R
I = 5V / 10 Ω = 0,5 A

Se nello stesso circuito inseriamo un resistore di 100 Ω avremo:

I = V / R
I = 5V / 100 Ω = 0,05 A

Applicando la stessa formula, è possibile calcolare il valore della resistenza da utilizzare sapendo di dover limitare la corrente a un certo valore in un circuito di cui si conosce la tensione applicata.
Per esempio, supponiamo di dover alimentare un diodo LED utilizzando una pila da 9 V (Figura 2.13). Sapendo che il diodo LED sopporta una tensione massima di circa 2,5 volt e una corrente di circa 30 milliampere (0,03 A), dovremo utilizzare un resistore adeguato per non bruciare il diodo, applicando la seguente formula:

R (resistenza) = V (tensione) / I (corrente)
R = (9 - 2,5) / 0,03 = 6,5 / 0,03 = 216,6 Ω (valore standard da usare 220 Ω)

Dando un senso più chiaro alla formula, si deve sottrarre la tensione massima da fornire al diodo (2,5 volt) alla tensione di alimentazione (pila da 9 volt). Si divide il risultato ottenuto (6,5 volt) per l'intensità di corrente sopportata (0,03 ampere) e si ottiene il valore in ohm del resistore da utilizzare (6,5 / 0,03 = 216,6 Ω).
Volendo alimentare il diodo con una tensione di 24 volt, applicando la stessa formula si ottiene:

R = (24 - 2,5) / 0,03 = 21,5 / 0,03 = 716,6 Ω (valore standard da usare 680 Ω)

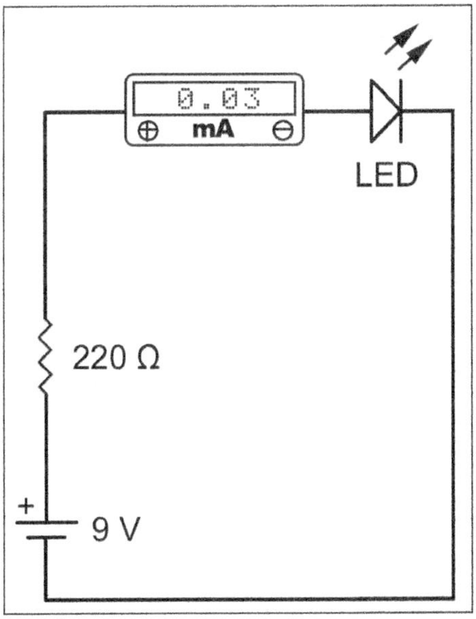

Figura 2.13 Un resistore da 220 Ω serve a limitare la corrente a 0,03 mA che alimenta il LED in un circuito alimentato a 9 volt.

Resistore variabile

I resistori variabili possono essere paragonati a partitori di tensione, ovvero a due resistori posti in serie con presa di uscita centrale (Figura 2.14a).

I resistori variabili si distinguono principalmente in:

- potenziometri;
- trimmer.

La differenza sostanziale fra potenziometri e trimmer sta nella loro forma e nel loro utilizzo nei circuiti (Figura 2.14b).

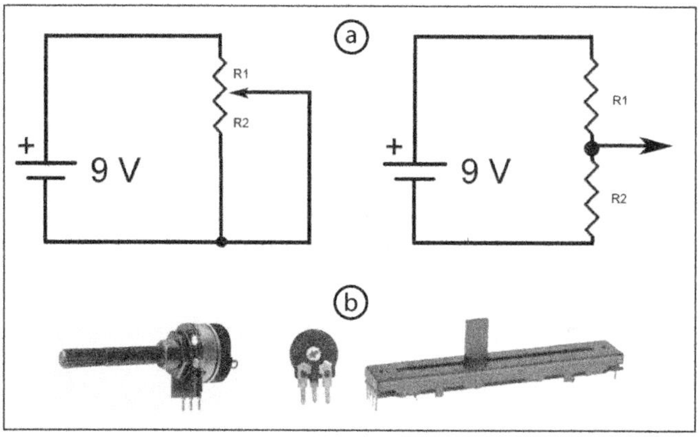

Figura 2.14 (a) Partitore di tensione equivalente a un resistore variabile. (b) Da sinistra, un potenziometro, un trimmer e un potenziometro a slitta.

Il potenziometro può essere di tipo rotativo, con un alberino di rotazione collegato a un contatto mobile su un materiale resistivo (grafite), oppure di forma allungata con una slitta scorrevole (in inglese, *slider*).

Un potenziometro può servire a variare in qualsiasi momento il livello di uscita di un circuito: per esempio, serve a variare il volume nei circuiti di amplificazione, il livello dei toni alti e bassi in un circuito di equalizzazione o la luminosità di LED e display o a controllare la velocità di un motore elettrico.

È abbastanza comune l'uso di potenziometri rotativi dotati anche di interruttore per lo spegnimento dell'alimentazione. Nel caso di controllo simultaneo di più circuiti identici, esistono potenziometri multipli con alberino coassiale collegato a più elementi resistivi, come nel caso di amplificatori o equalizzatori stereo.

Il trimmer è dotato di una vite di regolazione che fa le veci dell'alberino di rotazione. Il trimmer viene usato solitamente per tarare circuiti e, una volta trovato il valore resistivo adeguato, la vite di regolazione viene bloccata con una goccia di colla o di silicone. Esistono anche trimmer con alberino asportabile.

Una particolare proprietà da tenere in considerazione in fase di progettazione, sia dei potenziometri che dei trimmer, è il tipo di variazione resistiva, che può essere di due tipi:

- lineare;
- logaritmica.

Il potenziometro o trimmer può essere di tipo lineare o logaritmico per poter variare i valori resistivi "laterali" in modo lineare o logaritmico rispetto alla presa centrale. La variazione logaritmica viene impiegata principalmente per regolazioni del volume audio negli amplificatori, per compensare l'andamento logaritmico tipico dell'ascolto umano.

In circuiti di precisione esistono anche potenziometri rotativi di tipo multigiro, in cui l'alberino può compiere fino a venti giri prima di raggiungere il fine corsa.
Per approfondire l'uso dei resistori e dei potenziometri si veda il Capitolo 5 al paragrafo "Esperimenti con i resistori".

Fotoresistore

Un'importante categoria di resistori usati in elettronica è quella dei cosiddetti *fotoresistori* o *fotocellule*, il cui valore resistivo cambia in funzione dell'intensità della luce (Figura 2.15). Vengono talvolta indicati con la sigla LDR (*Light-Dependent Resistor*).
In pratica, quando non vengono colpiti dalla luce, i fotoresistori presentano valori resistivi elevati (circa 2 MΩ), mentre, se vengono colpiti con una luce abbastanza forte la loro resistenza può scendere a valori bassissimi, anche inferiori ai 100 Ω.
I fotoresistori sono costituiti da materiali semiconduttori drogati come solfuro di cadmio (CdS), solfuro di piombo (PbS), selenio (Se) e altri composti fotoconduttivi. A causa dell'effetto inerziale della reazione elettrochimica, la curva luce/resistenza, pur essendo abbastanza lineare, potrebbe risultare un po' troppo lenta. Per questo motivo, l'uso dei fotoresistori è limitato alle applicazioni in cui non serve un controllo immediato del dispositivo collegato, come interruttori crepuscolari, giocattoli, chiusura delle porte degli ascensori, passaggio di persone e così via.

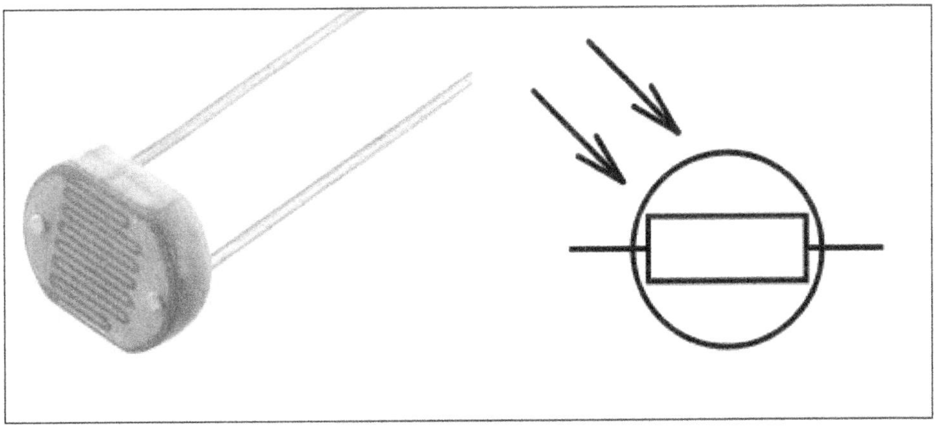

Figura 2.15 Un tipo di fotoresistore e il simbolo elettrico.

Per approfondire l'uso dei fotoresistori si veda, il Capitolo 6: 30 progetti con Arduino.

Termistore

In elettronica sono chiamati *termistori* o anche *termoresistori* quei componenti passivi il cui valore resistivo cambia in funzione del calore (Figura 2.16).
Esistono due tipi di termistori:

- NTC (*Negative Temperature Coefficient*), componente a coefficiente negativo di temperatura – i termistori NTC diminuiscono la resistenza interna con l'aumento della temperatura;

- PTC (*Positive Temperature Coefficient*), componente a coefficiente positivo di temperatura – i termistori PTC aumentano la resistenza interna con l'aumento della temperatura.

Per la natura stessa della loro composizione non sono trasduttori veloci e la variazione della resistenza interna non è repentina, né la loro curva di risposta alla temperatura è lineare. Possono venire impiegati per il controllo automatico della temperatura, come termostati e applicazioni simili. Sia i modelli PTC sia gli NTC possono essere sensibili a temperature che vanno dai -100 °C fino a 300 °C.

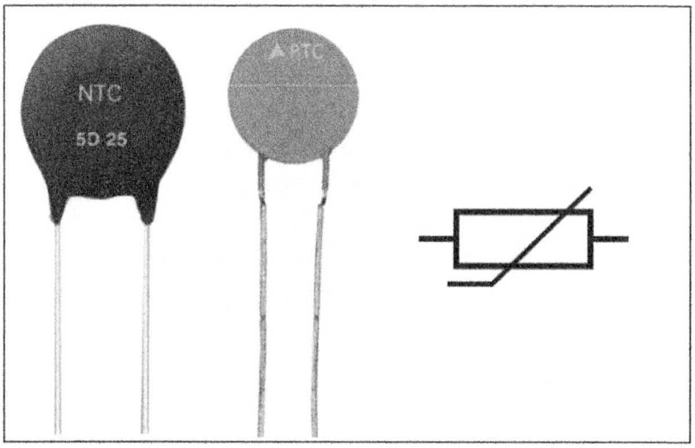

Figura 2.16 Da sinistra, un termistore NTC, un termistore PTC e il simbolo elettrico.

Per approfondire l'uso dei termistori si veda il Capitolo 6: 30 progetti con Arduino.

Condensatore

Il condensatore o capacitore è il componente passivo usato nei circuiti per mantenere la carica elettrica e rilasciarla in maniera controllata, spesso in abbinamento a resistori, transistor o circuiti integrati.
Nei comuni circuiti elettronici, il condensatore lascia passare le correnti variabili (per esempio, segnali audio) e blocca le correnti continue. Per esempio, con i condensatori si possono facilmente filtrare frequenze o far lavorare i filtri a determinate frequenze o livellare tensioni a valori definiti nei circuiti di alimentazione e così via.
Innanzitutto, distinguiamo tre tipi fondamentali di condensatori:

- condensatori normali;
- condensatori polarizzati (elettrolitici e al tantalio);
- condensatori variabili.

Nella Figura 2.17 sono illustrati vari tipi di condensatori normali, elettrolitici e variabili e i simboli più comuni per i vari tipi di condensatori usati negli schemi elettrici.

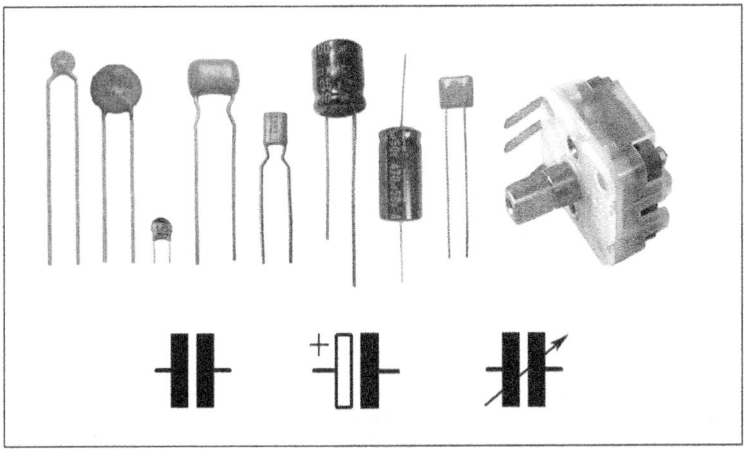

Figura 2.17 Vari tipi di condensatori normali, elettrolitici e, a destra, uno variabile ad aria. Sotto i simboli comunemente usati per il condensatore normale, il condensatore elettrolitico o al tantalio e il condensatore variabile.

Il condensatore normale è costituito da due "armature" separate da un materiale isolante, chiamato dielettrico, che può essere di ceramica, plastica, carta, aria e altro ancora.
Il condensatore elettrolitico ha l'isolamento costituito da uno strato di ossido metallico sulla superficie di un'armatura immersa in una soluzione chimica (soluzione elettrolitica).
I condensatori elettrolitici hanno solitamente capacità elevate e sono componenti polarizzati, cioè devono essere inseriti nel circuito rispettando la polarità positiva e negativa della tensione applicata. In caso di montaggio errato l'isolamento può cedere e causare l'esplosione dell'elettrolita. Di solito vengono utilizzati in circuiti alimentati in corrente continua e il dielettrico è costituito da uno strato di ossido di alluminio.
I condensatori elettrolitici al tantalio, rispetto ai condensatori a ossido di alluminio, hanno una capacità più accurata e bassa impedenza alle basse frequenze. Possono esplodere violentemente se vengono alimentati con polarità invertita.
Per circuiti miniaturizzati si usano condensatori elettrolitici SMD (*Surface Mounting Device*).
I condensatori variabili hanno una capacità che può essere variata manualmente, per esempio, per sintonizzare le stazioni radiofoniche o per tarare circuiti RF. In pratica, si tratta di un condensatore che varia la frequenza di risonanza di un circuito RLC (resistore, induttore, condensatore). I normali condensatori variabili di sintonia utilizzano l'aria come dielettrico. I condensatori variabili montati direttamente sul circuito stampato e dotati di vite di regolazione sono chiamati *compensatori*. Sono simili ai trimmer potenziometrici e servono principalmente per la calibrazione di circuiti di risonanza o di filtro. Al termine della calibrazione vengono fissati con una goccia di colla o di silicone.
Come per i resistori, sono disponibili solo condensatori con valori capacitivi standard. I valori più comuni sono i seguenti:

- 1
- 10
- 22
- 33

- 47
- 56
- 68
- 82

con i relativi multipli e sottomultipli. Per l'identificazione del valore capacitivo esistono vari codici numerici stampigliati sul corpo dei condensatori.
A volte può essere disagevole leggere i valori sul corpo dei condensatori a causa delle loro ridotte dimensioni e perché i costruttori adottano sistemi di codifica diversi (codice americano, codice europeo, codice asiatico).
Ecco alcuni esempi:

Sigla stampigliata sul corpo	Valore in pF
22	22 pF
270, 271, n27	270 pF
47n, 473	47.000 pF
100n,104	100.000 pF
392, 3n9, .0039, n0039	3 900 pF
683, 68n, .068, n068	68.000 pF
474, 470n, .47, u47	470.000 pF

La lettera M, K o J, se presente, indica la tolleranza:
M inferiore al 20%;
K inferiore al 10%;
J inferiore al 5%.
Accanto alla lettera, non sempre, viene indicata anche la tensione di lavoro (VL), che invece risulta di vitale importanza per evitare di "bruciare" il condensatore.
Le tensioni di lavoro dei condensatori comunemente usati nei circuiti elettronici di bassa potenza vanno da 12 VL a 100 VL.
Solitamente le tensioni di lavoro sono proporzionali alla grandezza fisica del condensatore. Basta avere il buonsenso di non usare condensatori fisicamente piccoli in circuiti con tensioni elevate e tenere a mente la regola "condensatore piccolo = bassa tensione di lavoro" e viceversa.
Nei condensatori elettrolitici a ossido di alluminio, la lettura del valore capacitivo e della tensione di lavoro è più facile, perché solitamente vengono riportati per esteso in modo molto chiaro sia il valore della capacità in µF sia la tensione di lavoro. Viene riportato anche il simbolo - (meno) in corrispondenza del reoforo negativo che va collegato alla massa del circuito, ovvero al polo negativo di alimentazione. Nei condensatori elettrolitici con montaggio verticale il reoforo positivo è più lungo e in quelli a montaggio orizzontale il reoforo positivo viene indicato con una strozzatura sul corpo del condensatore.
Alcuni condensatori elettrolitici al tantalio riportano il valore capacitivo seguendo il codice colori dei resistori a quattro anelli. L'eventuale presenza di una quinta banda colorata indica la tensione di lavoro del condensatore al tantalio.

Collegamento di condensatori in parallelo

Per ottenere un valore capacitivo fuori standard è possibile collegare due o più condensatori in parallelo. Con il collegamento in parallelo si ottiene un condensatore equivalente alla somma dei valori capacitivi dei singoli condensatori.
Per esempio, collegando in serie un condensatore di 220 pF e uno di 470 pF si ottiene un condensatore equivalente di 690 pF (Figura 2.18a).

Collegamento di condensatori in serie

Per ottenere un valore capacitivo fuori standard è possibile collegare due o più condensatori in serie (Figura 2.18b). Il calcolo di due condensatori in serie è simile a quello di due resistori in parallelo:

C = (C1 × C2) / (C1 + C2)

ovvero, nel caso si colleghino in serie un condensatore da 220 pF (C1) e un condensatore da 330 pF (C2):

C = (220 × 330) / (220 + 330) = 132 pF

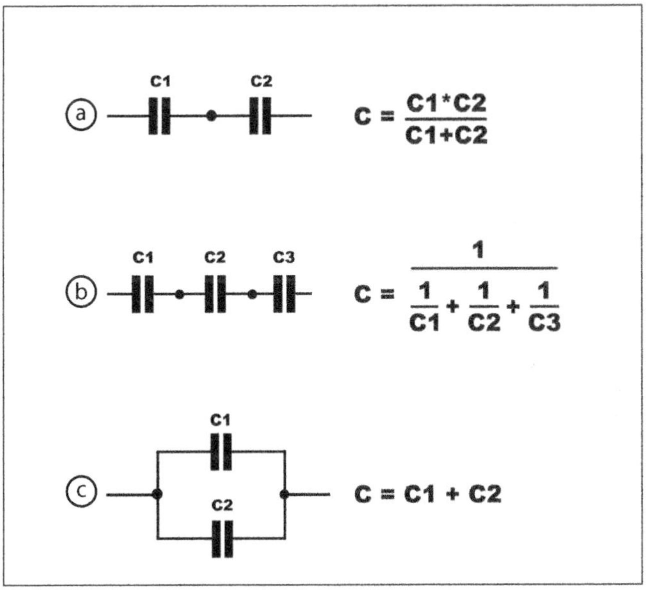

Figura 2.18 Collegamento di condensatori in parallelo e in serie.

Nel caso si colleghino in serie due condensatori identici, il valore capacitivo risultante è la metà del valore dei condensatori. Supponendo di collegare in serie due condensatori da 220 pF, si otterrà un condensatore di 110 pF:

C = (220 × 220) / (220 + 220) = 48 400 / 440 = 110 pF

Per il collegamento in parallelo di *n* condensatori, invece, la formula da applicare è più complessa (Figura 2.18c):

1 / C = 1 / C1 + 1 / C2 + 1 / C3 + ... + 1 / Cn

Supponendo di voler collegare in serie un condensatore da 220 pF (C1), un condensatore da 100 pF (C2) e un condensatore da 330 pF (C3), si otterrà un condensatore equivalente con il valore seguente:

1 / C = 1 / 220 + 1 / 100 + 1 / 330 = 56,9 pF (circa)

Esperimento con un condensatore

Per capire meglio il funzionamento dei condensatori ecco un piccolo esperimento, illustrato schematicamente nella Figura 2.19.

1. Prendere un condensatore elettrolitico di qualsiasi capacità, ma meglio se di 100 μF o 1000 μF o anche più grosso, con tensione di lavoro 12 o 25 V.
2. Collegare per qualche secondo a un pila da 9V i conduttori del condensatore, rispettando la polarità, cioè collegando il reoforo più lungo (+) al polo positivo della pila e quello più corto o quello contrassegnato con il segno (-) al polo negativo della pila.
3. Staccare la pila dal condensatore e collegare i due conduttori del condensatore elettrolitico a un diodo LED, rispettando la polarità, cioè collegando il reoforo lungo al reoforo lungo del LED.
4. Si vedrà lampeggiare per un istante il diodo LED.
5. Mettendo in serie, su uno dei due conduttori del condensatore, un resistore di circa 1000 Ω, si può vedere il LED spegnersi lentamente.

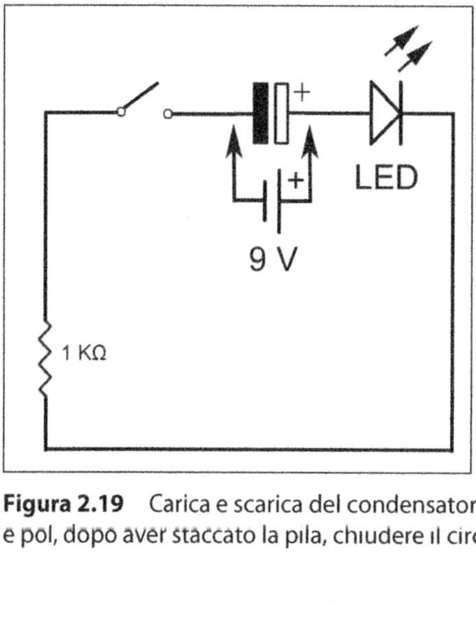

Figura 2.19 Carica e scarica del condensatore. Collegare la pila 9 V ai capi del condensatore e poi, dopo aver staccato la pila, chiudere il circuito tramite l'interruttore.

Questo esperimento dimostra che il condensatore agisce da accumulatore di carica elettrica, esattamente come una normale pila ricaricabile. Quando il condensatore viene collegato a un circuito chiuso, ovvero a un carico (nel nostro caso il diodo LED), il condensatore si scarica, rilasciando l'energia accumulata. Mettendo in serie un resistore, la scarica del condensatore elettrolitico avviene più lentamente attraverso la resistenza che limita il passaggio di corrente. Più è alto il valore del resistore, più la scarica avviene lentamente.

In questo esperimento si possono usare anche condensatori normali (non polarizzati), magari più di uno collegati in parallelo per ottenere, se possibile, qualche decina di µF, visto che difficilmente si trovano valori elevati nei condensatori normali. La misurazione del rilascio della carica deve però essere eseguita tramite un voltmetro impostato su mV (millivolt) e non un diodo LED, essendo la tensione rilasciata insufficiente per la sua accensione (ovvero, al di sotto del valore di soglia del diodo).

Per altri esperimenti con i condensatori si veda il Capitolo 5, al paragrafo "Esperimenti con i condensatori".

Induttore

L'induttore è un componente passivo composto di solito da un avvolgimento di filo di rame smaltato, con spire avvolte in aria o attorno a un supporto di ferrite, che serve a generare un campo magnetico sfruttando il passaggio della corrente elettrica.

Il principio di induzione elettromagnetica viene impiegato nei dispositivi elettrici ed elettronici come trasformatori, motori elettrici e applicazioni in radiofrequenza (antenne). Nella Figura 2.20 sono illustrati sono illustrati vari tipi di induttori e i simboli per i vari tipi di induttori usati negli schemi elettrici.

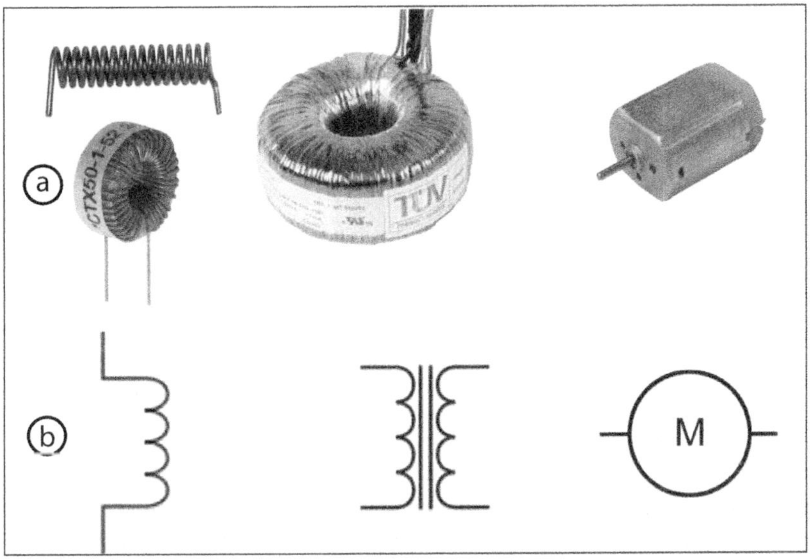

Figura 2.20 Vari tipi di induttori.
(a) Bobina in aria, trasformatore toroidale, motore elettrico. (b) Simboli comunemente usati per gli induttori. Da sinistra: bobina, trasformatore, motore elettrico.

Un tipico induttore è costituito da un avvolgimento di filo di rame smaltato (chiamato solenoide) e può avere due capi solamente o avere diversi punti di presa intermedi. L'unità di misura degli induttori è l'henry (simbolo H), ma è molto più facile trovare induttori con valore sottomultiplo in µH (microhenry), ovvero milionesimi di henry. Per aumentare l'induttanza del solenoide si avvolge il filo di rame smaltato su un nucleo di ferrite a elevata permeabilità magnetica.
A volte anche un semplice filo con poche spire o una pista di un circuito stampato possono venire usati come induttori.

Esperimento con un induttore

Per capire meglio il principio di induzione elettromagnetica ecco un piccolo esperimento, illustrato schematicamente nella Figura 2.21.

1. Prendere uno spezzone di filo di rame non smaltato. Se è smaltato, togliere un po' di smalto sulle estremità e a circa metà del filo.
2. Prendere un piccolo magnete (meglio se cilindrico) e attaccarlo alla parte inferiore (polo negativo) di una pila da 1,5 V.
3. Creare un arco a forma di cuore in modo che la parte appuntita del cuore tocchi il polo positivo della pila da 1,5 V e le due estremità tocchino il magnete, da una parte e dall'altra.

Si vedrà il "cuore" ruotare attorno alla pila da 1,5 V. Questo dimostra che un solenoide percorso da corrente elettrica genera un campo magnetico, pertanto tenterà di sfuggire al campo magnetico opposto creato dal magnete. Notare che la pila e il filo diventeranno molto caldi e la pila si scaricherà velocemente.
Per altri esperimenti con gli induttori si veda il Capitolo 6, *30 progetti con Arduino*.

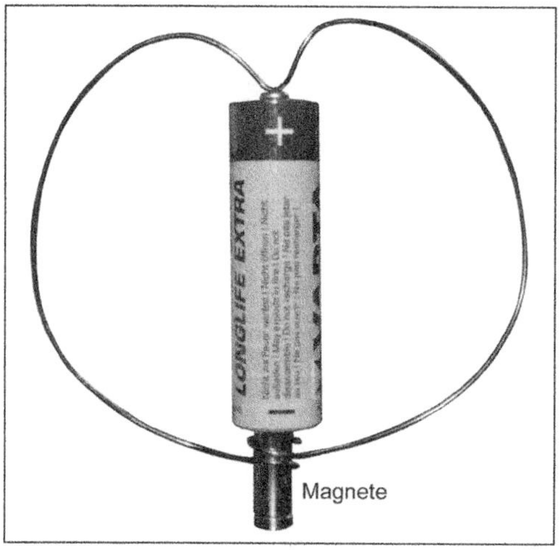

Figura 2.21 Principio di induzione elettromagnetica. La bobina di rame che poggia sul polo positivo della pila e sulla calamita cilindrica posta sotto e collegata al polo negativo della pila. La bobina genera così un campo magnetico. Il campo magnetico della bobina tenterà di sfuggire al campo magnetico della calamita ruotando attorno alla pila.

Trasformatore

Il trasformatore viene definito una "macchina elettrica statica" in grado di variare i parametri di tensione e corrente in ingresso rispetto a quelli in uscita.
Per funzionare, il trasformatore sfrutta l'induzione elettromagnetica, ma è in grado di operare solo in corrente alternata o segnali elettrici con flusso variabile.
Di solito, il trasformatore viene usato per abbassare il valore della tensione di rete da 220 V a una tensione più bassa, solitamente 12 V o meno per poter alimentare circuiti elettronici e dispositivi di bassa potenza. In questa sede, verranno trattati solo i trasformatori finalizzati a tale scopo e non verrà trattata la parte relativa alla trasformazione di potenza.
Il classico trasformatore è composto da due avvolgimenti di filo di rame smaltato su supporti lamellari di ferrite. Per convenzione, l'avvolgimento *primario* è quello che viene collegato alla rete domestica a 220 V e l'avvolgimento *secondario* è quello che viene collegato all'utilizzatore.
Di solito un trasformatore per usi domestici ha l'avvolgimento secondario dotato di più punti di uscita, per prelevare tensioni diverse. Per esempio, è abbastanza comune trovare trasformatori con avvolgimento primario 220V e secondario con uscita a 6, 9, 12 e 15V.
Nella Figura 2.22 sono illustrati i simboli di vari tipi di trasformatore.

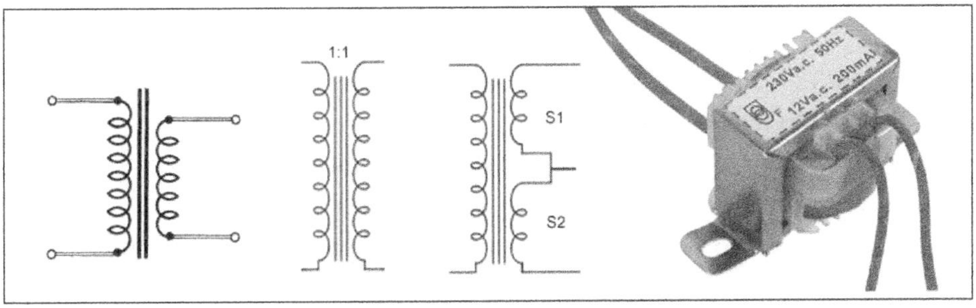

Figura 2.22 Vari simboli di trasformatori. A destra un tipico trasformatore 220-12 V, usato per circuiti elettronici di bassa potenza.

Relè

Il relè (dal francese *relais*) è un dispositivo elettromeccanico che sfrutta l'induzione elettromagnetica come fonte per il controllo meccanico di chiusura o apertura di contatti collegati a circuiti elettrici.
In pratica, un tipico relè è dotato di un elettromagnete al quale viene applicata una tensione continua per attirare una barretta metallica collegata a una serie di contatti che aprono o chiudono circuiti elettrici di diversa natura (Figura 2.23).
Tramite un semplice circuito elettronico dotato di un relè a 12 V è possibile accendere e spegnere un intero impianto luci di un palazzo (luci scale o impianti simili).
Esistono in commercio vari tipi di relè, che si differenziano per il numero e il tipo di contatti, oltre alla tensione di alimentazione e il carico applicabile.

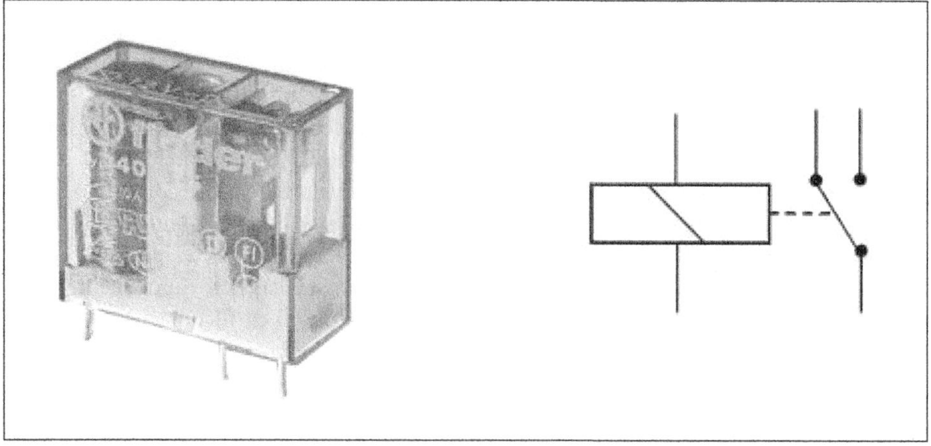

Figura 2.23 Un tipico relè Finder e relativo simbolo elettrico.

Le caratteristiche elettriche più comuni sono le seguenti:

- relè a eccitazione comune con un contatto collegato direttamente alla bobina e l'alimentazione diretta dalla tensione di rete (220 volt);
- relè a eccitazione separata con l'alimentazione della bobina a bassa tensione (solitamente 12 o 24 volt) e contatti di potenza separati;
- isolamento tra i circuiti;
- potenza nominale che il relè è in grado di commutare.

Oltre ai relè con elettromagnete ci sono anche relè per usi specifici:

- relè dry-reed con contatti in una ampolla di vetro sottovuoto, usato nei sistemi antifurto;
- relè a stato solido che non hanno contatti meccanici e sono costituiti da due circuiti elettronici separati da un fotoaccoppiatore. Vengono usati per lavorare in corrente alternata.

Per gli esperimenti con i relè si veda il Capitolo 5: "30 progetti con Arduino".

Altri componenti

Non potendo esaurire il vasto elenco di componenti passivi, diamo un breve sguardo a una serie di componenti utilizzati in alcuni progetti del libro.

Oscillatore al quarzo

Un oscillatore con cristallo di quarzo è un circuito elettronico in miniatura che sfrutta le proprietà piezoelettriche e la risonanza meccanica del cristallo per ottenere un segnale oscillante a una frequenza molto precisa. Di solito, il piccolo frammento di quarzo è inscritto in un contenitore metallico sottovuoto.

Inserendo un quarzo in un circuito oscillante, la frequenza di oscillazione rimane estremamente stabile, perché entra in risonanza solo a una determinata frequenza. Normalmente si usano i quarzi per mantenere in sincrono orologi digitali o per stabilizzare il clock nei

circuiti integrati e nelle CPU, come pure per stabilizzare la frequenza di trasmissione dei segnali RF.
Gli oscillatori al quarzo possono avere una frequenza di risonanza di pochi kHz fino a qualche MHz. Nei circuiti digitali, in abbinamento a CPU o circuiti integrati, la frequenza di risonanza del quarzo può servire come clock di riferimento o per impostare la velocità di ricezione e trasmissione seriale dei dati (frequenza di clock).
Per regolare la frequenza di risonanza del cristallo si possono mettere in serie carichi capacitivi (condensatori) o carichi induttivi (bobine). Mettendo in serie un induttore si abbassa la frequenza, mettendo in serie un condensatore si alza.
Nella Figura 2.24 è illustrato il tipico simbolo di un oscillatore al quarzo e due tipi comuni di quarzi.

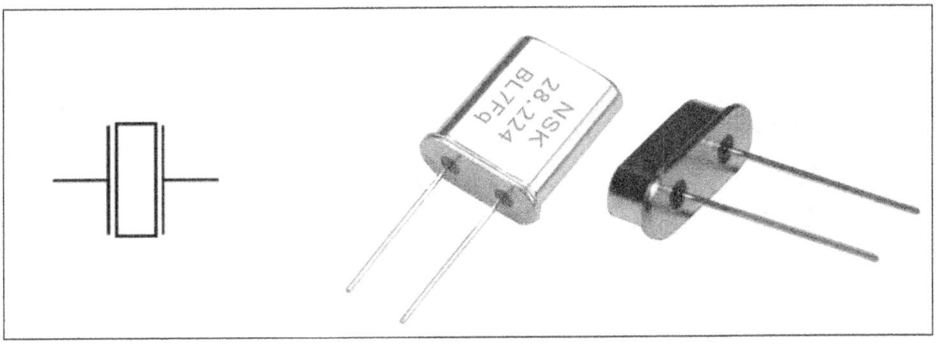

Figura 2.24 Simbolo di un oscillatore al quarzo. A destra un quarzo con contenitore "classico" e uno con contenitore "ribassato".

Altoparlante

L'altoparlante è un trasduttore elettroacustico in grado di trasformare l'energia elettrica in energia meccanica. Grazie a un sistema basato sull'induzione elettromagnetica, un altoparlante riesce a muovere l'aria circostante, creando una serie di pressioni e depressioni delle molecole d'aria sull'orecchio, che le percepisce come suoni.
In altre parole, applicando un segnale elettrico a frequenza variabile ai capi della bobina di un altoparlante, questo muove un cono di cartone o di altro materiale facendo vibrare l'aria antistante alla stessa frequenza del segnale elettrico immesso ai capi del solenoide (Figura 2.25). Notare che l'indicazione di polarità positiva e negativa (massa) serve solo per la fase del segnale in uscita. Il segnale applicato a un altoparlante è di tipo variabile e non deve mai essere in corrente continua.
La caratteristica di un altoparlante di riprodurre le frequenze acustiche più o meno fedelmente si chiama "risposta in frequenza". In linea teorica, un altoparlante è in grado di riprodurre le frequenze sonore della gamma udibile che va da 20 Hz a 20 kHz.
Oltre alla risposta in frequenza, gli altoparlanti sono caratterizzati da una serie di parametri importanti, uno fra tutti la potenza dissipata in watt. Normalmente, per poter trasformare la corrente elettrica in energia acustica, l'altoparlante, ovvero il suo sistema bobina-magnete-cono, deve avere dimensioni adeguate.

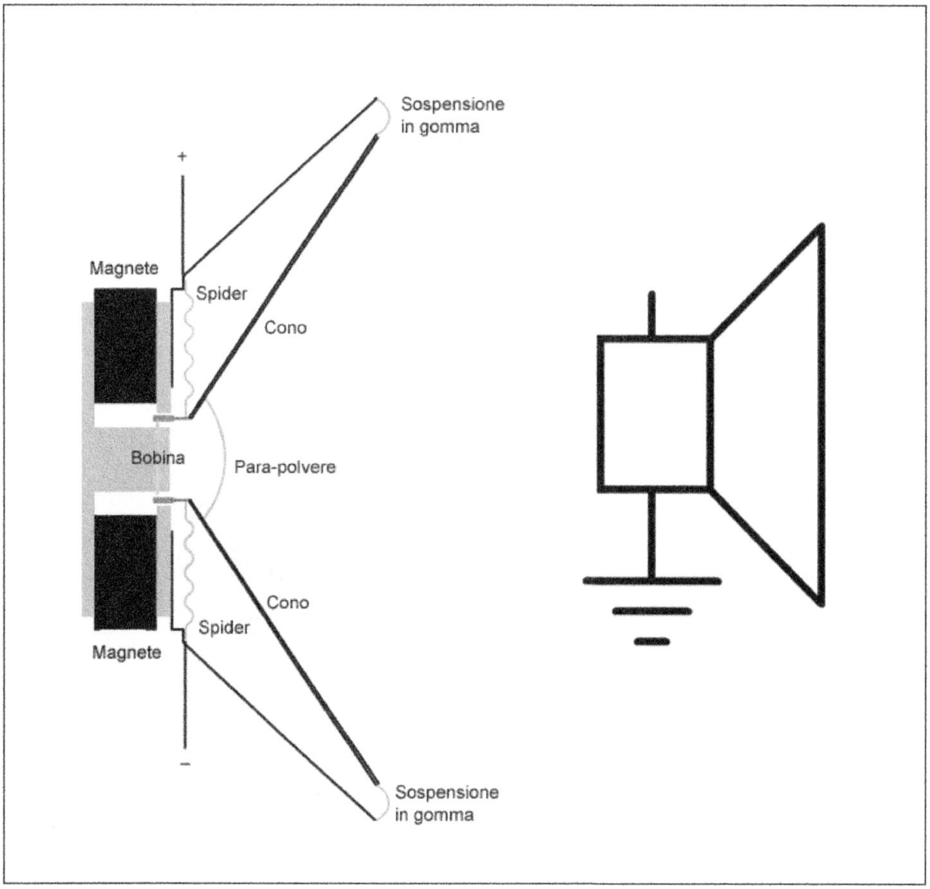

Figura 2.25 Principio di funzionamento di un altoparlante e simbolo elettrico usato negli schemi.

Notare che la potenza dissipata in watt non ha nulla a che vedere con l'efficienza di un altoparlante, che invece viene misurata in dB SPL (*decibel Sound Pressure Level*). Un altoparlante più efficiente significa che offre una pressione (dB SPL) maggiore di un altoparlante di pari potenza.

Per produrre basse frequenze serve un cono più grande e quindi un magnete più grosso per poterlo muovere, come nel caso dei woofer e sub-woofer. Per produrre frequenze acute è sufficiente un cono piccolo, per cui i tweeter possono avere dimensioni ridottissime. Esistono vari tipi di altoparlante a seconda del tipo di utilizzo e della frequenza acustica da riprodurre:

- super tweeter, altoparlante specializzato nella riproduzione di frequenze altissime (oltre 18 kHz);
- tweeter, altoparlante specializzato nella riproduzione di frequenze acute (da 15 kHz a 18 kHz);

- mid-range, altoparlante specializzato nella riproduzione di frequenze medie (da 5 kHz a 12 kHz);
- woofer, altoparlante specializzato nella riproduzione di frequenze basse (120 Hz a 3 kHz);
- sub-woofer, altoparlante specializzato nella riproduzione di frequenze sub-basse (sotto i 120 Hz);
- full-range, altoparlante a gamma intera specializzato nella riproduzione di tutte le frequenze udibili (da 20 Hz a 20 kHz, in teoria).

Gli altoparlanti adottano come unità misura l'impedenza (simbolo Z), ovvero la resistenza elettrica alla frequenza tipica di 1 kHz. Normalmente l'impedenza nominale di un altoparlante è di 4 Ω oppure di 8 Ω, ma questi valori variano, in base alla frequenza del segnale.

Come per le resistenze, si possono mettere in serie e parallelo più altoparlanti per aumentare l'efficienza acustica, stando però attenti a non scendere o salire troppo con l'impedenza nominale. A parità di potenza, sotto i 2 Ω un sistema di amplificazione inizia a scaldare troppo all'uscita dello stadio finale (ovvero l'uscita dell'amplificatore è vicina al cortocircuito) e sopra i 16 Ω inizia a perdere efficienza (ovvero serve più potenza per ottenere lo stesso livello di pressione sonora).

Per esempio, è abbastanza comune utilizzare due altoparlanti da 8 Ω in parallelo per ottenere un sistema a 4 Ω, in base alla nota formula: (R1 × R2) / (R1 + R2).

Per gli esperimenti con un altoparlante si veda nel Capitolo 5 il paragrafo "Esperimenti con i transistor".

Microfono

Se l'altoparlante è la bocca, il microfono è l'orecchio. Con un comportamento fisico simile all'altoparlante, il microfono è un trasduttore elettroacustico in grado di trasformare i suoni in energia elettrica. La massa d'aria che viene spostata davanti a un microfono può muovere un sistema bobina-magnete nei cosiddetti microfoni dinamici. Esistono altri tipi di microfoni, che però non verranno trattati in questa sede:

- microfono a nastro;
- microfono a condensatore;
- microfono piezoelettrico;
- microfono a carbone.

Nel microfono dinamico, la capsula è composta da una bobina solidale con il diaframma e sospesa in un campo magnetico. Quando le onde sonore mettono in vibrazione il diaframma, la bobina immersa nel campo magnetico inizia a vibrare alla stessa frequenza dell'onda sonora e genera un analogo segnale elettrico in uscita. Per questo motivo il microfono dinamico viene talvolta chiamato "a bobina mobile" (Figura 2.26).

Non essendo questa la sede per un esame approfondito delle caratteristiche dei microfoni, diremo solo che un buon microfono dovrebbe avere una buona risposta in frequenza per poter riprendere i suoni fedelmente.

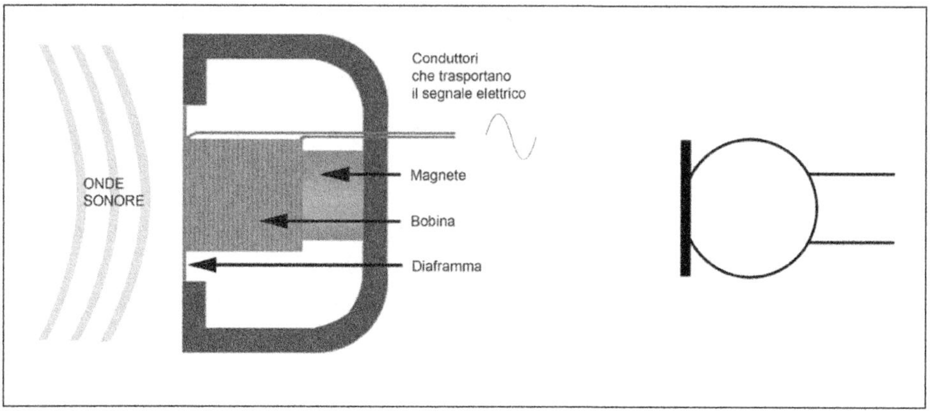

Figura 2.26 Principio di funzionamento di un microfono dinamico e simbolo elettrico usato negli schemi.

Ecco un elenco di sorgenti sonore e la relativa risposta in frequenza di un microfono adeguato alla loro ripresa, rispettandone così i canoni di fedeltà.

- Buona parte degli strumenti musicali: da 80 Hz a 15 kHz.
- Strumenti con frequenze basse: da 40 Hz a 9 kHz.
- Ottoni: da 80 Hz a 12 kHz.
- Pianoforte: da 40 Hz a 12 kHz.
- Piatti: da 15 o 20 kHz.
- Percussioni: da 300 Hz a 15 kHz.
- Orchestra sinfonica o banda: da 40 Hz a 15 kHz.
- Voce umana: da 80 Hz a 12 kHz.

Un altro fattore da tenere in forte considerazione nella scelta di un microfono è il livello di pressione sonora (SPL). Il suono meno intenso è a 0 dB SPL. La conversazione normale alla distanza di 30 cm è di circa 70 dB SPL. Un suono forte (vicino alla soglia del dolore) è superiore a 120 dB SPL.

Se un microfono ha un SPL massimo di 125 dB SPL, significa che inizia a distorcere in modo percepibile quando il suono prodotto raggiunge e supera i 125 dB SPL. Un microfono con SPL massimo di 120 dB è considerato buono, con SPL massimo di 135 dB è ottimo, con SPL massimo di 150 dB è eccellente.

I microfoni dinamici generalmente non generano distorsioni del segnale elettrico neppure in presenza di suoni molto forti, a differenza di altri microfoni a condensatore o a nastro. Anche con segnali molto forti, all'uscita del microfono la corrente del segnale elettrico è comunque irrisoria (pochi millivolt) e va pertanto amplificata per poter essere gestita correttamente da un dispositivo di acquisizione. Come per gli altoparlanti, anche per i microfoni si adotta come unità di misura l'impedenza (simbolo Z), ovvero la resistenza effettiva in uscita alla frequenza di 1 kHz. Nel collegamento a uno stadio di amplificazione va sempre tenuta in considerazione l'impedenza di un microfono, per ottenere la migliore efficienza del segnale su tutta la linea.

- L'impedenza di un microfono tra 150 e 600 Ω è considerata bassa (valore standard per quasi tutti i microfoni).
- L'impedenza di un microfono tra 1000 e 4.000 Ω è considerata media.
- L'impedenza di un microfono sopra i 10 kΩ è considerata alta (per esempio, il pickup di una chitarra).

Per esempio, se si collega un microfono a bassa impedenza a uno stadio di amplificazione con ingresso ad alta impedenza, si ha una perdita di segnale, per cui si rende necessario un adattatore di impedenza, ovvero un trasformatore in salita con rapporto 1:15 o 1:30. Per gli esperimenti con un microfono si veda nel Capitolo 5 il paragrafo "Esperimenti con i transistor" (premplificatore audio).

Componenti attivi

I componenti elettronici che vengono definiti "attivi" sono in grado di influenzare "attivamente" il flusso della corrente elettrica e quindi il comportamento degli altri componenti. Tutti i componenti attivi trattati di seguito si basano sulla tecnologia a semiconduttore.

Diodo

Il diodo è un componente attivo composto da due terminali collegati a una giunzione PN (positivo/negativo) di silicio sottoposto a drogaggio, ovvero in grado di lasciar passare le cariche elettriche solo positive o solo negative, in base alla direzione della corrente. Pertanto si tratta di un componente polarizzato che va montato in un circuito rispettando le sue caratteristiche di semiconduttore. I suoi elettrodi vengono contraddistinti in un circuito elettrico come anodo e catodo.
La lettera K indica il catodo (-) e la lettera A indica l'anodo (+). Una fascetta sul corpo, una tacca o il terminale più corto indicano il reoforo corrispondente al catodo.
La Figura 2.27 mostra la naturale predisposizione del diodo a bloccare la corrente positiva che scorre verso il catodo (giunzione N) e di lasciarla invece passare quando proviene dall'anodo (giunzione P).
La Figura 2.27b illustra alcuni tipi di diodo e i simboli usati negli schemi elettrici. Esistono molti tipi di diodi, per cui vale la pena di esaminare i tipi più comunemente usati. Da notare che l'eventuale fascetta sul corpo del diodo indica sempre il catodo.

Diodo a giunzione

Il più comune diodo è di tipo a giunzione (PN). Come già detto, quando un diodo a giunzione viene attraversato da una corrente continua si comporta come un resistore, il cui valore resistivo varia in base alle caratteristiche del costruttore. La cosiddetta tensione di soglia di un normale diodo a giunzione si aggira intorno ai 0,6V. Se viene percorso dalla corrente in senso opposto, si comporta invece come uno scudo impenetrabile.
Se il diodo viene attraversato da una corrente alternata viene fatta passare solo la semionda positiva dell'onda, bloccando la semionda negativa. Disponendo un ponte di diodi in modo opportuno, ovvero un ponte di Graetz (Figura 2.28a), si può "raddrizzare" la corrente alternata e produrre un flusso di corrente continua.

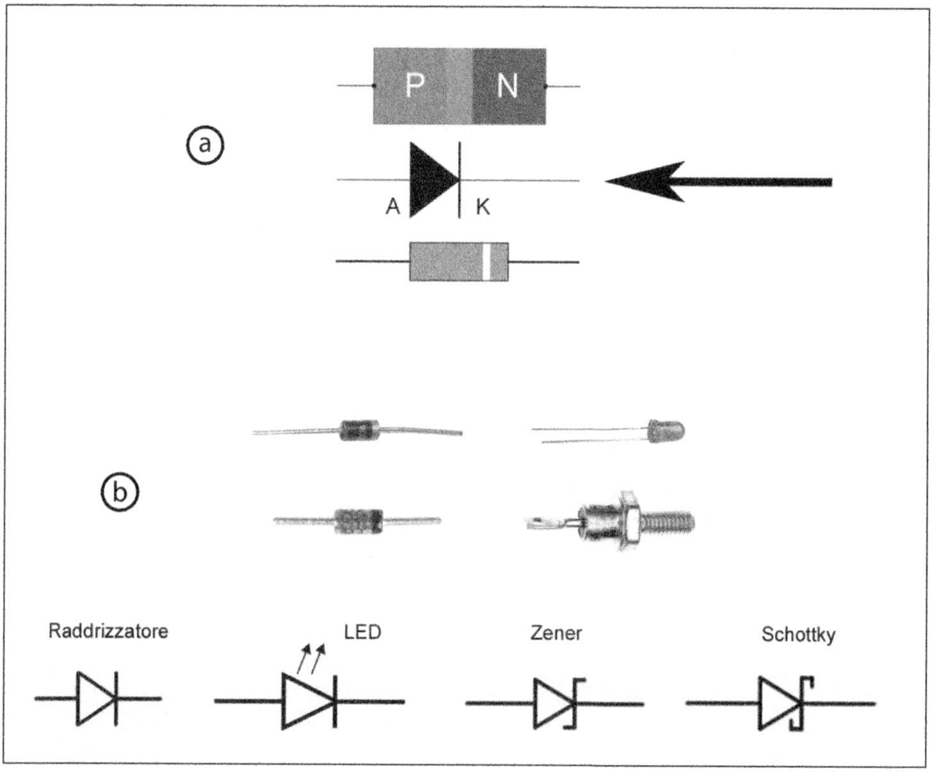

Figura 2.27 (a) Funzionamento del diodo. (b) Alcuni tipi di diodo e simboli elettrici corrispondenti. Da sinistra, diodo raddrizzatore normale, diodo LED, diodo Zener, diodo Schottky.

Per esempio, utilizzando quattro comuni diodi a giunzione della serie 1N400*n* (*n* sta per 1, 2, 3, 4, 5, 6 o 7 a seconda della tensione e della potenza dissipata dal diodo) si può facilmente creare un ponte raddrizzatore e ottenere una corrente continua "pulsante" da un trasformatore in corrente alternata.

La tensione in uscita è pulsante perché è formata dalla serie di semionde positive (effetto *ripple*). Si può tentare di livellare la tensione ponendo in parallelo all'uscita del ponte un condensatore elettrolitico di circa 47 o 100 μF. La carica e scarica del condensatore permette di ottenere un buon livellamento delle semionde pulsanti (vedi nel Capitolo 5 il paragrafo "Esperimenti con i diodi").

Esistono in commercio ponti raddrizzatori di diverse potenze pronti all'uso, che fanno risparmiare un bel po' di tempo (Figura 2.28b). Basta collegare all'ingresso il generatore di corrente alternata, per esempio un trasformatore, per avere in uscita la corrente continua. Essendo una corrente continua pulsante, è necessario usare anche in questo caso un condensatore elettrolitico di livellamento messo in parallelo all'uscita (vedi nel Capitolo 5 il paragrafo "Esperimenti con i condensatori").

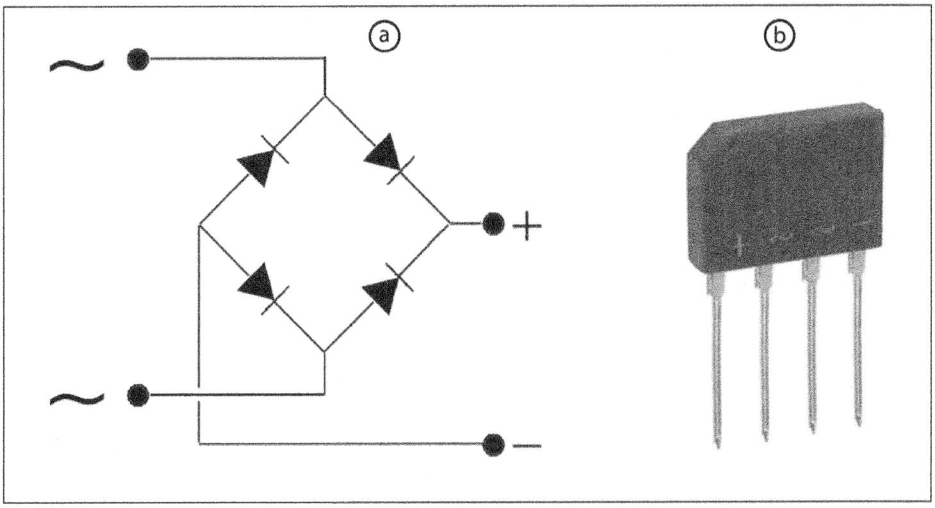

Figura 2.28 (a) Schema di un ponte raddrizzatore di Graetz con 4 diodi. (b) Un ponte raddrizzatore pronto all'uso.

LED

Il LED (dall'inglese *Light Emitting Diode*) è sicuramente il diodo che si "vede" di più, anche perché è onnipresente, in tutti gli apparecchi elettronici. Oltre che per gli scopi tradizionali di monitoraggio dell'accensione di qualsiasi dispositivo e di altre funzioni di controllo e misurazione, i LED hanno ormai invaso il mercato dell'illuminazione domestica e pubblica, visto che anche i semafori sono sempre più spesso illuminati a LED. Nella Figura 2.29 sono illustrati vari tipi di LED.

Per i dettagli sull'utilizzo dei LED vedere il Capitolo 5 al paragrafo "Esperimenti con i diodi".

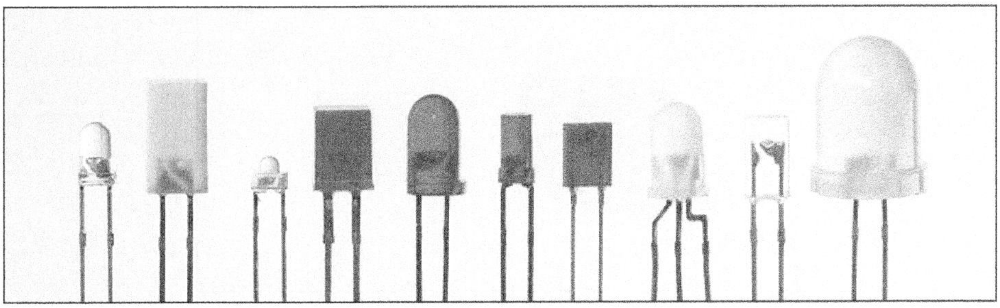

Figura 2.29 Vari tipi di LED colorati.

Diodo LASER

I diodi LASER sono particolari LED che emettono luce coerente LASER, come dice la sigla stessa *Light Amplification by Stimulated Emission of Radiation*.

La maggior parte dei diodi laser è realizzata in arseniuro di gallio e alluminio ed emette luce LASER quando la corrente di soglia supera i 20 o 30 mA.

La radiazione controllata di luce coerente ne permette l'uso in vari campi dell'elettronica di consumo e nell'elettromedicale. I diodi LASER vengono impiegati largamente per la scrittura/lettura di CD e supporti digitali affini, nei mouse ottici, nei lettori di codici a barre, nella trasmissione dati tramite fibre ottiche, nei puntatori e segnalatori puntiformi e così via.

Transistor

Il transistor è un componente attivo a semiconduttore, in genere composto di silicio, munito di tre piedini (reofori), disponibile in un ragguardevole numero di modelli, dimensioni e forme (Figura 2.30).

Il termine deriva dalla contrazione dei termini *Transfer* e *Resistor*, ossia "trasferimento di resistenza" e, in pratica, succede proprio questo: la resistenza ai capi dei terminali di uscita può essere fatta variare in base alla tensione e corrente in ingresso. Pertanto il transistor può essere usato principalmente come amplificatore del segnale posto al suo ingresso oppure come interruttore elettronico.

Nei circuiti di amplificazione, la tensione e la corrente in uscita di un transistor possono essere anche molto elevate rispetto alla tensione e corrente immesse in entrata. Nei cosiddetti circuiti *Switching* i transistor si comportano come perfetti interruttori elettronici.

Per queste e altre particolari caratteristiche, i transistor sono impiegati in tutti i settori dell'elettronica analogica e digitale. La loro miniaturizzazione ha consentito la costruzione di circuiti integrati sempre più piccoli, fino alla progettazione attuale di CPU (*Central Processing Unit*) con miliardi di transistor in un singolo *chip*.

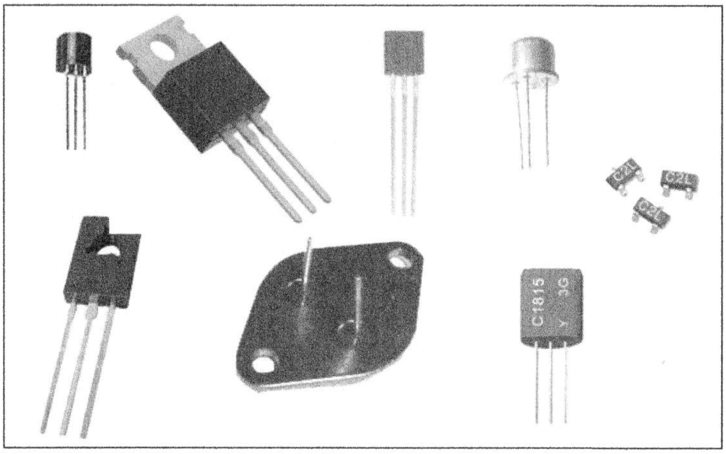

Figura 2.30 Vari tipi di contenitori per transistor.

Il funzionamento del transistor è basato sul principio della giunzione PN vista in precedenza per il diodo. Per cui non è errato immaginare il transistor come due diodi accoppiati. Le caratteristiche funzionali del transistor come amplificatore o come interruttore derivano dalla costruzione interna delle barrette di silicio, drogato in modo che le giunzioni possano condurre cariche elettriche positive o negative, a seconda del tipo

di drogaggio P o N. In base alla direzione della corrente, il transistor può trovarsi in un stato di conduzione o di interdizione, cioè può far passare la corrente o bloccarla (vedi l'esperimento più avanti).
I tipi più comuni di transistor usati nei circuiti elettronici sono quelli a giunzione NPN o PNP:

- il transistor NPN è formato da una barretta di silicio negativa, da una positiva e da un'altra negativa;
- il transistor PNP è formato da una barretta di silicio positiva, da una negativa e da un'altra positiva.

In pratica, essendo costituito dall'unione di due giunzioni PN (diodo), il transistor di questo tipo viene chiamato BJT (*Bipolar Junction Transistor*), ovvero a giunzione bipolare
I tre terminali del transistor BJT prendono il nome di:

- base (b);
- collettore (c);
- emettitore o anche emittore (e).

Nella Figura 2.31 sono illustrati i simboli elettrici dei transistor e la schematizzazione del loro funzionamento.
È da notare che la disposizione dei tre terminali non è sempre la stessa e varia da un tipo di transistor all'altro, a seconda dell'involucro TO (*Transistor Outline*).
Nei transistor più comunemente usati, una tacca sull'involucro (TO-39) evidenzia la posizione dell'emittore.
In altri casi, è la diversa conformazione dell'involucro che permette di conoscere la disposizione dei terminali. Molto spesso è necessario ricorrere al datasheet del transistor per essere sicuri della disposizione dei terminali. Un posizionamento errato nel circuito causa, il più delle volte, la rottura del transistor. Per nostra fortuna oggi, esistono ottimi motori di ricerca su Internet per ottenere gratuitamente le informazioni su praticamente tutti i transistor e circuiti integrati attualmente in commercio. Uno fra i tanti, `www.datasheetcatalog.net`.

Un esperimento con il transistor

Per capire meglio il concetto di interdizione e conduzione di un transistor NPN o PNP, questo esperimento illustra il comportamento di un "interruttore controllabile" in corrente. Si tratta di un esperimento che tutti possono fare senza correre rischi di scosse elettriche o altro.
Il circuito è formato da un comune transistor NPN di qualsiasi tipo, per esempio un BC547, da un LED e da una pila a 9 volt. Eseguire i collegamenti come illustrato nella Figura 2.32.

1. Collegare il LED (attenzione alla polarità anodo-catodo) al collettore del transistor.
2. Alimentare il circuito portando la tensione negativa all'emettitore e la tensione positiva all'anodo del LED.
3. Il LED rimarrà spento, perché non c'è alcuna corrente circolante fra collettore ed emettitore.
4. Portiamo una piccola corrente alla base del transistor, ponendo semplicemente un dito fra il polo positivo della pila e la base del transistor, il LED si accenderà debolmente.

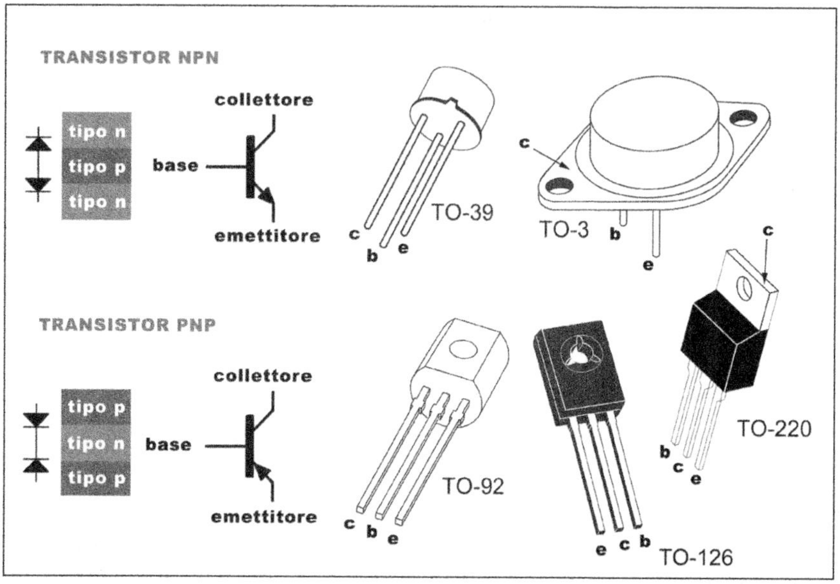

Figura 2.31 Simboli elettrici dei transistor NPN e PNP di tipo BJT e schema di funzionamento del transistor. A destra vari modelli di involucro e posizionamento dei terminali b, c, e.

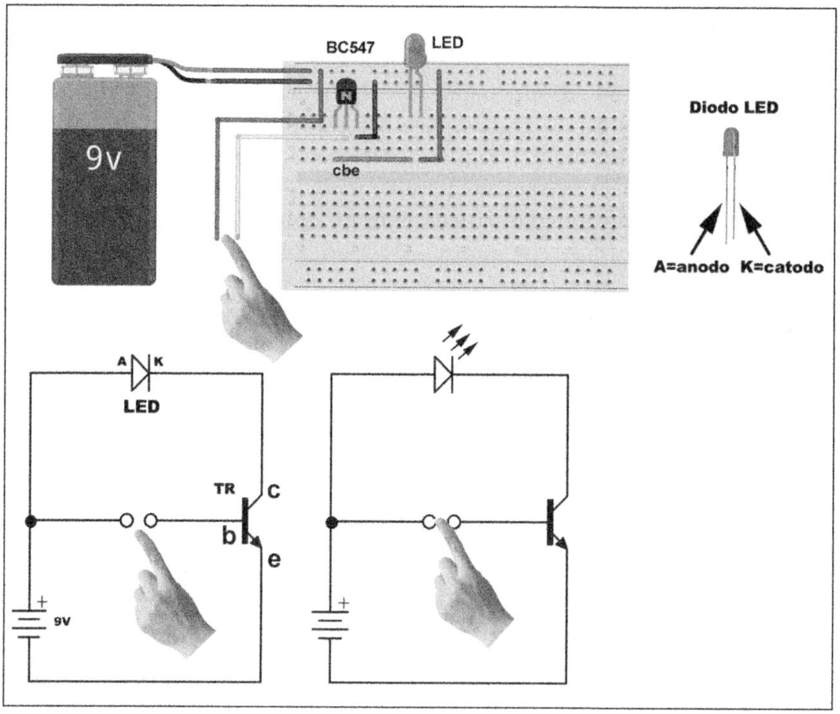

Figura 2.32 Un transistor usato come interruttore controllabile. Appoggiando un dito per chiudere il circuito, si polarizza la base del transistor, che entra in conduzione permettendo l'accensione del LED. Premendo con più forza, il LED si illumina di più.

5. Premendo più energicamente il dito sui contatti, si otterrà una maggiore luminosità del LED. Questo perché, in pratica, si diminuisce il valore resistivo e quindi anche la debole corrente della pila "attraverserà" il dito più facilmente, permettendo l'accensione del LED.

Quello che succede, in pratica, è che il transistor passa da uno stato di interdizione a uno stato di conduzione, grazie alla chiusura del circuito per mezzo del dito, permettendo il passaggio di corrente fra collettore ed emettitore.
Ovviamente, al posto del dito possiamo inserire un potenziometro e quindi misurare la corrente assorbita dal circuito. Tramite un multimetro digitale impostato su 200 mA fondo scala si può osservare il cambiamento dello stato del transistor in modo più analitico (Figura 2.33).
Da questo esperimento di intuisce la necessità di far lavorare un transistor nel modo migliore possibile. Questo si traduce nella cosiddetta "polarizzazione" di un transistor.

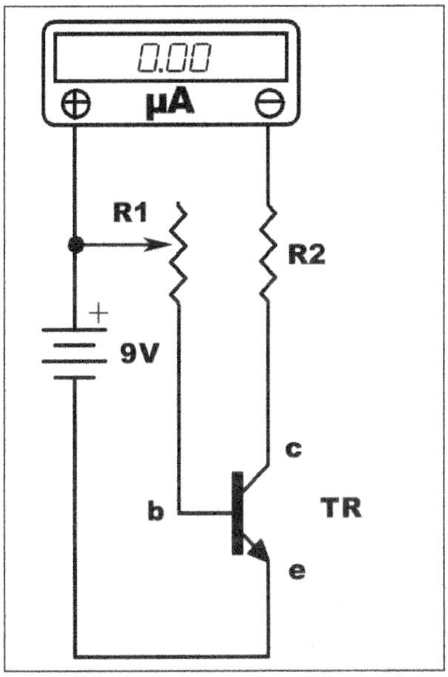

Figura 2.33 Un transistor come interruttore controllabile. TR è un transistor BC547. Il potenziometro R1 è di 1 kΩ (ma può avere un qualsiasi altro valore), il resistore R2 è di 1 kΩ 1/4 di watt. L'alimentazione è una pila da 9V. Il multimetro digitale è impostato su 200 mA fondo scala.

Polarizzazione

La polarizzazione di un transistor è di fondamentale importanza perché solo con una corretta polarizzazione si può determinare il cosiddetto "punto di lavoro" ottimale del transistor.
La miriade di transistor in commercio serve a far capire che ogni transistor ha caratteristiche ben precise e può funzionare solo se inserito in un circuito ben progettato. Per esempio, se un segnale deve essere amplificato in maniera adeguata, bisogna trovare il punto di lavoro ottimale del transistor utilizzato a quello scopo.

Per capire come impiegare correttamente un transistor in un circuito non basta una trattazione teorica, per cui abbiamo preferito realizzare un semplice circuito sperimentale per fissare alcuni concetti di base che serviranno in futuro per circuiti più complessi.
Se nell'esperimento precedente abbiamo visto come il transistor passa dallo stato di interdizione a quello di conduzione semplicemente ponendo un dito (o un potenziometro) fra il polo positivo della pila e la base del transistor, nella Figura 2.34 viene illustrata come la conduttività elettrica tra collettore ed emettitore del transistor non può verificarsi finché non viene applicata alla base una tensione specifica, calcolando la cosiddetta "resistenza di polarizzazione".
Nel semplice circuito sono stati utilizzati i seguenti componenti, facilmente reperibili:

- TR = transistor 2N2222 (BC 107, BC 237, 2N1711 ...)
- R1 = resistenza 100 Ω 1/4 di Watt
- Pila 9V
- Multimetro digitale impostato su 200-20 mA fondo scala.

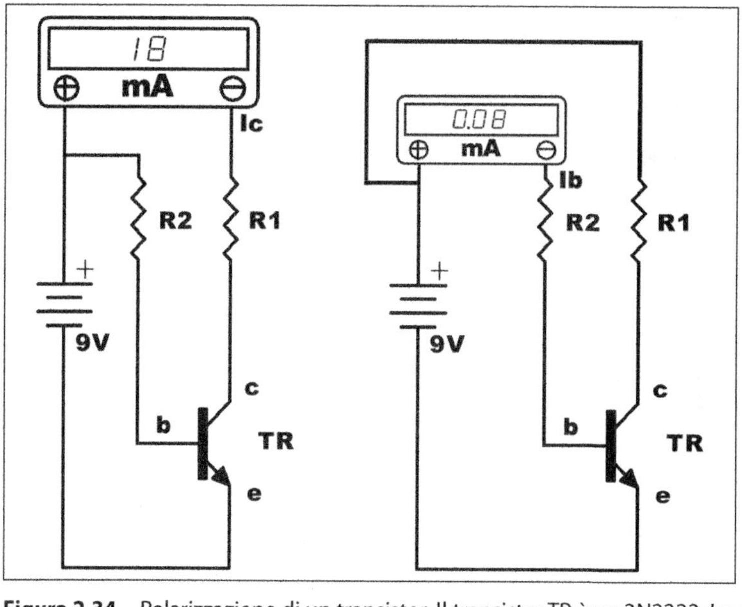

Figura 2.34 Polarizzazione di un transistor. Il transistor TR è un 2N2222. La resistenza R1 è di 100 Ω 1/4 di watt. La resistenza R2 è di 100 KΩ 1/4 watt. L'alimentazione è una pila di 9 V. Il multimetro digitale è impostato su 200 mA fondo scala.

Innanzitutto, il piedino corrispondente alla base del transistor deve rimanere libero. Una volta applicata la tensione di 9 volt della pila, si vedrà che il transistor, nella giunzione collettore-emettitore, non condurrà nulla (o quasi) e il display del multimetro digitale resterà a 0,00 mA.
Quando la base del transistor viene "polarizzata" tramite il resistore R2 da 100 KΩ, il multimetro misurerà una corrente di collettore (Ic) di circa 18 mA.
Collegando il multimetro fra base e polo positivo della pila, si misurerà una corrente di base (Ib) di circa 0,08 mA.

Anche senza misurarla direttamente è possibile arrivare allo stesso valore di corrente di base ricorrendo alla legge di Ohm e utilizzando i valori di tensione e resistenza in gioco:

9V (tensione del circuito) - 0,7 (caduta di tensione base-emettitore) = 8,3V
resistenza di collettore = 100 KΩ
Ib (corrente alla base) = 8,3 : 100.000 = 0,000083 Ampere (0,083 mA)

Risulta chiaro che, polarizzando opportunamente la base con un resistore che porta una debole corrente dalla stessa linea di alimentazione collegata al collettore (nel nostro caso il polo positivo della pila), si ha un aumento del passaggio di corrente fra collettore ed emettitore.
È come se la corrente venisse "amplificata" e la base fungesse da "controllo" di flusso fra collettore ed emettitore. Una specie di "rubinetto" elettronico.

Coefficiente di amplificazione

Per far lavorare un transistor al massimo delle sue possibilità bisogna inserirlo in un circuito elettrico in cui i valori delle resistenze di polarizzazione assumono un ruolo determinante. La trattazione di questo argomento prevede la conoscenza di molti altri parametri del transistor, che normalmente si trovano nei datasheet (Vcb, Vce, Veb, Ic, hFE, Ptot e così via) e sarebbe troppo lungo parlarne in questa sede.
Diciamo solo che il rapporto che intercorre fra la corrente di collettore (Ic) e quella di base (Ib) si traduce normalmente nel "coefficiente di amplificazione" o "beta" del transistor (contrassegnato dalla lettera greca).
In pratica, è un numero che indica quanto è il "guadagno" del transistor.
Nel nostro caso, sperimentato nell'esempio precedente, il coefficiente beta è:

18 mA (Ic) : 0,08 mA (Ib) = 200

È ovvio che il guadagno di un transistor può cambiare sensibilmente a seconda delle caratteristiche "fisiche" del componente e, di solito, s'intende come valore medio. Diciamo che in uno stesso modello di transistor, ci possono essere variazioni abbastanza consistenti, per cui si può considerare per un transistor 2N2222 un beta medio che va da 100 a 300 (come indicato nel suo datasheet) per cui, facendolo lavorare con un guadagno di 200, possiamo stare tranquilli che non si surriscalderà. Se il transistor dovesse scaldarsi troppo, è possibile raffreddarlo con appositi dissipatori di calore.
In progettazioni elettroniche molto sofisticate, per le quali servono coefficienti ben precisi, la ricerca dei componenti è determinante ai fini della qualità del prodotto da costruire. Si arriva a scartare decine e decine di transistor provandoli uno per uno per determinare con sicurezza il coefficiente beta "giusto".

Transistor MOSFET

La trattazione profonda dei MOSFET (dall'inglese *Metal-Oxide-Semiconductor Field-Effect Transistor*) richiederebbe molto spazio. Per dovere di cronaca, diamo uno sguardo ai MOSFET, ovvero ai transistor a effetto di campo basati su semiconduttore a ossido di metallo, largamente usati in elettronica analogica e digitale.

A differenza del transistor BJT, il MOSFET è composto da uno strato di silicio drogato, dal quale vengono derivati tre terminali:

- Gate (G);
- Source (S);
- Drain (D).

In pratica, applicando una tensione al Gate è possibile controllare il passaggio di corrente tra il terminale Source e il terminale Drain. Da qui si intuisce che il suo comportamento è più simile a un interruttore polarizzato.
Nella Figura 2.35 sono illustrati i vari simboli elettrici e la schematizzazione del suo funzionamento.

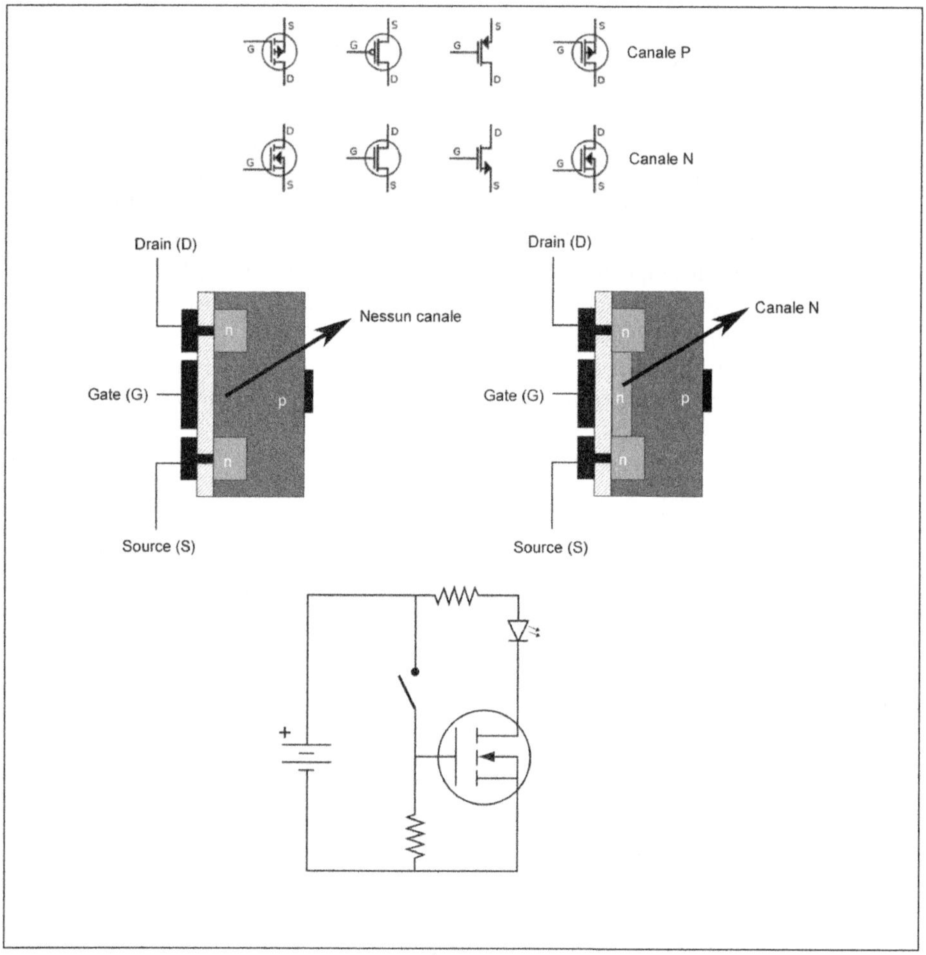

Figura 2.35 Simboli dei MOSFET e funzionamento schematizzato. In basso, un piccolo circuito di prova.

A seconda del drogaggio di tipo N o di tipo P, il transistor può essere nMOS o pMOS, ovvero MOSFET con Gate negativo o positivo.
Quando il MOSFET viene polarizzato negativamente o positivamente, a seconda del canale, viene creato nel substrato un canale n o p, in base al tipo di substrato p o n corrispondente.
Per le loro caratteristiche costruttive innovative i MOSFET hanno praticamente soppiantato i transistor BJT nello sviluppo delle tecnologie digitali e la logica digitale CMOS ha di fatto permesso la progettazione di computer sempre più performanti.
Nei circuiti analogici i MOSFET vengono usati nel settore consumer come amplificatori audio di potenza, inverter e alimentatori switching e nel settore industriale come interruttori o resistori di precisione.
Per altri esperimenti con i transistor si veda nel Capitolo 5 il paragrafo "Esperimenti con i transistor".

Circuito integrato

Il circuito integrato, siglato comunemente con IC (dal termine inglese *Integrated Circuit*) o CI, negli schemi italiani, è un circuito elettronico miniaturizzato composto principalmente da un certo numero di transistor, diodi e anche componenti passivi come resistori e condensatori ottenuti dalla lavorazione di un *chip* di silicio, ovvero di una "fettina" di materiale semiconduttore. Tant'è che i circuiti integrati vengono spesso chiamati amichevolmente *chip*, appunto. Il livello di integrazione può limitarsi a pochi transistor o arrivare a milioni di transistor:

- SSI (*Small-Scale Integration*) fino a 10 transistor;
- MSI (*Medium-Scale Integration*) fino a 100 transistor;
- LSI (*Large-Scale Integration*) fino a 10.000 transistor;
- VLSI (*Very-Large Scale Integration*) fino a 100.000 transistor;
- ULSI (*Ultra-Large Scale Integration*) fino a 10.000.000 transistor.

Per le CPU multicore più potenti si arriva all'integrazione di oltre 2 miliardi di transistor.
I circuiti integrati si dividono in diverse famiglie a seconda del loro scopo e della tecnologia utilizzata, ovvero tecnologia analogica o tecnologia digitale.
I seguenti tipi di IC sono impiegati in circuiti analogici:

- amplificatori operazionali;
- amplificatori audio;
- amplificatori di alta frequenza;
- regolatori di tensione;
- sintonizzatori e mixer di alta frequenza;
- rivelatori e stadi di media frequenza;
- oscillatori di bassa frequenza.

In circuiti digitali sono impiegati i seguenti tipi di IC:

- porte logiche;
- contatori;
- convertitori;

- LED driver;
- driver per motori;
- divisori di frequenza;
- logiche programmabili;
- unità aritmetico logiche;
- microprocessori;
- memorie;
- fotoaccoppiatori.

Il tipico contenitore dei circuiti integrati è di tipo DIP (*Dual In-line Package*), ovvero con due file parallele da 3 fino a 64 piedini e oltre.

Per i circuiti integrati miniaturizzati o SMD (*Surface Mounting Device*) l'involucro può essere di tipo SO (*Small Outline*) o quadrato di tipo QFP (*Quad Flat Package*), specie per CPU e microcontroller, con piedinature che possono arrivare alle centinaia di pin. Nei progetti di questo libro vengono usati alcuni circuiti integrati di tipo DIP le cui caratteristiche verranno illustrate di volta in volta.

Per comodità di saldatura o per facilitare la sostituzione in caso di rottura, i circuiti integrati vengono montati su zoccoli precedentemente saldati alla basetta del circuito stampato. Nella Figura 2.36 sono illustrati i simboli elettrici di alcuni IC:

- un fotoaccoppiatore 6N137;
- un regolatore di tensione 7805;
- un quad channel driver L293;
- un processore ATMega 328.

Nella stessa figura sono visibili anche gli zoccoli DIL (*Dual In Line*) con diverse piedinature. Notare lo zoccolo DIL con 16 pin a tulipano anziché di tipo lamellare. Molti preferiscono montare gli zoccoli a tulipano perché i contatti con i piedini del circuito integrato sono più sicuri.

Per gli esperimenti con i circuiti integrati si veda nel Capitolo 5 il paragrafo "Esperimenti con i circuiti integrati".

Microprocessore

Come abbiamo già visto, l'elevata integrazione di transistor su larga scala (ULSI) in un solo chip di silicio permette la progettazione di computer dalle prestazioni impensabili fino a qualche anno fa.

In questo libro si farà largo uso di un ATMega 328, un microprocessore nato una decina di fa, disponibile con contenitore DIP e quindi particolarmente facile da usare, montato regolarmente su schede tipo Arduino.

Si tratta di un processore AVR a 8 bit della Atmel, ma le sue prestazioni sono sicuramente superiori alle prime CPU degli anni sessanta, grazie alla sua architettura RISC (*Reduced Instruction Set Computer*).

Per gli esperimenti con un microprocessore si veda nel Capitolo 5 il paragrafo "Esperimenti con i circuiti integrati".

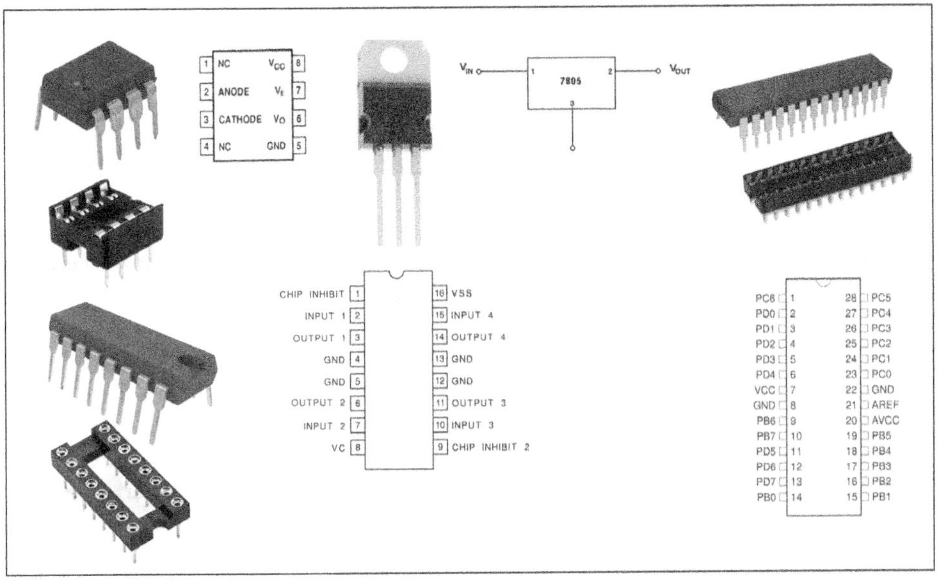

Figura 2.36 Alcuni circuiti integrati e rispettivi simboli. Da sinistra, un fotoaccoppiatore 6N137, un regolatore di tensione 7805, un quad channel driver L293, un processore ATMega 328.

Micro-storia

Un orgoglio tutto italiano è l'invenzione della innovativa tecnologia *Silicon Gate Technology*, sviluppata da Federico Faggin (Vicenza, 1941) presso l'azienda americana Fairchild nel 1968, il quale riuscì a integrare la prima CPU in un solo chip di silicio.

Da allora fu possibile parlare di LSI e, dagli anni ottanta in poi, i microprocessori sono diventati parte della nostra esistenza, entrando nelle case sotto forma di personal computer e poi di telefoni, giochi e robot.

Il primo microprocessore su singolo chip fu un Intel 4004, chiamato così perché corredato da altri circuiti integrati (4001, 4002 e 4003) per la gestione della memoria e dei dati. Possedeva 2300 transistor, dati e registri a 4 bit, ma con istruzioni anche a 8 e 16 bit. L'indirizzamento della memoria RAM era di soli 640 byte.

Subito dopo il 4004 nacque il microprocessore 8008, il primo a 8 bit del mondo, che venne sviluppato diventando nel 1974 il celeberrimo Intel 8080, padre di una famiglia di nobili discendenti e competitor come lo Z80 della ZiLOG (fondata da Federico Faggin) e il Motorola 6800.

Bisogna arrivare verso la fine degli anni settanta per vedere consolidata la tecnologia a 16 bit con processori del calibro di Intel 8086, il primo con l'architettura X86, arrivata al suo culmine con la famiglia Pentium in tempi molto recenti.

Il primo processore a 32 bit nel mercato dei personal computer fu il Motorola 68000 e i suoi derivati, che negli anni ottanta fecero la fortuna dei personal computer Atari, Macintosh e Commodore. La risposta a 32 bit di Intel fu la CPU 80386 e successive (Figura 2.37).

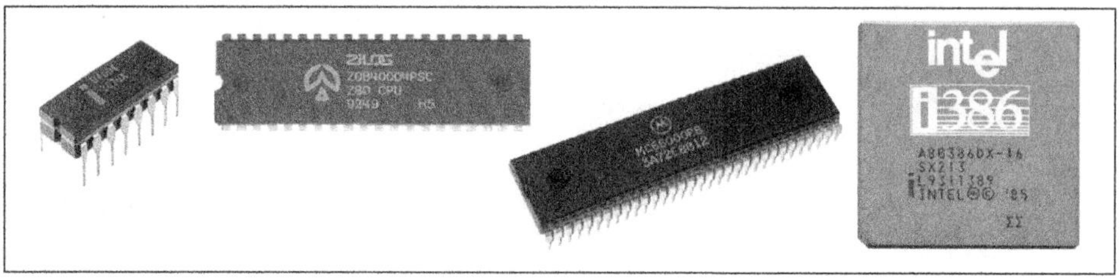

Figura 2.37 Alcuni storici microprocessori. Da sinistra: Intel 4004, il primo microprocessore su singolo chip della storia, ZiLOG Z80, Motorola 68000, Intel 80386.

Negli anni novanta, la tecnologia a 64 bit si consolidò, con Intel e AMD nella lotta della velocità di clock a frequenze sempre più elevate. Ma seguendo la logica del raddoppio del numero di transistor integrabili nello stesso chip per raddoppiare le prestazioni (la nota legge di Moore) si è arrivati al numero massimo di transistor integrabili, per cui oggi si preferisce raddoppiare il numero di *Core* piuttosto che diminuire pericolosamente sempre di più lo spazio nanometrico dei transistor nella CPU, incorrendo nel cosiddetto "effetto tunnel" ovvero nella interferenza a livello atomico fra elementi fisicamente troppo piccoli e troppo affollati. Una soluzione per diminuire anche l'eccessiva produzione di calore che le CPU a un solo Core producono è l'utilizzo di più Core, ovvero di più microprocessori su un singolo chip.
Dall'architettura Dual Core del 2005 si è passati dopo pochi anni al Multi Core per arrivare oggi a CPU con ben 16 Core, prospettando già nel prossimo futuro 32 Core e oltre.

Architettura

In generale, i circuiti integrati, per quanto complessi possano essere, sono disponibili per un ben preciso numero di funzioni. Per esempio, un Hex-Inverter (famiglia 7404) ha sei porte logiche per invertire l'ingresso logico (inversione da A a NOT A), un integrato ACIA (famiglia 6850) può convertire dati digitali seriali in paralleli e così via.
A differenza dei circuiti integrati, una CPU può essere dotata di un suo sistema operativo interno ed elaborare programmi che possono venire scritti nella sua memoria interna (EPROM) o in memorie esterne (RAM).
Senza entrare nei dettagli di una trattazione specifica, diremo semplicemente che una CPU risponde a una determinata architettura. Per esempio, l'architettura Von Neumann, che prevede dati e istruzioni nella stessa memoria del processore, o l'architettura Harvard, che prevede dati e istruzioni in due memorie separate.
Semplificando molto, all'interno di una CPU si possono trovare i seguenti elementi:

- CU (*Control Unit*) che controlla la memoria e le istruzioni;
- FPU (*Floating Point Unit*) per eseguire calcoli in virgola mobile;
- ALU (*Arithmetic Logic Unit*) per il calcolo delle operazioni matematiche e logiche;
- MMU (*Memory Management Unit*) per la gestione degli indirizzi di memoria;
- Registri (*Register*), due o più locazioni di memoria per il puntamento all'istruzione successiva (IP) e i flag di stato come Overflow, Zero, Interrupt e così via.

Istruzioni

Per eseguire i calcoli e le istruzioni, una CPU deve essere sincronizzata al sistema per cui ha bisogno di un orologio interno (CLOCK), di linee di Interrupt Request (IRQ) per richieste hardware al sistema e di una linea di ripristino in caso di blocco del sistema o di errore (RESET). La velocità del clock stabilisce il numero di operazioni che il sistema può elaborare. Nelle prime CPU il clock poteva arrivare a qualche kHz, mentre oggi si arriva tranquillamente oltre i 3 GHz, ovvero con un clock un milione di volte più veloce.
Con il termine "istruzione" si intende il "compito" che una CPU deve eseguire in sincrono con il resto del sistema. Per esempio, se si programma all'interno della memoria l'istruzione PRINT "A", la CPU deve elaborare l'istruzione interpretando il comando PRINT in una serie di dati in linguaggio macchina e spedirli alla periferica a cui è destinata l'istruzione, in questo caso il monitor o la stampante eventualmente collegata, e mostrare a video o stampare su carta il carattere "A".
L'insieme di istruzioni che una CPU può capire è costituita da codici binari, ovvero stringhe di impulsi elettrici di 0 o 5 volt corrispondenti alle cifre binarie 0 e 1. Quindi, quando si scrive un programma in qualsiasi linguaggio a basso livello o ad alto livello (Assembly, C, C++, Pascal, Basic e così via) le "parole" scritte come istruzioni in linguaggio macchina vengono prelevate dalla memoria e inviate alle unità di elaborazione della CPU, che interpreta il linguaggio macchina producendo l'azione contenuta nell'istruzione. Per esempio, una tipica istruzione in linguaggio macchina potrebbe essere "0000010000011", ovvero una serie di stati logici. La CPU legge gli stati logici inviati da un periferica o memorizzati in un memoria di massa come stati elettrici. La CPU esegue l'istruzione, seguendo l'impostazione della sua architettura e alla velocità imposta dal suo clock (tempo di elaborazione).
Se una CPU dei primordi, con un clock di pochi kHz, era in grado di eseguire qualche decina di istruzioni al secondo, si è ben presto passati a CPU in grado di compiere qualche centinaia di MIPS (*Million Instructions Per Second*). Oggi si parla di CPU in grado di eseguire fino a 20 peta FLOPS (*FLoating point Operations Per Second*) ovvero $20 \times 10^{15} = 20$ milioni di miliardi di operazioni in virgola mobile al secondo.

RISC

Come già accennato, l'architettura RISC sta per *Reduced Instruction Set Computer* che, già dal nome stesso, è orientata allo sviluppo di programmi semplici. La semplicità permette ai microprocessori di eseguire il set di istruzioni più velocemente rispetto a un'architettura CISC (*Complex Instruction Set Computer*), che invece si basa su un set di istruzioni complesse.
La Figura 2.38 illustra alcuni processori RISC molto diffusi:

- AVR (Atmel);
- ARM (Raspberry PI);
- PIC (PICAXE);
- SPARC (Sun Microsystems);
- MIPS (Toshiba).

Una menzione particolare merita il processore ARM usato nel progetto Raspberry PI Foundation, una fondazione benefica per promuovere lo studio dell'informatica e di argomenti correlati a livello scolastico.

Montato su una motherboard grande quanto un biglietto da visita (85 × 53 mm circa), un processore ARM di questo tipo è in grado di gestire un sistema operativo basato su kernel Linux Debian o RISC OS.

In pratica, Raspberry PI è un computer completo, dotato di interfaccia USB, interfaccia video e audio HDMI, 256 o 512 MB di memoria, porta Ethernet e porta per scheda SD. Presentato nel 2011 come il più piccolo computer del mondo, è stato immesso nel mercato a febbraio 2012 a soli 35 dollari.

Per altri tipi di schede che montano microprocessori con architettura ARM, si veda l'Appendice A.

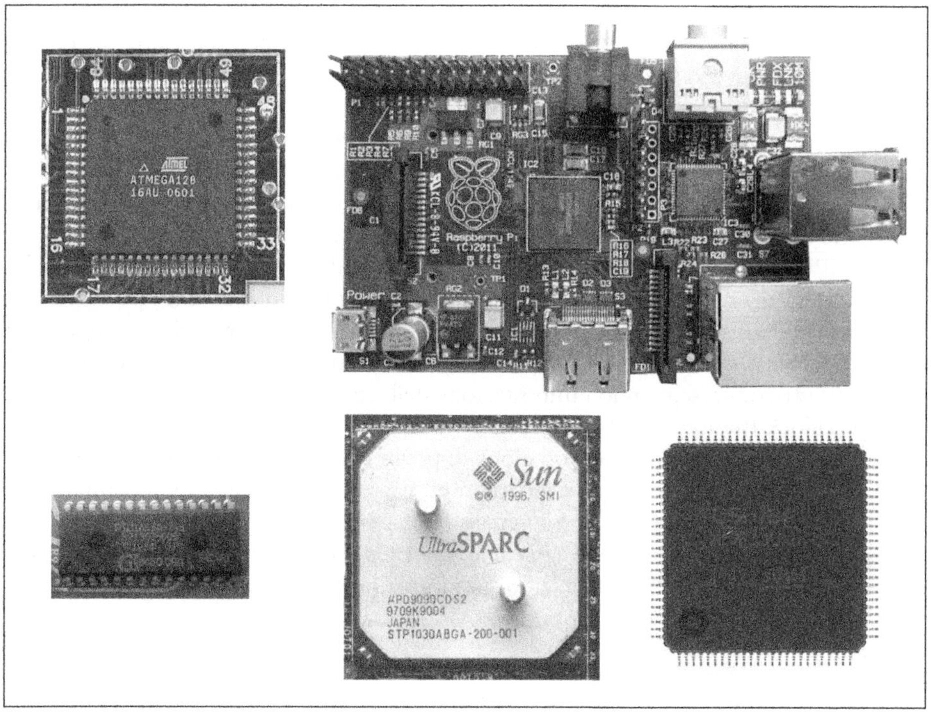

Figura 2.38 Alcuni processori RISC: Atmel, Raspberry PI, PICAXE, Sun Microsystems, Toshiba.

Capitolo 3

Motori, sensori e display

In questo capitolo

- **Modularità**
- **Motori elettrici**
- **Sensori**
- **Display**

Modularità

Progettare con in mente il concetto di modularità permette di sfruttare tutte le risorse e di scambiare i moduli in modo da rendere più flessibili i progetti. In altre parole, una volta costruito un modulo per il controllo dei motori, questo può essere usato assieme a quello per la rilevazione della temperatura o di rilevamento dell'intensità luminosa o di monitoraggio della distanza. Allo stesso tempo, è pensabile collegare il modulo di visualizzazione a LED oppure usare il display a cristalli liquidi 16X2 o un display grafico 128X64 pixel.

Questo capitolo spiega come trattare gli organi di movimento e di senso, in vista di "montare" i vari progetti secondo le proprie esigenze o la propria fantasia.

Motori elettrici

I motori elettrici di piccola e media potenza vengono impiegati generalmente nella costruzione di aeromodelli, piccoli rover e bracci robotici.

Nei Capitoli 5 e 6 vengono illustrati alcuni esperimenti e progetti con motori di diverse tipologie, per cui è consigliabile prendere nota di alcune caratteristiche peculiari dei seguenti tipi di motori elettrici:

- motore DC;
- servomotore;
- motore passo-passo.

Motore DC

Il tipico motore DC funziona solamente in corrente continua. È composto principalmente da due parti:

- un avvolgimento di spire di filo di rame smaltato, chiamato *rotore*;
- un magnete che crea un campo magnetico fisso, chiamato *statore*.

Il rotore, posto sotto tensione, crea un campo elettromagnetico al passaggio di corrente. Essendo il rotore immerso in un campo magnetico, quando gli viene applicata una tensione inizia a girare per induzione elettromagnetica (vedi "Esperimento con un induttore" nel Capitolo 2). Nella sua forma più semplice, il campo elettromagnetico del rotore tende a sfuggire dal campo magnetico dello statore, ovvero il polo positivo del campo elettromagnetico del rotore viene attratto dal polo negativo dello statore, producendo una rotazione continua.

Nei motori elettrici dotati di più poli (cioè con più avvolgimenti), sono presenti due piccole spazzole che forniscono la corrente necessaria agli avvolgimenti del rotore in modo sequenziale durante la rotazione (Figura 3.1a). In questo modo avviene uno scambio di polarità del campo elettromagnetico. Il campo magnetico dello statore e quello del rotore non sono mai allineati perfettamente, rendendo così la rotazione più fluida.

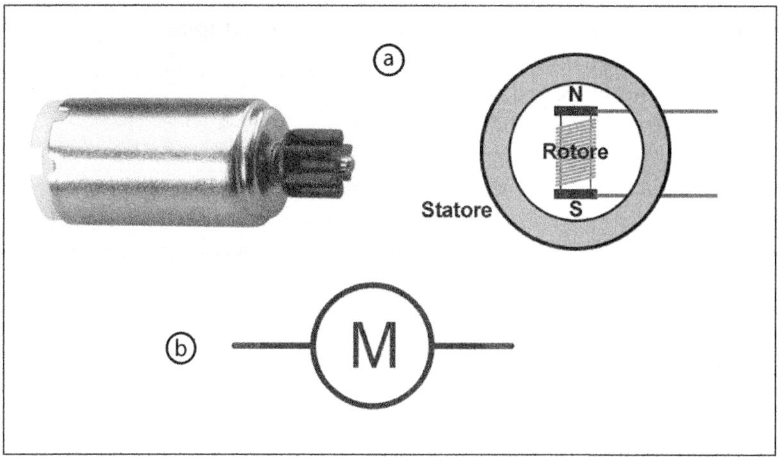

Figura 3.1 (a) Motore elettrico DC dotato di spazzole e principio di funzionamento. (b) Simbolo usato negli schemi elettrici.

Motore DC senza spazzole

Il motore DC senza spazzole (in inglese, *brushless*) è un motore in corrente continua composto da magneti permanenti e da avvolgimenti alimentati sequenzialmente da un circuito elettronico e non da un sistema fisso di alimentazione come nel caso delle spazzole striscianti sul rotore.

Il vantaggio è una minore resistenza meccanica, l'assenza di scintille provenienti dai contatti striscianti, una maggiore durata e una maggiore precisione nel posizionamento meccanico (Figura 3.2).

I magneti permanenti sono posizionati sul rotore consentendo un controllo preciso sia della velocità sia dell'accelerazione. Sono motori ideali per il controllo della rotazione nei lettori CD e simili, ma si sono rivelati ottimi anche nell'aeromodellismo e nell'automodellismo, quando serve più potenza e precisione.
Il motore brushless necessita di un controller elettronico per funzionare e per questo motivo risulta essere più costoso del motore con spazzole.

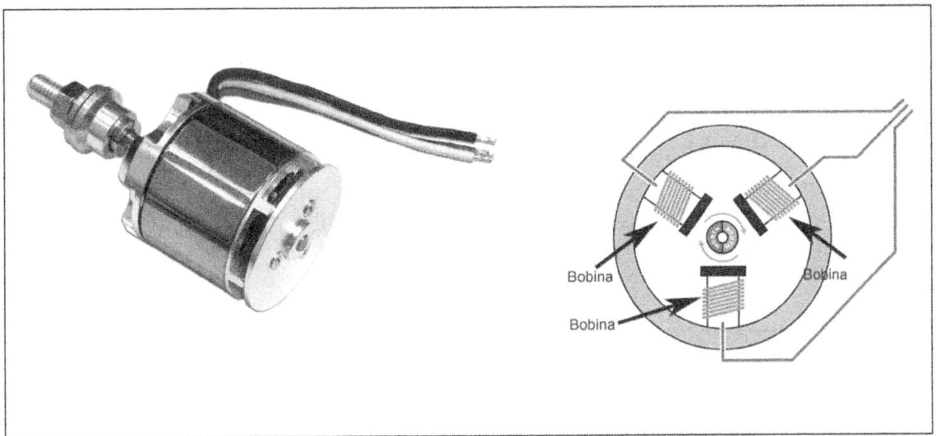

Figura 3.2 Motore elettrico DC senza spazzole e principio di funzionamento.

Per un esperimento con i motori DC, si veda il Capitolo 6, 30 progetti con Arduino al paragrafo "Controllo di velocità di due motori DC tramite potenziometri e transistor".

Motore passo-passo

Il motore passo-passo (in inglese *step o stepper motor*) è un motore brushless sincrono in corrente continua la cui posizione del rotore può essere controllata a passi (Figura 3.3). A differenza del motore tradizionale, il motore passo-passo è utilizzabile nelle applicazioni in cui serve controllare la rotazione o fermare l'albero in una determinata posizione. Pertanto sono ideali nella robotica per costruire bracci o articolazioni con controllo da microprocessore.
Anche se è possibile usare motori a spazzole o senza spazzole, per le applicazioni robotiche è preferibile usare un motore passo-passo per sfruttare la coppia meccanica e per far compiere all'albero rotazioni angolari molto precise. Altro fattore importante è che i motori passo-passo hanno un momento inerziale molto basso e sono molto stabili quando si blocca il rotore in una posizione.
I motori passo-passo possono essere principalmente di due tipi:

- *bipolari* – dotati di due avvolgimenti separati;
- *unipolari* – dotati di due avvolgimenti con un polo comune.

I bipolari si distinguono dagli unipolari perché hanno quattro fili corrispondenti ai due avvolgimenti separati. Gli unipolari hanno cinque o sei fili a seconda che le coppie centrali siano in comune con un solo filo o con due fili.

I motori passo-passo sono facilmente reperibili anche smontando vecchie stampanti e scanner. Per il riconoscimento degli avvolgimenti, basta usare un multimetro impostato su 200 Ω fondo scala e trovare l'avvolgimento provando i collegamenti uno alla volta. In commercio esistono moltissimi tipi di motori passo-passo, le cui caratteristiche principali possono essere simili alle seguenti.

- Coppia statica bipolare: 0,28 Nm (la coppia è espressa in Newton-metro).
- Corrente di fase bipolare: 0,7 Arms (corrente in ampere RMS).
- Inerzia del rotore: 34g cm^2 (espressa in grammi su cm quadrato).
- Lunghezza: 34 mm (misura fisica del motore).
- Peso: 240 g (peso del motore).
- Flangia NEMA 17: 42,3 × 42,3 mm (indica le dimensioni della flangia del motore).
- Numero di fili: 4.
- Angolo di passo intero: 1,8° (lo spostamento che il rotore compie quando esegue un passo intero).

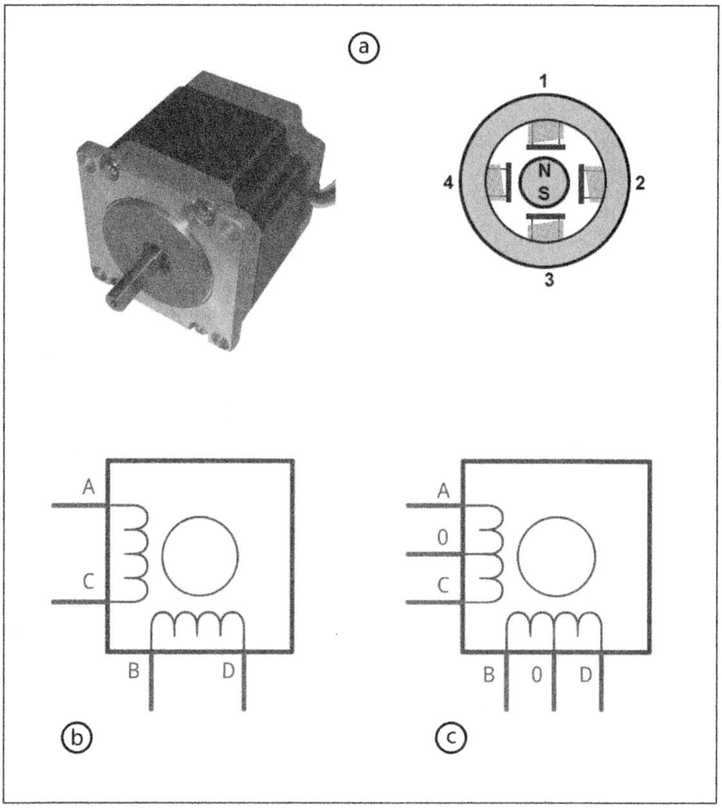

Figura 3.3 (a) Motore elettrico passo-passo e principio di funzionamento. (b) Simbolo elettrico di un motore passo-passo bipolare e (c) di uno unipolare.

Servomotore

I servomotori sono particolari motori passo-passo dotati di ingranaggi e servomeccanismi controllati da un microprocessore interno. Sono studiati per gli utilizzi di controllo più disparati.
Esistono centinaia di tipi di servomotori, per cui ci limiteremo a descriverne uno molto adattabile a progetti di vario tipo. Si tratta del servomotore HS-5035HD, dalle dimensioni davvero contenute e leggerissimo, costruito da Hitec Robotics (Figura 3.4).
Riportiamo di seguito le caratteristiche principali.

- Servo ultra nano leggerissimo, solo 4,5 grammi.
- Digitale programmabile.
- 0,8kg cm di coppia a 4,8V.
- 0,10 sec/60° di velocità.
- Scatola ingranaggi in KARBONITE ultra resistente.
- Potenziometro LONG LIFE.
- Dimensioni 18,6 × 7,6 × 15,5 mm.

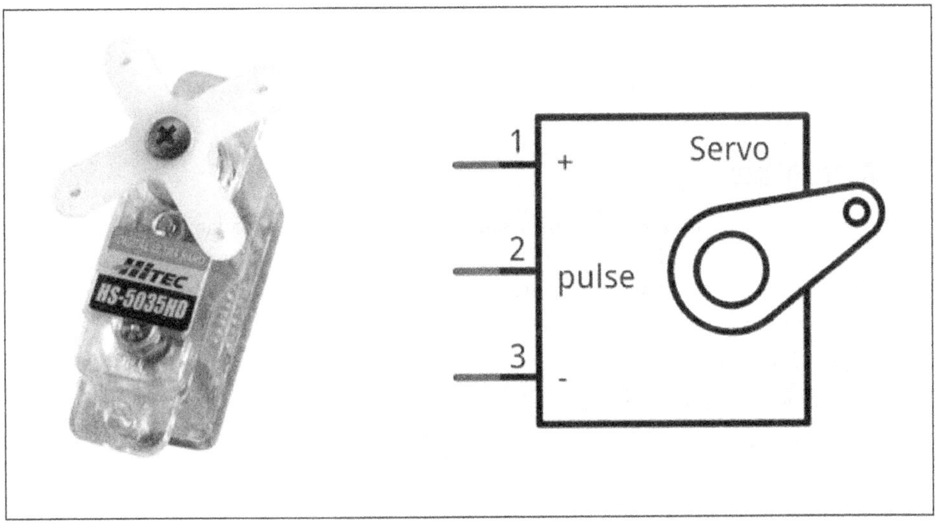

Figura 3.4 Servomotore HS-5035HD costruito da Hitec Robotics e il simbolo usato negli schemi elettrici.

Funzioni programmabili:

- protezione dal sovraccarico;
- senso di rotazione;
- velocità di rotazione;
- fine corsa;
- centraggio;
- FailSafe on/off;

- posizione failsafe.

Esistono servomotori normali, solitamente con rotazione da 0 a 180°, oppure servomotori *full rotation*, ovvero con rotazione continua a 360°, molto più simili in questo ai motori passo-passo. Come vedremo il controllo via software di questi ultimi è diverso. Per un esperimento con i motori passo-passo, si veda il Capitolo 6, 30 progetti con Arduino al paragrafo "Controllo di servomotori con potenziometri e sensori".

Sensori

Da quando esiste l'elettronica, l'uomo ha sempre cercato di fornire i suoi robot di organi sensoriali. Facendoli parlare e interagire in modo automatico agli stimoli di luce, suono, calore e movimento, i robot sembrano un po' più umani.
Senza impegnarci in complessi robot umanoidi, è bello poter collegare alcuni sensori a semplici circuiti di allerta o di monitoraggio.
Di seguito diamo uno sguardo ad alcune tipologie di sensori che possono venire facilmente utilizzati in progetti di varia utilità:

- sensori ottici;
- sensori acustici;
- sensori di temperatura;
- sensori di movimento.

Sensore ottico

In questa famiglia di sensori vengono annoverati tutti i fotorivelatori o dispositivi optoelettronici sensibili alle emissioni di luce. Questi sensori consentono il controllo di circuiti elettrici remoti tramite il cambiamento del flusso di luce diretta o indiretta. I più comuni fotorivelatori sono i seguenti:

1. fotocellula o fotoresistore;
2. fotodiodo e modulo IR;
3. fototransistor.

Fotocellula

Il componente passivo più usato per il controllo a distanza per l'apertura di porte e cancelli è sicuramente la fotocellula o fotoresistore, di cui abbiamo già parlato nel Capitolo 2. La sua particolare lentezza di risposta agli stimoli luminosi ne fa un componente ideale per progetti in cui non serve una repentina reazione alla luce.
Sfruttando questa particolarità, è possibile controllare gradualmente la tensione in uscita per graduare la velocità di un motore elettrico o per diminuire e aumentare l'intensità di un singolo LED o di un sistema di illuminazione.
Il fotoresistore trova spazio anche in applicazioni musicali, come regolatore dell'intensità e dell'altezza di un suono, rilevando la posizione delle mani in aria, un po' come faceva Leon Thermen e il suo Theremin agli inizi del secolo scorso. Si veda l'esperimento illustrato nel Capitolo 6 al paragrafo "Theremin con il 555 e due fotocellule".

Con la stessa facilità si possono progettare dei circuiti con fotocellula per il conteggio di persone o di oggetti oppure per l'automazione di porte e finestre. I fotoresistori vengono impiegati ancora in circuiti crepuscolari per accendere o spegnere impianti di illuminazione pubblica e privata, in base alla quantità di luce solare.
Nella Figura 3.5 è illustrato un semplice circuito di controllo di un relè tramite un fotoresistore. I componenti del circuito sono i seguenti:

- transistor NPN (tipo BC108, 2N2222 o simile a bassa potenza);
- diodo 1N4001 o equivalente;
- fotocellula da 1 MΩ non illuminata;
- potenziometro 47 KΩ;
- resistore 2,2 KΩ;
- relè con bobina a 9 volt in corrente continua con contatto normalmente aperto.

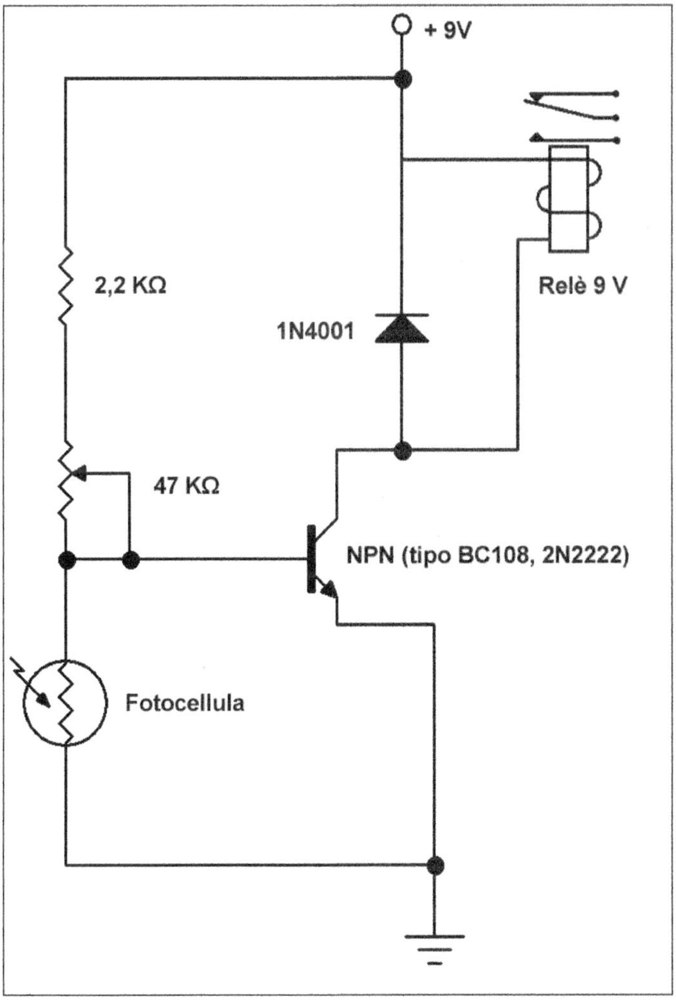

Figura 3.5 Circuito di controllo di un relè con un fotoresistore.

Fotodiodo e modulo IR

Il diodo a semiconduttore è costituito da una giunzione di silicio drogato PN e, in taluni casi, è in grado di emettere luce (LED).
Oltre a poter emettere luce, l'altra peculiarità di questa giunzione è di essere sensibile alla luce (effetto Mims). Perciò, illuminando la giunzione con un fascio luminoso, si ottiene una tensione ai terminali del diodo. Per esempio, se si prova a collegare un diodo tipo 1N4148 o similare (con involucro in vetro trasparente) e lo si illumina si misurerà sul multimetro una debole tensione di qualche millivolt.
Il fotodiodo è un particolare diodo in cui viene esaltata questa sensibilità alla luce, anche grazie a una lente che fa confluire in modo perpendicolare la luce incidente.
Quando un fotodiodo è polarizzato direttamente, ovvero la corrente positiva scorre fra anodo e catodo, si comporta come un normale diodo. Se il fotodiodo viene polarizzato in maniera inversa, cioè con la tensione più alta sul catodo (giunzione N), il diodo non conduce, se non riceve luce. Per cui, il fotodiodo illuminato oppone una resistenza bassissima al passaggio di corrente (pochi Ω) e senza illuminazione oppone una resistenza elevatissima (qualche MΩ).
In pratica, i fotodiodi vanno inseriti nel circuito con polarizzazione inversa, comportandosi così come un fotoresistore, la cui resistenza dipende dalla quantità di luce ricevuta, ma con risposta ai cambiamenti di luce molto più veloci.
Al contrario del fotodiodo ricevitore, un fotodiodo trasmettitore si comporta come un LED tarato sulle frequenze dell'infrarosso.
Nella Figura 3.6a, sono illustrati due fotodiodi solitamente impiegati rispettivamente per la ricezione e la trasmissione IR (*Infrared Radiation*).
Esistono moduli IR con tre piedini (per esempio quelli della famiglia TSOP17XX) per il controllo di apparecchi tramite telecomando. In questi ricevitori, assieme al fotodiodo, sono integrati anche i circuiti di controllo della frequenza, un filtro passa-banda e un demodulatore.
Nella Figura 3.6b è illustrato un circuito standard di controllo che un utilizza un fotodiodo ricevitore a infrarossi modello TSOP1740.

Fototransistor

In modo simile al fotodiodo, il fototransistor è un transistor BJT a due giunzioni, con contenitore dotato di lente che fa confluire la luce sulla giunzione collettore-base.
In pratica, il principio di funzionamento è quello di un normale transistor, solo che la corrente sulla base (che modula la corrente tra collettore ed emettitore) viene determinata dalla quantità del flusso luminoso incidente.
Il fototransistor, rispetto al fotodiodo, è più sensibile alle radiazioni luminose e può avere una corrente di uscita molto alta (dell'ordine dei mA), ma per contro ha una risposta più lenta rispetto al fotodiodo.
Nella Figura 3.7 è illustrato un semplice circuito di controllo con un fototransistor modello BPW77.

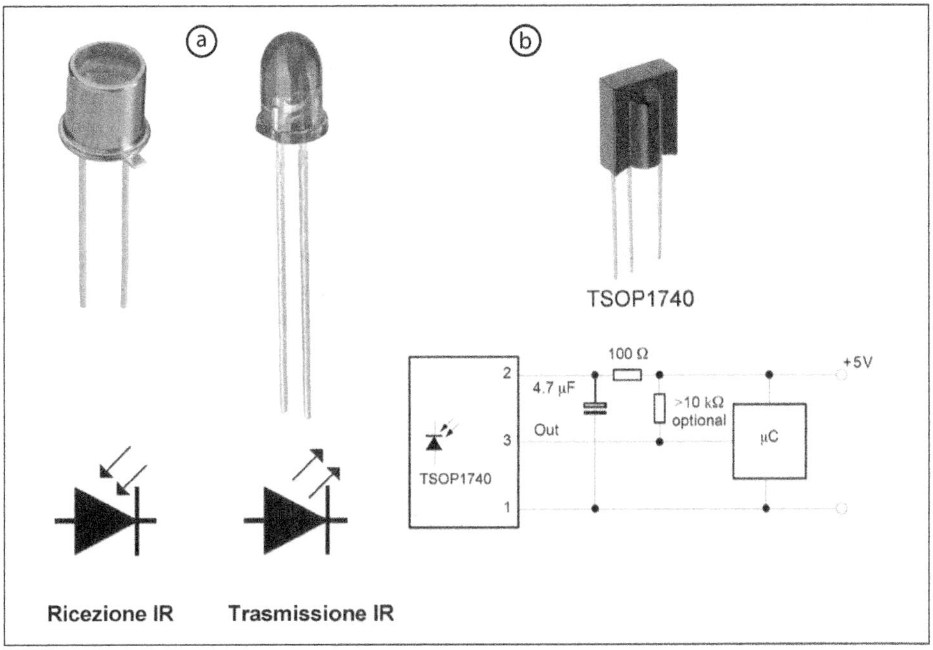

Figura 3.6 (a) Fotodiodi solitamente impiegati per la ricezione e la trasmissione IR e rispettivi simboli usati negli schemi elettrici. (b) Un modulo TSOP1740 e un semplice circuito di controllo tratto dal datasheet ufficiale del produttore.

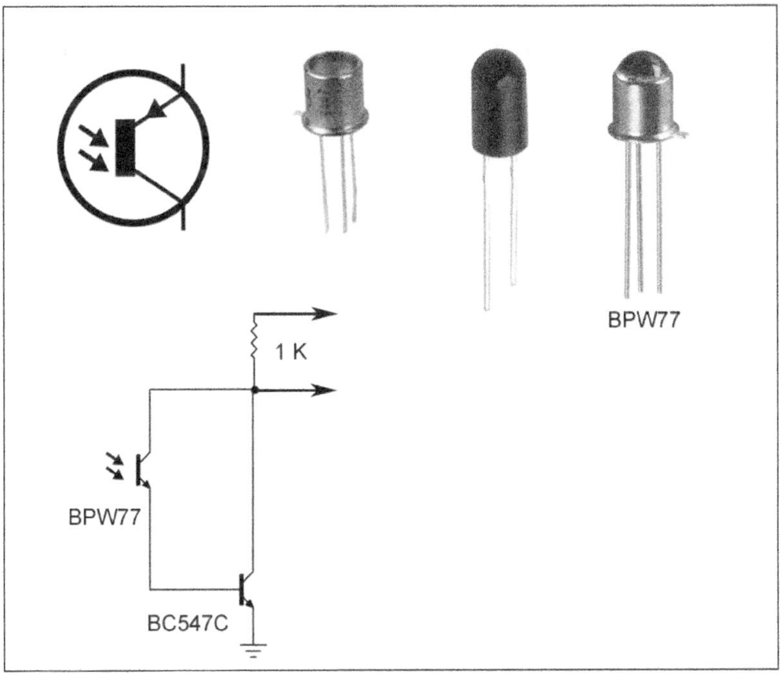

Figura 3.7 Uno dei simboli elettrici usati per identificare un fototransistor e alcuni tipi di fototransistor. Sotto, un semplice circuito di controllo con BPW77.

Sensore all'infrarosso

Quando si vuole monitorare un ambiente tramite il rilevamento di emissioni sulla gamma dell'infrarosso prodotte da una persona o da un corpo caldo è necessario usare sensori specificamente calibrati. Di tanti prodotti disponibili in commercio, segnaliamo FreeM Infrared Controller, prodotto da thingm e distribuito da Sparkfun. Il sensore individua i cambiamenti di radiazioni infrarosse prodotte dal movimento di una persona o di qualsiasi corpo caldo. Il sensore individua le differenze di temperatura nel raggio di 5 metri e quindi è ideale per individuare persone in base alla temperatura del corpo (Figura 3.8a). Dello stesso produttore sono disponibili anche i moduli CtrlM Infrared Transmitter e BlinkM I2C Controlled RGB LED per completare un progetto completo basato sul controllo a infrarossi e visualizzazione a LED RGB.

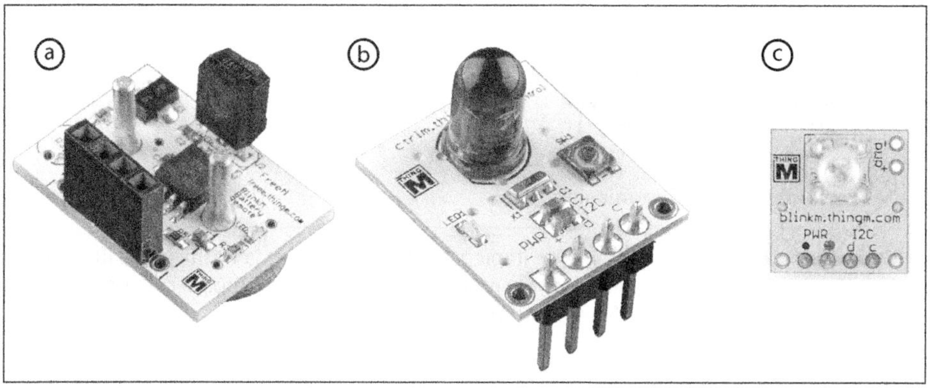

Figura 3.8 (a) Sensore all'infrarosso FreeM Infrared Controller. (b) CtrlM Infrared Transmitter. (c) BlinkM I2C Controlled RGB LED.

Sensore acustico

I sensori acustici sono trasduttori elettro-meccanici in grado di convertire segnali acustici in segnali elettrici variabili. Un po' come i microfoni, sono sensibili alle variazioni di pressione sonora, ma senza avere la qualità dei microfoni progettati per la ripresa audio. D'altra parte, anche un qualsiasi microfono può essere considerato un sensore acustico e potrebbe essere utilizzato per la funzione di rilevamento delle onde sonore.

Trasduttore piezoelettrico

Dal nome stesso si intuisce che il trasduttore piezoelettrico basa il suo funzionamento sul principio fisico della piezoelettricità. Il termine greco "piezein" significa premere, per cui si dicono piezoelettrici quei materiali che producono una tensione se sottoposti a una pressione. È il caso di alcuni cristalli, che quando vengono deformati meccanicamente producono una debolissima tensione.

Di solito i trasduttori piezoelettrici sono molto resistenti alle pressioni. Tant'è che vengono chiamati anche trasduttori a contatto e vengono posti direttamente sul corpo dell'oggetto da monitorare o dello strumento musicale. Anche a forti pressioni il segnale in uscita è dell'ordine di qualche millivolt (Figura 3.9) e va opportunamente amplificato.

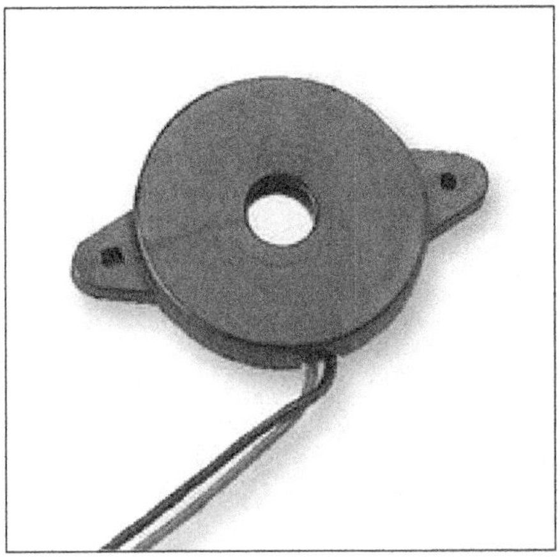

Figura 3.9 Un tipico trasduttore piezoelettrico.

Sensore a ultrasuoni

I sensori a ultrasuoni funzionano sullo stesso principio dell'ecoscandaglio e sono in grado di rilevare un impulso sonoro ultrasonico di ritorno dopo che questo è stato riflesso da un oggetto remoto. I sensori ultrasonici lavorano su frequenze audio da 200 a 400 kHz e normalmente riescono a rilevare un oggetto in movimento o un ostacolo distante all'incirca 10 metri.

Di tutti i numerosi modelli di sensori ultrasonici illustriamo il sensore URM37 prodotto da DFrobot (`www.dfrobot.com`) a doppio trasduttore (Figura 3.10). Il sensore è già montato su circuito stampato per poterlo utilizzare con il protocollo I^2C (sistema di comunicazione seriale tra circuiti integrati) e l'interfaccia seriale. Ecco in breve le sue caratteristiche principali.

- Alimentazione: +5V.
- Corrente: <20mA.
- Temperatura di funzionamento: -10° ~ +70°.
- Rilevazione: da 4 cm a 5 m.
- Risoluzione: 1 cm.
- Interfaccia: RS232 (TTL), PWM.
- Servocomando: una uscita servocomando.
- Modalità di funzionamento: PWM, modalità di controllo passivo, modalità autonoma; Modalità Seriale: On/Off.
- Sensore di temperatura: 12 bit di lettura dalla porta seriale.
- Dimensioni: 22 × 51 millimetri.
- Peso: 30 g.

Il sensore URM37 può essere connesso direttamente alla porta seriale di un microcontrollore, per cui si invita a consultare il progetto "Controllo con sensore a ultrasuoni" del Capitolo 6.

Figura 3.10 Sensore a ultrasuoni URM37 prodotto da DFrobot.

Sensore di movimento

Anche i sensori a infrarossi e a ultrasuoni possono considerarsi in qualche modo sensori di movimento. Vogliamo solo aggiungere due tipologie diffuse come gli accelerometri e i sensori di tilt.

Accelerometro

In tempi recenti questo tipo di sensore ha avuto un enorme successo nel settore ludico e dell'intrattenimento. Ormai presente anche negli smartphone e nei tablet, l'accelerometro è un dispositivo in grado di rilevare l'accelerazione a cui è sottoposto.

Il principio di funzionamento si basa sulla rilevazione dell'inerzia della massa alla quale viene applicata un'accelerazione. La massa è sospesa a un elemento elastico, mentre un sensore rileva lo spostamento. La massa sottoposta a un'accelerazione si sposta dalla posizione di riposo in modo proporzionale all'accelerazione e il sensore trasforma lo spostamento in un segnale elettrico. Il sensore può essere di tipo piezoelettrico, induttivo, capacitivo, meccanico o un misto di queste tecnologie.

Il segnale elettrico analogico proveniente dal sensore viene campionato e misurato da un software, che interpreta l'informazione elettrica dell'accelerazione per mettere in atto le corrispondenti azioni programmate. In altre parole, le accelerazioni possono essere usare per i più svariati usi, per il gioco, lo sport, la musica e via dicendo.

Fra i numerosi prodotti in commercio, abbiamo individuato un accelerometro a tre assi ADXL335 dell'azienda Analog Devices, già montato su un modulo breakout facile da reperire e dal costo accessibile.

Il dispositivo ADXL335 è un sensore analogico di tipo meccanico in grado di misurare l'accelerazione su tre assi con rilevamento della gravità fino a +/- 3G. La scheda viene fornita completamente assemblata e testata con componenti esterni installati da Sparkfun (Figura 3.11). I condensatori da 0,1 μF inclusi impostano la larghezza di banda di ciascun asse a 50 Hz.

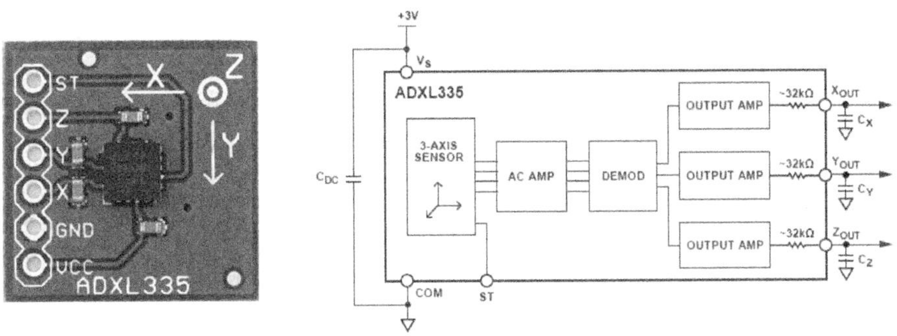

Figura 3.11 Accelerometro a tre assi ADXL335 della Analog Devices e schema di esempio.

Sensore di tilt

Più semplice da usare è il sensore di tilt, il quale riesce a percepire una rotazione di 180° sull'asse orizzontale. Il sensore è disponibile come componente singolo o su modulo, come quello proposto da Tinkerit presso lo store del sito ufficiale Arduino (Figura 3.12). Il sensore dispone di due contatti, che vengono chiusi da una piccola sfera di metallo quando viene piegato su un lato o capovolto. Quando il sensore si trova nella posizione eretta la sfera chiude i due contatti del circuito. Quando il sensore è inclinato di 90°, la sfera apre il circuito. Nella posizione corretta il modulo restituisce 5 V mentre se è stato capovolto restituisce 0 V. Per i dettagli si veda il progetto "Uso del sensore di tilt" descritto nel Capitolo 6.

Figura 3.12 Modulo Tilt Sensor prodotto da Tinkerit.

Sensore di temperatura

Oltre ai termistori già visti nel Capitolo 2, esistono anche dei sensori di temperatura specificamente tarati su livelli di tensioni precisi.
Per esempio, il diffusissimo LM35 è un sensore di temperatura dotato di tre piedini e disponibile in due package TO92 e TO220, come illustrato nella Figura 3.13.
Siccome può essere collegato direttamente alle porte di un microprocessore, si veda il progetto "Termometro con visualizzazione su display", descritto nel Capitolo 6.

Figura 3.13 Sensore di temperatura LM35 disponibile nel package TO92 e TO220.

Sensore magnetico

I sensori magnetici si basano essenzialmente sull'effetto Hall, dal nome del fisico Edwin Hall che lo scoprì nel 1879. Si tratta di un fenomeno elettromagnetico in base al quale si crea una differenza di potenziale (potenziale di Hall) sulle facce opposte di due conduttori sotto tensione, quando viene avvicinato perpendicolarmente un flusso magnetico. La Figura 3.14a illustra il principio su cui si basa l'effetto di Hall. Quando sui terminali di un conduttore si applica una tensione, crea un flusso di elettroni uniforme dal polo negativo al polo positivo, mentre tra due punti trasversali del conduttore A e B non vi è alcuna differenza di potenziale. Avvicinando un magnete al conduttore, il flusso di elettroni subisce una deviazione, per cui il flusso di elettroni si sposta verso il punto B creando un differenza di potenziale negativa. Avvicinando il magnete nel senso opposto, si creerà una deflessione e una differenza di potenziale positiva.
Il voltaggio restituito dal sensore di Hall dipende dai campi magnetici rilevati. Può essere utilizzato per rilevare la distanza di un magnete. O anche per rilevare i campi magnetici prodotti da un'antenna o da una bobina quando passa una corrente.

Nella Figura 3.14b si può vedere un tipico sensore di Hall proposto da Tinkerit presso lo store del sito ufficiale di Arduino e il semplice schema elettrico di collegamento con Arduino.

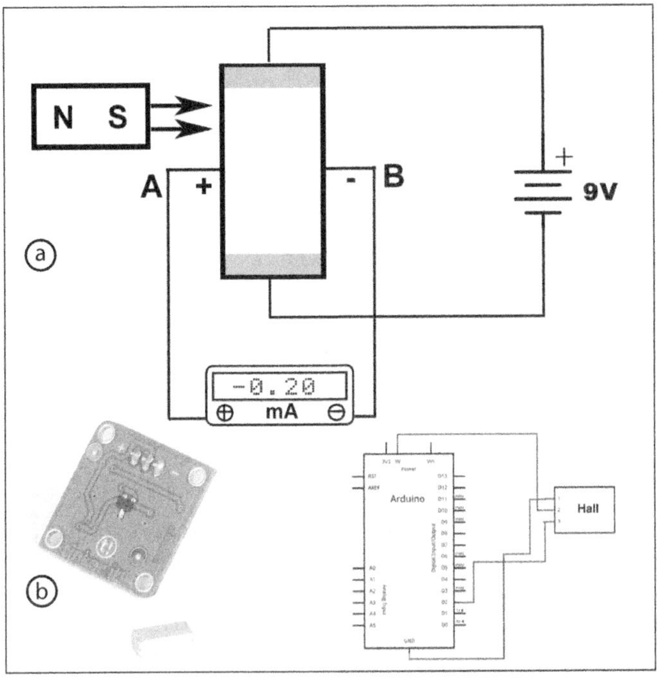

Figura 3.14 (a) Principio di funzionamento dell'effetto Hall.
(b) Modulo Hall Sensor prodotto da Tinkerit e schema di collegamento.

Sensore GPS

Fra i sensori di rilevamento della posizione non si può fare a meno di citare il sensore GPS (*Global Positioning System*, ovvero Sistema di Posizionamento Globale).
Come tutti sanno, il GPS è basato su un vasto numero di satelliti in orbita geostazionaria. La rilevazione della posizione relativa rispetto a una serie di satelliti fornisce posizione e orario in ogni luogo della Terra e viene pertanto usato per la navigazione e la geolocalizzazione in apparecchi di consumo come navigatori satellitari e telefoni GPS.
Volendo dotare il proprio progetto robotico di capacità di geo-localizzazione, sono disponibili in commercio dei circuiti pronti all'uso da installare in schede tipo Arduino. Nella Figura 3.15 sono illustrati il GPS shield & data-logger prodotto dalla Adafruit (`www.ladyada.net/make/gpsshield`) e il GPRS+GPS Quadband Module per Arduino/Raspberry Pi (SIM908) prodotto da Cooking Hacks (`http://www.cooking-hacks.com/index.php/gprs-gps-quadband-module-for-arduino-sim908.html`).
Questi shield vanno montati a sandwich su una scheda Arduino (o prodotto similare o compatibile come Raspberry Pi) e necessitano solamente di un programma per la lettura dei dati provenienti dal GPS. I dati in arrivo possono venire memorizzati su una card

SD. Nei siti dei produttori si trovano molte risorse gratuite per sviluppare il proprio software di geolocalizzazione.

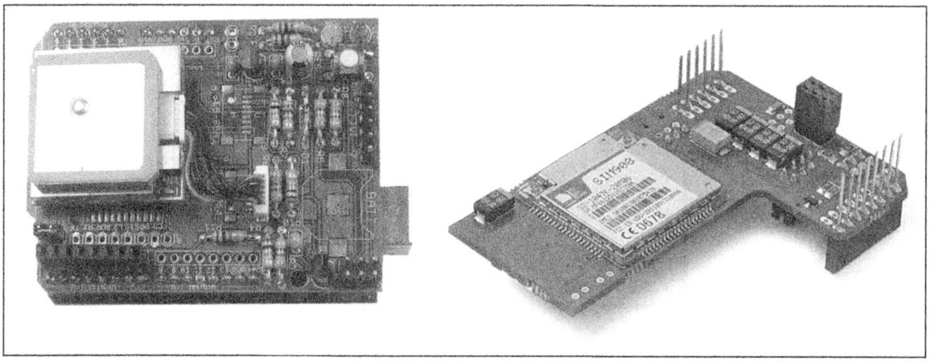

Figura 3.15 Da sinistra, il GPS shield & data-logger prodotto dalla Adafruit e il GPRS+GPS Quadband Module for Arduino/Raspberry Pi (SIM908) di Cooking Hacks.

Display

Una volta dotati di sensi, i nostri progetti possono essere arricchiti tutti di display per il monitoraggio delle funzioni di controllo o la visualizzazione dei dati in ingresso.
Come vedremo, nel pieno rispetto della "modularità" dei progetti, si potrà dotare il proprio circuito di un display più o meno sofisticato.
Di tutti i dispositivi possibili, ci siamo soffermati sui quattro tipi di display più comunemente usati e facilmente reperibili:

- LCD 16 × 2;
- LCD grafico 128 × 64 pixel;
- display a sette segmenti;
- LED colorati e LED RGB.

LCD 16 x 2

LCD è l'acronimo di *Liquid Crystal Display*, ovvero schermo a cristalli liquidi, ormai diffusissimo ovunque sotto forma di monitor per computer o apparecchi TV. Ovviamente non parleremo di monitor o di TV e degli innumerevoli modelli di display LCD usati nell'hobbistica. In questa sede parleremo solamente di un modello di display LCD molto diffuso e dal costo veramente irrisorio.
Lo schermo LCD che tratteremo è il diffusissimo modello ADM1602K con driver standard Hitachi HD44780, in grado di visualizzare 16 caratteri su 2 linee. È possibile alimentare la retroilluminazione e regolare il contrasto tramite un potenziometro.
I caratteri sono bianchi su fondo scuro di colore verde o blu, a seconda del produttore. Si tratta di un LCD facilmente reperibile, economico e semplicissimo da implementare e da programmare (Figura 3.16).

Il display dispone anche di un set interno di 256 caratteri ASCII esteso, con un'area di memoria per la creazione di caratteri personalizzati.
Per i dettagli sull'uso del display LCD, si vedano i progetti "Interfaccia display retroilluminato 16X2" e altri del Capitolo 6, che fanno uso del display come monitor dei dati.

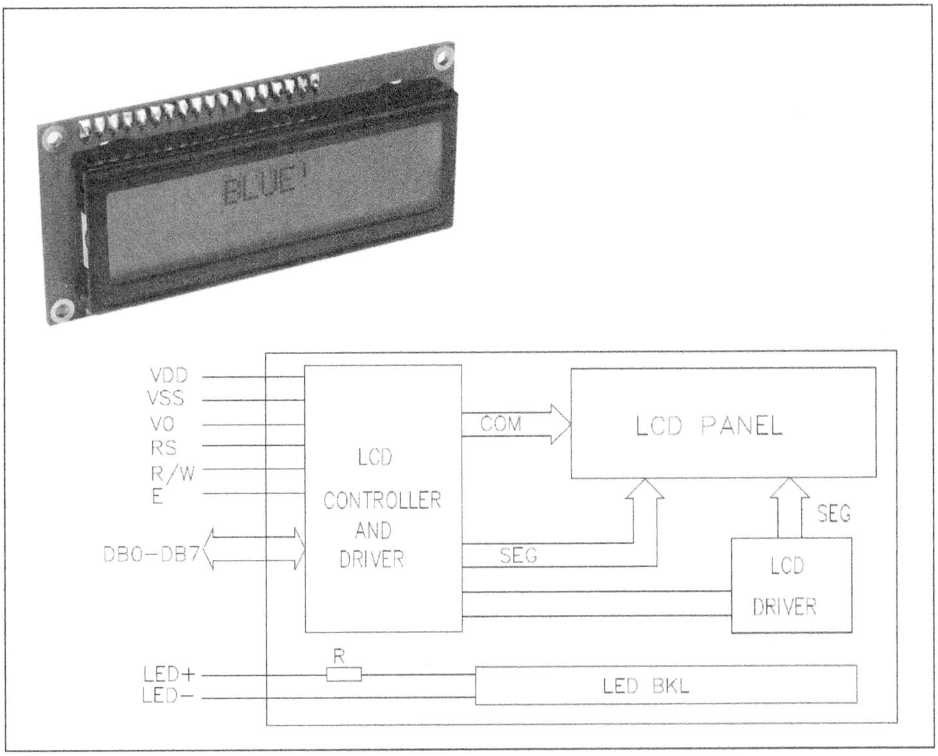

Figura 3.16 Display LCD modello ADM1602K e schema a blocchi.

LCD grafico 128 x 64 pixel

Una visualizzazione senza dubbio più professionale può venire offerta da un display grafico dotato di una risoluzione di 128 × 64 pixel. Il display con queste caratteristiche più diffuso e più economico è sicuramente quello prodotto dall'azienda Crystal Clear Technology, più precisamente il modello della serie G64128X17 (Figura 3.17).
Oltre a poter gestire i dati provenienti dai sensori e visualizzare le funzioni in modalità grafica, è pensabile usufruire dell'interfaccia per creare giochi o strumenti di utilità. A questo scopo si vedano i progetti "Interfaccia display grafico 128 × 64 pixel" e "Oscilloscopio con display grafico" descritti nel Capitolo 6.

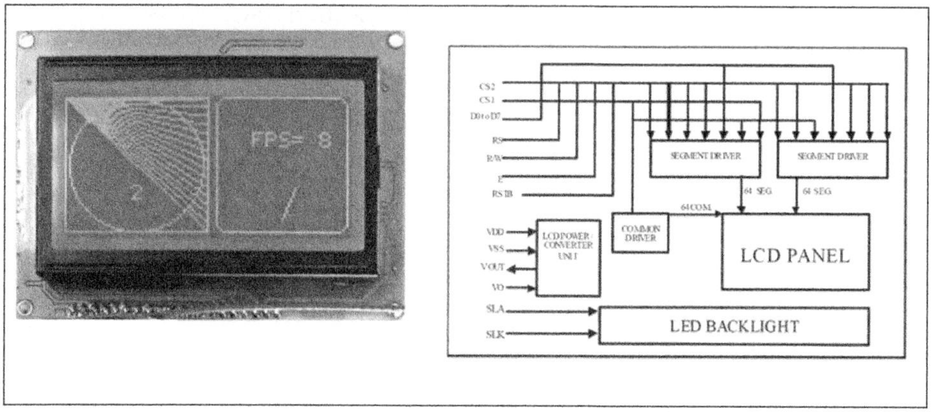

Figura 3.17 Display LCD grafico modello G64128X17 e schema a blocchi.

Display a LED sette segmenti

Si tratta di un particolare circuito a LED usato come display alfanumerico per il monitoraggio di parametri o funzioni di dispositivi elettronici (Figura 3.18a).
In pratica, il circuito per il controllo dei 7 segmenti LED è pronto all'uso ed è facilmente implementabile con l'utilizzo di un circuito integrato dotato di porte logiche come il 7447 o 7448 o, come vedremo, direttamente dalle porte digitali di un processore.

Controllo display 7 segmenti

Fra i moltissimi tipi di display a 7 segmenti, uno dei più comunemente usati è siglato FND serie 500. Quello impiegato per gli esempi è a catodo comune, ma ce ne sono ad anodo comune, di diversi colori, grandezze. La logica di funzionamento è comunque sempre la stessa. Cosa si possa fare con un display a 7 segmenti dipende solo dalla fantasia. Per esempio, può essere usato per il conteggio di oggetti, come display di parametri, come timer, come orologio o solo per dare un tocco estetico d'altri tempi. La grande visibilità a distanza in ambienti anche con forte illuminazione lo rende talvolta insostituibile.

Display a 7 segmenti a catodo comune

Tutti i catodi dei LED sono collegati a un pin che deve essere collegato alla massa del circuito. In un circuito digitale i segmenti si accendono quando il loro anodo viene collegato a un tensione positiva, corrispondente al dato 1 logico (HIGH).

Display a 7 segmenti ad anodo comune

Tutti gli anodi dei LED sono collegati a un pin che deve essere collegato al positivo del circuito. In un circuito digitale i segmenti si accendono quando il loro catodo viene collegato a massa, corrispondente al dato 0 logico (LOW).

Logica di funzionamento

I display a 7 segmenti più comuni hanno dieci pin e la piedinatura è illustrata nella Figura 3.18b, in cui vengono riportati anche i riferimenti ai segmenti e al punto decimale (*Decimal Point*).

Ci sono circuiti di decodifica per controllare l'accensione programmata dei segmenti per poter visualizzare numeri da 0 a 9 più il punto decimale e anche alcune lettere dell'alfabeto. Per esempio, si possono visualizzare in modo riconoscibile le lettere maiuscole A, C, E, F, H, J, L, P, U e le minuscole b, c, d, e, g, h, i, o, r, t, u. Ovviamente si possono accendere i segmenti in qualsiasi altra combinazione per visualizzare i simboli più strani. Per i dettagli sull'uso del display a LED sette segmenti, vedere il progetto "Interfaccia display a 7 segmenti" descritto nel Capitolo 6.

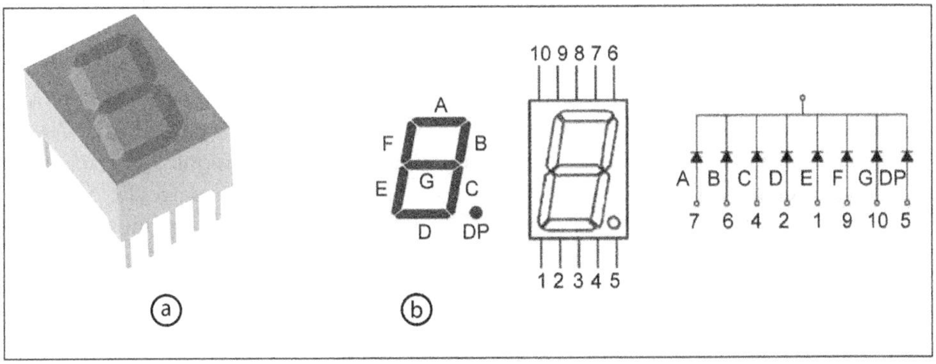

Figura 3.18 (a) Display LED a 7 segmenti. (b) Piedinatura tipica dei display FND serie 500.

LED

Essendo trattati come display per evidenziare funzioni e parametri provenienti dai sensori, estendiamo qui la spiegazione dal Capitolo 2 relativa ai LED. Innanzitutto, è possibile distinguere varie colorazioni, in base alla composizione chimica della giunzione del diodo LED. La colonna di destra indica la lunghezza d'onda della luce emessa:

Colore	Composizione	Lunghezza d'onda
Infrarosso	Arseniuro di gallio e alluminio	Superiore a 780 nm
Rosso	Arseniuro di gallio e alluminio	620–780 nm
Arancione	Fosfuro arseniuro di gallio	590–620 nm
Giallo	Fosfuro arseniuro di gallio	570–590 nm
Verde	Nitruro di gallio e indio	495–570 nm
Blu	Seleniuro di zinco	450–495 nm
Viola	Nitruro di gallio e indio	380–450 nm
Ultravioletto	Diamante	Inferiore a 450 nm
Bianco	LED blu + fosfori gialli	LED blu + fosfori gialli

Si fa notare che non è possibile produrre luce bianca direttamente, quindi si usano LED blu con aggiunta di fosfori gialli.

I LED, come tutti i diodi, hanno un terminale positivo (anodo) e uno negativo (catodo) e devono essere polarizzati in modo diretto per accenderli.

In pratica, è necessario collegare l'anodo al polo positivo dell'alimentazione e il catodo va collegato al polo negativo. Nei LED di foggia classica, il catodo è riconoscibile da una tacca sul contenitore plastico e l'anodo è sempre il terminale più lungo.
Nel caso ci si trovi di fronte un LED usato con i terminali tagliati e senza tacca di riferimento sul contenitore, si può tentare di riconoscerne la polarità guardandolo in controluce: l'anodo è sempre sottile e a forma appuntita, mentre il catodo è più grande e somiglia a una piccola bandiera (Figura 3.19a). Disponendo di un multimetro, ovviamente, la cosa diventa ancora più semplice: impostando il multimetro su Ω × 1, basta collegare il puntale rosso (+) e il puntale nero (-) ai terminali del LED. Se il LED si accende debolmente è polarizzato correttamente. Si può fare la stessa cosa con una pila da 1,5 volt.
Per utilizzare correttamente un LED senza correre il rischio di bruciare la delicata giunzione, è necessario alimentarlo con valori di tensione e corrente adeguati. La caduta di tensione ai capi di un LED può variare da 1 volt a 1,6 volt e l'assorbimento è di circa 20-30 mA.
Anche la luminosità e la densità del colore dipendono dalla tensione applicata, per cui è bene alimentare il LED con una tensione corretta piuttosto che esagerare correndo il rischio di bruciarlo o, al contrario, sottoalimentarlo ottenendo una luminosità scadente.
Nella quasi totalità dei casi bisogna inserire un resistore in serie e, per il calcolo del valore resistivo, ricorrere alla consueta formula derivata dalla legge di Ohm:

R = V / I

Conoscendo la tensione di alimentazione del circuito, la tensione di soglia del LED e la corrente che deve circolare nel LED, è sufficiente sostituire i valori nella formula.
Supponendo di alimentare il circuito con una pila a 9 V, sapendo che il LED ha una tensione di soglia di 1,5 V e una corrente di 0,03 A (30 mA), avremo:

R = (9 - 1,5) / 0,03 = 7,5 / 0,03 = 250 W

Quindi, mettendo in serie un resistore di circa 250 Ω, ovvero compreso fra i valori standard da 220 o 270 Ω, il LED verrà alimentato in maniera adeguata (Figura 3.19b). Va da sé che aumentando o diminuendo la tensione di alimentazione, il valore del resistore cambierà di conseguenza. Se si alimentasse il LED con una pila da 1,5 V potrebbe non essere necessario mettere un resistore in serie.

LED RGB

Si tratta di un particolare LED composto da tre giunzioni con un catodo comune in grado di emettere luce rossa (RED), luce verde (GREEN) e luce blu (BLUE).
In pratica, con la combinazione dei tre colori è possibile ottenere ben 16.777.216 variazioni di colore, in un circuito di controllo a 24 bit (3 × 8 bit).
Essendo 256 i valori possibili per ogni byte di colore, il risultato è il prodotto di 256 × 256 × 256 = 16.777.216. In pratica, sono le stesse combinazioni colore dei display LCD a colori o dei sensori CCD.
In alternativa al LED RGB è possibile utilizzare tre LED normali di colore rosso, verde e blu collegati insieme con il catodo comune.
Per i dettagli sull'uso dei LED RGB, vedere il progetto "Controllo di LED RGB con potenziometri e sensori", descritto nel Capitolo 6.

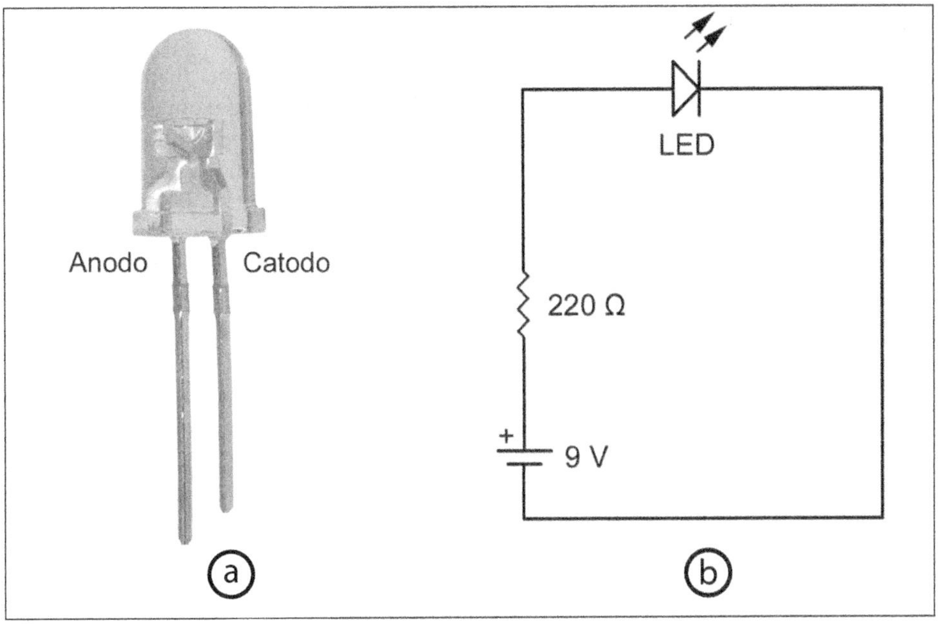

Figura 3.19 (a) Un LED nel suo tipico contenitore plastico con anodo e catodo facilmente distinguibili in controluce. (b) Tipico circuito di alimentazione di un LED.

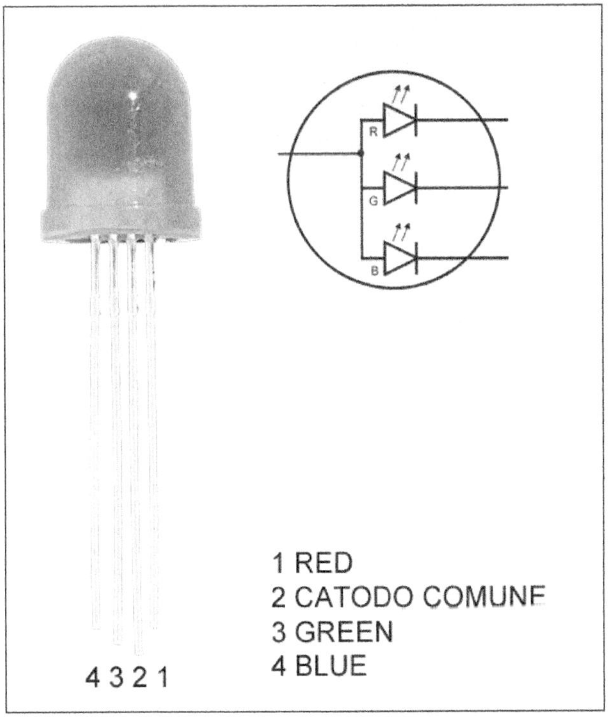

Figura 3.20 Un tipico LED RGB e il suo simbolo elettrico.

Matrice di LED

Un altro sistema di visualizzazione può essere pensato come una matrice di LED. In linea teorica, è sufficiente collegare una serie di LED in senso orizzontale e verticale per formare una matrice a catodo comune. Fornendo in modo opportuno i dati di ON/ OFF alle righe e alle colonne della matrice si può costruire un display personalizzato nel quale visualizzare qualsiasi combinazione di punti accesi e spenti.Volendo complicare le cose, si può pensare anche a una matrice a due o tre colori.
Fortunatamente esistono prodotti già pronti all'uso come il LED Matrix Tri Color, distribuito da Sparkfun.
Questa grande matrice ha 64 LED rossi, 64 LED verdi e 64 LED blu integrati in un unico alloggiamento a catodo comune facilmente collegabile alle porte di Arduino o altri processori. Si possono collegare i moduli fra di loro per creare matrici di LED più grandi in base alle proprie esigenze. Per esempio, si possono assemblare le matrici di LED per visualizzare scritte scorrevoli.
La Figura 3.21a illustra il modulo spento e acceso e lo schema di collegamento interno della matrice dei LED RGB.

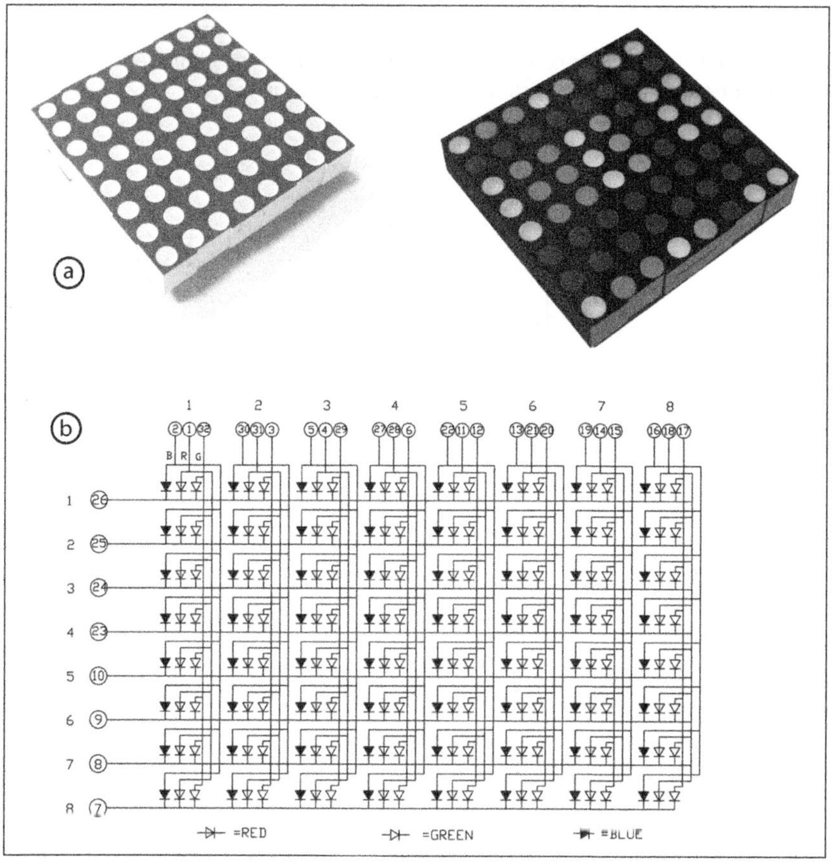

Figura 3.21 (a) LED Matrix Tri Color, distribuito da Sparkfun.
(b) Schema di collegamento interno della matrice dei LED RGB.

Capitolo 4

Progettare da zero

In questo capitolo

- Simboli
- Schema elettrico
- Fritzing
- Software di simulazione
- Qucs

Simboli

Premesso che non esiste un vero e proprio sistema unificato di simboli elettronici, in queste pagine vengono elencati i simboli più comunemente usati negli schemi elettrici, includendo le alternative più frequenti negli schemi europei e statunitensi. Potrà capitare talvolta di vedere alcuni simboli graficamente diversi dagli standard, ma, con un po' di pratica, si riuscirà a leggere uno schema anche se non propriamente rispondente ai simboli illustrati in queste pagine.

Componenti passivi

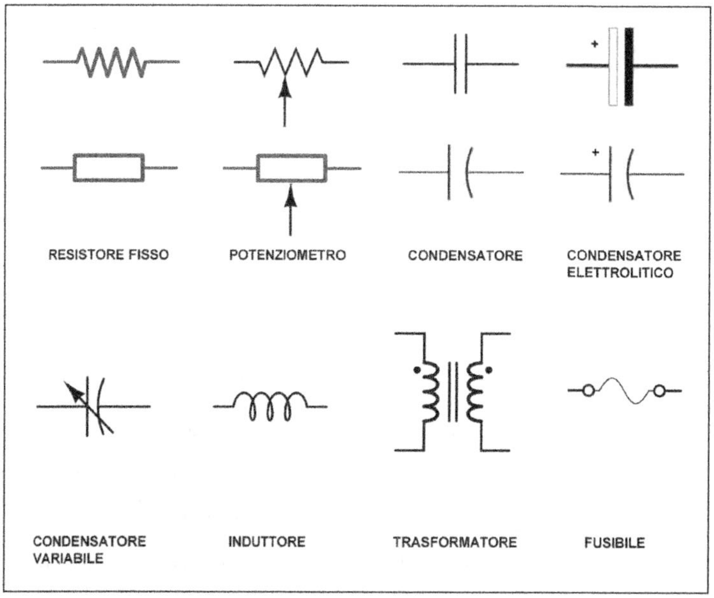

Componenti attivi

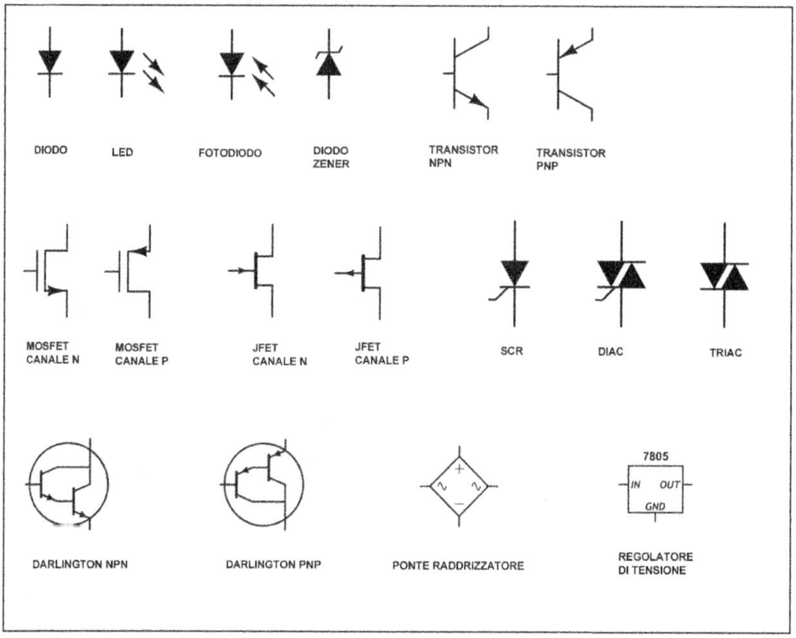

Porte logiche

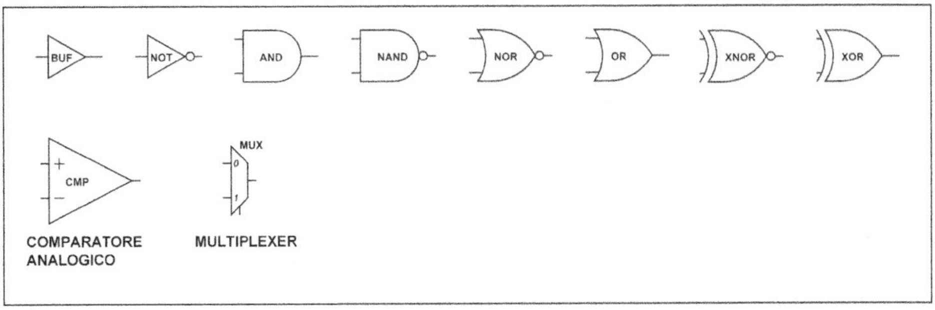

Interruttori

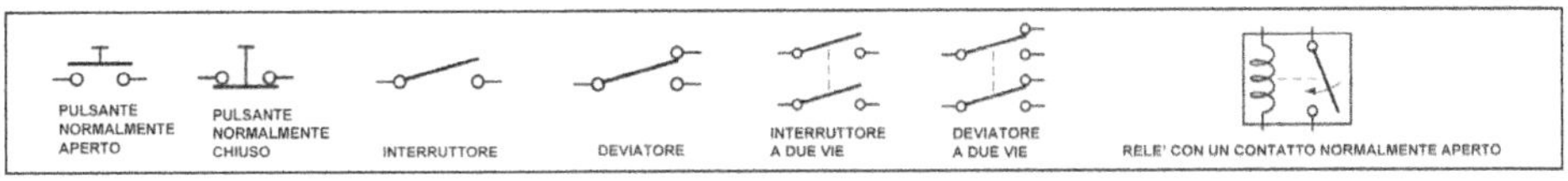

Simboli vari

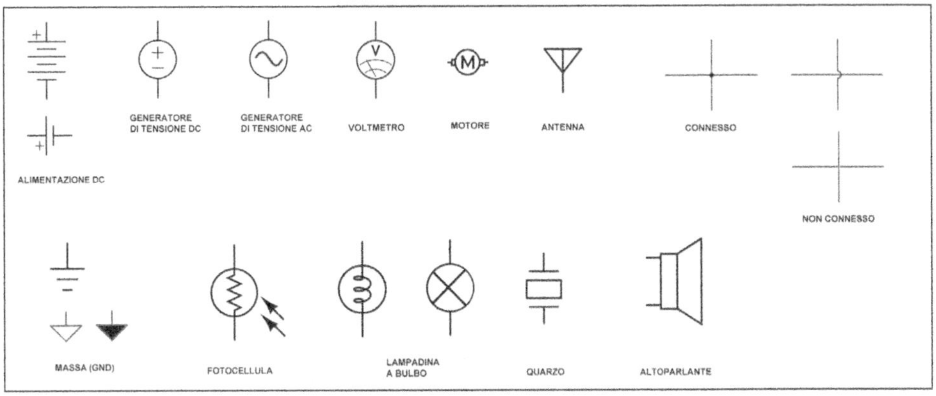

Schema elettrico

Lo schema elettrico è la rappresentazione grafica dei collegamenti fra i componenti di un circuito. Può essere di grande aiuto quando serve capire come funziona un circuito o come ripararlo. Senza schema elettrico nessun riparatore sarebbe in grado di aggiustare un apparecchio! Nello schema elettrico sono necessarie le indicazioni delle sigle dei componenti attivi e dei valori dei componenti passivi, che possono essere riportate sui componenti stessi o in una lista a parte.

Il problema per il principiante nasce quando il circuito su PCB molto spesso non assomiglia per niente allo schema elettrico. Di solito, i collegamenti su carta non corrispondono all'andamento delle piste del circuito stampato, specie se il progettista ha preferito collegare i vari componenti seguendo una logica più progettuale che una rappresentazione realistica. Facciamo un semplice esempio. Nella Figura 4.1a, per dare più chiarezza allo schema, le uscite del circuito integrato sono collegate ai diodi senza rispettare la reale disposizione dei piedini dell'integrato, come invece vengono descritti nella Figura 4.1b. Come si può vedere, si tratta di un integrato CD4017, un *Decade Counter Divider* con 10 uscite decodificate, usato principalmente per il controllo decadico di LED. La reale disposizione dei piedini comporta una circuitazione su PCB molto diversa e alquanto complessa (Figura 4.1c). Non è raro trovare riportate nello schema solo le indicazioni dei collegamenti alle porte con i soli riferimenti "logici" (Figura 4.1d).

Strumenti per la progettazione

Non ci sono particolari armi segrete per la progettazione di un circuito. Basta avere un po' di pazienza per crescere in esperienza e i risultati arriveranno. Contrariamente alla scarsità di informazioni di qualche decennio fa, oggi il principiante può sfruttare le infinite risorse offerte da Internet. Le principali cose da cercare sono queste:

- foglio dati dei componenti, altrimenti detto *datasheet*;
- schemi elettrici di esempio di circuiti già funzionanti;
- fonti per il reperimento dei componenti;
- software per la progettazione assistita
- software di simulazione;

Datasheet

Sono numerosi i siti che offrono gratuitamente la consultazione del foglio dati di qualsiasi componente elettronico. Basta digitare su un motore di ricerca la sigla del componente per avere accesso a uno o più siti di datasheet del componente cercato.

Nella Figura 4.2 è visibile la pagina del componente cercato, un SN7104, tramite uno dei più famosi motori di ricerca. Oltre a visualizzare online le caratteristiche del componente, è quasi sempre disponibile anche lo scaricamento del file in PDF del datasheet. Per la consultazione del datasheet di alcuni componenti occorre un po' di esperienza e di conoscenze avanzate, specialmente per quanto riguarda i circuiti integrati. Molto spesso nel datasheet viene proposto dal costruttore anche un semplice schema elettrico di esempio. Quando non c'era Internet, i datasheet venivano venduti come libri presso i rivenditori di componentistica.

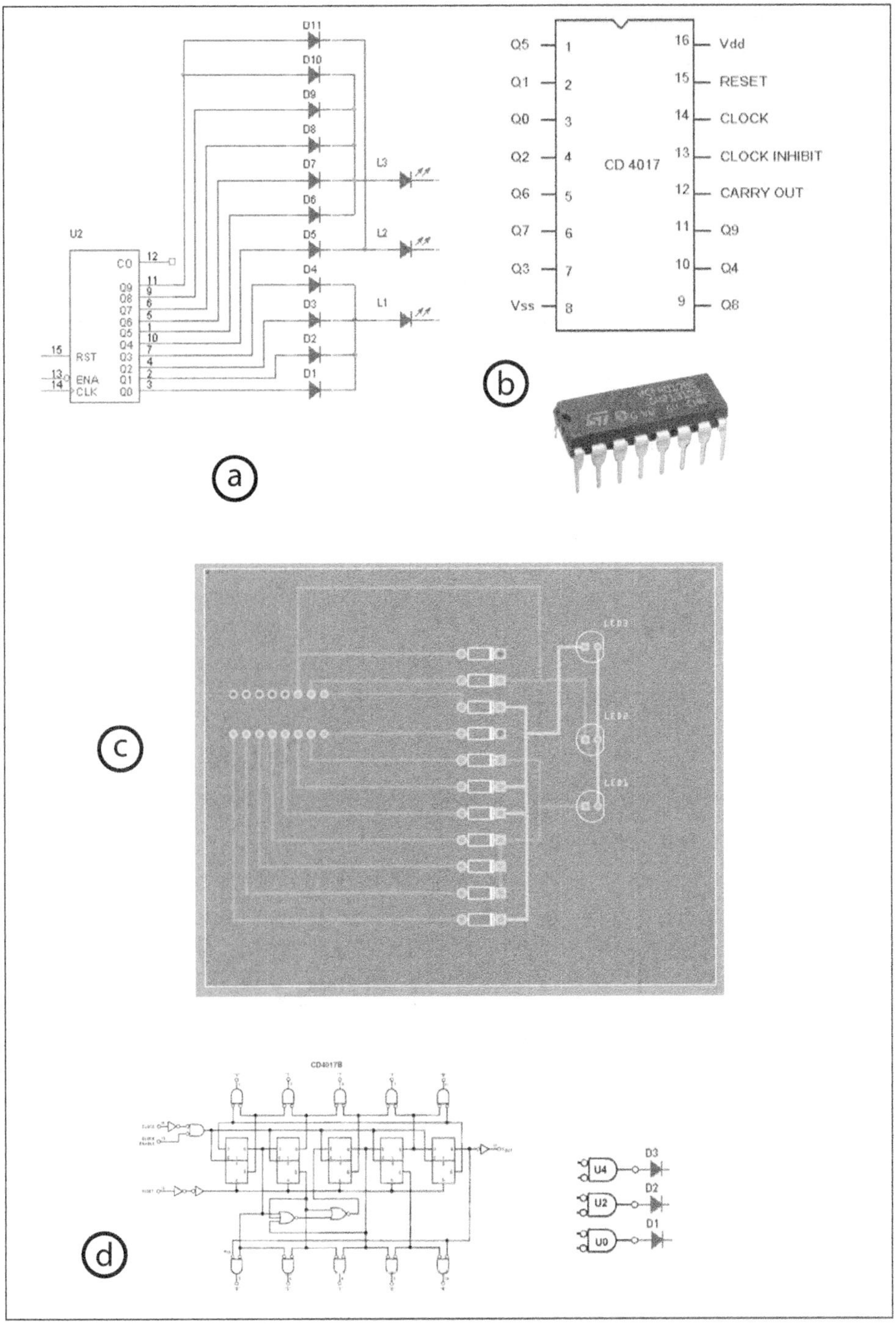

Figura 4.1 (a) Schema elettrico di collegamento dell'integrato CD4017.
(b) Piedinatura reale del CD4017.
(c) Realizzazione su PCB dello schema elettrico.
(d) Indicazioni delle porte dell'integrato CD4017 e riferimenti alle porte logiche.

Schemi elettrici di esempio

Quando non sono disponibili esempi applicativi nel datasheet del componente, si può tentare una ricerca digitando la sigla più la parola "schema elettrico" o "schematics". Quasi sempre si trova una serie di schemi elettrici come immagini o come link a pagine di siti che spesso presentano lo schema elettrico a scopo didattico.
Insieme al datasheet del componente o nel sito che offre lo schema elettrico si trova anche la lista degli altri componenti da usare.

Fonti per il reperimento dei componenti

Se nel proprio laboratorio mancano alcuni o tutti i componenti necessari per la realizzazione del circuito di esempio, ci si può affidare ai numerosi siti di vendita online oppure, come già suggerito nel Capitolo 1, andare a qualche fiera di elettronica. In città, il negozio di componenti difficilmente può soddisfare tutte le esigenze, perché di solito tiene a magazzino solo le sigle dei componenti più di moda o più comuni.
L'alternativa, per chi ha un po' di esperienza (e pazienza), può essere il mercatino dell'usato, nel quale è possibile recuperare molti componenti da apparecchi obsoleti o non completamente funzionanti. Forse non è noto a tutti, ma da una vecchia radio a transistor o da un vecchio telecomando è possibile dissaldare una miriade di componenti utilissimi. In alcune fiere di elettronica sono presenti banchetti zeppi di schede ricchissime di componenti da dissaldare.

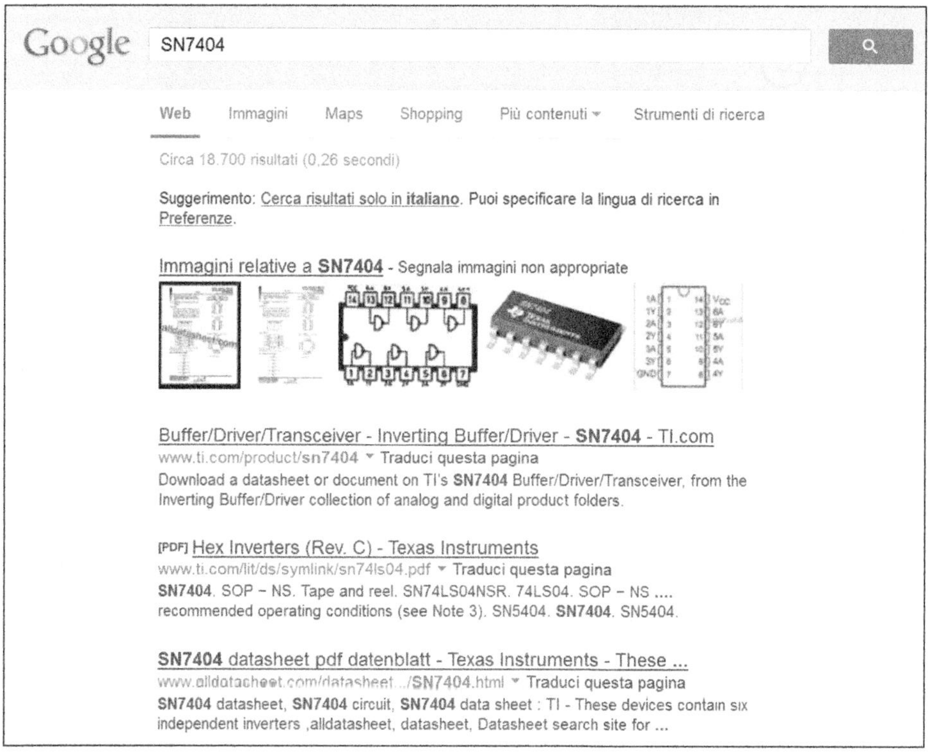

Figura 4.2 L'integrato SN7404 come viene visualizzato nel motore di ricerca di Google.

Software per la progettazione assistita

Per la progettazione elettronica assistita, altrimenti chiamata EDA (*Electronic Design Automation*), l'offerta di programmi è molto vasta. Di tutte le risorse open source disponibili, per gli scopi di questo libro è stato scelto *Fritzing* a cui dedichiamo un intero paragrafo fra poche righe.

Software di simulazione

Per chi inizia, ma anche per chi è già un po' esperto, ci sono molti software con un ambiente di simulazione virtuale di circuiti elettronici. In questo capitolo presentiamo solo alcune soluzioni fra le più note, mentre una lista di software open source e a pagamento è disponibile nel Capitolo 8, *Risorse*.

Fritzing

La scelta di Fritzing come programma EDA è soprattutto legata al fatto che è un software libero e, cosa non meno importante, alla sua facilità d'uso per gli sviluppatori di progetti per Arduino. Inoltre, Fritzing offre una libreria praticamente inesauribile di progetti condivisi in rete grazie alla community degli utenti.

La caratteristica principale che lo distingue da altri software simili è l'interfaccia innovativa che permette la progettazione su *breadboard*, oltre alla classica progettazione tramite schema elettrico e PCB.

Il software è stato sviluppato e viene mantenuto da un gruppo di volontari dell'*Interaction Design Lab* di Potsdam (Germania), molto attivo e al quale va sicuramente tutto il nostro sostegno. Il software è disponibile nell'area download del sito `http://fritzing.org`. Sono supportate le seguenti piattaforme:

- Windows (dalla versione XP in poi);
- OS X (dalla versione 10.5 in poi);
- Linux (64 e 32 bit, con libc uguale o superiore alla versione 2.6).

Oltre a ciò, si possono scaricare liberamente anche i sorgenti per un eventuale sviluppo del software. Una volta scaricato il file per il proprio sistema operativo, la finestra principale di Fritzing (versione 0.8.3b del 27/07/2013) appare simile a quella illustrata nella Figura 4.3.

Interfaccia

Una volta scaricato e scompattato il file compresso in una cartella e avviato il programma, è possibile impostare l'italiano come lingua dell'interfaccia tramite il menu *Edit > Preferences* (Modifica > Preferenze).

Premesso che il software è troppo esteso per una trattazione approfondita, daremo le informazioni necessarie alla realizzazione autonoma dei propri progetti.

Prima di spiegare i controlli e i menu dell'interfaccia è utile imparare a muoversi nella finestra principale.

- Lo zoom può essere effettuato comodamente tramite la rotella del mouse, oltre che con il controllo zoom in basso a destra nella finestra.

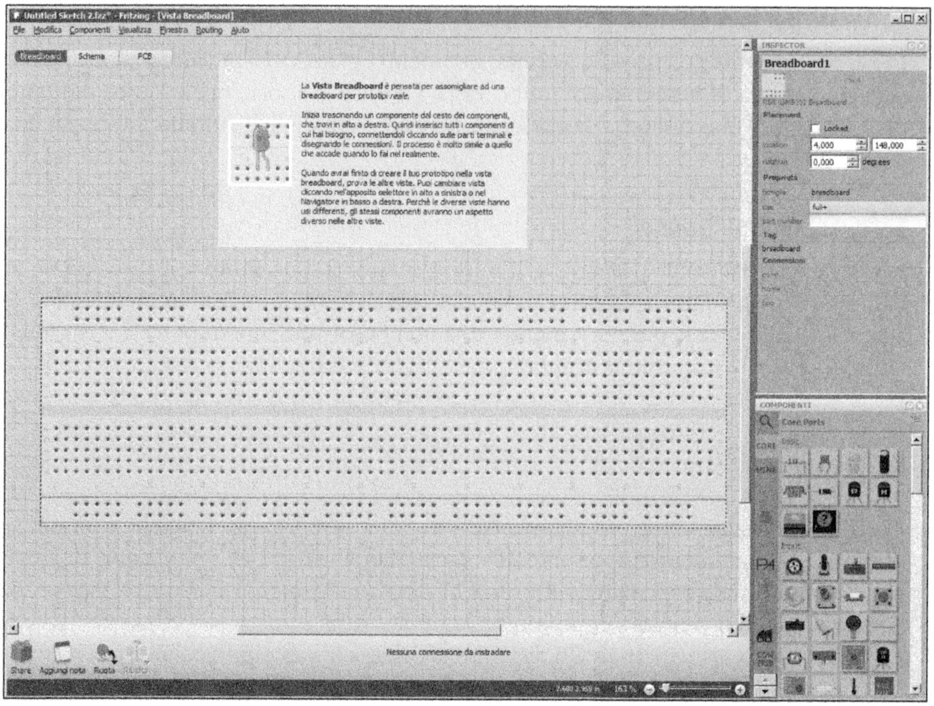

Figura 4.3 Finestra principale di Fritzing 0.8.3b.

- Lo spostamento nella finestra può essere effettuato comodamente premendo la barra spaziatrice e trascinando il mouse (il cursore diventa la classica "manina"). La stessa operazione può venire effettuata con la rotella del mouse più il tasto CTRL.

Detto questo, possiamo analizzare la finestra principale e vedere che è suddivisa in tre sezioni principali. La parte centrale, più grande, è dedicata alla visualizzazione del layout, che può essere di tre tipi:

- *vista Breadboard* (accessibile anche con CTRL + 1);
- *vista Schema* (accessibile anche con CTRL + 2);
- *vista PCB* (accessibile anche con CTRL + 3).

Vista Breadboard

È la vista ideale per coloro che vogliono sperimentare velocemente un prototipo su breadboard. La breadboard visualizzata ha un aspetto realistico e riporta fedelmente la stessa disposizione standard dei collegamenti centrali e dell'alimentazione laterale.
Anche i componenti elettronici hanno un aspetto realistico e vanno "infilati" nei fori, esattamente come si farebbe con una vera breadboard. Da alcune versioni è possibile usare fili rigidi o fili morbidi per i collegamenti.

Vista Schema

Per coloro che sono abituati a progettare su schema elettrico, la vista Schema permette di collegare i componenti attraverso i simboli elettrici. Da notare che il circuito creato in questo modo non viene riportato nella breadboard, essendo la simbologia dei componenti molto diversa. Si consiglia di partire a progettare dalla vista breadboard e di sistemare manualmente lo schema elettrico in un secondo tempo.

Vista PCB

È l'ambiente ideale per creare una PCB perfetta. Dopo aver sperimentato con la breadboard è auspicabile dare al progetto un aspetto più professionale e soprattutto più solido. Dalla vista PCB è possibile creare il file di produzione per la stampa di una vera basetta da mandare al servizio online di *Fritzing Fab* o a un altro stampatore di PCB. In alternativa, per chi ha tempo e voglia, è possibile stampare il file PCB su un foglio di acetato e creare la basetta in casa. Il risultato è sicuramente un po' meno professionale, ma forse è più "cool".

Pannello componenti

Nella parte destra della finestra principale è presente il pannello Componenti (Figura 4.4). Qui sono disposte in ordine diverse librerie di componenti elettronici di tutti i tipi. Se un componente particolare dovesse mancare, è comunque possibile modificarne uno o crearlo da zero attraverso l'editor interno (al momento in cui scriviamo è in fase di sviluppo un editor ancora più sofisticato). I componenti vanno posizionati nelle varie viste con il semplice trascinamento del mouse. A seconda della vista utilizzata, ogni componente ha un aspetto diverso e, ovviamente, non possono essere usati componenti incompatibili con il tipo di vista.
Ogni libreria è suddivisa in categorie. Nella libreria *Core*, quella con i componenti più usati, sono disponibili le seguenti categorie:

- *Basic* – resistori, condensatori, induttori, diodi, transistor, FET e mystery part, ovvero un componente di cui non è specificato l'uso ma che si può editare;
- *Input* – potenziometri/trimmer, compensatori, encoder, pulsanti, interruttori, fotocellule, sensori di vario tipo, accelerometri, antenne e altro ancora;
- *Output* – LED, display a 7 segmenti, schermi LCD, altoparlanti piezo e normali, microfoni, motori DC, motori servo, motori stepper, solenoidi, relè e altro ancora;
- *Ics* – circuiti integrati più utilizzati e quarzi;
- *Power* – batterie, regolatori di tensione e altro ancora;
- *Connection* – pin header di vario tipo, terminali, prese USB, shield per Arduino, Xbee, Motor Driver e altro ancora;
- *Microcontroller* – Arduino, Netduino, Picaxe, Parallax e altro ancora;
- *Vista Breadboard* – elementi aggiuntivi per la breadboard (millefori, ponticelli);
- *Vista Schema* – elementi aggiuntivi per lo schema elettrico (simboli elettrici, note del progettista);
- *Vista PCB* – elementi aggiuntivi per il circuito stampato (jumper, via, fori, piazzole ramate e altro);
- *Tools* – blocco note e righello con misure in centimetri e pollici.

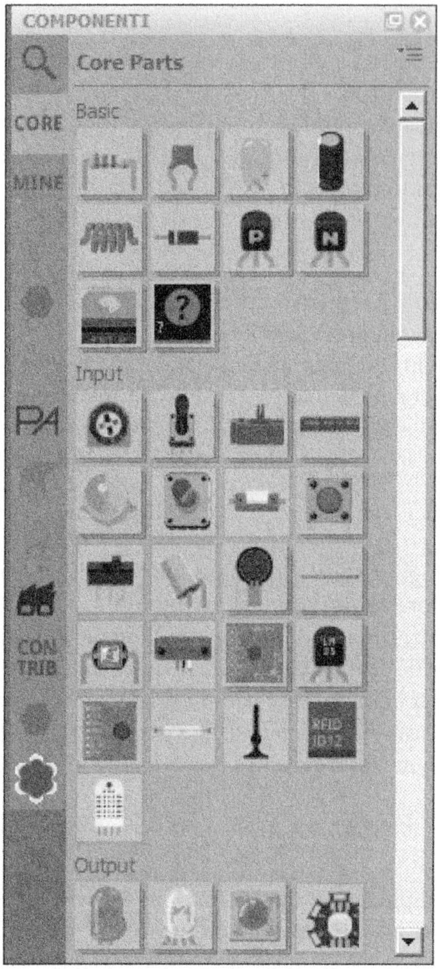

Figura 4.4 Pannello componenti.

C'è da dire che ogni versione aggiornata di Fritzing aggiunge sempre nuovi componenti e farne un elenco completo risulta impossibile. Altre librerie sono aggiornate in tempo reale tramite la connessione Internet al sito. Fra le più interessanti, citiamo:

- *Arduino* – libreria dedicata ai prodotti Arduino;
- *Parallax* – libreria dedicata ai prodotti Parallax;
- *Picaxe* – libreria dedicata ai prodotti Picaxe;
- *Sparkfun* – libreria dedicata ai prodotti Sparkfun;
- *Snootlab* – libreria dedicata ai prodotti Snootlab;
- *Contrib* – librerie della community;
- *Circuit Playground* – libreria per bambini;
- *Lilypad* – libreria per schede Lilypad (per indumenti).

Inoltre, la sezione con i contributi degli utenti viene sempre aggiornata online. Chiunque voglia condividere il proprio progetto fatto con Fritzing, lo può liberamente mettere a disposizione della community, registrandosi gratuitamente al sito *fritzing.org*.
Nel pannello *Componenti* è possibile creare anche una propria libreria personalizzata. Infine, un comodo motore di ricerca permette di cercare i componenti e di gestire i file del pannello *Componenti*.

Inspector

Selezionando un elemento dal pannello *Componenti* e dopo aver posizionato l'elemento nella vista, è possibile visualizzare e/o modificare le sue proprietà. Per esempio, selezionando un resistore standard e posizionandolo nella breadboard è possibile modificare le sue proprietà, come illustrato nella Figura 4.5:

- *Package* – THT (terminali passanti) o SMD (Surface Mount Device);
- *Tolerance* – tolleranza da +/- 0.05% a 20%;
- *Bands* – 4 o 5 anelli;
- *Resistenza* – i valori standard più usati;
- *Power* – qualsiasi potenza;
- *Pin Spacing* – spaziatura da 100 mil (in piedi) a 800 mil (non ha senso nella vista breadboard, ma solo nella vista PCB);
- *Part number* – testo libero per inserire il numero della parte.

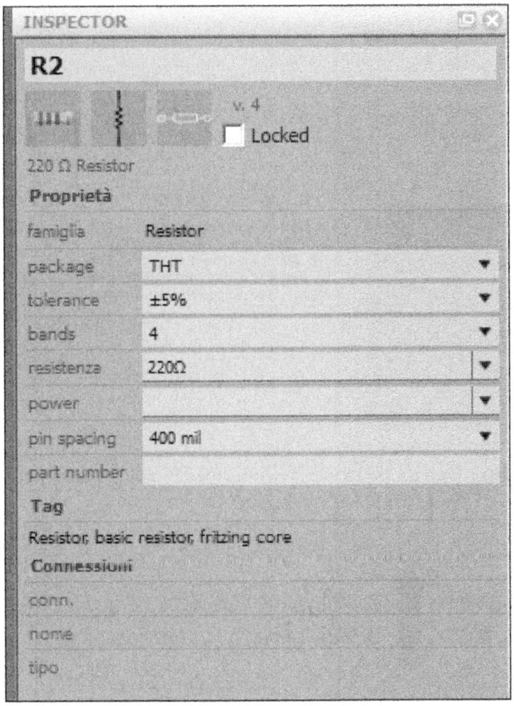

Figura 4.5 Pannello Inspector relativo a un resistore.

Esempi pratici

Per capire come usare Fritzing è consigliabile iniziare a sperimentare aprendo alcuni esempi pratici dal menu *File > Apri esempio*. In questo menu si trovano moltissimi esempi pratici su breadboard e relativo schema/PCB, suddivisi per tipologia:

- *Arduino* – progetti con Arduino completi di riferimenti agli sketch online;
- *Fritzing Starter Kit* – progetti con Arduino e Fritzing Starter Kit, un kit per principianti messo a disposizione dal sito *fritzing.org*;
- *Fritzing Super Upgrade Kit* – progetti con Arduino e Fritzing Super Upgrade Kit, un kit avanzato messo a disposizione dal sito *fritzing.org*;
- *Fritzing EDGY* – progetti con lo shield EDGY, prodotto e messo a disposizione dal sito *fritzing.org*
- *All* – lista completa di tutti i progetti.

La Figura 4.6 illustra un semplice esempio, scelto dal menu *Arduino > Analog > Input > Potentiometer*. Il progetto utilizza solo un potenziometro montato sulla breadboard e qualche collegamento alla scheda Arduino UNO. Collegando il terminale centrale del potenziometro a uno degli ingressi analogici di Arduino, è possibile controllare la velocità con cui il LED lampeggia. Opzionalmente si può montare un LED sul pin 13 e sul GND di Arduino.

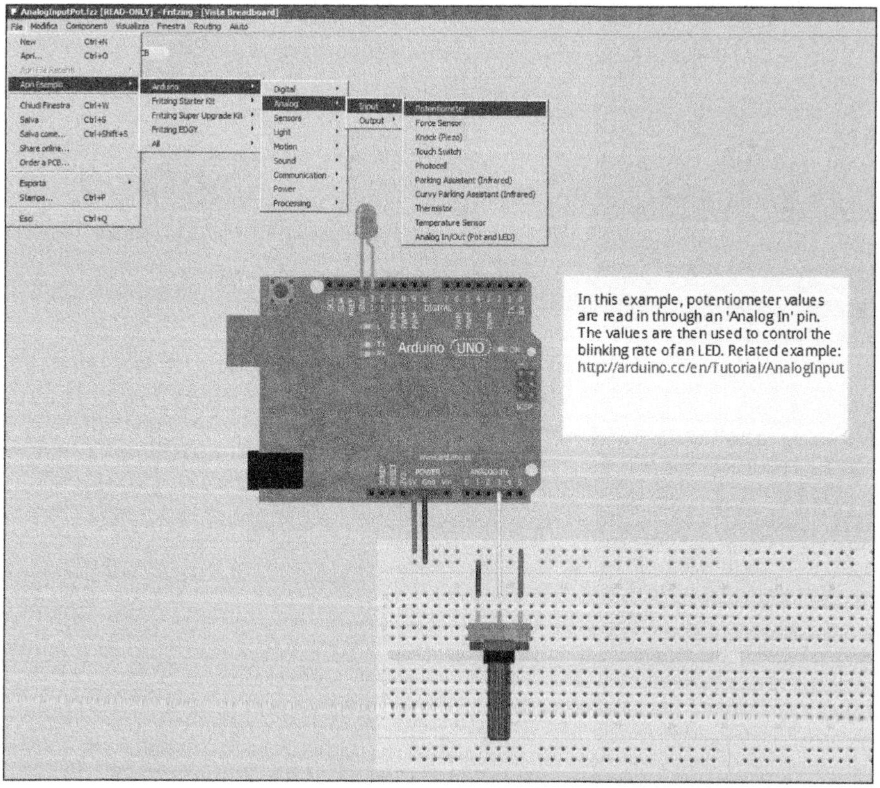

Figura 4.6 Il progetto Potentiometer nella vista breadboard.

Notare che nella finestra del progetto di esempio è riportato anche il link alla pagina del sito di Arduino, dal quale scaricare il listato dello sketch, che riportiamo di seguito.

Sketch di esempio per il progetto Potentiometer

```
/*Created by David Cuartielles
modified 30 Aug 2011
By Tom Igoe
This example code is in the public domain.
http://arduino.cc/en/Tutorial/AnalogInput*/
int sensorPin = 3;     // select the input pin for the potentiometer
int ledPin = 13;       // select the pin for the LED
int sensorValue = 0;  // variable to store the value coming from the sensor

void setup() {
  // declare the ledPin as an OUTPUT:
  pinMode(ledPin, OUTPUT);
}

void loop() {
  // read the value from the sensor:
  sensorValue = analogRead(sensorPin);
  // turn the ledPin on
  digitalWrite(ledPin, HIGH);
  // stop the program for <sensorValue> milliseconds:
  delay(sensorValue);
  // turn the ledPin off:
  digitalWrite(ledPin, LOW);
  // stop the program for for <sensorValue> milliseconds:
  delay(sensorValue);
}
```

Per completezza, riportiamo nella Figura 4.7 il progetto Potentiometer come appare nella vista Schema e nella vista PCB.

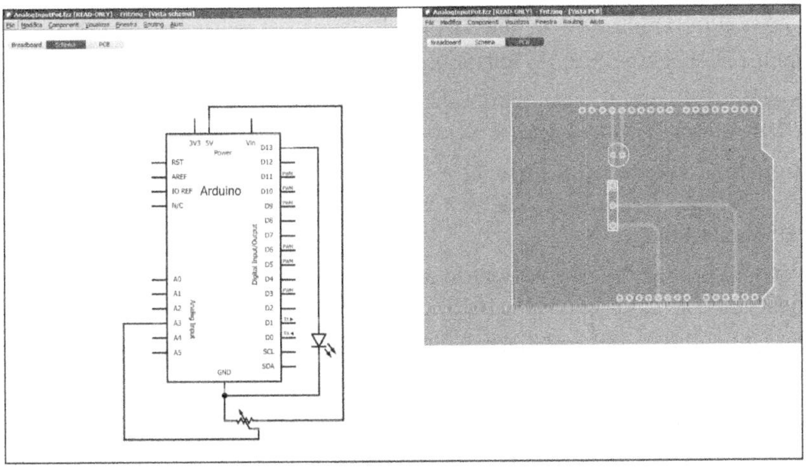

Figura 4.7 Il progetto Potentiometer nella vista Schema e nella vista PCB.

Cosa fa il circuito Potentiometer

I tre fili dal potenziometro vanno collegati in modo che il primo a sinistra vada collegato a massa (GND), il terzo a destra all'alimentazione +5 volt e quello al centro a un ingresso analogico di Arduino.

È possibile utilizzare solo il LED interno della scheda Arduino oppure collegarne uno al pin 13. Per utilizzare un LED, ricordare che il reoforo più lungo è l'anodo (positivo) e il più corto è il catodo (GND). Data la bassa quantità di corrente, non è necessario utilizzare un resistore di limitazione (anche se è consigliato).

- Alla prima riga dello sketch, la variabile *sensorPin* è impostata sul pin analogico 3.
- La variabile *sensorValue* serve a memorizzare i valori letti dal sensore.
- La funzione *analogRead ()* converte la tensione di ingresso, da 0 a 5 volt, in un valore digitale tra 0 e 1023. Ciò viene fatto da un circuito interno di Arduino chiamato convertitore analogico-digitale (ADC).
- Ruotando il potenziometro, si cambia la quantità di resistenza su entrambi i lati del potenziometro, dando una tensione diversa all'ingresso analogico.
- Quando il potenziometro è girato completamente in una direzione, non vi è alcuna resistenza tra il connettore centrale e quello collegato a massa. La tensione centrale è quindi 0 volt e *analogRead ()* restituisce 0.
- Quando il potenziometro viene girato nella direzione opposta, non vi è resistenza tra il connettore centrale e quello collegato a +5 volt. La tensione al connettore centrale è 5 volt e *analogRead ()* restituisce il valore 1023.
- Con tutte le altre posizioni intermedie del potenziometro, *analogRead ()* restituisce un numero tra 0 e 1023, proporzionale alla quantità di tensione applicata all'ingresso analogico.
- Tale valore, memorizzato nella variabile *sensorValue*, viene utilizzato per impostare un *delay ()* nel ciclo di lampeggio. Più alto è il valore, più dura il ciclo.

L'esempio fai da te

Per fare un po' di pratica con Fritzing, proviamo a ricreare il semplice progetto *Potentiometer* da zero, apportando solo alcune modifiche.

1. Dal menu *File* scegliere *New*. Si aprirà una finestra con una breadboard vuota.
2. Dal pannello *Componenti*, selezionare la libreria *Arduino* e trascinare la scheda *Arduino UNO* (la prima dell'elenco) vicino alla breadboard (Figura 4.8a).
3. Dal pannello Componenti, selezionare la libreria *Core*, categoria *Input*, e trascinare un potenziometro (il secondo dell'elenco) nella vista, ma non ancora nella breadboard (Figura 4.8b).
4. Selezionare il potenziometro e ruotarlo di 180° (Figura 4.9a) tramite il menu contestuale accessibile dal tasto destro del mouse.
5. Dal pannello *Inspector* del potenziometro, impostare il parametro *Size* su *Rotary – 16mm*.
6. Trascinare il potenziometro nella breadboard in modo che i tre terminali siano collegati a tre fori. Durante l'operazione si possono vedere i contatti della breadboard diventare verdi quando sono collegati (Figura 4.9b).

7. Collegare il pin Analog In 4 di Arduino alla breadboard in corrispondenza del terminale centrale del potenziometro (Figura 4.10a). Notare che la finestra tooltip riporta sempre i parametri del collegamento.
8. Collegare la linea di alimentazione positiva della breadboard al primo terminale del potenziometro e, dall'Inspector, dare il colore rosso al cavo (Figura 4.10b).
9. Collegare la linea di alimentazione negativa della breadboard al terzo terminale del potenziometro e, dall'Inspector, dare il colore nero al cavo (Figura 4.11a).
10. Collegare il pin +5V e il pin GND di Arduino rispettivamente alla linea positiva e negativa della breadboard e, dall'Inspector, dare il colore rosso al cavo positivo e il colore nero a quello negativo (Figura 4.11b).
11. Dal pannello *Componenti*, selezionare la libreria *Core*, categoria *Output*, e trascinare un LED (il primo dell'elenco) nella breadboard (Figura 4.12a).
12. Dal pannello Componenti, selezionare la libreria *Core*, categoria *Basic*, e trascinare un resistore (il primo dell'elenco) nella breadboard in modo che un reoforo del resistore (da 220 Ω) sia collegato all'anodo del LED (Figura 4.12b).
13. Collegare il pin 13 di Arduino al terminale libero del resistore, piegando un po' il cavo a metà, e dare il colore blu dall'Inspector (Figura 4.13a).
14. Collegare il pin GND di Arduino al catodo del LED, piegando un po' il cavo in più punti, e dare il colore nero dall'Inspector (Figura 4.13b).

Notare che i cavi si possono piegare, allungare e accorciare a piacere con il semplice uso del mouse. Puntando il mouse in un punto qualsiasi del cavo, si crea un punto per la piegatura. Per togliere una piega, basta fare doppio clic su di essa. Questa operazione è possibile su tutte le viste. Il cavo ha un suo menu contestuale, tramite il quale è possibile cambiare colore (solo vista breadboard), aggiungere punti di piegatura, portare sotto o sopra e così via.

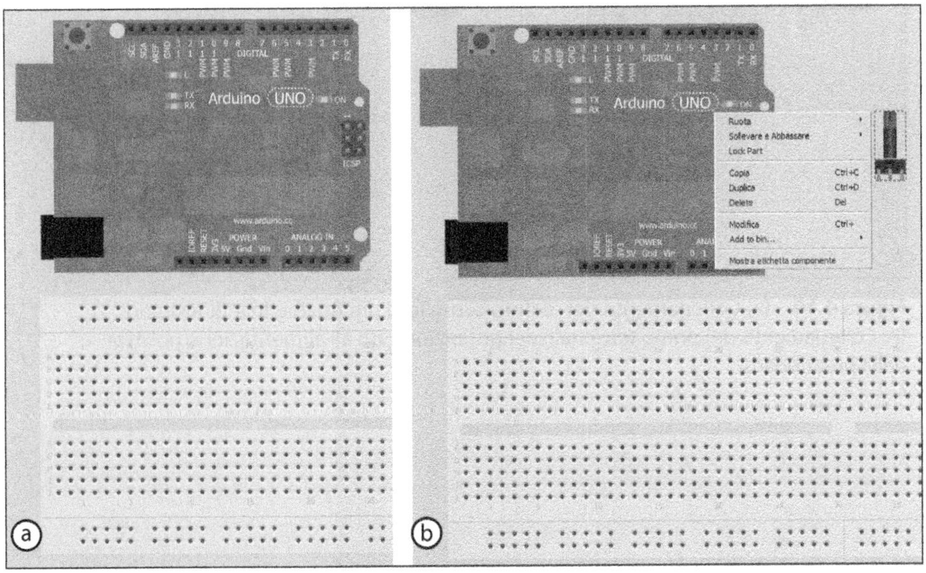

Figura 4.8 (a) La breadboard e Arduino UNO. (b) Viene aggiunto un potenziometro.

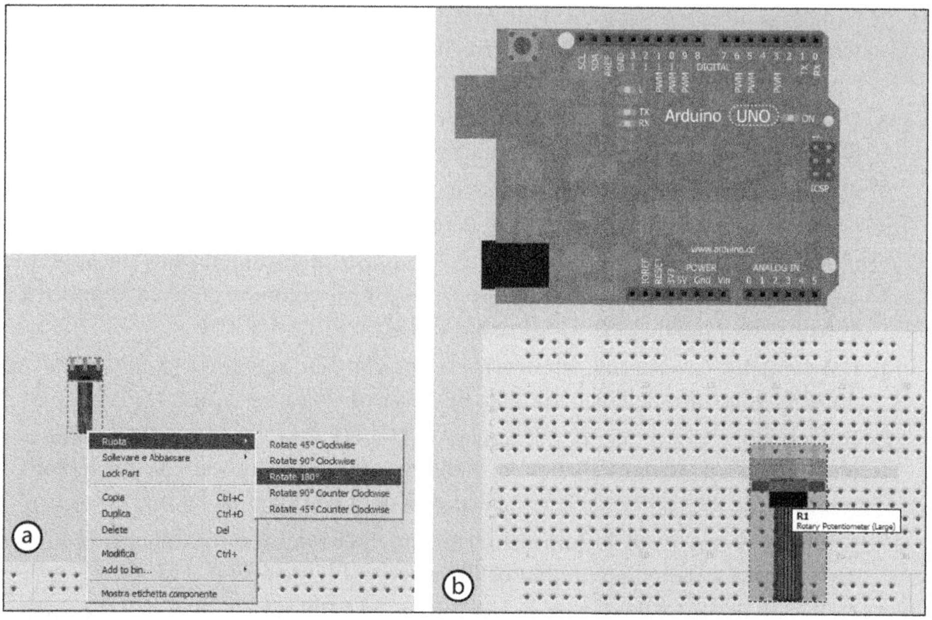

Figura 4.9 (a) Il potenziometro va ruotato di 180° e (b) dimensionato a 16 mm.

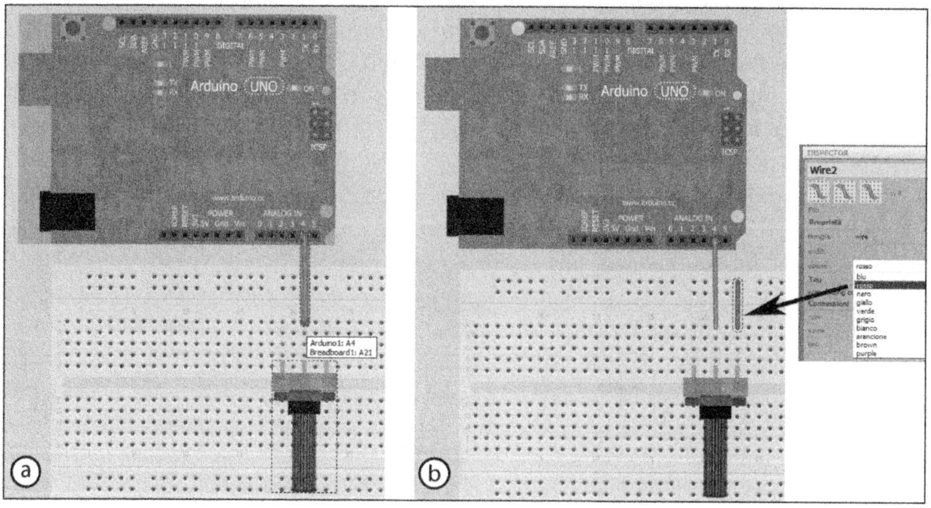

Figura 4.10 (a) Collegamento del reoforo centrale al pin Analog In 4 di Arduino. (b) Collegamento del primo terminale del potenziometro all'alimentazione positiva della breadboard.

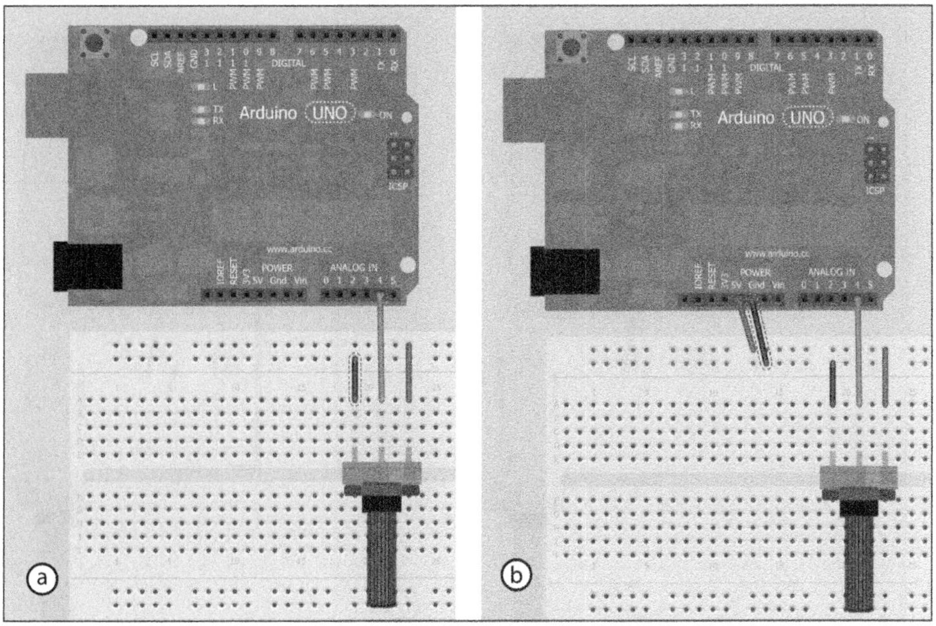

Figura 4.11 (a) Collegamento del terzo terminale del potenziometro all'alimentazione negativa della breadboard. (b) Collegamento dell'alimentazione positiva +5 V e GND da Arduino alla breadboard.

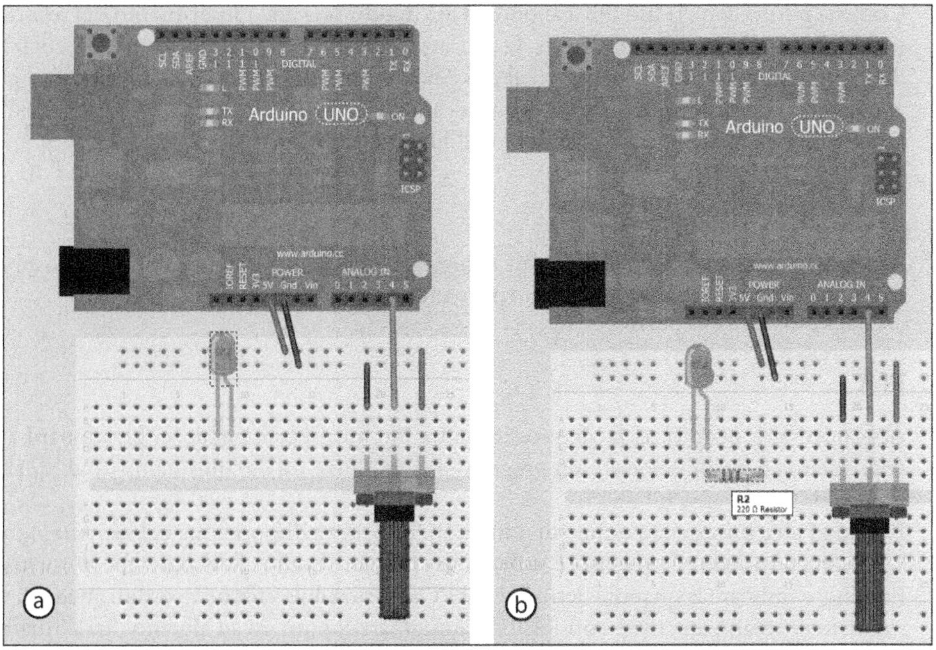

Figura 4.12 (a) Posizionamento di un LED e (b) di un resistore nella breadboard.

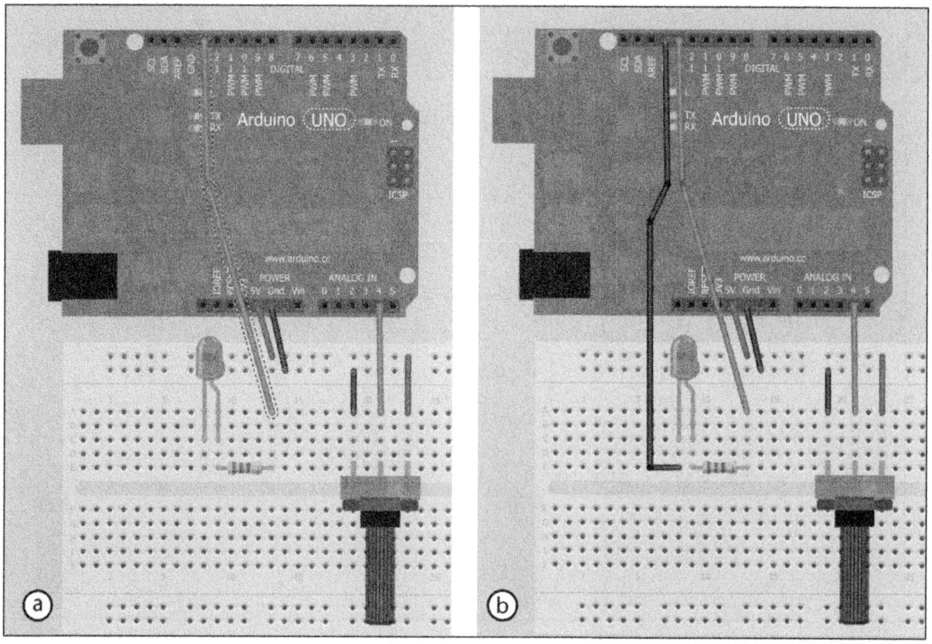

Figura 4.13 Collegamento del pin 13 al reoforo libero del resistore e del pin GND al catodo del LED.

Come si può vedere, la modifica apportata al circuito prevede l'inserimento del resistore e del LED nella breadboard. I più attenti avranno osservato che il terminale centrale del potenziometro è stato collegato al pin Analog In 4 di Arduino. Questo significa che anche il codice dello sketch di Arduino va cambiato di conseguenza. Quindi, alla prima riga dello sketch va cambiato il valore dell'ingresso analogico:

```
int sensorPin = 4;
```

Dato che Arduino UNO dispone di 6 ingressi analogici, vedremo che sarà possibile sfruttarli tutti contemporaneamente collegando fino a sei potenziometri.

PCB

Abbiamo visto quanto sia facile progettare un circuito sperimentale su breadboard, ma con Fritzing è possibile creare un progetto per produrre un circuito stampato di qualità professionale.

Fritzing Fab è un servizio online di stampa PCB messo a disposizione dal sito *fritzing.org*. Una volta terminato il progetto, è sufficiente effettuare l'upload del o dei file in formato Fritzing, e ordinare la quantità desiderata di PCB. È possibile effettuare ordini anche di un solo circuito stampato, ma è consigliabile aumentare il numero ad almeno due o quattro unità per risparmiare sui costi. Il pagamento avviene online e la consegna è in circa un paio di settimane. La qualità del prodotto giustifica il costo decisamente più alto di altri produttori di PCB, e se volete fare un figurone, ne vale veramente la pena. Il prodotto è molto curato e viene controllato prima di essere stampato. Le serigrafie sono nere su smalto di colore bianco panna. Le schede PCB arrivano già tagliate in pezzi singoli e arrotondate sugli angoli.

Vista PCB

Tornando alla Figura 4.13, si può notare come tutto il cablaggio su vista breadboard sia visibilmente ordinato. Passando alla vista PCB, purtroppo, non otteniamo lo stesso risultato, almeno non in modo automatico. La Figura 4.14a mostra lo stato dei collegamenti nella vista PCB e, da quel che si vede, la cosa non è confortante.
Innanzitutto, è necessario spostare manualmente all'interno della PCB i componenti e i cavi rimasti all'esterno. Basta selezionare gli elementi con il mouse e portarli all'interno del rettangolo verde corrispondente alle dimensioni della breadboard.
Dopodiché, a seconda della complessità del circuito, è consigliabile impostare la PCB a uno o due layer (strati). Per fare questo, una volta selezionata la PCB, è sufficiente andare alla voce *layers* dall'Inspector e impostare il valore su *one layer (single sided)* o su *two layers (double sided)*. Questa operazione è molto importante ai fini della disposizione delle piste ramate, dei componenti e delle serigrafie.
Supposto che il nostro circuito sia a singola faccia (*single sided*), bisognerà anche dimensionare la basetta in modo da non sprecare spazio. Sempre dall'Inspector, è possibile impostare le dimensioni della basetta, che nel nostro caso può essere lunga 60-80 mm.
A questo punto, basta premere il pulsante *Autoinstrada* per effettuare automaticamente un instradamento delle piste di rame in modo ottimale (Figura 4.14b), anche se non definitivo.

Figura 4.14 (a) Vista PCB del progetto Potentiometer visibilmente disordinato e (b) successivamente autoinstradato.

Ovviamente, non si tratta ancora di una buona disposizione. Lavorando con il mouse sulle piste e spostando opportunamente i componenti si può arrivare a un risultato più che accettabile, come illustrato nella Figura 4.15a. Volendo, è possibile riempire di rame gli spazi vuoti in modo automatico tramite il comando *Copper Fill* del menu *Routing* (Figura 4.15b). Questa operazione è consigliata, perché la ramatura funge anche da schermo per eventuali interferenze radio. Dallo stesso menu *Routing*, è possibile effettuare un controllo delle piste tramite il comando *Design Rules Check* (CTRL + SHIFT + D). Se compare la finestra di Figura 4.16a, significa che è tutto OK e si può mandare in stampa la basetta. Altrimenti, se le piste sono troppo vicine o se ci sono degli errori, apparirà l'avviso di Figura 4.16b. Bisognerà correggere manualmente gli errori segnalati in rosso e ripetere il controllo.

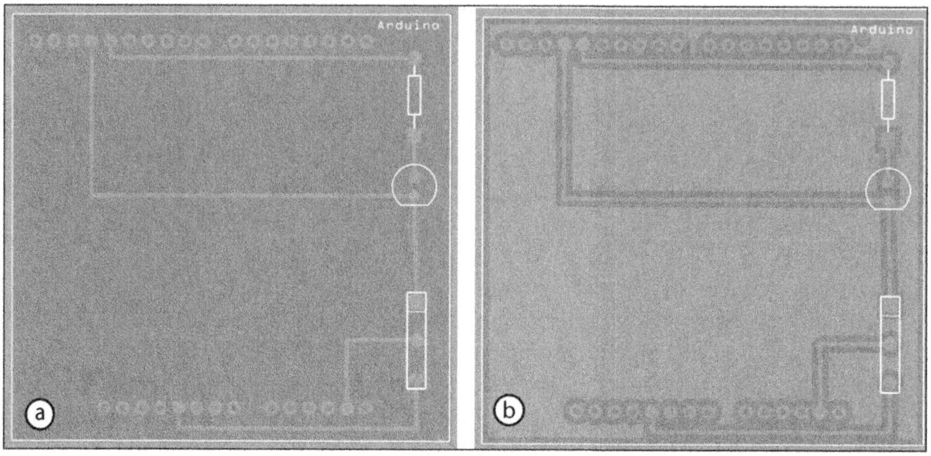

Figura 4.15 (a) Il progetto dopo l'instradamento manuale e (b) dopo lo riempimento automatico Copper Fill.

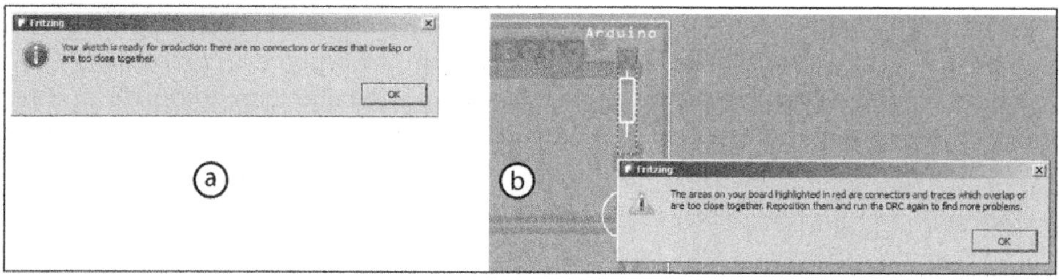

Figura 4.16 (a) Il progetto è pronto per la produzione. (b) Il progetto contiene errori che vanno corretti.

Esportazione del file di produzione

Come in un vero programma professionale, Fritzing offre varie opzioni per l'esportazione del file di produzione.

Oltre al pulsante *Order PCB* per l'ordine immediato online, premendo sul pulsante *Export for PCB* o dal menu *File > Esporta*, è possibile accedere a una serie di opzioni:

- *Etchable (PDF)* – documento PDF per l'incisione;
- *Etchable mirrored (PDF)* – documento PDF speculare per l'incisione;
- *Etchable (SVG)* – documento SVG per l'incisione;
- *Etchable mirrored (SVG)* – documento SVG speculare per l'incisione;
- *Extended Gerber (RS-274X)* – documento Gerber (per servizi di stampa PCB professionali).

Dal menu *File* si può ulteriormente esportare il progetto in vari formati immagine, come lista componenti e XML Netlist (Figura 4.17a). Esportando come documento *Etchable (PDF)* (Figura 4.17b) è possibile stampare il circuito su un foglio di acetato con una stampante laser. Una volta impressionato e sviluppato il circuito su una basetta ramata presensibilizzata, si potrà inciderla in un bagno di cloruro ferrico.

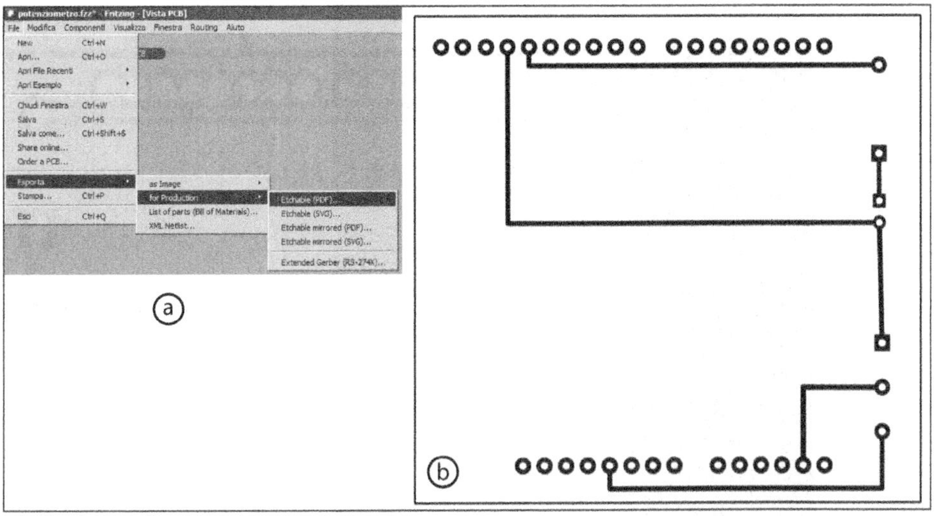

Figura 4.17 (a) Opzioni di esportazione del progetto.
(b) Documento PDF per l'incisione fai da te.

Per mandare a un servizio di stampa PCB il file di produzione, nella quasi totalità dei casi, è necessario esportarlo nel formato *Extended Gerber (RS-274X)*, facendo attenzione che i file prodotti non contengano errori. Di soliti i servizi di stampa fanno pagare a parte il controllo e richiedono almeno una giornata lavorativa in più.
Per il controllo dei file Gerber si può utilizzare uno dei tanti Gerber Viewer freeware disponibili online. Uno è GerbView, disponibile gratuitamente dal sito *Sourceforge.net*. Una volta prodotti i file Gerber, è sufficiente importarli tutti nel viewer per controllare a uno a uno i vari layer di produzione, ovvero, il layer del lato rame, della serigrafia, dei fori, della copertura in rame ed eventuali altri layer (Figura 4.18).

NOTA

Il file Gerber è stato introdotto da Gerber Systems Corp. per la produzione industriale di PCB su macchine CNC. Lo standard industriale prevede la presenza di un numero qualsiasi di file inerenti alle varie fasi di lavorazione: incisione, maschere di saldatura, fresatura, foratura, serigrafia e così via. I file sono in formato testo, pertanto il primo controllo visivo può essere effettuato anche aprendo i file con un normale blocco note.

Software di simulazione

Esistono varie decine di software di simulazione di circuiti elettronici, sia analogici sia digitali o ibridi. Alcuni sono open source, altri sono commerciali e molti offrono edizioni per studenti a costi accessibili. Una lista dei più diffusi software di simulazione è disponibile nell'Appendice B, *Risorse* online.
Di seguito diamo uno sguardo a una piccola cernita di simulatori, fra i migliori in circolazione.

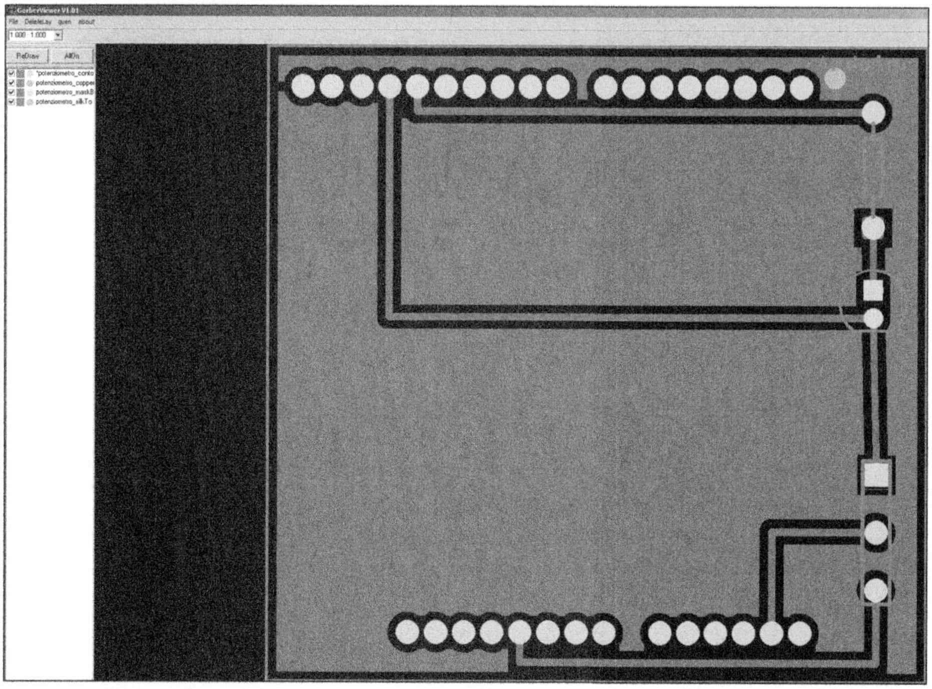

Figura 4.18 I file Gerber caricati nel software GerbView.

Circuit Simulator

Probabilmente il miglior freeware per la didattica, Circuit Simulator viene mantenuto e distribuito da Paul Falstad, un appassionato di elettronica e di fisica che crea applet java davvero molto interessanti. Insieme ai progetti sono disponibili anche i sorgenti in Java per modificare a piacere le applet.

Una volta scaricato il file compresso *circuit.zip* dal sito `http://www.falstad.com/circuit/` e scompattato in una cartella, è possibile avviare l'eseguibile *circuit.jar* per visualizzare la schermata principale come quella rappresentata nella Figura 4.19.

Dal ricco menu si possono caricare numerosissimi esempi di circuiti elettronici, dai più semplici ai più complessi.

Per esempio, caricando dal menu *555 Timer Chip* l'esempio *Square Wave Generator*, è possibile visualizzare un generatore di onde quadre, rappresentato nella Figura 4.20. L'applet è interattiva ed è possibile modificare i parametri con un doppio clic sui componenti. L'animazione fa vedere l'andamento del flusso di corrente, di tensione, di potenza e altre opzioni impostabili a piacere.

Con questo software non è possibile costruire un circuito da zero, ma grazie ai moltissimi esempi analogici e digitali è davvero utilissimo per chi è agli inizi, ma anche per chi ha già qualche conoscenza di base. Può fare sicuramente gola anche ai docenti di elettronica che desiderano distribuire ai propri allievi un software estremamente flessibile e soprattutto open source. Modificando il codice dei sorgenti in Java, per esempio, si possono creare facilmente nuovi moduli didattici.

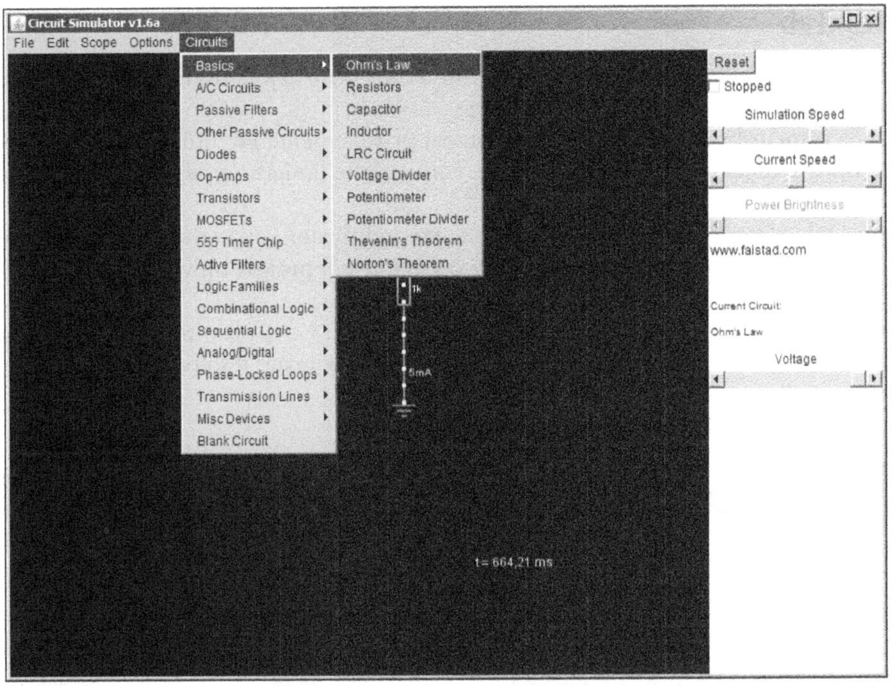

Figura 4.19 Circuit Simulator: menu per l'apertura dei circuiti di esempio.

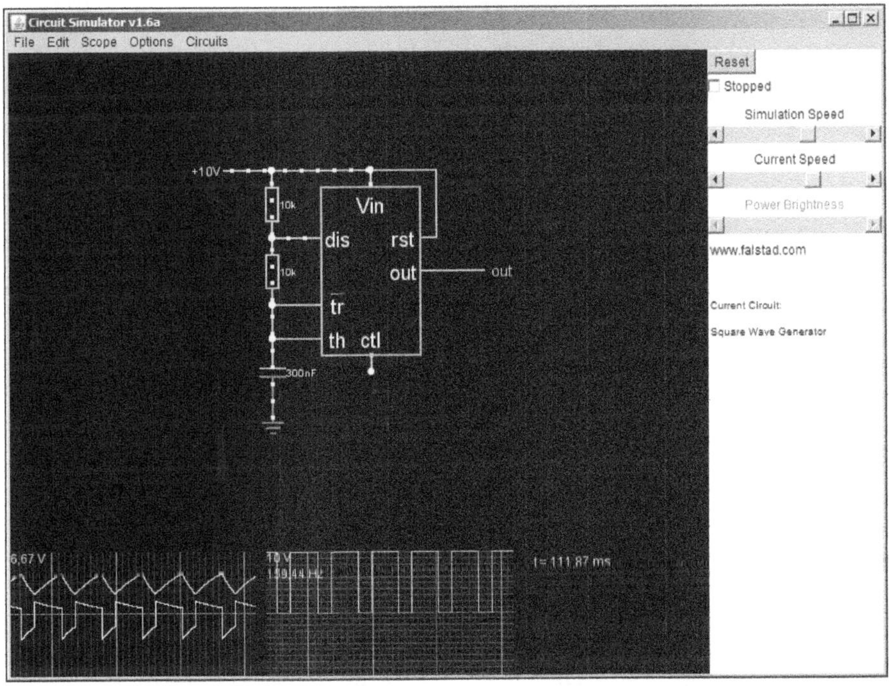

Figura 4.20 Circuit Simulator: un generatore di onde quadre con un integrato 555.

CircuitLab

CircuitLab è un ottimo simulatore online di ultima generazione, funzionante con tutti i browser Internet. Collegandosi al sito `https://www.circuitlab.com` è possibile accedere alla pagina principale, in cui è possibile registrarsi gratuitamente per utilizzare il simulatore con tutte le funzionalità attivate, anche se con qualche limitazione rispetto alla versione in abbonamento.

È possibile usare il software online anche senza registrazione, ma solo per vedere i molti esempi in esecuzione senza poter salvare o esportare il progetto modificato come immagine PNG, EPS, SVG o PDF.

Nella Figura 4.21 è rappresentata la pagina principale di CircuitLab, nella quale un video di apertura insegna le poche cose da sapere per far funzionare il software di emulazione e come costruire un circuito da zero.

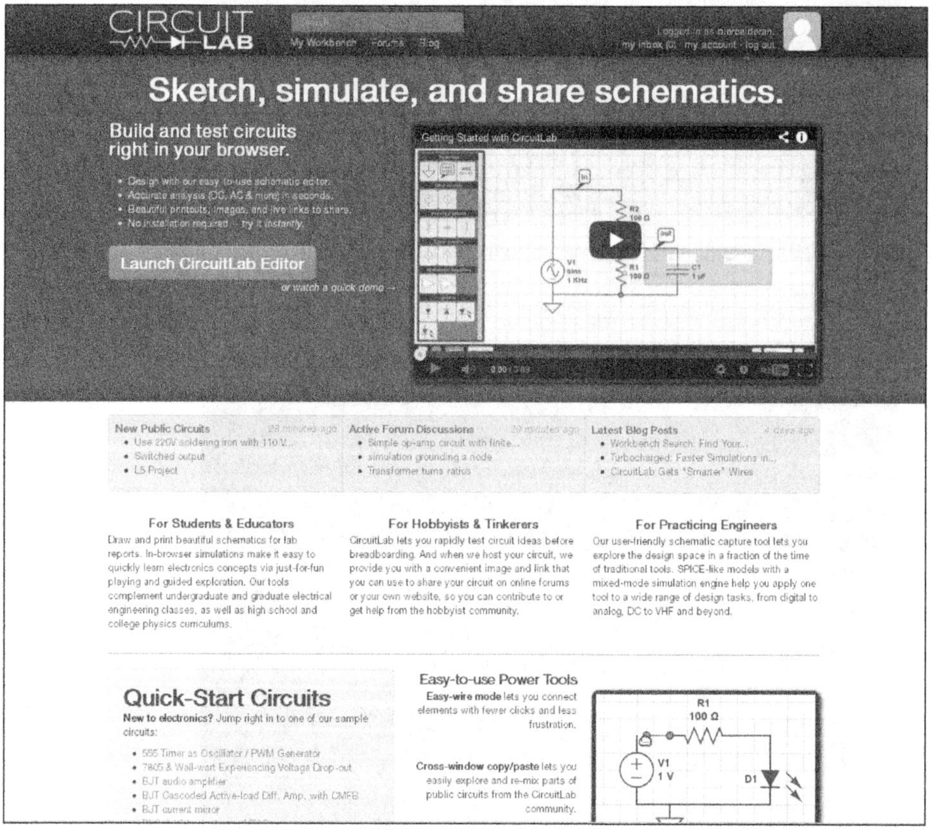

Figura 4.21 Pagina principale di CircuitLab.

Da una lista di esempi della pagina principale è possibile aprire nell'editor circuiti sia analogici sia digitali. Per esempio, aprendo nell'editor la pagina *555 Timer as Oscillator* si ottiene una videata simile a quella rappresentata nella Figura 4.22a.

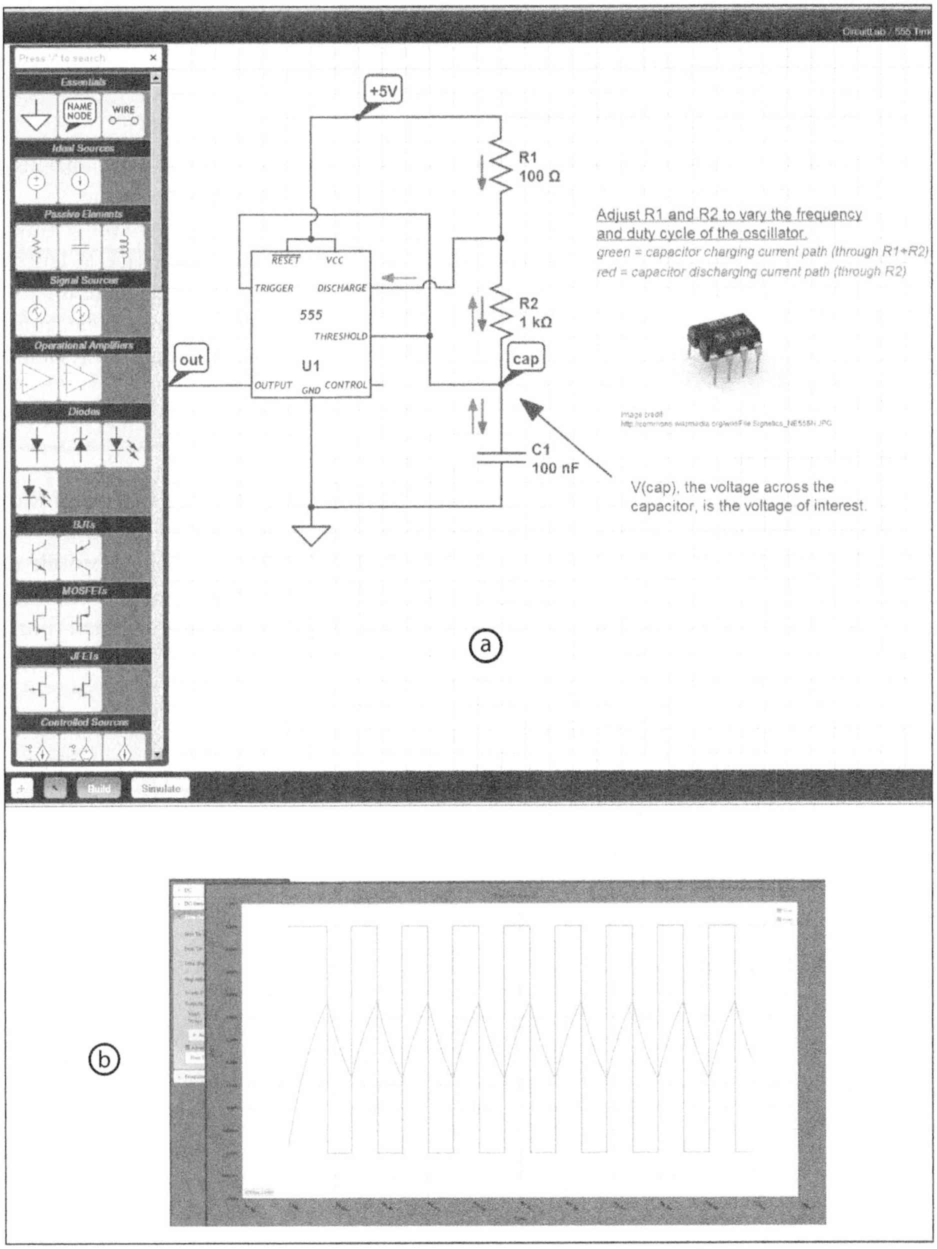

Figura 4.22 L'esempio "555 Timer as Oscillator" nell'editor di CircuitLab.

Si tratta di un progetto dell'onnipresente 555, che in questo caso funge da oscillatore. Tramite il pulsante *Simulate* si può avviare la simulazione e visualizzare l'output, rappresentato nella Figura 4.22b. Come si può vedere, l'uscita dell'oscillatore nel dominio del tempo (*Time Domain*) disegna una forma d'onda triangolare in corrispondenza della sonda (*probe*) sul nodo chiamato CAP e una forma d'onda quadra in corrispondenza della sonda posta sul nodo chiamato OUT.

Costruendo lo stesso circuito su breadboard o millefori e sondando le stesse uscite con l'oscilloscopio si otterrebbe lo stesso risultato.

Creare un circuito da zero con CircuitLab

Come tanti software di emulazione in locale, anche CircuitLab dispone di una palette di strumenti per inserire o modificare i vari componenti nella finestra di editing.
Con facilità è possibile creare circuiti dai più semplici ai più complessi con le uniche limitazioni imposte dalla versione gratuita. La limitazione più fastidiosa è la lentezza dell'elaborazione dei dati per avviare la simulazione. Per il resto, basta scegliere un componente e fare clic con il mouse sulla finestra principale. Per effettuare i collegamenti basta solo tracciare con il mouse linee orizzontali o verticali fra i componenti o avvicinarli per collegarli in modo automatico.

Circuito di prova

Abbiamo pensato che fosse utile creare un semplice circuito da zero per dimostrare l'efficacia del software di emulazione.
Applicando alcune semplici nozioni trattate nel Capitolo 5, Primi passi, è possibile posizionare nella finestra di CircuitLab una manciata di componenti passivi e un transistor per creare un piccolo oscillatore sinusoidale, di cui avremo modo di spiegare il funzionamento più avanti nel libro.
Per costruire il circuito completo, ecco la lista dei componenti:

- Q1 = transistor 2N2222 (BC107, 2N1711 o equivalente);
- R1 = resistenza 100 KΩ 1/4 di watt;
- R2 = resistenza 47 KΩ 1/4 di watt;
- R3 = resistenza 3,3 KΩ 1/4 di watt;
- R4 = resistenza 1,8 KΩ 1/4 di watt;
- R5 = resistenza 2,7 KΩ 1/4 di watt;
- C1, C2 = condensatori 47.000 pF;
- C3, C4 = condensatori 22.000 pF;
- Pila 9V.

CircuitLab offre la scelta di una vasta serie di componenti attivi, per cui è facile trovare il transistor della lista qui sopra. Una volta posizionati tutti i componenti e collegati fra loro come rappresentato nella Figura 4.23 è possibile avviare la simulazione, tenendo presente che l'uscita del nostro oscillatore è un'onda sinusoidale con una frequenza di circa 1 kHz. Per questo motivo, bisogna impostare la "finestra" di osservazione puntando la sonda sul punto NODE1 (creato tramite il pulsante NAME NODE del pannello componenti), ovvero l'uscita audio dell'oscillatore collegata all'altoparlante (SPKR1). Essendo la frequenza di 1 kHz pari a un ciclo di 0,001 secondi (1 millisecondo), bisognerà impostare la simulazione nel dominio del tempo con una durata di almeno 0,001 secondi (1/100 di secondo). La scansione deve essere di 0,00001 secondi (0,001 secondi diviso 100), per poter vedere 10 oscillazioni disegnate dal plotter grafico.

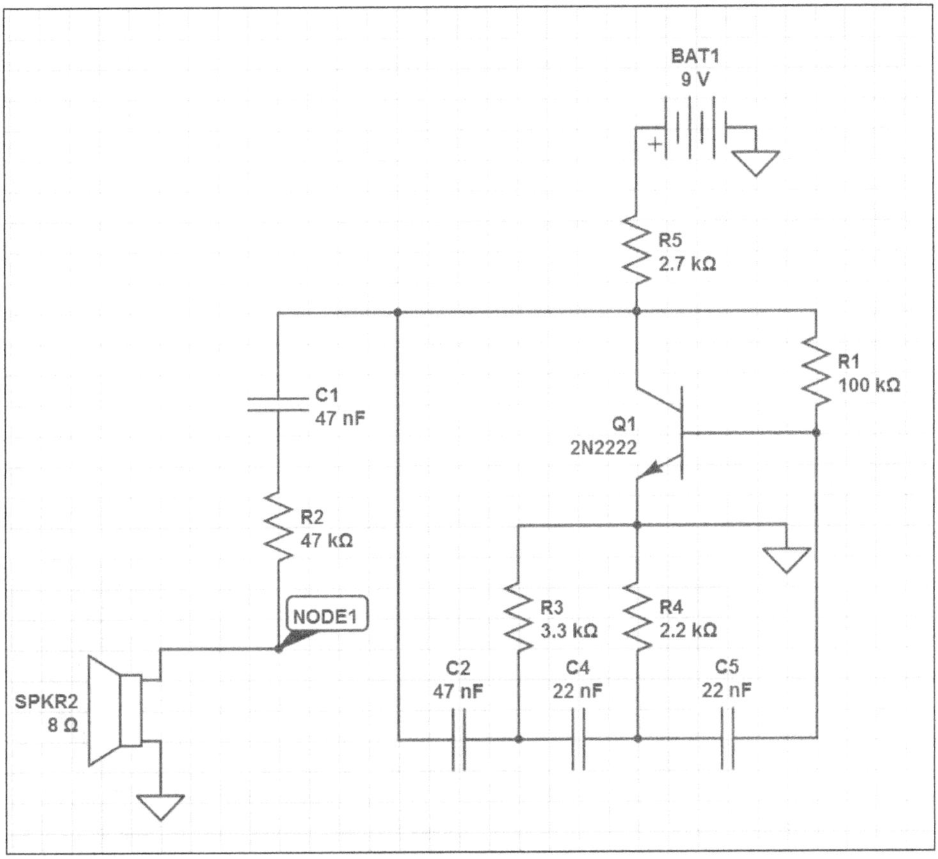

Figura 4.23 Il progetto di prova di un oscillatore fatto con CircuitLab.

Nella Figura 4.24a è visibile l'output della simulazione, abbastanza simile alla forma d'onda originale visualizzata su un oscilloscopio. Il circuito reale costruito su breadboard e la forma d'onda visualizzata sull'oscilloscopio sono visibili nella Figura 4.24b. Da notare che per comodità è stata scelta una diversa divisione temporale per l'oscilloscopio rispetto alla simulazione software.

Qucs

Fra i tanti simulatori di circuiti elettronici offline segnaliamo Qucs, sigla che sta per *Quite Universal Circuit Simulator*, disponibile per Windows e Ubuntu e molte altre piattaforme "non ufficiali" all'indirizzo `http://qucs.sourceforge.net/download.shtml`. Probabilmente è questo il motivo per cui il software si chiama "simulatore di circuiti quasi universale". Qucs è uno dei pochi simulatori con un'interfaccia grafica in italiano e la possibilità di visualizzare l'output in vari formati. L'interfaccia grafica è basata su Qt e il software si propone di supportare tutti i tipi di tipi di simulazione come, per esempio, DC, AC, S-parameter, analisi *Harmonic Balance*, analisi del rumore e così via.

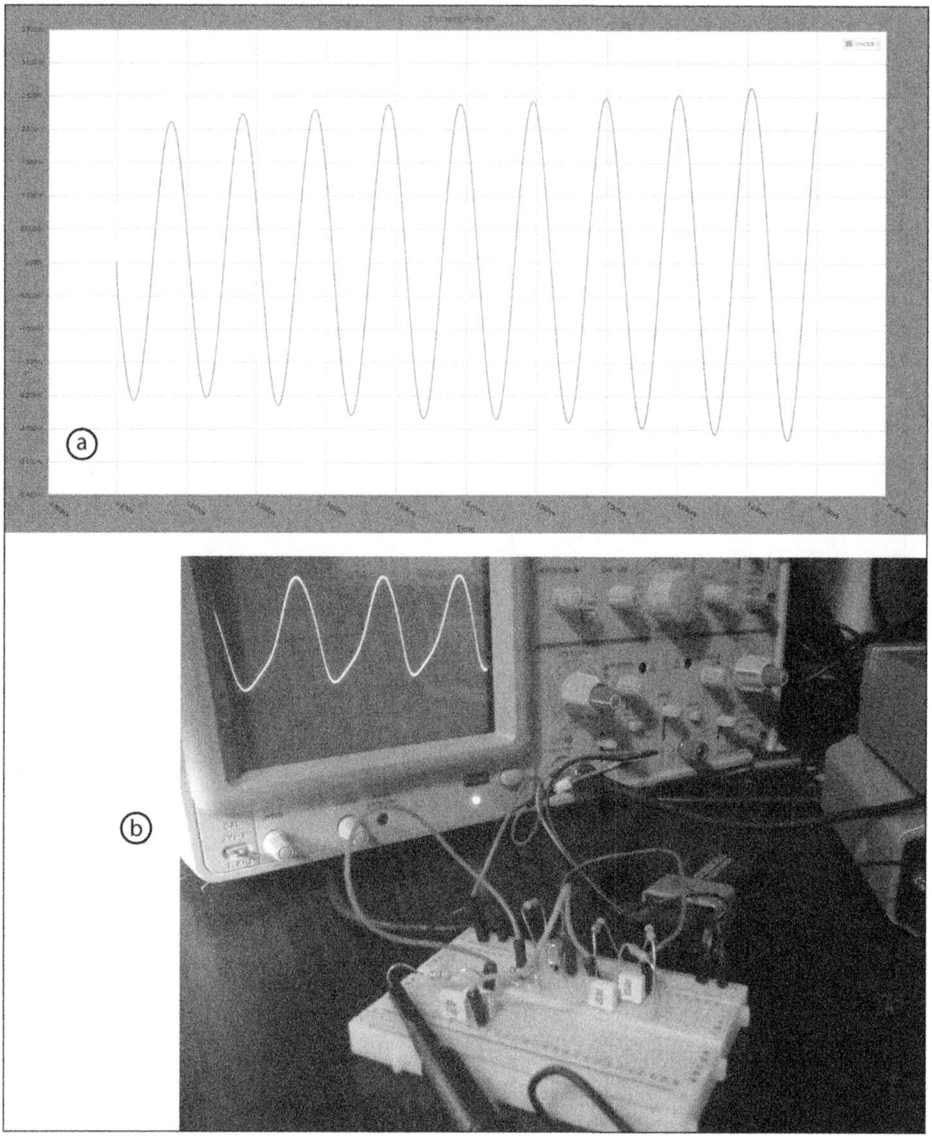

Figura 4.24 (a) L'output dell' oscillatore fatto con CircuitLab e (b) il circuito reale dello stesso circuito fatto su breadboard.

Data la complessità delle impostazioni, Qucs è indicato per chi ha acquisito una certa esperienza. Grazie alla miriade di esempi pratici è comunque utile per imparare.
Nella Figura 4.25 è rappresentato lo stesso progetto di oscillatore fatto con CircuitLab. L'output è visibile nella stessa finestra del progetto come anche in una finestra dedicata, nella quale si possono impostare diverse visualizzazioni, anche 3D.

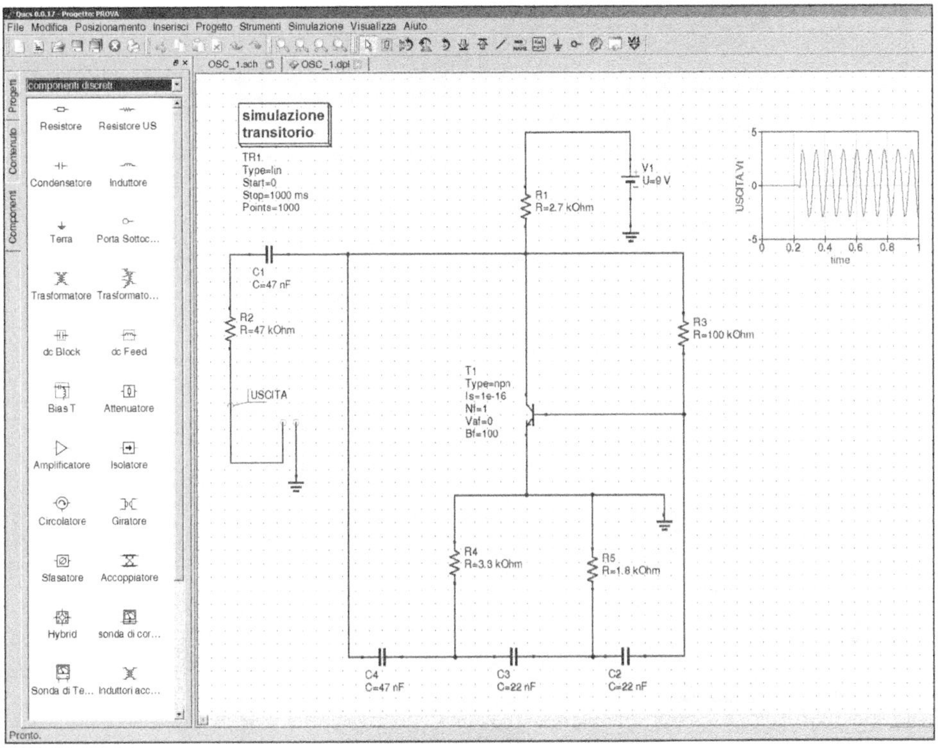

Figura 4.25 Il progetto di prova di un oscillatore fatto con Qucs.

Il funzionamento è simile a tanti editor e simulatori, per cui bastano pochi clic del mouse e una lettura veloce delle istruzioni per imparare subito a progettare il proprio circuito. Per impostare un'uscita della forma d'onda sinusoidale alla frequenza di 1 kHz basta impostare i parametri della finestra di simulazione del transitorio su 1000 ms (1 secondo) e il numero di step a 1000, come illustrato nella Figura 4.26a. In questo modo si potranno visualizzare circa 10 oscillazioni della sinusoide.

Da notare che il punto di osservazione è stato denominato come USCITA tramite lo strumento "Etichetta filo" della barra del menu. Una volta scelto *Diagrammi* dal menu componenti, basta selezionare un tipo di output, per esempio, *Cartesiano* (Figura 4.26b). Dalla finestra che apparirà basta selezionare USCITA per visualizzare l'output nel grafico. Allo stesso modo si possono scegliere più punti di osservazione e aggiungerli nello stesso grafico come illustrato nella Figura 4.26c.

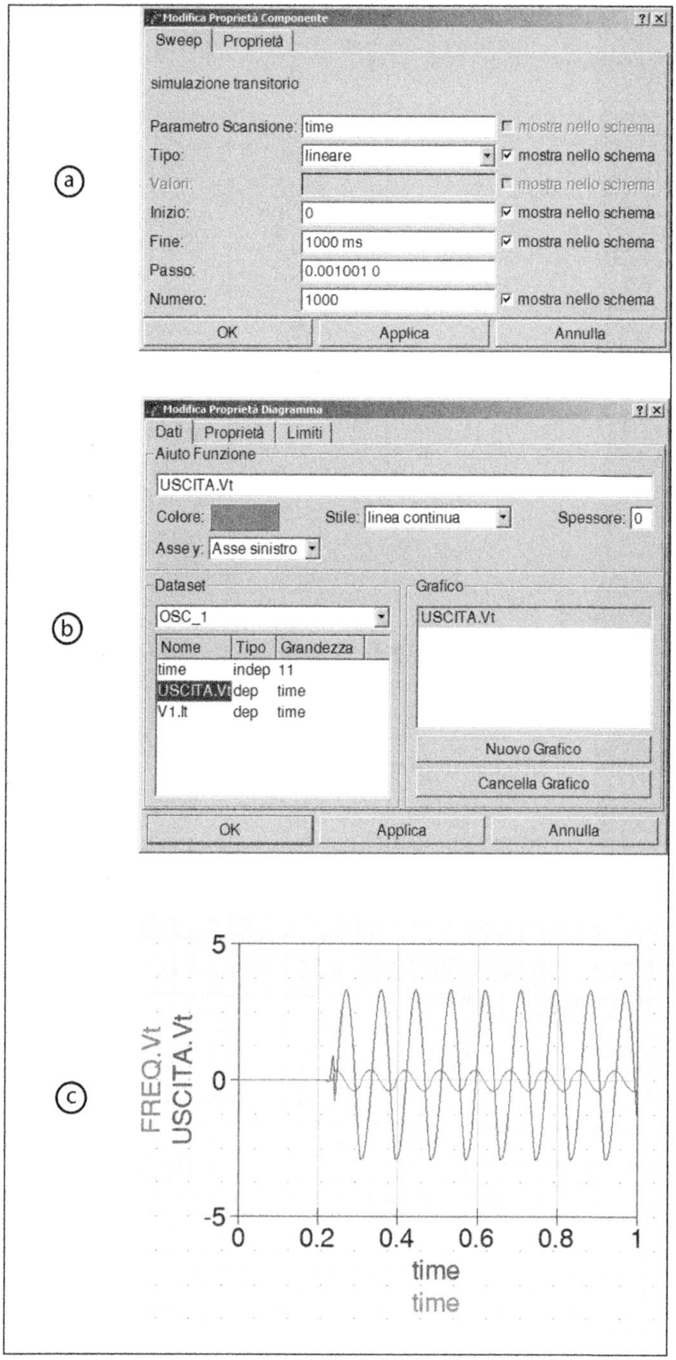

Figura 4.26 (a) Le impostazioni per la simulazione del transitorio. (b) Impostazione dell'uscita di visualizzazione per il diagramma Cartesiano. (c) Aggiunta di un grafico per l'uscita FREQ.

Capitolo 5

Primi passi

Prima di iniziare

Prima di iniziare la lettura di questo capitolo, ci sono alcune cose da sapere.

1. Per il montaggio dei circuiti previsti negli esperimenti, oltre all'attrezzatura di base, servono alcuni componenti elettronici. Allo scopo di facilitare gli acquisti e limitare gli sprechi, nel Capitolo 8, *Risorse* è disponibile la "lista della spesa" per i componenti essenziali e qualche indirizzo utile.
2. Come in tutti i settori, anche l'elettronica ha il suo gergo. Si suggerisce al neofita di non chiedere al negoziante l'integrato "settantaquattromila" o il diodo "uno enne quarantamilasette". Le sigle di quattro o più cifre, di solito vanno spezzate a metà, per cui si chiederà l'integrato "settantaquattro zero zero" e il diodo "quaranta zero sette". L'integrato 555 si pronuncia "cinque cinque cinque". Per resistori e condensatori, si può omettere l'unità di misura e chiedere un resistore da 4 e 7 chilo per 4,7 KΩ oppure un condensatore da 100 micro 25 per un condensatore elettrolitico da 100 μF 25VL o un condensatore da 2 e 2 pico per uno da 2,2 pF.
3. In questo capitolo l'approccio agli argomenti è molto "pratico", ma non mancano gli aspetti teorici che servono a migliorare la comprensione degli esperimenti. Il percorso didattico è programmato in base a una crescente difficoltà concettuale. Anche se possono sembrare banali o troppo facili, si invita a leggere attentamente le istruzioni che accompagnano gli esperimenti

In questo capitolo

- **Prima di iniziare**
- **Esperimenti con le pile**
- **Esperimenti con le celle solari**
- **Esperimenti con i trasformatori**
- **Esperimenti con i resistori**
- **Esperimenti con i diodi**
- **Esperimenti con i condensatori**
- **Esperimenti con i transistor**
- **Esperimenti con i circuiti integrati**

per realizzare con successo i circuiti di esempio. Fare attenzione alle avvertenze per l'uso corretto dei componenti e dell'alimentazione di rete, onde evitare pericoli e danni a cose e persone.

Esperimenti con le pile

Sono trascorsi oltre due secoli da quando Alessandro Volta mise uno sopra l'altro, alternati con un panno imbevuto con acqua e un po' di acido solforico, alcuni dischetti di rame e zinco. Oggi, l'evoluzione tecnologica ha permesso di creare dispositivi di alimentazione sempre più efficienti e rispettosi dell'ambiente. Nei circuiti elettronici a bassa potenza, come quelli descritti in questo libro, le pile sono la fonte principale di alimentazione, per cui è bene conoscere le loro caratteristiche e il corretto utilizzo.

Pile e accumulatori

Per l'alimentazione di apparecchi portatili, radio o telecomandati, bisogna per forza ricorrere all'uso di pile, accumulatori o celle fotovoltaiche.
Il problema comune a tutte le pile e accumulatori è la durata, ovvero la capacità di fornire una certa quantità di corrente elettrica costante nel tempo. Per le celle fotovoltaiche, come vedremo, i problemi sono legati alla quantità di energia luminosa disponibile e agli ostacoli.
Di solito, sul corpo delle pile e accumulatori viene indicato il valore in mAh, cioè in milliampere/ora. Significa che una pila o un accumulatore può fornire quella quantità di corrente in milliampere per un dato numero di ore.
Per esempio, l'indicazione 1800 mAh significa che la pila può erogare 1,8 A in un'ora ovvero 0,18 mA per dieci ore.
La differenza fra pila e accumulatore sta nella diversa capacità di fornire e/o accumulare energia elettrica: la pila tradizionale, una volta scarica, non può essere ricaricata, mentre l'accumulatore (o batteria ricaricabile) può essere ricaricato un certo numero di volte e fornire nuovamente energia elettrica. I principali tipi di pile e accumulatori si distinguono in:

- pila alcalina;
- accumulatore al nichel-cadmio;
- accumulatore al nichel-metallo idruro;
- accumulatore agli ioni di litio;
- accumulatore al litio-polimero.

Pila alcalina

È il tipo di pila più comunemente usato per l'alimentazione di apparecchi portatili (Figura 5.1a). Le pile alcaline hanno di fatto sostituito le pile a vecchia tecnologia zinco-carbone. I suoi componenti sono biossido di manganese e zinco metallico, immersi in un gel alcalino di idrossido di potassio che funge da elettrolita.
La particolarità delle pile alcaline è di non avere cadute di tensione e di fornire sempre la tensione nominale anche con forte assorbimento di corrente.

Esistono vari modelli standard con tensione 1,5 V e amperaggio/ora che varia con le dimensioni. Esiste anche il modello standard a 9V con l'involucro a forma di parallelepipedo di 6 × 48 × 17 mm.

Sigla	Tensione	Milliampere/ora (appr.)	Dimensione mm (appr.)
AAA	1,5V	1000-1200 mAh	Diametro 10,5
AAA	1,5V	1800-2600 mAh	Diametro 13,5
LR14	1,5V	8000 mAh	Diametro 26,2
LR20	1,5V	12.000 mAh	Diametro 34,2
6LR61	9V	560 mAh	6 × 48 × 17 (L×A×P)

Questi dati di capacità hanno valore indicativo e, a seconda della marca, le pile possono avere maggior o minor durata in base all'assorbimento di corrente da parte del circuito utilizzato.
Esiste anche una vasta gamma di pile alcaline a bottone, dalle dimensioni ridotte per l'alimentazione di orologi, telecomandi apri-porta, piccoli giocattoli e così via.
Da tenere sempre presente che le pile alcaline non possono essere ricaricate, pena la loro esplosione, con conseguenti danni a cose e persone.
Anche se costose, talvolta le pile alcaline sono preferibili alle pile ricaricabili nel caso in cui necessiti una tensione costante e una buona fornitura di corrente.

Accumulatore al nichel-cadmio

A differenza delle pile alcaline, gli accumulatori al nichel-cadmio (NiCd) sono molto usati in apparecchi portatili di consumo (Figura 5.1b).
Come reagenti chimici vengono impiegati i metalli di nichel (Ni) e di cadmio (Cd) che hanno la particolare caratteristica di offrire molti cicli di carica/scarica.
Pur avendo le stesse dimensioni standard delle pile alcaline non forniscono mai la stessa tensione nominale, per cui si avrà una tensione di circa 1,2V invece di 1,5V, e una tensione di circa 8,2V invece di 9V.
Il problema maggiore è legato all'effetto memoria, che rende impossibile raggiungere una carica adeguata dopo molti cicli di carica/scarica. Un altro problema è il tempo di ricarica, che può variare molto a seconda della marca e dell'età dell'accumulatore. Di solito, il tempo di ricarica è di circa due ore (tipo AA).

Accumulatore al nichel-metallo idruro

Un'evoluzione dell'accumulatore al nichel-cadmio è l'accumulatore al nichel-metallo idruro (NiMH) che utilizza una lega metallica al posto del cadmio, riducendo l'effetto memoria e fornendo una durata maggiore a parità di condizioni (Figura 5.1c).
Anche gli accumulatori NiMH producono una tensione nominale di circa 1,2V e 7,2 rispetto ai 1,5 e 9 volt delle pile alcaline, ma spesso arrivano a fornire 3600 mAh e oltre.
Il tempo di ricarica è di circa due ore (tipo AA).

Accumulatore agli ioni di litio

L'accumulatore agli ioni di litio (Li-Ion) di solito è usato per l'alimentazione di computer portatili e telefoni cellulari.
La caratteristica principale dell'accumulatore a ioni di litio è l'assenza dell'effetto memoria e una scarica lenta quando non è in uso.
Le batterie agli ioni di litio possono essere di varie forme, dimensioni e tensioni e di solito si possono acquistare per una certa tipologia di apparecchi. Si trovano "sfuse" nei mercatini e nelle fiere di elettronica per hobbisti (Figura 5.1d).

Accumulatore al litio-polimero

L'accumulatore al litio-polimero, comunemente chiamato LiPo, è uno sviluppo dell'accumulatore a ioni di litio. La differenza sta nell'elettrolita di sale di litio contenuto in un composito di polimero solido (poliacrilonitrile), molto meno pericoloso del composto litio-ione.
Di solito l'accumulatore LiPo non ha bisogno di contenitore in metallo e quindi è più leggero. Per questo motivo viene molto utilizzato nell'aeromodellismo.
La tensione di un accumulatore LiPo standard è di 3,7V e vengono dichiarati circa 500 cicli di carica/scarica. La corrente erogata varia dalla dimensione dell'accumulatore e si possono trovare mini-LiPo da 30 mAh (peso 1,5 grammi) fino a maxi-LiPo da 10.000 mAh (peso 170 grammi).
Il tempo di carica degli accumulatori LiPo è di solito molto breve e si può arrivare anche a pochi minuti per una carica completa (Figura 5.1e).

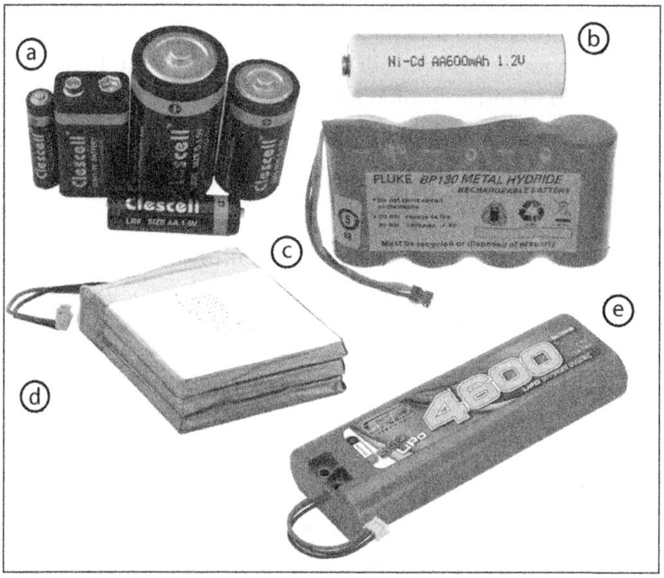

Figura 5.1 (a) Vari tipi di pile alcaline.
(b) Accumulatori ricaricabili al nichel-cadmio e nichel-metallo idruro.
(c) Gli accumulatori sono disponibili anche in pacchetto per fornire tensioni particolari.
(d) Accumulatori ricaricabili agli ioni di litio.
(e) Accumulatori ricaricabili al litio-polimero.

Cella fotovoltaica

La cella fotovoltaica (detta anche cella solare) è un elemento in materiale cristallino, normalmente costituito da un sottile strato di silicio in grado di convertire l'energia luminosa in energia elettrica (Figura 5.2).
In pratica, è come se si fornisse luce a dei grossi diodi. È poco noto, ma illuminando con una sorgente di luce la giunzione PN di un diodo (LED o un diodo con involucro trasparente) si ottiene una debole tensione ai suoi capi (effetto Mims).
Allo stesso modo, inserendo nella struttura del silicio di una cella delle impurità (boro e fosforo) si genera un campo elettrico quando la cella viene esposta alla luce.
L'energia che si può ottenere da una cella dipende dalle caratteristiche del materiale e dalle dimensioni della cella.
Una tipica cella fotovoltaica costituita da silicio monocristallino, ha una forma quadrata o rettangolare, produce una tensione di circa 0,5 V e fornisce una corrente di circa 30 mA/cm^2.
Le celle per hobbistica possono venire montate in serie/parallelo in pannelli per ottenere varie tensioni e potenze.
Di seguito, un esempio di celle solari e pannelli disponibili in commercio.

Tensione	Corrente massima	Dimensioni mm
0,5 V	400 mA	46 × 72 × 6
0,5 V	800 mA	66 × 95 × 6
2 V	200 mA	66 × 95 × 6
5,5 V	170 mA	100 × 75 × 2,9
17,2 V	880 mA	440 × 294 × 23

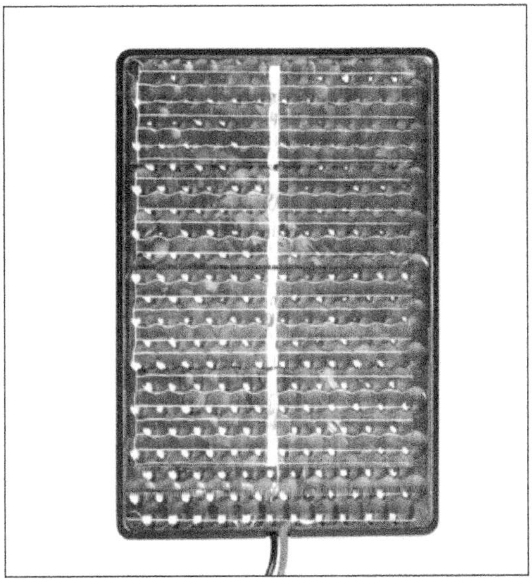

Figura 5.2 Una tipica cella fotovoltaica per hobbistica.

Misurare la tensione di una pila

Sembrerà banale, ma misurare una tensione non è sempre agevole, soprattutto perché i valori di tensione non sono mai assoluti.

Per esempio, una pila con una tensione di 1,5 volt potrebbe essere sufficiente a bruciare un componente elettronico, come un LED, se l'assorbimento di corrente è superiore a quello supportato dal LED. Per cui sapere il potenziale (volt) è utile, ma è estremamente necessario conoscere l'assorbimento di corrente.

Per misurare la tensione di una pila o di una qualsiasi altra sorgente di alimentazione, ovvero una cella fotovoltaica, un trasformatore, un alimentatore o la tensione della rete elettrica, va sempre usato il multimetro in parallelo alla sorgente, come illustrato nella Figura 5.3e, possibilmente, un resistore da 100 Ω in parallelo. In questo modo la pila ha un carico fittizio da alimentare e fa scorrere la corrente. Probabilmente non è ancora il momento di buttarla se mostra ancora un valore intorno a 80-85 % della tensione nominale. Significa che, misurando una pila da 1,5 volt, se il multimetro segna 1,2V non è ancora esausta. Idem per una pila da 9 volt che potrebbe essere ancora usata se riporta 7,5V.

Il multimetro va impostato sul valore di fondo scala più idoneo alla misurazione per fornire la massima precisione possibile. La sezione V ⎓ (DC) del multimetro digitale di solito riporta i valori 200 m, 2, 20, 200 e 600. Il multimetro analogico di solito riporta i valori fondo scala di 10, 50 e 250.

Ecco alcuni esempi di misurazione.

- Pila da 1,5V: portare il selettore del multimetro digitale su 2.
- Pila da 3,7V: portare il selettore del multimetro digitale su 20.
- Pila da 9V: portare il selettore del multimetro digitale su 20.
- Pacchetto da 24V: portare il selettore del multimetro digitale su 200.

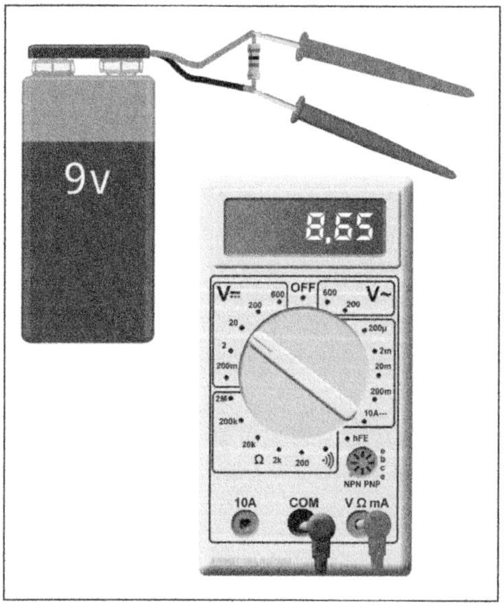

Figura 5.3 Misurazione della tensione di una pila.

ATTENZIONE

L'uso delle pile può essere pericoloso. Evitare soprattutto il cortocircuito di una pila o di un accumulatore perché può esplodere. Evitare anche la brutta abitudine di toccare i terminali di una pila con la lingua per sentire se è carica. Esiste il multimetro per verificare la carica di una pila! Non smontare mai una pila, perché l'acido all'interno è corrosivo e tossico. Non gettare mai le pile nel fuoco o nell'acqua. Infine, per la salvaguardia dell'ambiente e della salute pubblica, smaltire le pile scariche in appositi contenitori predisposti nei centri di raccolta (di solito i supermercati) e nelle discariche autorizzate.

Serie e parallelo

Per alimentare correttamente un dispositivo, oltre alla tensione di lavoro, a volte bisogna conoscere l'effettivo consumo di energia del dispositivo. Quando si costruisce un circuito è bene sapere quanta energia consuma per poter predisporre al meglio l'alimentazione. Con pile, accumulatori e celle fotovoltaiche è possibile ottenere valori di tensione personalizzati, oppure ottenere valori di corrente maggiore, nel caso di assorbimento maggiore.

Pile, accumulatori e celle fotovoltaiche in serie

Con qualsiasi tipo di pila e accumulatore o cella fotovoltaica è possibile effettuare il cosiddetto collegamento in serie. In pratica, collegando il polo positivo della prima pila con il polo negativo della seconda si ottiene la somma delle tensioni delle singole pile (Figura 5.4a).
Per esempio:

- collegando in serie una pila da 1,5 V con una pila da 1,5 V si ottiene una tensione totale di 3 V;
- collegando in serie una pila da 9V con una pila da 1,5V e un'altra da 1,5V si ottiene una tensione totale di 12 V.

Si possono mettere in serie anche pile di diverso tipo, con tensioni diverse, ma la durata totale sarà quella della pila con minore capacità. Pertanto, è preferibile collegare pile che abbiano la stessa capacità in mAh.

Pile, accumulatori e celle fotovoltaiche in parallelo

Con qualsiasi tipo di pila, accumulatore e cella fotovoltaica è possibile effettuare il cosiddetto collegamento in parallelo. In questo caso, però, bisogna fare attenzione a mettere in parallelo due o più pile che eroghino la stessa tensione, perché la pila che eroga una tensione maggiore si scarica sulla pila che eroga una tensione minore. In pratica, è come se la pila con maggiore tensione tentasse di caricare quella con minor tensione (Figura 5.4b). Collegando rispettivamente il polo positivo e il polo negativo della prima pila con il polo positivo e il polo negativo della seconda, si ottiene la stessa tensione, ma la corrente è la somma della correnti delle due pile.
Collegando in parallelo una pila da 1,5 V e 1800 mAh e una pila da 1,5 V e 1200 mAh si ottiene una tensione di 1,5 V e una erogazione di 3000 mAh.

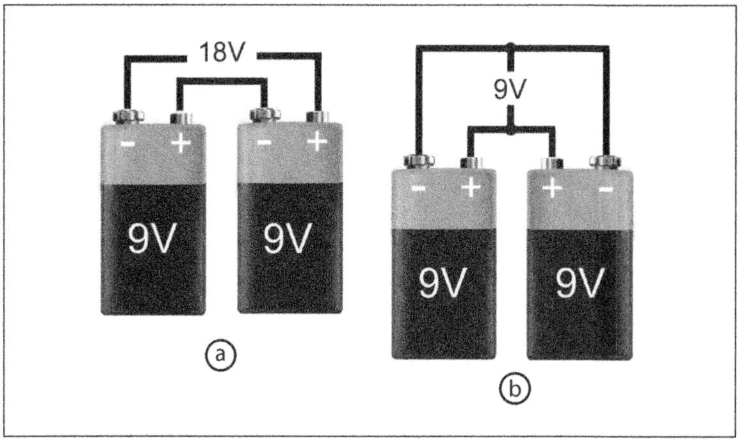

Figura 5.4 (a) Collegamento in serie. (b) Collegamento in parallelo.

Per ricaricare un accumulatore si veda un semplice circuito di ricarica al paragrafo "Esperimenti con i circuiti integrati" più avanti.

ATTENZIONE

Non collegare mai in serie o parallelo generatori di tensioni alternate, tanto meno un generatore di tensione alternata e una pila.

Esperimenti con le celle solari

Sempre più diffuse anche in campo hobbistico, le celle fotovoltaiche sono impiegate per alimentare dispositivi che possono essere esposti alla luce solare, come aeromodelli, rover o altre applicazioni fisse che devono essere alimentate in remoto.

Il loro funzionamento e l'erogazione della tensione dipende dalla sorgente luminosa, per cui non sono in grado di fornire la tensione massima dichiarata né un flusso di corrente costante. È sicuramente possibile progettare un dispositivo remoto alimentato da celle solari, ma bisognerà considerare le condizioni di luce ambiente, per cui è meglio pensare a un sistema misto cella-accumulatore, così da disporre di una riserva di energia al bisogno.

Se si prova a collegare una cella solare direttamente a un piccolo motore DC, si noterà che la velocità del motore è direttamente proporzionale alla quantità di luce.

Per un uso più consono delle celle si consiglia di costruire un piccolo alimentatore per accumulatori LiPo, da collegare in parallelo. In questo modo, il motore DC viene alimentato dalla pila, la quale viene ricaricata dalla cella in base alla quantità di luce (Figura 5.5).

Esperimenti con i trasformatori

Quando non serve alimentare un circuito solo a pile, un trasformatore è utile per un uso continuativo della corrente.

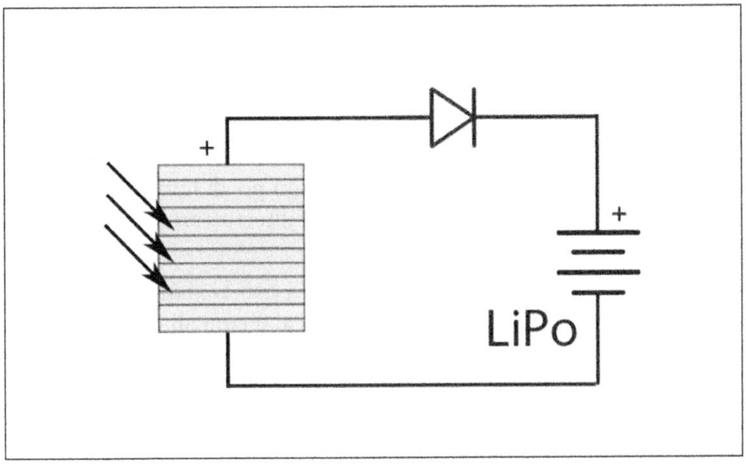

Figura 5.5 Circuito alimentato da un sistema misto LiPo-cella solare.

Il trasformatore, di solito, viene usato per abbassare il valore della tensione di rete da 230 V a una tensione più bassa per poter alimentare circuiti a bassa tensione, tipicamente 6, 9 o 12 volt. Quindi, usando un trasformatore "230-12" è possibile ridurre la tensione di rete di 230 volt alla tensione 12 volt per poter alimentare un piccolo circuito elettronico.

NOTA

Con l'unificazione degli standard europei, da qualche anno la tensione monofase di rete è stata fissata a 230 volt alla frequenza di 50 Hertz. Questo per agevolare gli scambi import/export di energia fra i Paesi membri. Anche l'Italia si è conformata alla norma e oggi si misura la tensione di 230 volt in ogni presa. Per le apparecchiature progettate a 220 volt non succede nulla, anche perché esiste da sempre una tolleranza prevista per le fluttuazioni di tensione che possono arrivare anche a +/-10 %. In questo libro la tensione di rete di riferimento è di 230 V/50 Hz.

Misurare la tensione di rete

Per misurare la tensione di rete bisogna prestare molta attenzione per non incorrere nel rischio di una pericolosissima scossa elettrica o per non provocare danni alle apparecchiature, alle persone o causare incendi e cortocircuiti.

Operazioni sicure

Prima di qualsiasi altra operazione:

- impostare il multimetro digitale o analogico su V~ (la tilde sta per alternata);
- il multimetro digitale di solito riporta i valori fondo scala: 200 m, 2, 20, 200, 600 o 750;
- selezionare il valore 600 o 750. NON selezionare il fondo scala 200!
- il multimetro analogico di solito riporta i valori fondo scala: 10, 50, 250, 100;
- selezionare tranquillamente il valore 250.

Quando si inseriscono i puntali del multimetro nella presa di rete o si appoggiano sui terminali di un cavo bipolare che è collegato alla presa di rete che va collegato al primario di un trasformatore, non bisogna mai toccare la parte metallica dei puntali né tantomeno i fili scoperti o i terminali del trasformatore.

- *Prima regola d'oro*: usare una ciabatta di alimentazione dotata di prese con un interruttore generale. Inserire i puntali in una presa, facendo un po' di leva sulle protezioni, quindi lasciare i puntali senza più toccarli e attivare l'interruttore per alimentare la presa ed effettuare la misurazione (Figura 5.6).
- *Seconda regola d'oro*: con la spina di corrente staccata o con la ciabatta spenta, usare due coccodrilli per i puntali del multimetro e pinzarli ai terminali del trasformatore o ai fili nudi del cavo di corrente. Inserire la spina nella presa di corrente oppure accendere l'interruttore della ciabatta ed effettuare la misurazione.

Dopo aver verificato che la tensione di rete è di circa 230 volt, togliere l'alimentazione dalla ciabatta o staccare la spina dalla presa.
Sembrerà banale, ma seguendo queste semplici procedure, non solo si evitano scosse elettriche, ma si evitano cortocircuiti e bruciature di vario tipo.

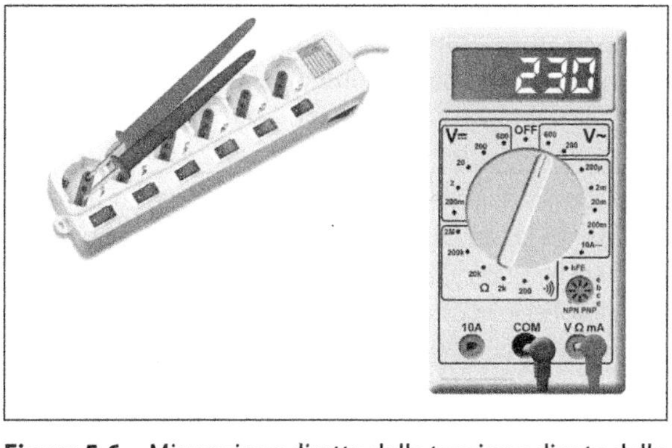

Figura 5.6 Misurazione diretta della tensione di rete dalla presa di una ciabatta di corrente.

Ridurre la tensione

La tensione di rete è in corrente alternata e viene solo "trasformata" non "raddrizzata", per cui, se si misura la tensione in uscita del trasformatore si avranno 12 volt, ma la corrente rimane alternata. I circuiti elettronici che funzionano in corrente continua devono venire alimentati in corrente continua, altrimenti si bruciano e diventano inutilizzabili.
Per misurare la tensione trasformata da 230 al valore dichiarato del trasformatore, per esempio, 12 volt, impostare il multimetro su V~ e il fondo scala su 20 (multimetro digitale) o su 50 (multimetro analogico) e applicare i puntali sul secondario del trasformatore senza paura. La tensione, benché alternata, di 12 volt non è pericolosa.
Fare attenzione a non toccare il primario del trasformatore che è sempre sotto tensione di 230 volt.
Evitare di cortocircuitare il secondario del trasformatore. A seconda della potenza (corrente) erogata l'avvolgimento del secondario potrebbe scaldarsi troppo e anche bruciarsi.

Per "raddrizzare" o "rettificare" la corrente alternata, ovvero per convertire la corrente alternata in corrente continua, si usano dei ponti "raddrizzatori" o "rettificatori" pronti all'uso oppure quattro diodi 1N40*xx* (dove *xx* sta per 01-07), come illustrato nella Figura 5.7.
Per misurare la tensione raddrizzata, per esempio a 12 volt, impostare il multimetro su V--- e il fondo scala su 20 (multimetro digitale) o su 50 (multimetro analogico) e applicare i puntali sull'uscita del ponte di Graetz. La tensione questa volta è continua.
Fare sempre attenzione a non toccare il primario del trasformatore che è sempre sotto tensione di 230 volt.

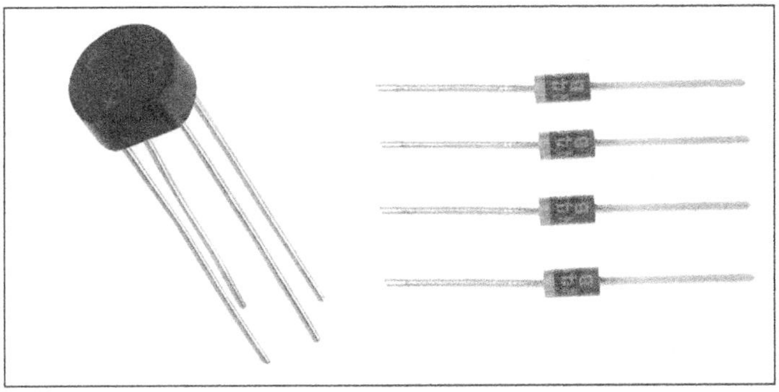

Figura 5.7 Ponte rettificatore pronto all'uso, diodi 1N4007.

SUGGERIMENTO

Onde evitare il pericolo costante nell'uso della corrente alternata a 230 volt, si consiglia di isolare i terminali del trasformatore con nastro isolante da elettricisti o, meglio, con guaina termoretraibile.

Elevare la tensione

L'operazione inversa della riduzione di tensione si chiama elevazione o innalzamento della tensione. Per fare questo si usa normalmente un trasformatore elevatore, ovvero in grado di elevare la tensione applicata al primario al valore dichiarato per il secondario in base al rapporto di trasformazione. Per esempio un trasformatore 1:2 eleverà la tensione di uscita il doppio di quella di entrata.
Può essere utile elevare la tensione quando si deve alimentare un circuito in corrente alternata sfruttando un pannello di celle fotovoltaiche.
In questo caso, la tensione continua prodotta dalle celle non solo va elevata, ma anche "invertita", cioè sottoposta al processo inverso del raddrizzamento. A questo scopo si usa un circuito cosiddetto "inverter" o "invertitore", in grado di convertire una corrente continua in ingresso in una corrente alternata in uscita.
A seconda della qualità del circuito invertitore è possibile ottenere in uscita un'onda quadra pulsante che simula corrente alternata alla frequenza di rete di 50 Hz. I circuiti più sofisticati riescono a simulare una forma d'onda quasi sinusoidale.

Isolare un circuito

I trasformatori sono per loro natura macchine elettromagnetiche basate sulla trasmissione di corrente senza contatto diretto. Un avvolgimento primario si dice "isolato galvanicamente" dal secondario perché la corrente alternata passa per induzione magnetica, non per contatto.
Grazie a questo fenomeno, è possibile usare un trasformatore con rapporto 1:1 per isolare elettricamente una linea di corrente alternata da un'altra.
Il tipico utilizzo di questo isolamento è negli impianti audio, in cui il segnale di ingresso di un preamplificatore è dotato di un piccolo trasformatore per trasmettere il segnale audio al successivo stadio di amplificazione. Il rapporto 1:1 non altera in alcun modo la qualità del segnale audio e lo isola da qualsiasi tipo di interferenze esterne, come il ronzio di rete (50 Hz) o altri disturbi.
Nella Figura 5.8 è illustrato un semplice schema elettrico di come costruire un semplice Splitter microfonico passivo.
Seguendo lo schema, è sufficiente collegare in parallelo all'uscita J2 (pin 2-3), collegata all'ingresso J1 della presa XLR, un trasformatore di accoppiamento con rapporto 1:1 per costituire una seconda uscita J3.
Di norma, il segnale in uscita del trasformatore viene sfasato di 180°, ma essendo il collegamento non riferito a massa della linea bilanciata XLR ma ai pin 2 e 3, ed essendo il segnale sul polo 3 già sfasato di 180° rispetto al polo 2, il segnale lo si può ritrovare perfettamente in fase all'uscita J3 (pin 2 e 3).
Si notino le due resistenze R1 e R2 da 560 Ω in serie al segnale per portare a -3 dB il segnale che viene attenuato dal trasformatore.
Ovviamente, essendo il circuito passivo, la perdita di segnale è di 3 dB sia all'uscita J2 sia all'uscita J3. Notare che basta alimentare con la Phantom Power solo una sola presa (J2 o J3) collegata all'ingresso del mixer o della scheda audio. In questo modo il Mic Splitter può essere sfruttato anche per usufruire di un secondo mixer non dotato di Phantom Power.

Alimentatori

Se pile e accumulatori sono obbligatori per alimentare circuiti remoti, per l'alimentazione in locale o per ricaricare gli accumulatori degli apparecchi portatili o telecomandati è possibile sfruttare la rete elettrica predisponendo la corretta alimentazione tramite appositi alimentatori.
In commercio ce ne sono per tutte le esigenze, con tensioni e potenze adeguate. Per costruirne uno su misura, nella Figura 5.9 è illustrato uno schema standard, molto semplificato ma funzionante, per costruire un semplice alimentatore in corrente continua.
Elenco dei componenti per un alimentatore da 9V e 1000 mA:

- trasformatore AC 230 - 9V, 1 A;
- ponte raddrizzatore 1 A;
- condensatore elettrolitico 100 µF 25V;
- IC regolatore di tensione 7809 (positivo)

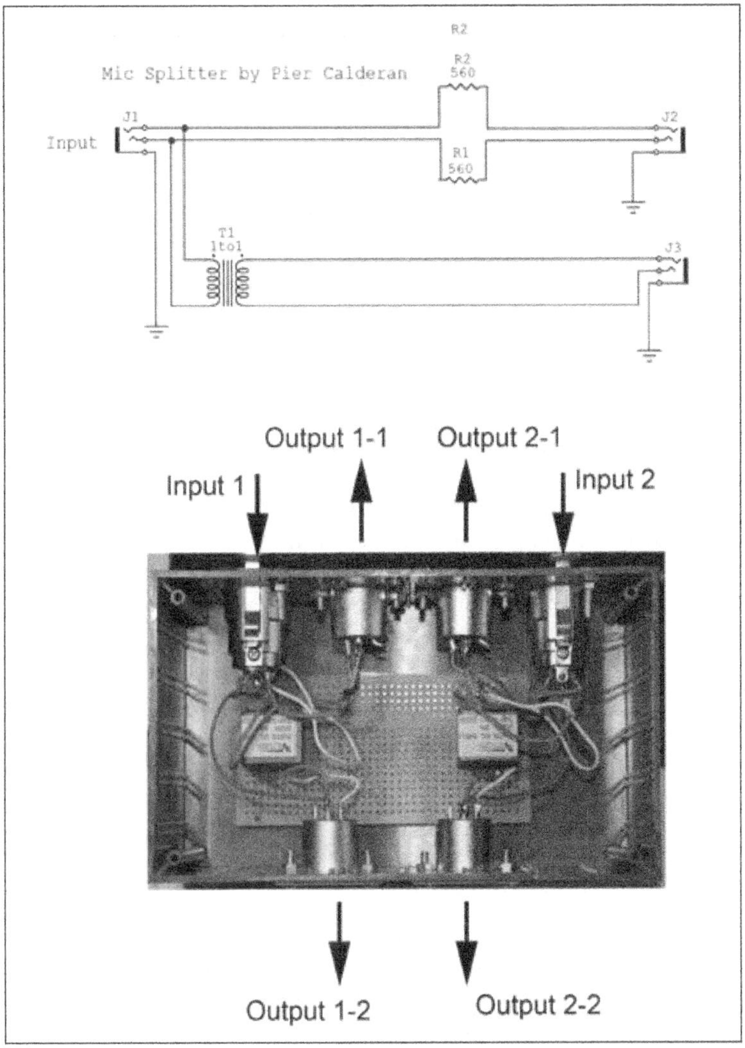

Figura 5.8 Esempio di costruzione pratica di Mic Splitter con ingresso per due microfoni e due coppie di uscite.

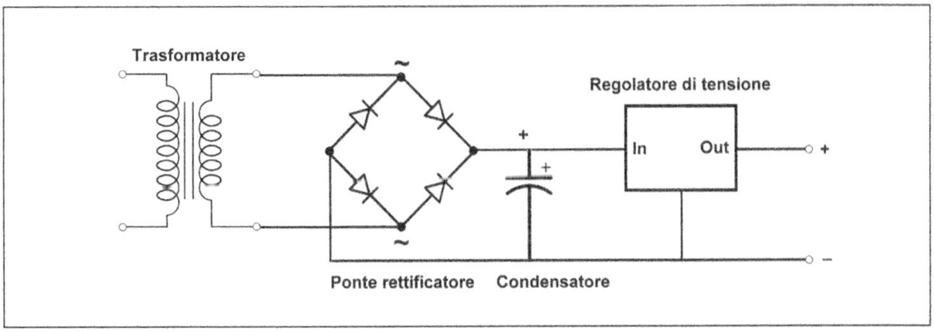

Figura 5.9 Schema elettrico generico di un alimentatore in corrente continua.

Esperimenti con i resistori

Saper usare i resistori in un circuito elettronico è di fondamentale importanza, per cui è fortemente consigliato fare un po' di pratica per capire come la legge di Ohm venga costantemente applicata.

Misura della resistenza

Il valore della resistenza in Ω di un resistore si ricava dal codice a colori riportato sul corpo del resistore. Per il codice colori e per il collegamento in serie o parallelo dei resistori si veda il Capitolo 2.

In alternativa, si può misurare il valore di un resistore con il multimetro impostato su Ω e fondo scala appropriato.

Di solito un multimetro digitale riporta la selezione di 200, 2K, 20K, 200K, 2M fino a 20M o 200M.

In un multimetro analogico invece i valori fondo scala sono ×1, ×10, ×100, ×1K, ×10K, × 100k e la lettura va effettuata sempre sulla stessa scala in Ω.

Alcuni multimetri sono dotati di cicalino per cui esiste la posizione evidenziata con il simbolo audio (•))) quando bisogna verificare un corto, ovvero 0 (zero) Ω.

Caduta di tensione

La prima cosa che ci deve venire in mente quando si oppone una resistenza a un flusso di corrente è la caduta di tensione.

In base alla legge di Ohm:

$I = V / R$

dove I è l'intensità di corrente, V è la tensione R la resistenza

In un circuito come quello rappresentato nella Figura 5.10 si può notare come la resistenza da 100 Ω in serie alla pila di 9 volt si opponga al flusso di corrente che arriva al LED.

Impostare il multimetro su V--- e il selettore su 20.

Volendo misurare i valori di tensione con il puntale positivo (rosso) del multimetro e il puntale a massa (nero) nei punti A e B, si avranno i seguenti risultati.

1. Punto A: V = 9 (interruttore aperto).
2. Punto B: V = 6,20 (interruttore chiuso).

Sapendo che la tensione di soglia dei LED è in relazione al colore della luce emessa, usando un comune LED rosso dovremo fornire una tensione minima di 1,8 V.

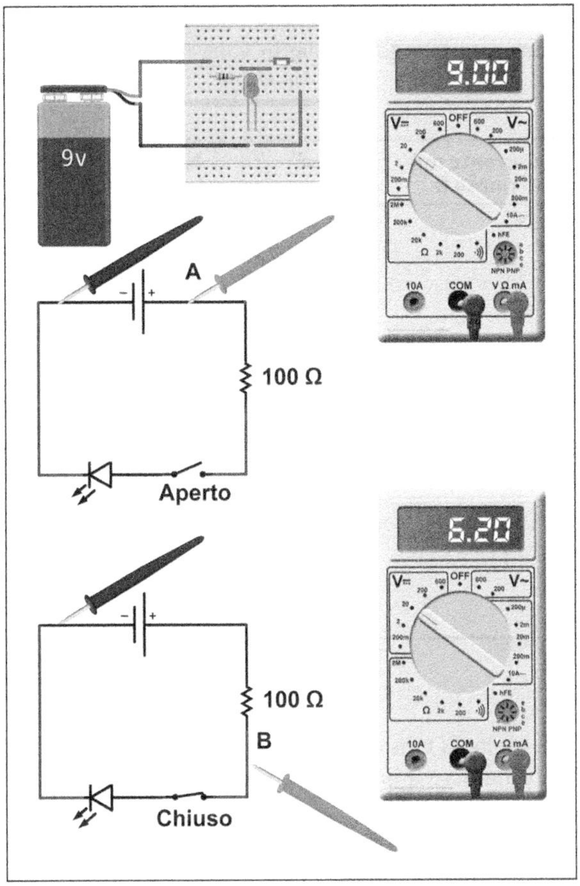

Figura 5.10 Schema elettrico generico di alimentazione di un LED.

La tabella seguente illustra i valori di tensione di soglia per alcuni colori di LED.

LED	Tensione di soglia
IR	1,3V
Rosso	1,8V
Giallo	1,9V
Arancio	2V
Verde	2V
Blu	3V

La tensione massima a un LED è di 2,5V, quindi se si fornisse una tensione superiore si brucerebbe.
La corrente assorbita da un LED va da 10 a 30 mA, quindi se si fornisse una corrente superiore si brucerebbe.

Detto questo, viene illustrato di seguito l'esperimento che si consiglia di fare con una tensione di 9 volt applicata al circuito, cambiando di volta in volta il resistore collegato al LED.

Resistore	Punto A	Punto B	Corrente mA al punto B	Azione	Note
10 Ω	8,4	2,8	280	LED acceso con colore alterato	Attenzione! La corrente è troppo alta e il LED si brucerà!
100 Ω	8,8	6,2	62	LED acceso con luce forte	Allerta! La corrente è alta ma sopportabile.
1000 Ω	8,9	7,1	7,1	LED acceso con luce debole	La corrente è insufficiente per una corretta illuminazione
10.000 Ω	9	7,3	0,73	LED acceso con luce debolissima	La corrente è insufficiente e la tensione è vicina alla soglia
100.000 Ω	9	7,4	0,074	LED non si accende	La corrente è insufficiente è la tensione cade sotto la soglia minima

Dai risultati del test si deduce che:

- un resistore da 10 Ω, abbassa di molto la tensione, ma la corrente elevata di circa 10 volte accende troppo il LED e quindi, se si insiste, lo si vedrà bruciare;
- il resistore ottimale per l'accensione corretta del LED sta fra i 100 e i 1000 Ω;
- in generale, si nota che la caduta di tensione provocata dal resistore diminuisce al punto A, mentre aumenta al punto B;
- in generale, la corrente assorbita dal LED diminuisce all'aumentare del valore del resistore.

Per trovare il resistore corretto in modo che il LED si accenda in modo corretto, si applica la seguente formula (già vista nel Capitolo 2):

$$R = (Vi - V_{led}) / I_{led}$$

dove:
R è il valore resistivo da calcolare;
Vi è la tensione di alimentazione del circuito (per esempio 9V)
V_{led} è la tensione massima sopportabile dal LED (2,5V)
I_{led} è la corrente massima sopportabile dal LED (30 mA = 0,03 A)
Sostituendo i fattori noti, avremo:

R = (9 - 2,5) / 0,03
= 6,5 / 0,03
= 216,6 Ω (valore standard da usare 220 Ω)

Provando a inserire il resistore da 220 Ω nel circuito, si misureranno i seguenti valori:

Resistore	Punto A	Punto B	Corrente mA al punto B	Azione	Note
220 Ω	8,9	6,7	30	LED acceso correttamente	La corrente viene assorbita correttamente dal LED.

Come si arriva a calcolare la corrente al punto B? Semplice, si divide la tensione al punto B per il valore del resistore, sempre in base a I = V / R:

6,7 (V) / 230 (R) = 0,03 (I) ovvero 0,03 × 1000 = 30 mA

Va da sé che per ridurre la luminosità del LED basta aumentare il valore del resistore, mentre si sconsiglia di diminuirlo, dato che per arrivare a questo risultato ottimale sono stati presi in considerazione i limiti massimi del LED.
Inserendo i valori minimi di tensione e corrente per il LED, si otterrebbe:

R = (9 - 1,8) / 0,015 = 480 Ω (valore standard da usare 470 Ω)

Partitore di tensione

Il secondo esperimento con i resistori tratta un argomento di fondamentale importanza nella progettazione di circuiti, dato che bisogna sempre fare i conti con la legge di Ohm e le leggi di Kirchhoff (1824-1887).

NOTA

La prima legge di Kirchhoff (semplificata): in un circuito elettrico la somma algebrica delle intensità di corrente nei rami che fanno capo allo stesso nodo è nulla.
La seconda legge di Kirchhoff (semplificata): in un circuito elettrico la somma algebrica degli incrementi di tensione è uguale alla somma delle diminuzioni di tensione, per cui la somma è nulla.

Il partitore di tensione, detto anche divisore di tensione, è un circuito costituito da due o più resistori collegati in serie, come illustrato nella Figura 5.11.
Se viene applicata una tensione ai punti A e B, questa viene ripartita in parti proporzionali al punto C.
Nell'esempio, sono stati usati due resistori uguali da 10 KΩ e una tensione di 9 V, per cui sul multimetro si leggerà 4,5 V con il puntale rosso sul punto C.
Questo perché la somma delle tensioni misurate ai punti A-C e C-B rimane sempre uguale alla tensione misurata ai punti A-B, in base alla legge sulle tensioni di Kirchhoff.
Provare a cambiare i resistori in questo modo.

R1	R2	Punti A-B	Punti A-C	Punti C-B
10 KΩ	10 KΩ	9V	4,5V	4,5V
1 KΩ	10 KΩ	9V	8,2V	0,8V
10 KΩ	1 KΩ	9V	0,8V	8,2V

Come si vede dalla tabella, se R1 è 10 KΩ e R2 è 1 KΩ, la tensione verrà ripartita in parti proporzionali.
Anche invertendo R1 e R2 si misureranno sempre due tensioni la cui somma è uguale a quella del circuito.
Si consiglia di sperimentare con valori superiori a 1 kΩ onde evitare forti assorbimenti di corrente nel circuito con conseguente surriscaldamento dei resistori e perdita di potenza della pila.
Come vedremo, ripartire la tensione nei circuiti sarà di vitale importanza per polarizzare correttamente i transistor e per altre applicazioni nel digitale.

Potential Divider Calculator

Il software *Potential Divider Calculator* è un comodo calcolatore online per conoscere il valore della tensione ripartita fra due resistori o il valore dei resistori da usare quando si vogliono ottenere determinate tensioni. Indirizzo Internet:
`http://www.electronics2000.co.uk/calc/potential-divider-calculator.php`

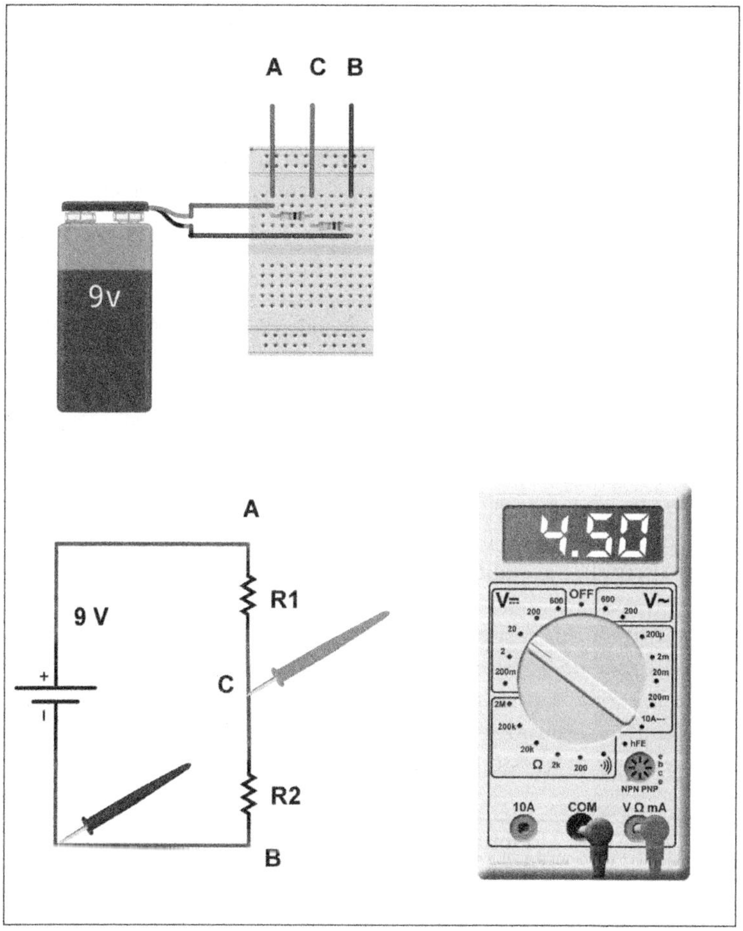

Figura 5.11 Schema elettrico generico di un partitore di tensione con due resistori.

Misurare l'intensità luminosa

Abbiamo già visto nel Capitolo 2 come un LDR (*Light Dependent Resistor*), comunemente chiamato fotoresistore, possa variare la sua resistenza interna a seconda della quantità di luce raccolta.

La Figura 5.12 mostra un fotoresistore in serie a un resistore da 1 kΩ, creando un divisore di tensione "variabile" dalla luce.

Il multimetro digitale è impostato su Ω con il selettore su 200k. Si potrà notare che, quando la luce è forte, la resistenza sarà di qualche centinaio di Ω (portare il selettore su 2k o 20k), mentre quasi 1 MΩ quando è buio (portare il selettore su 2M oppure 20M). In pratica, il fotoresistore aumenta la sua resistenza quando la luce viene attenuata e diminuisce la sua resistenza quando la luce viene aumentata.

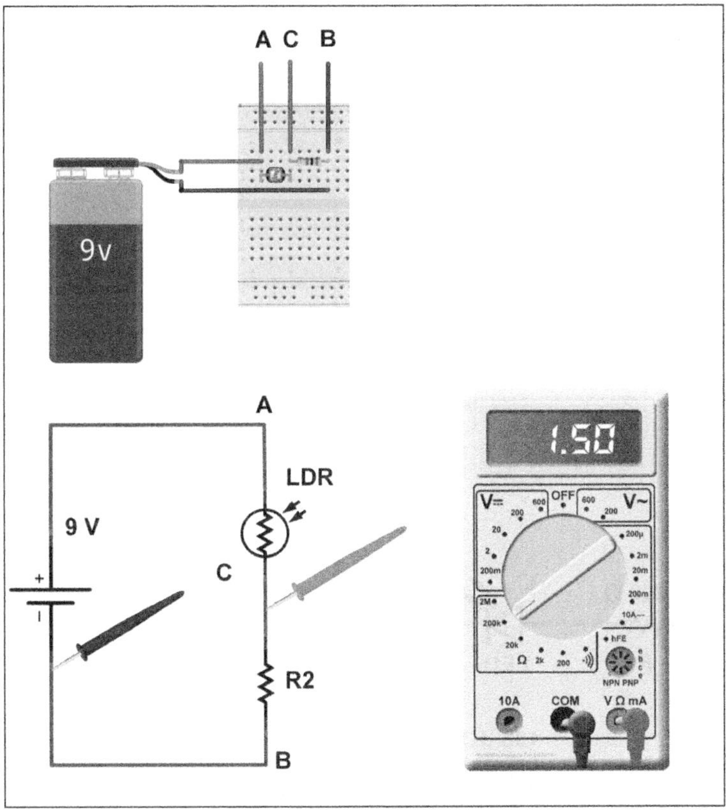

Figura 5.12 Schema elettrico generico di misurazione di un fotoresistore (LDR).

Esempio di controllo crepuscolare

La Figura 5.13 mostra un semplice circuito per regolare l'intensità di un LED in base alla quantità di luce. I componenti sono:

- 1× resistore 230 Ω;
- 1× resistore 10 KΩ;

- 1X transistor BC547 (o similare);
- 1X fotoresistore (LDR);
- 1X LED (qualsiasi colore);
- 1X pila 9V.

Collegando il partitore di tensione composto da R2-LDR alla base del transistor, quando la luce aumenta, aumenta anche la resistenza base-emettitore e così la corrente di collettore che alimenta il LED. Il resistore da 230 Ω serve unicamente a limitare la corrente al LED. Variando la resistenza R2, si può regolare la soglia di intervento.
Alimentando il circuito con una pila da 9V, si vedrà il LED illuminarsi al massimo quando fa buio e spegnersi quando la luce è forte.
Se non si ha a disposizione un transistor adeguato al circuito, si veda il paragrafo "Esperimenti con i transistor" in cui viene spiegato come scegliere un transistor.

COSA NON FARE

Non collegare direttamente un fotoresistore in serie al LED. Alimentando il circuito con una pila da 9 volt, quando la resistenza del fotoresistore scende a valori bassi, la corrente è massima e percorre il LED bruciandolo inesorabilmente.

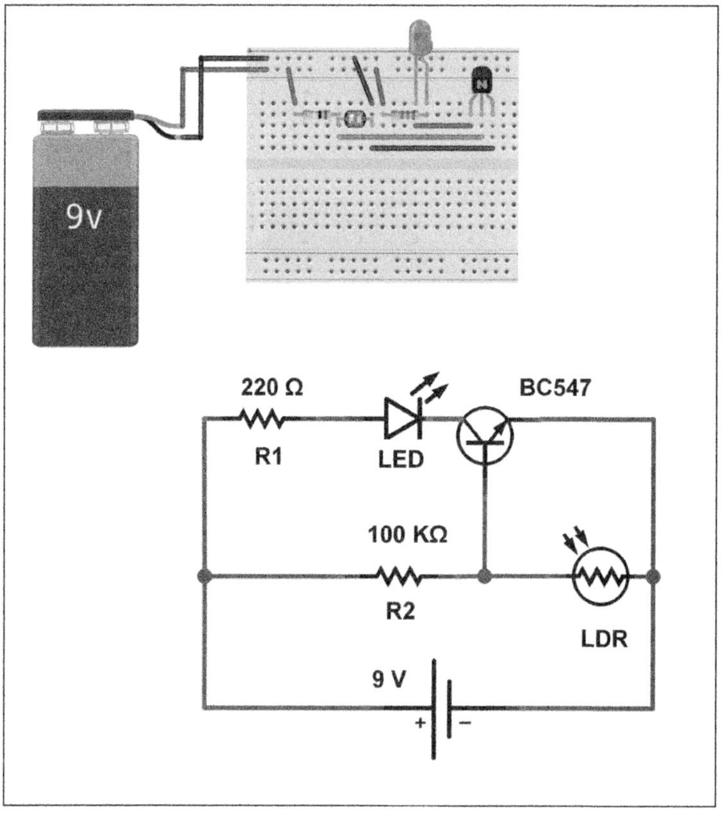

Figura 5.13 Schema elettrico di un controllo crepuscolare.

Regolatore di tensione

Il potenziometro è a tutti gli effetti un partitore di tensione variabile. Concettualmente, è composto da due resistori collegati in serie.
La somma dei due valori di resistenza ai capi del potenziometro rimane costante, mentre possono variare da zero a un massimo i valori di resistenza riferiti alla presa centrale (piedino al centro).
Sostituendo il fotoresistore del circuito precedente con un potenziometro da 10 KΩ, si ottiene un semplice regolatore della luminosità di un LED, come illustrato nella Figura 5.14.
Per i circuiti regolatori di tensione più professionali, si veda il paragrafo "Esperimenti con i circuiti integrati".

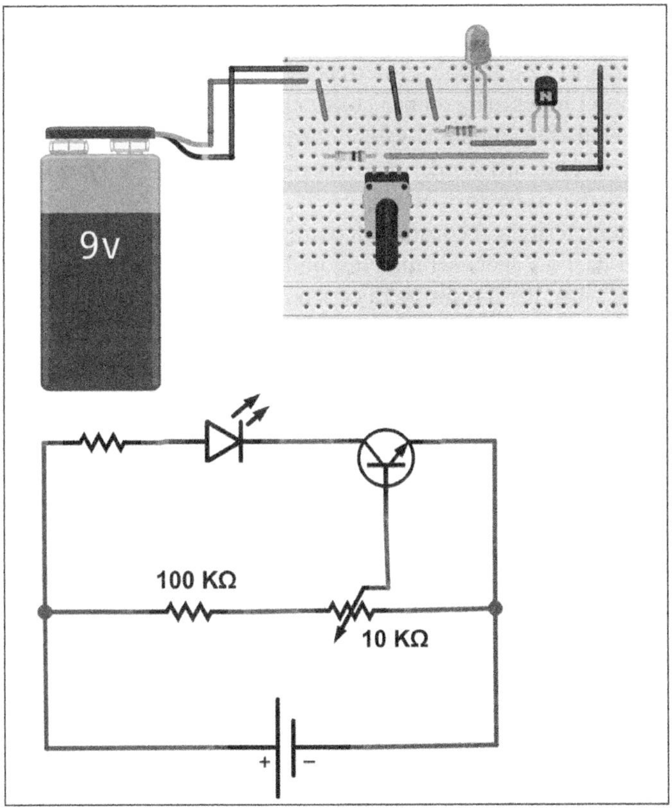

Figura 5.14 Schema elettrico di un semplice regolatore della luminosità di un LED.

COSA NON FARE

Non collegare direttamente un singolo potenziometro in serie alla linea di alimentazione per attenuare la corrente. Per questo tipo di soluzione è necessario un reostato, ovvero un potenziometro in grado di dissipare il calore prodotto dalla resistenza.

Esperimenti con i diodi

I diodi sono componenti elettronici a semiconduttore a due giunzioni, una positiva e una negativa; la loro funzione è quella di consentire il flusso di corrente in un verso e di bloccarla nell'altro.
Il primo esperimento si basa su un solo diodo e un trasformatore da 230 a 9 volt e corrente di 0,5 ampere.
Si suggerisce questo tipo di trasformatore per ragioni di sicurezza e perché i "9 volt" saranno spesso utilizzati nei circuiti di bassa potenza di questo libro e la corrente di 0,5 ampere è ritenuta innocua.
Si sconsiglia l'uso di trasformatori troppo potenti, con tensioni al secondario superiori a 24 volt. Oltre questo voltaggio la tensione inizia a essere pericolosa, anche solo con 0,5 ampere di corrente.
Misurando la tensione al secondario di un trasformatore con tensione dichiarata 230-9 volt probabilmente si rileveranno 12 o 14 volt. Questo perché i trasformatori solitamente erogano sempre un po' più del necessario, tenuto conto che poi la tensione andrà raddrizzata e filtrata e portata elettronicamente al valore corretto.
Nel condurre questo esperimento si ricorda di osservare le precauzioni riportate in precedenza nel paragrafo relativo ai trasformatori.
Anche se non è un componente critico, si consiglia di usare un diodo della serie 1N400x, dove x può essere una cifra da 1 a 7. Per esempio, un diodo 1N4007 sopporta tensioni fino a 1000V e correnti fino a 1 A. Per il resistore di carico il valore non è critico, purché sia compreso fra 1 e 10 KΩ.

- Nella Figura 5.15a il circuito impiega solo un trasformatore AC 230-9 V, per cui con un oscilloscopio si visualizza la tipica forma d'onda sinusoidale alla frequenza di rete di 50 Hz.
- Nella Figura 5.15b il circuito impiega il trasformatore e un diodo polarizzato verso l'uscita, ovvero con il catodo rivolto verso il resistore di carico. Tramite un oscilloscopio si può osservare la semionda positiva in uscita dal diodo.
- Nella Figura 5.15c il circuito è identico al precedente, solo che il diodo è in posizione invertita. Tramite un oscilloscopio si può osservare la semionda negativa in uscita dal diodo.

Raddrizzatore a diodi

Per poter sfruttare convenientemente i diodi, si possono seguire varie strade. Per brevità, ne verranno analizzate solo due:

- trasformatore con presa centrale e due diodi;
- trasformatore normale con ponte di Graetz.

Trasformatore con presa centrale e due diodi

Con un trasformatore AC dotato di presa centrale è come avere un trasformatore con due avvolgimenti secondari con un terminale in comune.

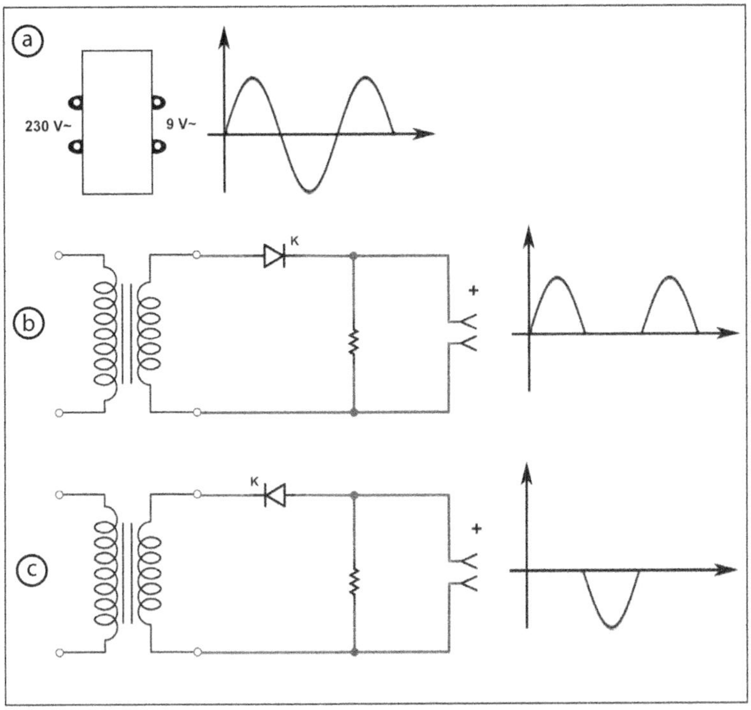

Figura 5.15 (a) Forma d'onda sinusoidale in uscita dal trasformatore AC. (b) Semionda positiva con un diodo polarizzato verso l'uscita. (c) Semionda negativa con il diodo in posizione invertita.

Osservando la Figura 5.16a si può notare che il terminale comune dei due avvolgimenti funge da massa.
Le due semionde raddrizzate dai due diodi vengono sommate per ottenere in uscita un forma d'onda positiva "pulsante".

Trasformatore normale con ponte di Graetz

Con un trasformatore AC normale si possono usare quattro diodi nella tipica configurazione a "ponte di Graetz".
Le due semionde raddrizzate dai due diodi vengono sommate per ottenere in uscita un forma d'onda positiva "pulsante".
Per livellare la forma d'onda pulsante e farla diventare tensione continua "rettificata" si veda il paragrafo "Esperimenti con i condensatori" più avanti.

Alimentare un LED

Abbiamo già usato in vari esperimenti i diodi LED e ormai sappiamo come fornire l'esatta tensione e corrente per non bruciarli. Ma non è ancora stato detto cosa succede se si inverte la polarità di un LED. Semplicemente non si illumina. La corrente scorrendo (per convenzione) dal positivo al negativo percorre il LED solo se l'anodo è collegato al positivo e il catodo al negativo. Se si collega l'anodo al negativo, la corrente non scorre più attraverso il LED.

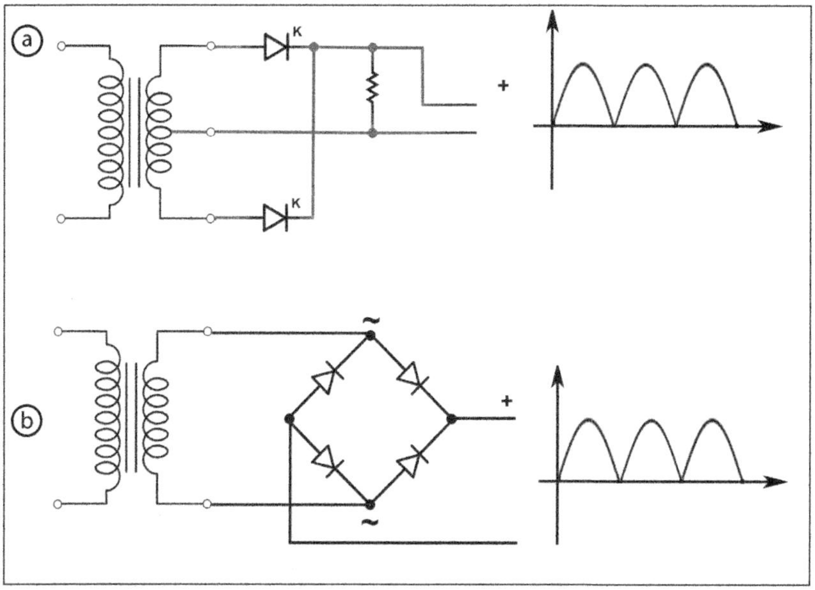

Figura 5.16 (a) Schema elettrico di un raddrizzatore con trasformatore con presa centrale e due diodi. (b) Raddrizzatore con trasformatore e ponte di Graetz.

Diagnostica a LED

Un esperimento che può diventare anche un utile strumento per la diagnosi dell'alimentazione è rappresentato nella Figura 5.17a. Un LED verde è polarizzato nel verso della corrente e un LED rosso nel senso opposto. Alimentando il circuito in modo corretto, si illumina il LED verde. Se l'alimentazione è errata si illumina il LED rosso.

Illuminazione con molti LED

Ormai oggi le torce elettriche non sono più dotate di lampadina a incandescenza, ma di un certo numero di LED bianchi ad alta luminosità. Il collegamento di molti LED è sempre in parallelo, perché, anche se uno o più LED vanno fuori uso, tutti gli altri continuano a funzionare. Se fossero collegati in serie, anche un solo LED della catena bruciato provocherebbe lo spegnimento di tutti gli altri.

Nella Figura 5.17b è illustrato un collegamento in parallelo di molti LED. Di solito non serve mettere un resistore di limitazione della corrente, perché l'assorbimento totale di tutti LED viene calcolato in base all'alimentazione. Per esempio, con due pile AAA da 1,5 volt in parallelo si ottengono 3 volt e una corrente sufficienti ad alimentare senza problemi oltre venti LED senza bisogno di resistori di attenuazione. Per un numero minore di LED e una tensione maggiore, occorre calcolare il resistore di limitazione.

Costruire uno specchio infinito a LED

Con molti LED a disposizione si possono creare effetti speciali. Per esempio uno specchio infinito, ovvero uno specchio che inganna l'occhio dando l'illusione di una profondità infinita, pur rimanendo ovviamente piatto. Senza entrare in particolari il disegno nella Figura 5.18 illustra un semplice utilizzo di molti LED in uno specchio infinito.

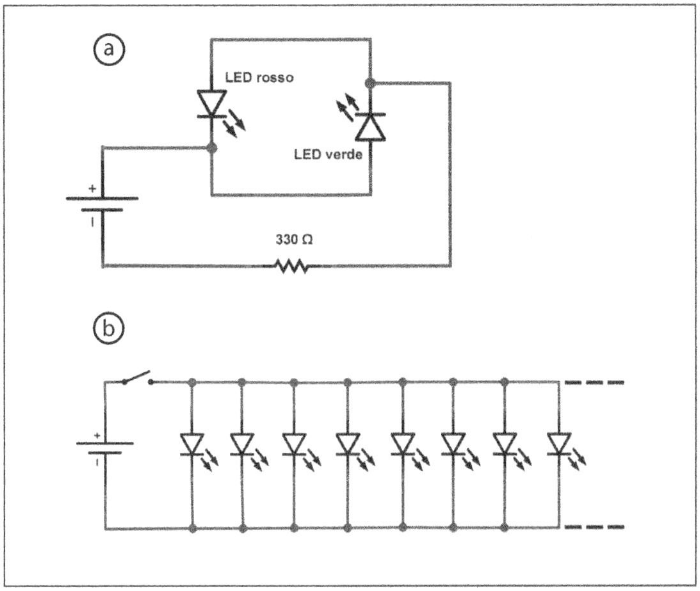

Figura 5.17 (a) Schema elettrico di un circuito di test a LED. (b) Collegamento in parallelo di molti LED.

Il trucco sta nel disporre all'interno di una cornice un certo numero di LED bianchi o colorati su una fila. Sul fondo della cornice viene incollato un normale specchio. La cornice viene coperta dall'esterno da un vetro reso semitrasparente con una pellicola disponibile in commercio per questo scopo. Basta stendere il lato riflettente della pellicola semitrasparente sul vetro dalla parte dei LED. Una volta accesi i LED verranno riflessi dallo specchio sul fondo infinite volte.

Si possono ottenere giochi di LED con animazioni di vario tipo creando circuiti di controllo del timing On/Off dei LED.

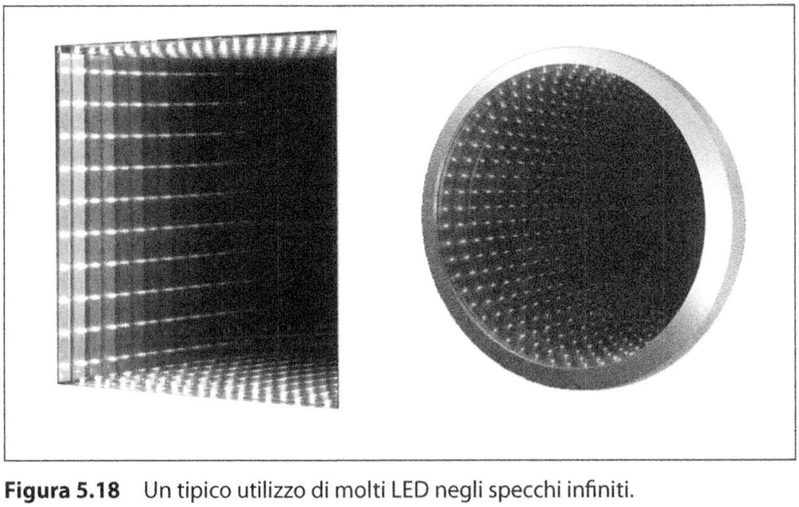

Figura 5.18 Un tipico utilizzo di molti LED negli specchi infiniti.

Illuminazione con LED RGB

Un altro aspetto interessante nell'illuminazione a LED è l'uso dei cosiddetto LED RGB. In pratica sono tre LED in uno, colorati e collegati fra loro nello schema RGB, ovvero *Red*, *Green* e *Blue*. Sono dotati di quattro reofori, uno per colore e il catodo o l'anodo in comune. La combinazione di questi tre colori può produrre oltre 16 milioni di colori composti, esattamente come succede nei monitor del computer o lo schermo TV.
Nella Figura 5.19 è illustrato un semplice schema elettrico per il controllo manuale della luminosità dei "tre LED" di un LED RGB a catodo comune.
I potenziometri vengono usati come resistori variabili con solo il reoforo centrale che funge da attenuatore. Il valore dei potenziometri può essere compreso fra 470 Ω e 1 kΩ. I resistori di limitazione dipendono dalla tensione di alimentazione e vale la stessa regola per trovare la tensione corretta già vista per i LED singoli.

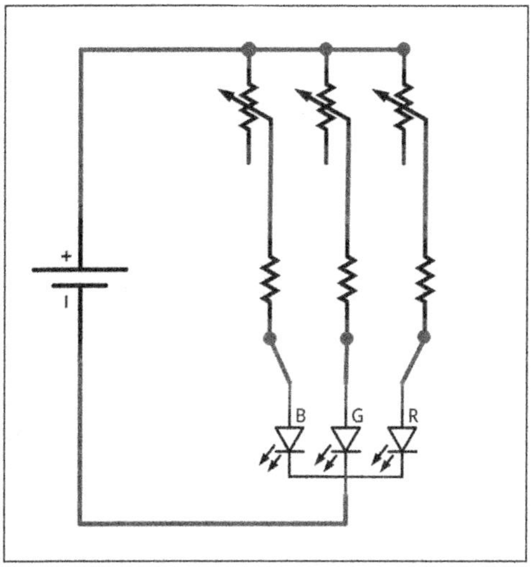

Figura 5.19 Schema elettrico per il controllo manuale della luminosità di un LED RGB a catodo comune.

SUGGERIMENTO

Essendo disponibili in commercio strisce di LED RGB, si potrebbero sostituire i normali LED dello specchio infinito con una striscia di LED RGB. Con un controllo dedicato esterno lo specchio infinito potrebbe avere anche infiniti colori. Si veda il progetto con Arduino "Controllo di LED RGB con potenziometri e sensori" nel Capitolo 6.

Esperimenti con i condensatori

Nel Capitolo 2 viene descritto un semplice esperimento per spiegare il funzionamento di un condensatore. Il suo comportamento, simile a un accumulatore temporaneo di cariche elettriche, permette di sviluppare circuiti per altri interessanti esperimenti. È importante sapere come si comportano i condensatori in rapporto alla corrente continua o variabile.

Caricare un condensatore

Il modo in cui viene caricato un condensatore cambia a seconda del tipo di corrente che lo percorre: continua o alternata (variabile).
In un circuito in tensione continua il condensatore viene caricato al potenziale elettrico della tensione del circuito e rimane carico, interrompendo il flusso di corrente continua e comportandosi come un "interruttore aperto".
Nella Figura 5.20a il circuito in corrente continua dimostra che le cariche raggiungono le armature del condensatore, ma non oltrepasseranno il suo dielettrico. Un multimetro in serie al circuito impostato su A~ non rileverà alcun passaggio di corrente.
Nella Figura 5.20b il circuito in corrente alternata (uscita del trasformatore) dimostra che le cariche raggiungono le armature del condensatore alla frequenza di rete di 50 Hz. Essendo la corrente alternata, quando il flusso inverte il senso di scorrimento (ogni cinquantesimo di secondo), il condensatore si scarica e si ricarica al successivo cambio di scorrimento, lasciando quindi scorrere la corrente alternativamente in un senso e nell'altro. Il multimetro in serie al circuito misurerà un valore di corrente proporzionale alla reattanza capacitiva del condensatore (si veda il riquadro dedicato "Reattanza capacitiva").

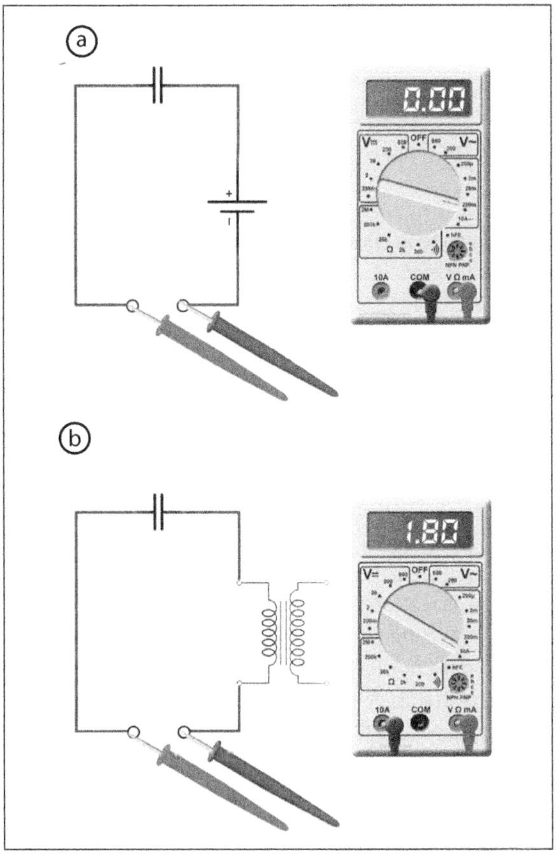

Figura 5.20 Schema elettrico per il controllo manuale della luminosità di un LED RGB a catodo comune.

Reattanza capacitiva

La reattanza capacitiva di un condensatore è simile all'impedenza resistiva, anche se il suo calcolo è leggermente più complesso. Quello che succede in pratica in un circuito di corrente alternata è che un condensatore oppone una certa resistenza al flusso di corrente, comportandosi a tutti gli effetti come un resistore, con la differenza che la resistenza varia al variare della frequenza. La reattanza capacitiva si indica con la sigla Xc e si misura in Ω. La sua formula semplificata è la seguente:

$Xc = 1 / (2 * \pi * f * C)$

dove

f è la frequenza della tensione alternata
C è il valore capacitivo del condensatore
π è il valore di pi greco (3,14 arrotondato)

Quindi, supponendo di usare un condensatore di 1 μF (un milionesimo di farad), sostituendo i valori noti si avrà:

$Xc = 1 / (2 * 3,14 * 50 * 0,000001)$

ovvero

Xc = 3185 Ω (valore arrotondato)

Applicando la legge di Ohm (I = V / R) in un circuito in cui scorre una corrente alternata di 15 volt, inserendo un condensatore da 1 μF in serie, avremo:

I = 15 / 3185 = 0,0047 A = 4,7 mA

Questo significa che se collegassimo un LED in serie al circuito qui sopra, si accenderebbe senza problemi e soprattutto senza bruciarsi. Ovviamente passerebbe solo la semionda positiva o negativa, a seconda del verso di inserimento, per cui la sua luminosità è ridotta a metà.

DA RICORDARE

Aumentando la capacità del condensatore, la reattanza diminuisce e scorre più corrente. Diminuendo la capacità del condensatore, la reattanza aumenta e scorre meno corrente. La reattanza capacitiva non è in funzione della tensione, ma della frequenza, per cui più la frequenza è alta, più è basso il valore di reattanza. A frequenze elevate il valore resistivo della reattanza è praticamente vicino al cortocircuito (0 Ω).

Scaricare un condensatore

Grazie alla capacità dei condensatori di mantenere le cariche elettriche, si possono progettare circuiti per scaricare i condensatori nel dominio del tempo, usando, per esempio,

dei resistori. Scaricando i condensatori più o meno velocemente in base al valore resistivo, si possono produrre filtri passivi per segnali variabili in frequenza.
I filtri sono una parte essenziale dell'elettronica analogica e vengono applicati anche nei circuiti digitali per eliminare frequenze spurie o per controllare con precisione i segnali audio. I filtri possono essere di diverso tipo:

- passa-basso o *Low Pass Filter* (LPF);
- passa-alto o *High Pass Filter* (HPF);
- passa-banda o *Band Pass Filter* (BPF);
- elimina-banda o *Notch*;
- passa-tutto o *All Pass Filter* (APF).

I filtri possono avere una pendenza di intervento sul segnale, per cui si dicono:

- di primo ordine (6 dB per ottava);
- di secondo ordine (12 dB per ottava);
- di terzo ordine (18 dB per ottava);
- di quarto ordine (24 dB per ottava).

La pendenza diventa sempre più ripida a seconda di quanti "poli" vengono aggiunti al filtro. Nel settore audio il controllo del filtro corrisponde alla regolazione del tono, ovvero alla cosiddetta equalizzazione ambientale del suono.
Prendiamo in esame tre semplici circuiti per provare i filtri maggiormente usati.

Filtro passa-basso

Per filtrare le frequenze al di sotto di una determinata soglia, detta *cutoff* o "frequenza di taglio", si può creare un semplice filtro passivo di tipo RC (resistore/condensatore), come quello rappresentato nella Figura 5.21a.
Le frequenze del segnale al di sotto del taglio di frequenza vengono fatte passare, mentre quelle al di sopra vengono tagliate, come illustrato nel grafico della figura.
Componenti RC per un filtro passa-basso:

R = 3,2 KΩ
C = 1 μF

Per il test del filtro passa-basso si consiglia di collegare all'ingresso un generatore di funzioni o un'uscita audio con un'onda quadra alla frequenza di circa 300 hertz (si veda il progetto "Generatore di segnali con il 555", più avanti. All'uscita del filtro si potrà osservare con un oscilloscopio una forma d'onda quasi triangolare. Questo perché il filtro sottrae gli armonici che compongono l'onda quadra.

Filtro passa-alto

Per filtrare frequenze al di sopra di una determinata soglia di cutoff, si può usare un filtro passivo di tipo RC, come quello rappresentato nella Figura 5.21b.
Le frequenze del segnale al di sopra del taglio di frequenza vengono fatte passare, mentre quelle al di sotto vengono tagliate, come illustrato nel grafico della figura.

Componenti RC per un filtro passa-alto:

R = 3,2 KΩ
C = 1 nF

Per il test del filtro passa-alto si consiglia di collegare all'ingresso un generatore di funzioni o un'uscita audio con un'onda triangolare alla frequenza di circa 1 kHz (si veda il progetto "Generatore di segnali con il 555" più avanti). All'uscita del filtro si potrà osservare con un oscilloscopio una forma d'onda quasi quadra. Questo perché il filtro aggiunge armonici superiori all'onda quadra.

Filtro passa-banda

Si tratta dell'unione di un filtro passa-basso e di un filtro passa-alto. Le frequenze all'interno di un intervallo stabilito da due punti di cutoff vengono fatte passare, mentre quelle esterne ai punti di cutoff vengono filtrate, come illustrato nel grafico di Figura 5.21c. Per il circuito si possono usare gli stessi componenti dei filtri precedenti. A seconda del tipo di segnali immessi nel filtro si potranno vedere all'oscilloscopio le forme d'onda deformate in uscita.

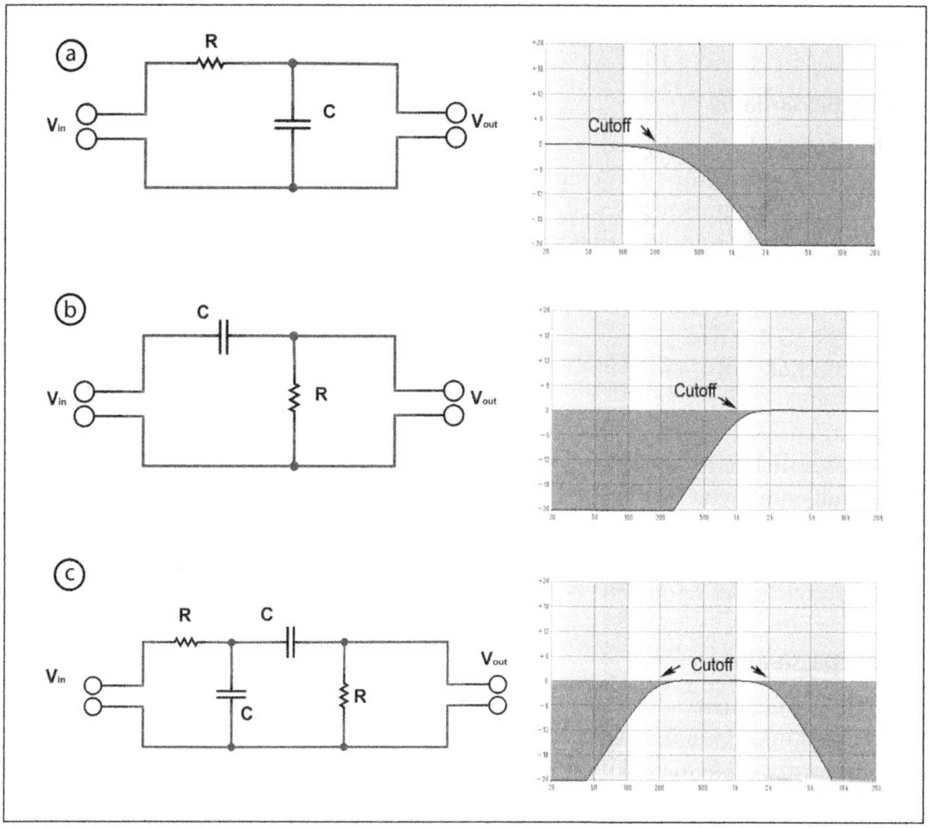

Figura 5.21 (a) Filtro passa-basso. (b) Filtro passa-alto. (c) Filtro passa-banda.

Per la trattazione dei filtri attivi si veda il paragrafo "Esperimenti con i circuiti integrati", più avanti.

Livellare la tensione

Applicando la proprietà dei condensatori di mantenere la carica, usando condensatori elettrolitici nei circuiti in corrente continua è possibile, per esempio, livellare la tensione all'uscita di un ponte raddrizzatore.
Come abbiamo già visto, la corrente raddrizzata da un ponte di Graetz è di tipo pulsante. Per "rettificarla", cioè per renderla più simile alla retta della corrente continua, si usano condensatori elettrolitici opportunamente polarizzati nel circuito.
Nello schema di Figura 5.22 è visibile un semplice circuito di alimentazione con un condensatore elettrolitico di livellamento in parallelo all'uscita del ponte raddrizzatore. Il condensatore in parallelo all'alimentazione in corrente continua si carica quando la semionda positiva arriva al valore massimo di tensione e si scarica quando la semionda è a zero volt. Con un condensatore di capacità elevata il tempo di scarica è inferiore alla frequenza dell'onda pulsante, per cui si ottiene un mantenimento della carica, un po' come una pila tampone. Nell'esempio è stato un usato un condensatore elettrolitico da 1000 μF 100VL, su un'uscita di circa 15 volt raddrizzati. Questa capacità è soddisfacente nella maggior parte dei casi.
Nell'oscilloscopio si potrà osservare un leggero "ripple" dopo il livellamento degli impulsi della semionda positiva, come illustrato nella figura.
Il *ripple* detto anche "ondulazione residua" è inevitabile quando si applica una rettificazione di una tensione alternata. Se l'ampiezza del ripple è minima, viene generalmente tollerata da tutte le apparecchiature. In caso contrario, va inserito un condensatore di capacità più elevata o un circuito stabilizzatore di tensione, come spiegato nel prossimo paragrafo.

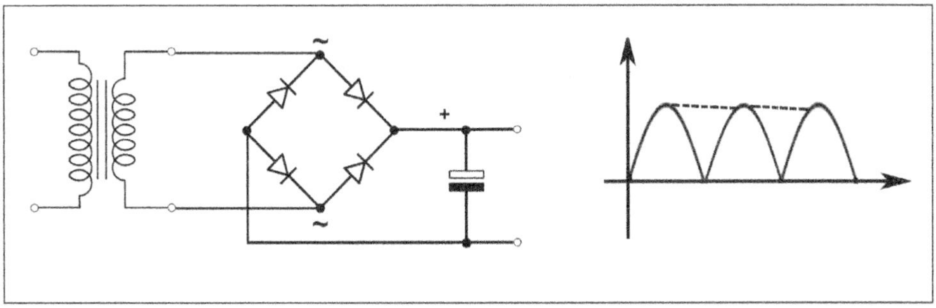

Figura 5.22 Circuito per la rettificazione dell'onda pulsante tramite un condensatore elettrolitico.

Esperimenti con i transistor

Nell'esperimento con un transistor descritto nel Capitolo 2 si è potuto verificare come portare in conduzione o interdizione un transistor, regolando la luminosità di un LED con la pressione di un dito.

Con questo concetto in mente, verranno illustrati alcuni semplici esperimenti, al fine di costruire circuiti utili per approfondire l'argomento e, perché no, anche per essere usati in applicazioni pratiche.

Trovare i transistor

Spesso capita di avere nelle proprie cassettiere il componente con la sigla corrispondente a quella dello schema proposto. Per fortuna esistono le equivalenze e siti come `alltransistors.com`, che mette a disposizione un enorme database in cui poter cercare sia le caratteristiche (datasheet) del componente sia gli equivalenti: `http://alltransistors.com/it/transistor.php`

Nel limite del possibile, si è cercato di pensare a circuiti che fanno uso di componenti comuni. È assai improbabile che il negozio di elettronica abbia a magazzino tutti i transistor, per cui si consiglia di preparare prima una lista di possibili sigle di transistor equivalenti.

Stabilizzare e regolare la tensione

Come abbiamo visto nel Capitolo 1, in laboratorio non deve mai mancare un alimentatore da banco, meglio se regolabile in tensione e corrente. Questo semplice esperimento non vuole sostituire un alimentatore da banco, anche perché un progetto professionale di alimentatore non sarebbe alla portata del principiante.

Pertanto, l'esperimento trattato qui vuole essere solo un esempio di come utilizzare un transistor Darlington e un diodo Zener per fornire una tensione stabilizzata variabile da 0 a 12 volt e con 0,2 ampere di corrente. Purtroppo si vedrà che la regolazione della tensione è proporzionale all'assorbimento di corrente del carico, per cui si capisce quanto sia importante disporre di un alimentatore con le regolazioni separate. Regola numero uno: dove manca tensione, aumenta il fabbisogno di corrente. Ragione per la quale bisogna disporre sempre in modo adeguato di tensione e corrente, ovvero di potenza. È facile capire che se un'alimentazione è insufficiente, l'apparecchio collegato non può funzionare oppure l'assorbimento di corrente dell'apparecchio è tale da bruciare l'alimentatore.

Nella Figura 5.23 è visibile il circuito formato da un ponte raddrizzatore da 1 ampere oppure da quattro diodi 1N4007, collegati all'uscita in corrente alternata di un trasformatore 220-12 volt 1 ampere.

I due grossi condensatori elettrolitici, uno da 1000 μF e uno da 2200 μF 25VL, servono per ottenere il minimo il ripple nella forma d'onda.

Il diodo Zener da 12 volt 1 watt serve a mantenere stabile la tensione (si veda il riquadro dedicato "Diodo Zener"). La sigla più comune per uno Zener da 1 watt è BZX85C *x*, dove *x* sta per la tensione di soglia. Per esempio, BZX85C 12 sta per 12 volt, BZX85C 5V6 sta per 5,6 volt. Di solito la sigla è stampigliata sull'involucro in vetro del componente.

Il resistore di limitazione allo Zener è stato calcolato per essere di 470 Ω. Il potenziometro da 4,7 kΩ regola la tensione alla base del transistor.

Il transistor siglato BD681 (BD675, BD679 o similare) è un Darlington da 4 ampere e funziona come "interruttore" di corrente (si veda il riquadro dedicato "Transistor Darlington"). Si consiglia di dotare il transistor di opportuno dissipatore di calore. Non toccare il transistor o il dissipatore, perché potrebbero diventare molto caldi!

A questo alimentatore è possibile collegare un dispositivo che non superi l'assorbimento massimo di 200 mA, per esempio, un piccolo motore o una serie di LED.
Misurando con un multimetro impostato su 20V--- in parallelo all'uscita dell'alimentatore si potrà visualizzare la tensione modificata dal potenziometro. Ponendo il multimetro in serie all'uscita si potrà controllarne l'assorbimento del carico.
Si noti che per carichi maggiori servono componenti dimensionati in modo adeguato.

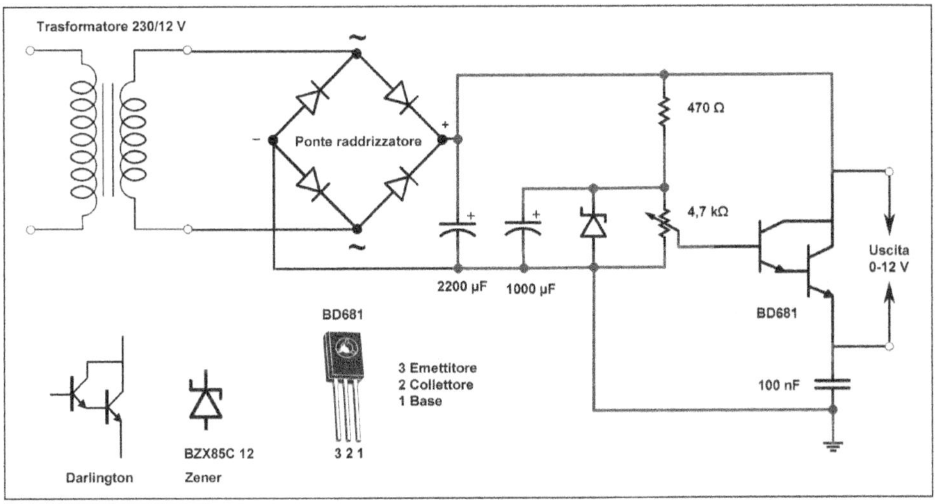

Figura 5.23 Circuito di un alimentatore stabilizzato con Zener e Darlington da 0 a12 volt 1 ampere in uscita.

Diodo Zener

Nei circuiti di alimentazione viene spesso usato un diodo Zener per stabilizzare la tensione. È un diodo che permette la conduzione inversa quando la tensione che lo attraversa supera un valore di soglia (il cosiddetto *breakdown*). Al contrario dei normali diodi, lo Zener sfrutta la zona del breakdown e, quando viene superata la soglia, si produce il cosiddetto "effetto valanga" prodotto dalla forte corrente che, invece di distruggere il diodo, lo attraversa. Non appena la tensione scende sotto la soglia, il diodo torna a comportarsi normalmente diodo. Un diodo Zener ha sempre bisogno di un resistore per limitare la corrente al suo catodo, affinché questa non lo danneggi. Solitamente i valori per uno Zener da 12-15 volt 1 W vanno da 470 a 560 Ω.

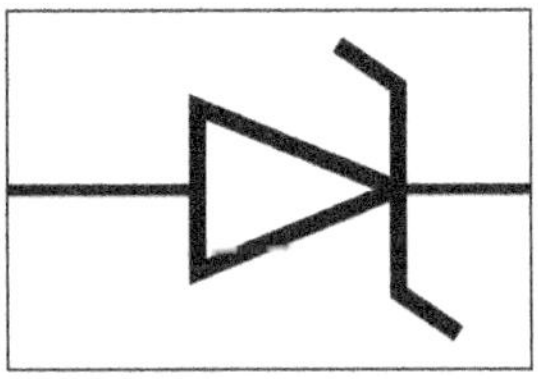

Transistor Darlington

Un transistor Darlington è composto al suo interno da due transistor in cascata. La sua caratteristica principale è l'elevato guadagno in corrente corrispondente al prodotto dei singoli guadagni in corrente dei due transistor.
I transistor Darlington vengono impiegati di solito per pilotare relè, motori DC, solenoidi. Sono sempre dotati di foro per avvitare un dissipatore di calore, visto il loro utilizzo in dispositivi di potenza ad alto guadagno di corrente.

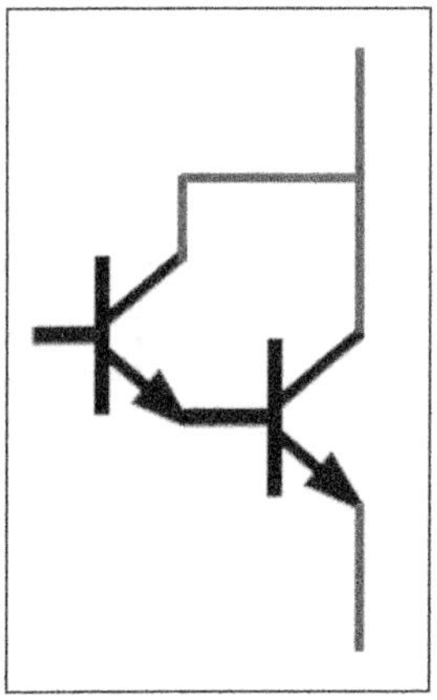

Semplice oscillatore sinusoidale con un transistor

Mettendo in pratica alcune nozioni acquisite finora, è possibile pensare a un circuito oscillante costituito da un solo transistor e una rete resistivo-capacitiva (RC).
La rete RC di cui abbiamo bisogno, non è altro che un filtro per creare lo sfasamento del segnale in ingresso alla base del transistor in modo che venga prodotto il tipico andamento sinusoidale.
Un esempio di rete RC, detta "a sfasamento", è illustrato nella Figura 5.24a. Senza dilungarci in calcoli difficili, si possono trovare i valori per i resistori e i condensatori RC sfruttando quanto già imparato sui filtri.
Innanzitutto, si noti che i condensatori in serie e i resistori in parallelo, disposti a T, formano un filtro passa-alto. Le due T formano pertanto un filtro passa-alto di secondo ordine. Prendendo per R e C valori identici e mandando un segnale con polarità alternata a metà delle due T, si avrà la possibilità di creare un'altalena con valori identici in salita e discesa. Mentre un filtro taglia, l'altro no e viceversa.
Guardando la Figura 5.24b, i valori di C3-C4 e R3-R4 sono rispettivamente di 22 nF e 3,3 KΩ per assicurare una pendenza dei fronti d'onda (salita e discesa) simmetrici, almeno nel limite della tolleranza fisica dei componenti.
Il transistor viene polarizzato da R2, mentre il suo collettore è collegato all'uscita che subisce il repentino cambio di polarità dovuto a C2.
R1 e R5 servono rispettivamente a limitare la corrente di alimentazione e il segnale in uscita, mentre C1 disaccoppia l'uscita per non far passare la corrente continua.

Per costruire il circuito completo, ecco la lista dei componenti:

- TR = transistor 2N2222 (BC107, 2N1711 o equivalente);
- R1 = resistore 2,7 KΩ 1/4 di watt;
- R2 = resistore 100 KΩ 1/4 di watt;
- R3 = resistore 3,3 KΩ 1/4 di watt;
- R4 = resistore 3,3 KΩ 1/4 di watt;
- R5 = resistore 47 KΩ 1/4 di watt;
- C1, C2 = condensatori 47 nF 12VL;
- C3, C4 = condensatori 22 nF 12VL;
- S1 = Interruttore;
- Pila 9V.

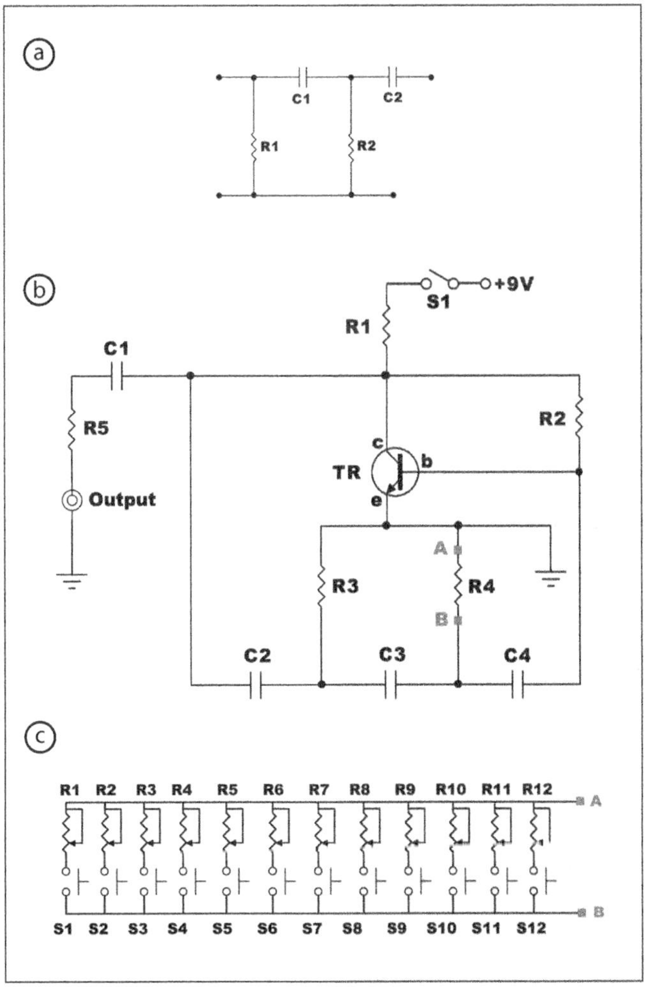

Figura 5.24 Circuito di un semplice oscillatore sinusoidale con un solo transistor.

Volendo cambiare la frequenza, si può sostituire R4 con un potenziometro lineare da 4,7 kΩ oppure, volendo creare una mini tastiera intonata di un'ottava, si possono collegare dodici pulsanti normalmente aperti, collegati ad altrettanti trimmer da 4,7 KΩ come illustrato nella Figura 5.24c.
Una volta collegati in parallelo tutti e dodici i pulsanti ai relativi trimmer, basta collegare la tastiera ai punti A e B indicati in figura al posto di R4. Con un po' di pazienza si possono ruotare i trimmer in modo da intonare i semitoni dell'ottava.
Si noti che l'oscillatore è monofonico e quindi, premendo due o più pulsanti contemporaneamente, si mettono in parallelo i trimmer offrendo alla base del transistor valori ohmici del tutto inaspettati e, di conseguenza, intervalli e intonazioni a dir poco strani.
Per il test si può usare un oscilloscopio oppure collegare l'output dell'oscillatore all'ingresso linea di un amplificatore audio.Verrà visualizzata sull'oscilloscopio o ascoltata dalla casse dell'impianto un'onda sinusoidale alla frequenza di circa 1 kHz.
La Figura 5.25 illustra il montaggio su breadboard con la forma d'onda sinusoidale visualizzata nell'oscillatore.

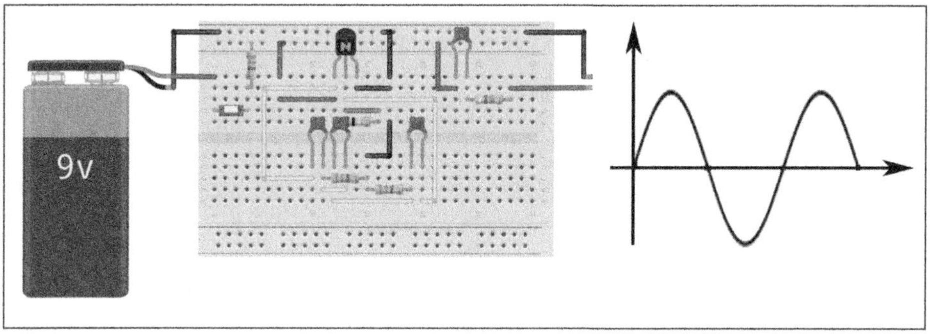

Figura 5.25 Circuito di un semplice oscillatore sinusoidale con un solo transistor su breadboard.

Polarizzazione di un transistor

Nella parte teorica del Capitolo 2 vengono date alcune indicazioni generiche per una corretta polarizzazione di un transistor bipolare (BJT). Fin qui sono stati descritti alcuni esperimenti con i transistor in circuiti già pronti all'uso.Volendo iniziare a progettare un circuito partendo da zero, come si fa a polarizzare un transistor?
Per ottenere il massimo guadagno tramite una corretta polarizzazione è necessario, per quanto possibile, far lavorare il transistor nel suo punto di lavoro ottimale e, per fare questo, è necessario conoscere le sue specifiche, che si solito sono presenti nel datasheet.
Una polarizzazione si basa sulla scelta di uno o più resistori, applicando formule molto precise per arrivare al risultato voluto.
La Figura 5.26a illustra lo schema tipico di base per la polarizzazione di un transistor bipolare. Si possono distinguere i seguenti elementi:

- Rb = resistore di base;
- Rc = resistore di collettore;
- Vcc = tensione di alimentazione;

- Ic = corrente di collettore;
- Ib = corrente di base.

BC547

Senza dilungarci troppo nella teoria, per calcolare i resistori di polarizzazione *Rb* e *Rc*, si prenderà spunto dal datasheet di un diffusissimo transistor siglato BC547, prodotto della Semiconductor Components Industries. Il datasheet riporta i dati dei seguenti modelli equivalenti fra loro: BC546B, BC547A, B, C, BC548B, C.
Le caratteristiche possono variare di molto da un modello all'altro, quindi bisogna leggere bene la sigla del transistor.
Scorrendo i primi dati generici del datasheet si legge: *Collector Current Continuous Ic 100 mAdc*. È il dato più importante. perché si riferisce alla corrente di collettore. Siccome il guadagno del transistor dipende dal valore di *Ic*, la parte che interessa di più è quella relativa al coefficiente di guadagno conosciuto come *hFE*.
In una delle tante tabelle del datasheet si può leggere il valore hFE, che è sempre diverso per i valori di Ic e, nel nostro caso, per i vari modelli di BC547.
Per esempio, si spazia da un hFE = 90 del modello BC547A fino a un hFE = 800 del modello BC547C.

NOTA

Il valore del coefficiente hFE di un transistor può essere visualizzato anche con un multimetro digitale dotato di una sezione hFE. Inserendo un transistor negli appositi pin header del multimetro si vedrà il coefficiente medio, con una approssimazione del 20%.

Prendendo in esame solo la voce relativa al modello BC547B (il più diffuso), si legge:

DC Current gain	hFE min	hFE Typ	hFE max
IC = 10 μA, VCE = 5.0V	-	150	-
IC = 2.0 mA, VCE = 5.0V	200	290	450
IC = 100 mA, VCE = 5.0V	-	180	-

La tabella mostra i valori minimi, tipici e massimi di hFE. Al variare di *Ic* con un tensione *Vce* di 5 volt, si ottengono vari coefficienti di guadagno.
Ora si può passare al calcolo dei resistori di polarizzazione Rb e Rc, supponendo di alimentare il transistor con *Vcc = 9 V*.
Per semplicità, si prenderà in considerazione il valore di *hFE = 200* con *Ic = 2.0 mA* e *Vce = 5 V*.
Per prima cosa, sapendo che *hFE = Ic / Ib*, si può trovare *Ib* con la seguente uguaglianza:

Ib = Ic / hFE

Sostituendo i fattori noti, si avrà:

Ib = 2 mA / 200 = 0,00001 A

Per trovare Rb, si ricorre alla legge di Ohm:

Rb = (Vcc - Vbe) / Ib

dove:

Vcc = 9V
Vbe = 0,7V (caduta di tensione di tutti i transistor al silicio)
Ib = 0,00001 A (il valore trovato)

Sostituendo i fattori noti, si avrà:

Rb = (9V - 0,7V) / 0,00001 = 8,3 / 0,00001 = 830.000 Ω

Si userà il valore standard di 820 KΩ.
Sapendo che Vce deve essere 5 volt per un hFE di 200, avremo:

Rc = (Vcc - Vce) / Ic

Sostituendo i fattori noti, si avrà:

Rc = 9V - 5V = 4V / 2 mA = 2000 Ω

Si userà il valore standard di 2,2 KΩ (oppure 1,8 KΩ).

Prova sul campo

Nella Figura 5.26b è visibile il circuito completo con un resistore di 820 KΩ per Rb e un resistore di 2,2 KΩ per Rc. Per una prova con un microfono dinamico, notoriamente dotato di poco segnale in uscita, basta mettere in serie all'ingresso un condensatore da 100 nF e un condensatore da 100 nF per disaccoppiare l'ingresso e l'uscita dal circuito DC. Collegando l'uscita a un impianto audio si potrà apprezzare il notevole guadagno del transistor.
Mandando in ingresso un segnale di 10 mV si avrà in uscita un valore di 2 V, ovvero 0,01 V × 200 (hFE). In pratica, in uscita si ottiene un guadagno di 200 volte il segnale di ingresso. Con un guadagno così alto, si consiglia di prestare attenzione a dosare il segnale di ingresso.
Se nel datasheet non è presente il valore consigliato per Vce, di solito si sceglie un valore pari al 50% della tensione di alimentazione, assicurando un funzionamento del transistor senza distorsioni. Per esempio per una Vcc = 12 V, Vce sarà 6 V, per una Vcc = 15, Vce sarà 7,5 V e così via.

Preamplificatore con controllo di ingresso

Anche se molto semplice, il circuito precedente è un amplificatore a tutti gli effetti, ma se vogliamo avere un minimo controllo sul segnale di ingresso, bisogna aggiungere un potenziometro, come illustrato nella Figura 5.27.

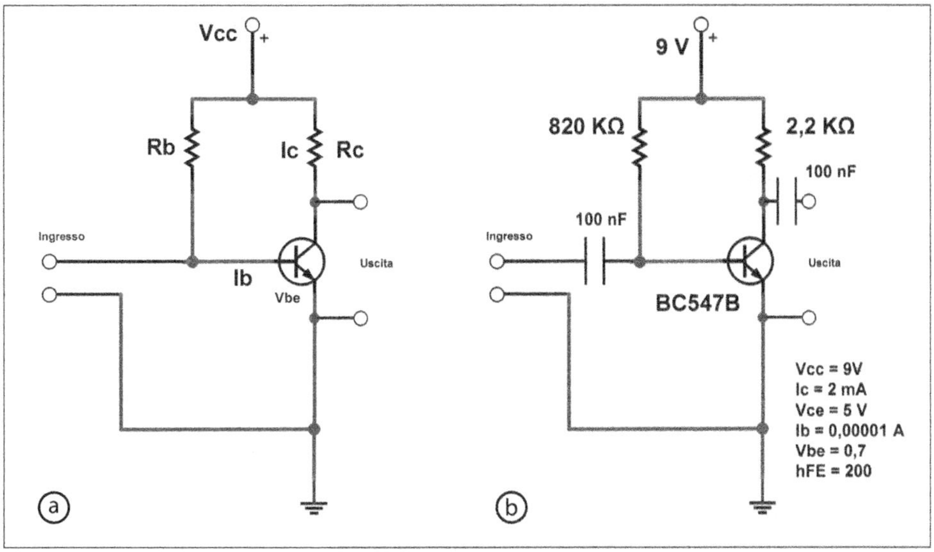

Figura 5.26 (a) Circuito teorico di polarizzazione di un transistor.
(b) Circuito pratico di polarizzazione di un transistor BC547B su breadboard.

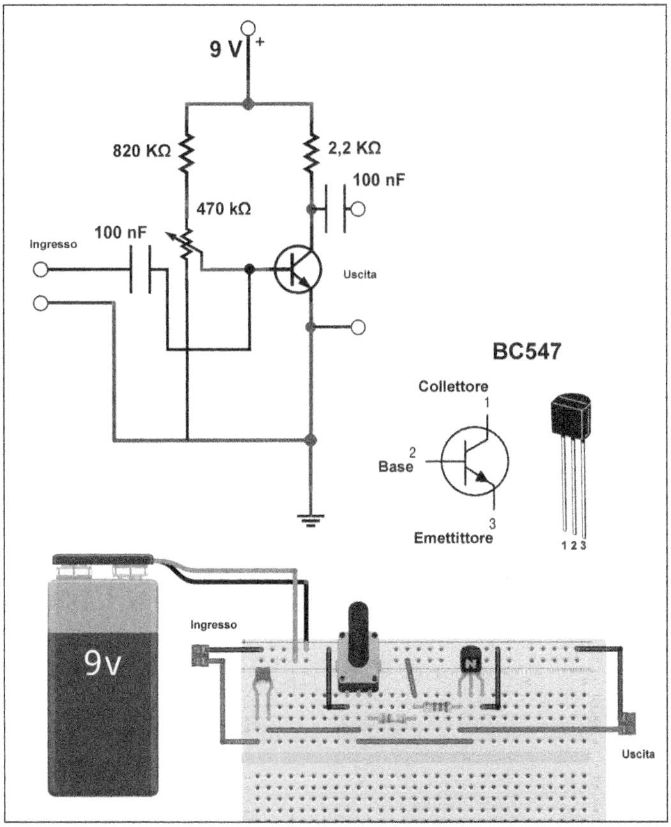

Figura 5.27 Circuito di un semplice preamplificatore audio con un BC547B.

Il circuito è identico al precedente, solo che tramite il potenziometro lineare da 470 KΩ è possibile regolare gradualmente la tensione di base e quindi il guadagno dello stadio amplificatore.

Preamplificatore con controllo di toni

Per un progetto di un preamplificatore con controllo di toni si osservi la Figura 5.28. Il circuito è leggermente più complicato, ma a ben vedere si tratta dello stesso stadio di amplificazione replicato due volte. I due transistor che formano i due stadi sono dei diffusissimi BC107 (o similari). Sono definiti *general multipurpose transistor*, ovvero adatti a scopi generici, ma vengono usati spessissimo nelle unità di preamplificazione, grazie al loro basso rumore interno.

La sezione di controllo dei toni bassi e acuti è formata da un filtro passa-basso (R4-C3) e da un filtro passa-alto (R8-C4) con i due potenziometri lineari da 47 KΩ a dosare rispettivamente la quantità di intervento.

Il primo stadio serve a preamplificare il livello di ingresso per poter gestire meglio i filtri. Il secondo stadio serve a riportare il segnale al livello originale, perché i filtri passivi riducono il segnale di circa 3 dB.

I condensatori elettrolitici da 10 µF servono a trasferire il segnale fra gli stadi senza tagliare le frequenze. Un condensatore da 1 µF all'ingresso disaccoppia l'eventuale DC.

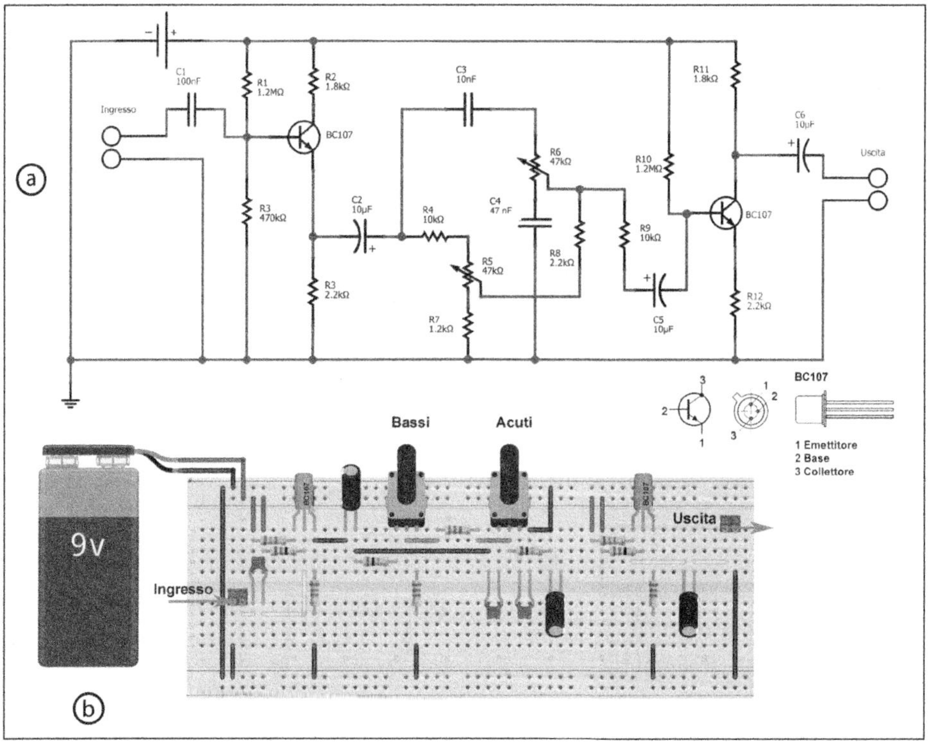

Figura 5.28 (a) Schema di un preamplificatore con controllo di toni.
(b) Circuito realizzato su breadboard.

La polarizzazione dei transistor sfrutta l'alto hFE per Ic = 2 mA.
Per i tre modelli base del BC107, BC108, BC109 si hanno differenti coefficienti di guadagno, in base alle tabelle del datasheet.

DC current gain Ic = 10 µA e Vce = 5 v

Modello	hFE min.	hFE typ.	hFE max.
BC107A, BC108A	-	90	-
BC107B, BC108B, BC109B	40	150	-
BC108C, BC109C	100	270	

DC current gain Ic = 2 mA e Vce = 5 v

Modello	hFE min.	hFE typ.	hFE max.
BC107A, BC108A	110	180	220
BC107B, BC108B, BC109B	200	290	450
BC108C, BC109C	450	520	800

Supponendo di usare due BC108C, si possono trovare i valori dei resistori di polarizzazione procedendo come al solito. Dalla tabella si legge che il coefficiente hFE è di 290 per Ic = 2 mA e Vce = 5 v, quindi si avrà:

Ib = 2 mA / 290 = 0,0000068 A

Per trovare Rb (nello schema corrisponde a R1), si ricorre alla legge di Ohm:
Rb = (Vcc -Vbe) / Ib
Rb = 8,3 / 0,0000068 = 1 220 588 Ω

Si userà il valore standard di 1,2 MΩ.
Per trovare Rc (nello schema corrisponde a R2), si ricorre alla legge di Ohm:

Rc = (Vcc -Vce) / Ic => 4 / 0,002 = 2000 Ω

Si userà il valore standard di 1,8 KΩ.
Per la polarizzazione di TR2 i valori sono identici.
Elenco dei componenti per il preamplificatore con controllo di toni bassi e acuti.

- TR1 = transistor BC107 (BC108, BC109 A, B o C);
- TR1 = transistor BC107 (BC108, BC109 A, B o C);
- R1 = resistore 1,2 MΩ 1/4 di watt;
- R2 = resistore 1,8 KΩ 1/4 di watt;
- R3 = resistore 2,2 KΩ 1/4 di watt;
- R4 = resistore 10 KΩ 1/4 di watt;
- R5 = potenziometro lineare 47 KΩ;
- R6 = potenziometro lineare 47 KΩ;

- R6 = resistore 1,2 KΩ 1/4 di watt;
- R8 = resistore 2,2 KΩ 1/4 di watt;
- R9 = resistore 10 KΩ 1/4 di watt;
- R10 = resistore 1,2 MΩ 1/4 di watt;
- R11 = resistore 1,8 KΩ 1/4 di watt;
- R12 = resistore 2,2 KΩ 1/4 di watt;
- C1 = condensatore 100 nF;
- C2 = condensatore elettrolitico 10 μF 16V;
- C3 = condensatore 10 nF;
- C4 = condensatore 47 nF;
- C5 = condensatore elettrolitico 10 μF 16V;
- C6 = condensatore elettrolitico 10 μF 16V;
- Pila 9V.

Questo circuito è mono, per cui va raddoppiato nel caso di una soluzione stereo. Può essere usato per il collegamento del VU-meter digitale descritto nel Capitolo 6.

Esperimenti con i circuiti integrati

Del vasto panorama dei circuiti integrati (per brevità, d'ora in poi solo "IC", dall'inglese *Integrated Circuit*) si è resa necessaria una cernita. La scelta è ricaduta sugli IC che possono essere impiegati in esperimenti a scopo didattico e che sono, allo stesso tempo, utili in laboratorio.

Fra gli IC di sicura utilità distinguiamo innanzitutto cinque categorie principali, delle quali si descriveranno alcuni esperimenti:

- IC regolatori di tensione;
- IC amplificatori operazionali;
- IC amplificatori audio;
- IC logici;
- IC microprocessori.

ATTENZIONE

In tutti gli esperimenti con i circuiti integrati, sono usati contenitori di tipo DIP (*Dual In-line Package*) per facilitarne l'uso su breadboard o su zoccolo per millefori/PCB. Fare molta attenzione alla piedinatura, che viene sempre riportata negli schemi elettrici. Nei layout di Fritzing gli integrati sono sempre montati a cavallo delle due sezioni della breadboard con la tacca di riferimento dell'integrato sempre a sinistra. Un montaggio diverso o capovolto dell'integrato può provocare la sua distruzione. La tacca di riferimento può essere un piccolo incavo nel contenitore e/o un pallino serigrafato dalla parte del piedino 1.

IC regolatori di tensione

Questa tipologia di IC è stata progettata specificamente per impieghi nell'alimentazione di circuiti elettronici che hanno bisogno di tensioni stabilizzate, ma che non hanno assorbimenti maggiori di 1 ampere.
Le famiglie di IC regolatori di tensione più diffuse sono essenzialmente due:

- 78*xx* (anche LM78*xx*), dove *xx* sta per la tensione positiva da regolare;
- 79*xx* (anche LM79*xx*), dove *xx* sta per la tensione negativa da regolare.

I regolatori di tensione positiva da 1 A hanno le seguenti sigle e caratteristiche. La versione da 100 mA è contraddistinta dalla lettera L, per esempio 78L05:

Modello	Tensione di uscita	Tensione minima di ingresso	Tensione massima di ingresso
7805	5	7	20
7808	8	10	23
7809	9	11	24
7812	12	14	27
7815	15	17	30
7824	24	26	29

I regolatori di tensione negativa hanno le seguenti sigle e caratteristiche. La versione da 100 mA è contraddistinta dalla lettera L, per esempio 79L05:

7905	-5	-7	-20
7808	- 8	-10	-23
7912	-12	-14	-27
7915	-15	-17	-30

I regolatori della serie 78*xx* stabilizzano la tensione a una valore positivo fisso, ovvero quello indicato della sigla.
I regolatori della serie 79*xx* stabilizzano la tensione a una valore negativo fisso, ovvero quello indicato della sigla.
Per assorbimenti fino a 5 A sono necessari circuiti regolatori di tensione positiva siglati come 78H*xx*, mentre per la tensione negativa e corrente fino a 5 A esiste l'integrato 79HG con tensione regolabile da -29 a - 2,11 volt.
Si noti che normalmente si usa la tensione positiva, ma esistono casi in cui il circuito necessita di una alimentazione duale, ovvero di un'alimentazione positiva e una negativa rispetto a massa. È il caso degli amplificatori operazionali, di cui si parla più avanti.
Nella Figura 5.29 sono illustrate le piedinature degli IC 78*xx* e 79*xx* e relativi circuiti standard per l'uso in alimentatori stabilizzati.
L'ingresso deve essere una tensione continua commisurata all'integrato usato, nel rispetto dei valori minimi e massimi riportati nelle tabelle precedenti oppure nei datasheet dei componenti.

I condensatori elettrolitici sono da 100 μF ma non sono critici e possono avere un valore compreso fra 10 μF e 2200 μF e VL commisurato alla tensione di lavoro. Usando condensatori con VL = 50, si è sicuri di non correre rischi.

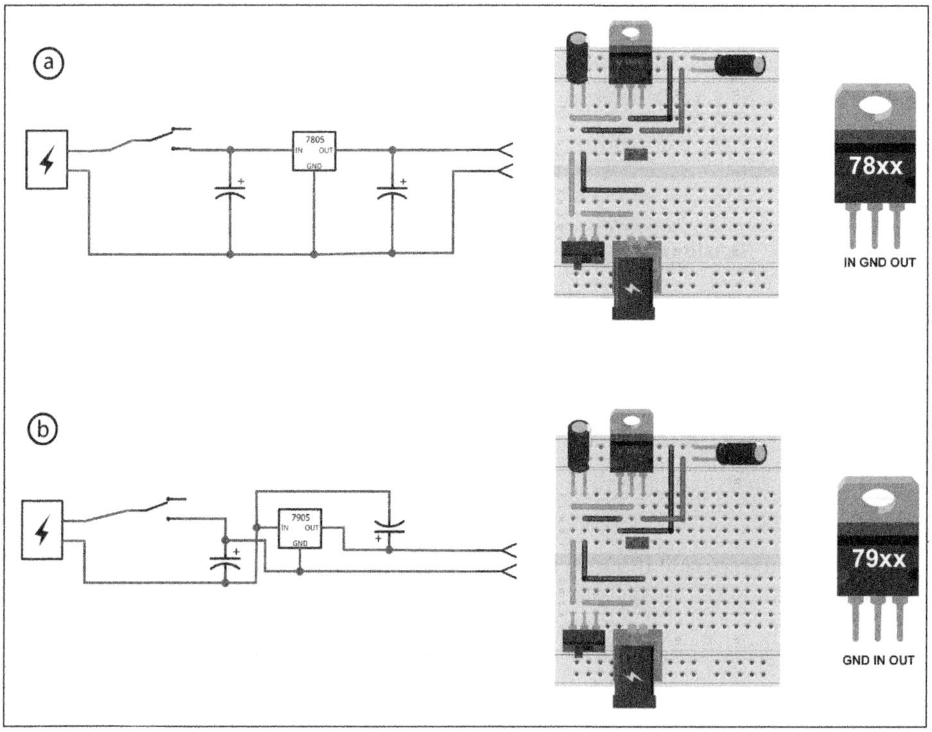

Figura 5.29 (a) Schema generico di un regolatore di tensione positiva.
(b) Schema generico di un regolatore di tensione negativa.

IC amplificatori operazionali

Chiamati amichevolmente in inglese *op-amp*, gli amplificatori operazionali fanno parte di una famiglia di circuiti integrati molto versatili. Il termine operazionale deriva dal fatto che, almeno agli albori dell'elettronica moderna, erano destinati a svolgere operazioni matematiche.

In generale, si può dire che l'operazione che compie un amplificatore operazionale è quella di amplificare la differenza fra il segnale applicato ai suoi due ingressi.

La maggior parte degli amplificatori operazionali funziona con una tensione di alimentazione duale, ovvero un'alimentazione positiva e una negativa rispetto a massa, ma è possibile anche usare operazionali con una sola alimentazione. Il livello del segnale in uscita solitamente è compreso tra i due valori di alimentazione.

La peculiarità di questi IC è l'altissima resistenza in ingresso (fino a qualche centinaio di MΩ) e bassissima in uscita (qualche decina di Ω) e un guadagno in tensione altissimo (fino a migliaia di volte).

Gli operazionali sono dotati di un ingresso invertente, contrassegnato dal segno - (meno), e un ingresso non-invertente, contrassegnato dal segno + (più), per cui il segnale in uscita risulta essere invertito o non invertito, a seconda di come si mandano i segnali all'ingresso:

- se il segnale viene immesso all'ingresso invertente (-), si avrà in uscita il segnale invertito (Figura 5.30a);
- se il segnale viene immesso all'ingresso non-invertente (+), si avrà in uscita il segnale inalterato (Figura 5.30b).

Visto l'alto guadagno della configurazione precedente, è possibile effettuare una cosiddetta "controreazione" (*feedback*, in inglese) ovvero rimandare parzialmente all'ingresso il segnale in uscita, come illustrato nella Figura 5.30c. Il guadagno viene così calcolato dal rapporto dei resistori di controreazione R1 / R2.

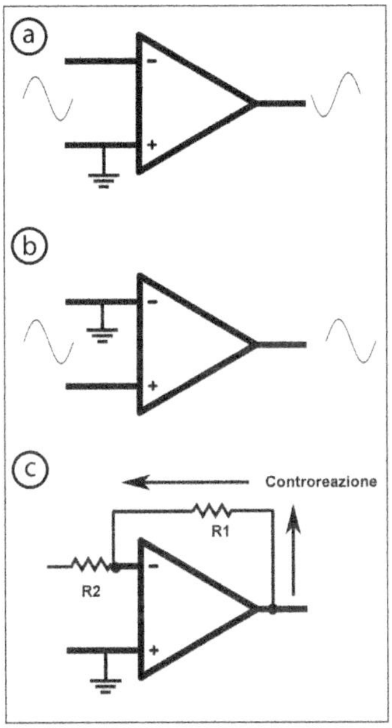

Figura 5.30 Amplificatore operazionale in modalità (a) invertente e (b) non invertente. (c) Amplificatore operazionale con resistori di controreazione.

Timer con operazionale

L'operazionale può essere usato per operazioni di comparazione, quando all'ingresso ci sono differenze anche minime di tensione, dell'ordine di 1 millivolt. Con questa configurazione di comparazione si possono costruire ottimi timer.

Nella Figura 5.31 è illustrato un circuito di esempio di timer con un operazionale storico, il 741, nato nel 1968 e usato ancora oggi. Si possono utilizzare tutte le sue sigle come µA741, UA741, LM 741 e i suoi similari come µA748, UA748, LM748 e così via. Il timer dell'esempio è basato su un circuito RC che stabilisce il tempo di accensione del LED collegato all'uscita dell'operazionale. Il potenziometro serve a impostare il ritardo dell'accensione. Per riavviare un ciclo di ritardo, il pulsante serve a scaricare il condensatore elettrolitico.

Si può scegliere qualsiasi valore per il condensatore, a partire da 10 μF. Nell'esempio, il condensatore da 2200 μF ritarda di circa un minuto l'accensione del LED. Si può anche aumentare il valore di R1 per aumentare il ritardo dell'accensione.

Elenco componenti del timer con operazionale:

- U1 = amplificatore operazionale 741 (o similare);
- R1 = resistore 10 KΩ;
- R2 = potenziometro da 100 KΩ;
- R3 = resistore 10 KΩ;
- R4 = resistore 470 Ω;
- C1 = condensatore elettrolitico da 10 - 2200 μF;
- LED;
- Pulsante normalmente aperto;
- Pila 9V.

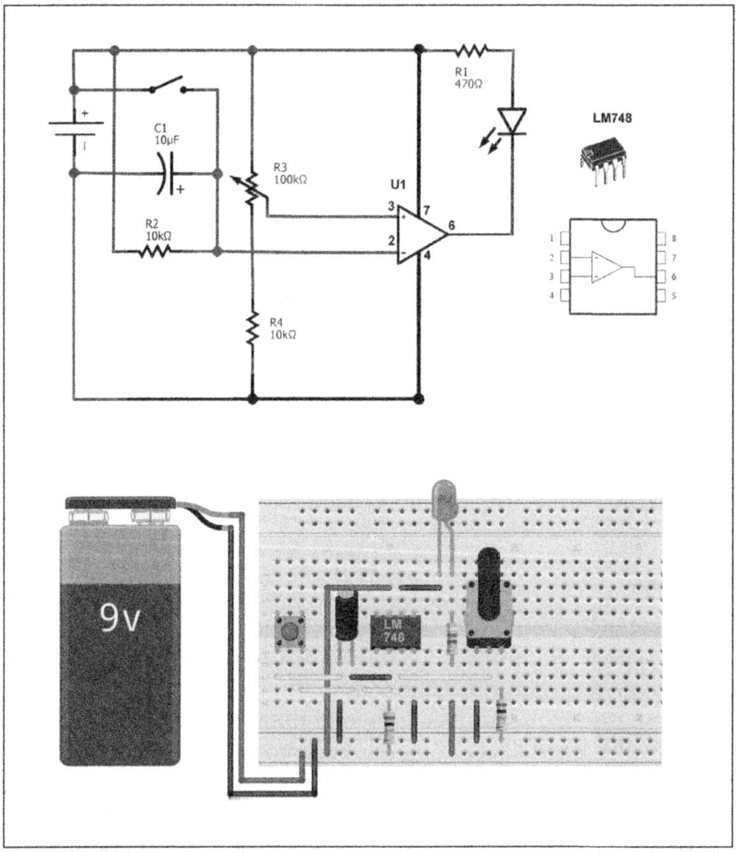

Figura 5.31 Schema elettrico di un timer con operazionale in modalità comparazione e circuito su breadboard.

Alimentatore "splitter" con operazionale

Usando gli operazionali capita spesso di dover usare l'alimentazione duale. Se in laboratorio manca un alimentatore da banco con doppia alimentazione oppure si deve usare il circuito con le pile, fra i tanti modi per ovviare al problema, è possibile usare un operazionale per dividere la tensione a metà da una sorgente in corrente continua.
Il circuito di Figura 5.32 mostra l'operazionale UA741 con funzionalità di "splitter" della tensione in ingresso. Il lavoro viene svolto dal divisore di tensione formato dai resistori R1 e R2 da 10 KΩ collegati all'ingresso non invertente.
La controreazione serve da riferimento alla tensione differenziale, che verrà divisa perfettamente a metà (se si scelgono bene i resistori) all'uscita. L'uscita (piedino 6 dell'operazionale) farà da massa rispetto ai poli positivo e negativo del circuito. In pratica l'operazionale riduce l'impedenza d'uscita quasi a zero.
Potendo alimentare l'operazionale UA741 da 5 a 15 volt, è possibile ottenere in uscita tensioni duali da +/- 2,5 a +/- 7,5 volt.
Il condensatore C1 serve per bloccare eventuali oscillazioni.
La corrente prelevabile è di circa 25 mA, sufficiente per pilotare un circuito con un operazionale a cui fornire un'alimentazione duale.
Volendo, si possono calcolare i due resistori in modo da avere in uscita due tensioni non simmetriche.
Elenco componenti dell'alimentatore splitter:

- U1 = amplificatore operazionale 741 (o similare);
- R1 = resistore 10 KΩ;
- R2 = resistore 10 KΩ;
- C1 = condensatore da 100 nF;
- Pila 9V o alimentazione DC fino a 15V.

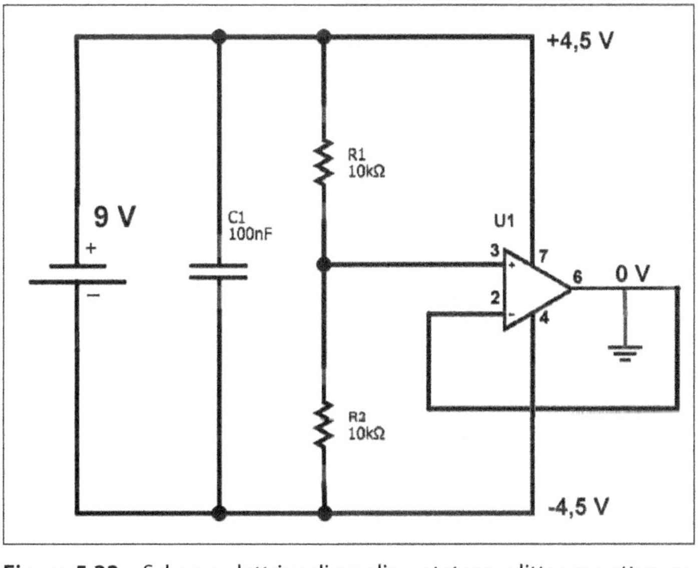

Figura 5.32 Schema elettrico di un alimentatore splitter per ottenere una tensione duale da un sorgente a tensione singola.

Preamplificatore con filtri

Questo esperimento è basato su un operazionale molto famoso, il TL072, usato spesso nel settore audio. Necessita di alimentazione duale e, come si può vedere dallo schema di Figura 5.33, il preamplificatore è dotato di un filtro passa-basso e di un filtro passa-alto, altrimenti detti "controlli di tono". L'operazionale TL072 è formato da due amplificatori separati, pertanto può essere impiegato per progetti stereo.
L'alimentazione duale può venire fornita dal precedente alimentatore splitter con l'operazionale LM748, mentre il controllo dei toni può venire preso a prestito dal precedente preamplificatore a transistor.
Paragonando il risultato dei due preamplificatori si potrà apprezzare la qualità superiore dell'operazionale rispetto a quella del transistor.
Elenco componenti del preamplificatore con filtri:

- U1 = amplificatore operazionale LM748 (o similare);
- U2 = amplificatore operazionale TL072 (o similare);
- R1 = resistore 10 KΩ 1/4 di watt;
- R2 = resistore 10 KΩ 1/4 di watt;
- R3 = potenziometro lineare 100 KΩ;
- R4 = resistore 8,2 KΩ 1/4 di watt;
- R5 = resistore 33 KΩ 1/4 di watt;
- R6 = resistore 100 KΩ 1/4 di watt;
- R7 = resistore 10 KΩ 1/4 di watt;
- R8 = resistore 1,2 KΩ 1/4 di watt;
- R9 = potenziometro lineare 47 KΩ;
- R10 = potenziometro lineare 47 KΩ;
- R11 = resistore 2,2 KΩ 1/4 di watt;
- R12 = 10 KΩ 1/4 di watt;
- C1 = condensatore 100 nF;
- C2 = condensatore 1 μF;
- C3 = condensatore elettrolitico 10 μF 16V;
- C4 = condensatore 10 nF;
- C5 = condensatore 47 nF;
- C3 = condensatore elettrolitico 10 μF 16V.

IC amplificatori audio

Quella degli amplificatori audio è una speciale famiglia di circuiti integrati, molto vasta. Di tutti gli operazionali dedicati specificamente all'audio verranno trattati solo alcuni particolari amplificatori.
Una famiglia numerosa di operazionali audio dedicati è quella con la sigla TDA*xxxx*, dove *xxxx* è un numero a quattro cifre che identifica il modello.

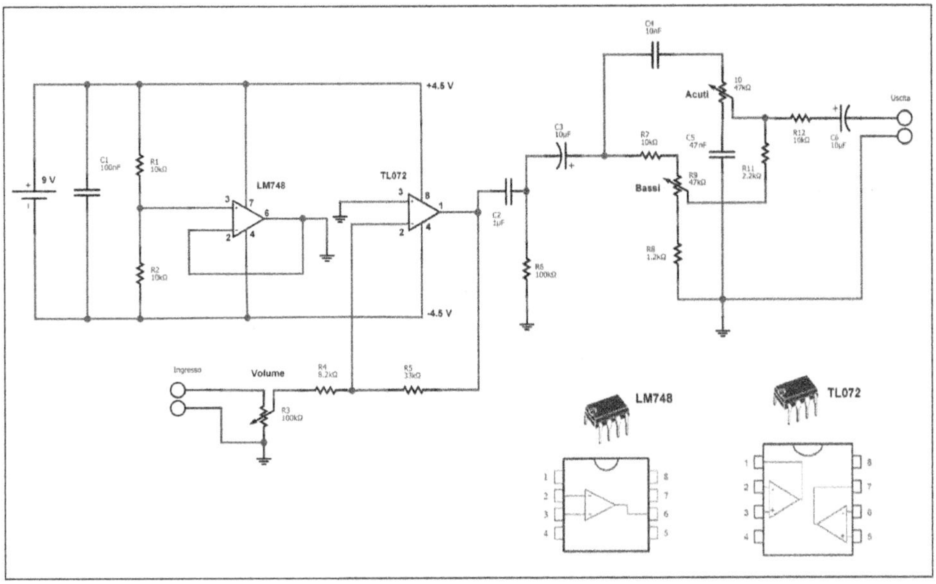

Figura 5.33 Schema elettrico di un preamplificatore con operazionale TL072.

Solitamente sono amplificatori in classe A, B, AB e anche D, e si distinguono dall'immancabile aletta con foro per il collegamento al dissipatore di calore.
A titolo di esempio, la tabella di seguito illustra solo alcuni modelli di amplificatori della famiglia TDA.

TDA1010	Amplificatore audio di potenza per auto 6-10 W
TDA1011	Amplificatore audio di potenza 2-6 W
TDA1013B	Amplificatore audio di potenza 4 W con controllo del volume DC
TDA1015	Amplificatore audio di potenza 1-4 W
TDA1015T	Amplificatore audio di potenza 0,5 W
TDA1016	Amplificatore audio di potenza 2 W
TDA1020	Amplificatore audio di potenza 12 W per autoradio
TDA1554	Amplificatore audio 22 + 22 W
TDA2002	Amplificatore audio di potenza 8 W per autoradio
TDA2003	Amplificatore audio di potenza 10 W per autoradio
TDA2004	Amplificatore audio di potenza 10 W per autoradio
TDA2006	Amplificatore audio 12 W
TDA2007	Amplificatore audio 6 + 6 W
TDA2008	Amplificatore audio 12 W
TDA2020	Amplificatore audio Hi-Fi 20 W
TDA2030	Amplificatore audio 14 W
TDA2040	Amplificatore audio 20 W
TDA2050	Amplificatore audio 35 W
TDA7294	Amplificatore audio Hi-Fi 100 W

Un'altra famiglia di amplificatori audio è quella degli operazionali, solitamente siglati LM e un numero di tre o quattro cifre. Solo a titolo di esempio, citiamo il piccolo LM386, operazionale multiuso per gestire pochi watt, fino al modello LM3886, amplificatore audio da 68 watt.

Amplificatore audio 12 W

Come illustrato nella Figura 5.34a, un amplificatore da 12 W può essere costruito utilizzando un solo integrato TDA2008. Il lavoro grosso lo svolge ovviamente l'integrato, per cui bastano solo pochi componenti esterni per completare l'amplificatore.
Lo schema elettrico è stato derivato dal datasheet stesso e, come riportato dal costruttore, SGS Thomson Microelectronics, l'integrato TDA2008 è un amplificatore di potenza audio monolitico in classe B con package *Pentawatt*, ovvero un pacchetto progettato per carichi bassi fino a 3,2 Ω.
L'integrato fornisce una capacità di corrente ad alto rendimento fino a 3A, distorsione armonica e di crossover molto basse.
A causa della piedinatura Pentawatt e l'alto assorbimento di corrente si sconsiglia il montaggio su breadboard. Il passo non è standard (2,54 mm) per cui anche il montaggio su millefori è difficoltoso, a meno di adattare i fori con un minitrapano. L'ideale sarebbe una basetta fatta in casa, come suggerito dallo stesso costruttore che fornisce anche il layout PCB.
Per il prototipo di prova si può trovare un escamotage infilando i piedini dell'integrato in due file di pin header cercando di forzare leggermente l'inserimento.
L'alimentazione in corrente continua può andare da un minimo di 5 V a un massimo di 28 V, usando ovviamente un alimentatore esterno oppure l'alimentazione dell'auto, se si intende usare l'amplificatore per l'autoradio o altri dispositivi audio. Se si usano tensioni di alimentazione elevate è necessario applicare all'integrato un dissipatore di calore adeguato alla potenza fornita in uscita.
Per fare un esempio, i dissipatori termici in commercio vengono solitamente forniti con i dati relativi a °C/W, ovvero gradi centigradi per watt. Nella Figura 5.34b sono visibili due modelli di dissipatori da 10°C/W con dimensione e foro adatto per package TO220 e quindi anche per il TDA2800 alimentato con 10-12 volt. Per la cronaca, con una tensione di alimentazione di soli 5 volt, il TDA2008 assorbe solo 50 mA e non ha bisogno di dissipatore e può funzionare per ore senza scaldare.
L'altoparlante può essere da 4 o 8 Ω e almeno 15 watt. Il resistore in parallelo all'uscita con il condensatore da 100 nF da 1 Ω non è critico e può arrivare anche a 10 Ω. Si tratta di una RC per evitare oscillazioni. Il grosso elettrolitico da 1000 µF non taglia le frequenze, pur essendo in serie all'uscita, e serve per livellare il ripple.
L'amplificatore è monofonico e ha una discreta risposta in frequenza da 40 Hz fino a 15 kHz a una distorsione inferiore al 10%, per cui servono due TDA2008 per un impianto stereo.
Elenco componenti dell'amplificatore con TDA2008:

- U1 = integrato TDA 2008;
- C1 = condensatore elettrolitico 10 µF 25 VL;
- C2 = condensatore 100 nF;
- C3 = condensatore elettrolitico 470 µF 25 VL;

- C4 = condensatore elettrolitico 1000 µF 25VL;
- C5 = condensatore 100 nF;
- R1 = potenziometro 10 KΩ;
- R2 = resistore 220 Ω 1/4 di watt;
- R3 = resistore 220 Ω 1/4 di watt;
- R4 = resistore 1 Ω 1/4 di watt;
- Altoparlante da 8 Ω 15 watt;
- Alimentazione 5-28 volt DC.

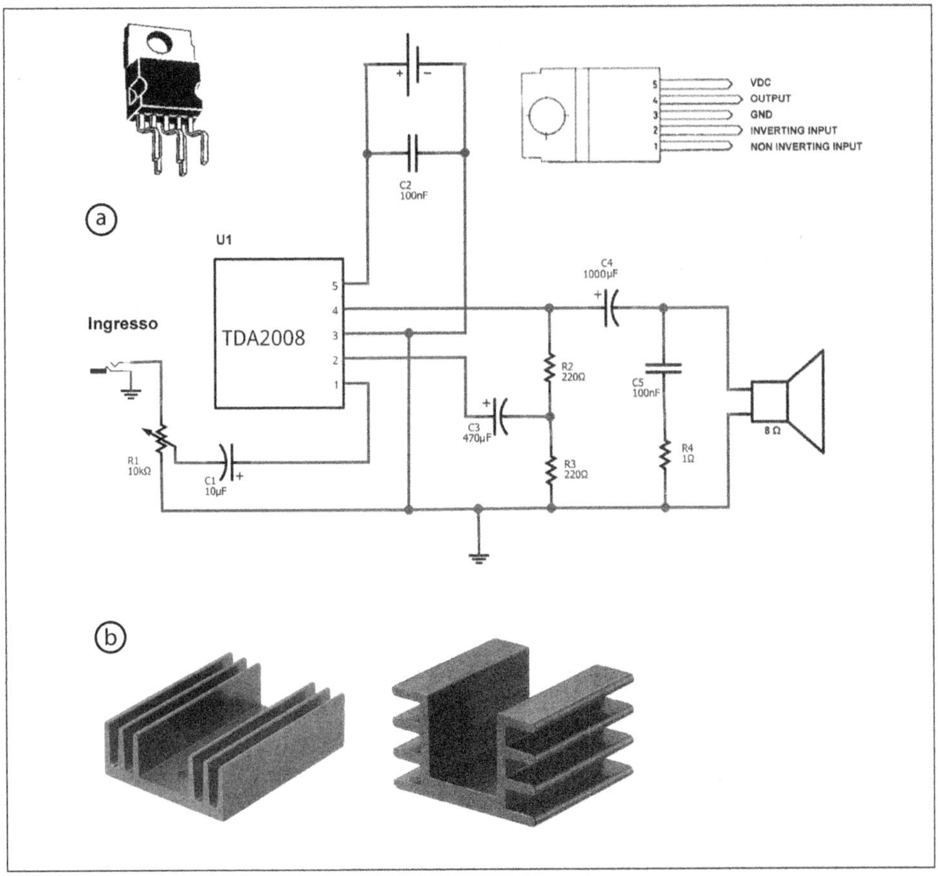

Figura 5.34 (a) Schema elettrico di un amplificatore audio 12 W con TDA 2008. (b) Due modelli di dissipatori da 10°C/W.

Si noti che l'amplificatore può essere collegato direttamente a una sorgente audio come l'uscita cuffie di un lettore MP3 o dispositivi simili. Il potenziometro in questo caso è in grado di regolare il livello di ingresso. Per segnali di linea con livello più basso si può omettere il potenziometro e collegare l'amplificatore all'uscita di un preamplificatore descritto in precedenza.

IC 555

Al pari del 741, l'integrato 555 è un altro storico componente che viene usato ancor'oggi in migliaia di applicazioni. Va doverosamente menzionato il suo inventore, l'ingegnere svizzero Hans R. Camenzind, che nel 1970 creò questo insostituibile circuito integrato e che si è spento l'8 agosto 2012 dopo aver dedicato la vita allo sviluppo dell'elettronica e di molti altri integrati diventati famosi.

Il 555 è diffuso con una serie di sigle come NE555, LM555, SE555 e così via. Quello che più conta è che al suo interno convivono 23 transistor, 2 diodi e soprattutto tre resistori da 5 KΩ che danno il nome all'integrato. I tre resistori collegati in serie formano un partitore di tensione e forniscono i potenziali di riferimento di 1/3 e 2/3 della tensione di alimentazione ai comparatori interni.

Anche se in modo riduttivo, il 555 viene definito come un timer che può funzionare in tre modalità:

- Multivibratore astabile – il 555 opera come un oscillatore;
- Multivibratore monostabile – il 555 funziona con un singolo impulso di trigger;
- Multivibratore bistabile – il 555 si comporta come un flip-flop.

Considerato il fatto che intorno al 555 esiste una vasta letteratura, la trattazione di questo integrato verrà limitata solo ad alcuni utilizzi tipici relativamente a queste tre modalità. Nella Figura 5.35 è visibile il 555 nel suo tipico package DIP a 8 piedini, lo schema interno e la piedinatura esterna:

- 1 = GND, massa;
- 2 = Trigger, un impulso da alto a basso fa partire il timer;
- 3 = Output, uscita dell'intervallo di temporizzazione;
- 4 = Reset, l'intervallo di temporizzazione può essere portato a zero;
- 5 = Control Voltage, tensione di controllo al partitore di tensione 2/3;
- 6 = Threshold, soglia che determina l'intervallo in base al rapporto del partitore 2/3;
- 7 = Discharge, il tempo di scarica di un condensatore collegato qui determina l'intervallo di temporizzazione;
- 8 = Vcc, alimentazione positiva da 5 a 15 V.

Caratteristiche principali del 555:

- Tensione di alimentazione (Vcc) = da 5 V a 15 V;
- Corrente da 3 a 6 mA (con Vcc = 5 V);
- Corrente da 10 a 15 mA (Vcc = 15 V);
- Corrente d'uscita (massima) = 200 mA.

Generatore di segnali con il 555

La cosa più semplice che riesce a fare un timer è generare impulsi. Con il 555 la cosa diventa facilissima, perché basta solo una manciata di componenti esterni per costruire un versatile generatore di segnali.

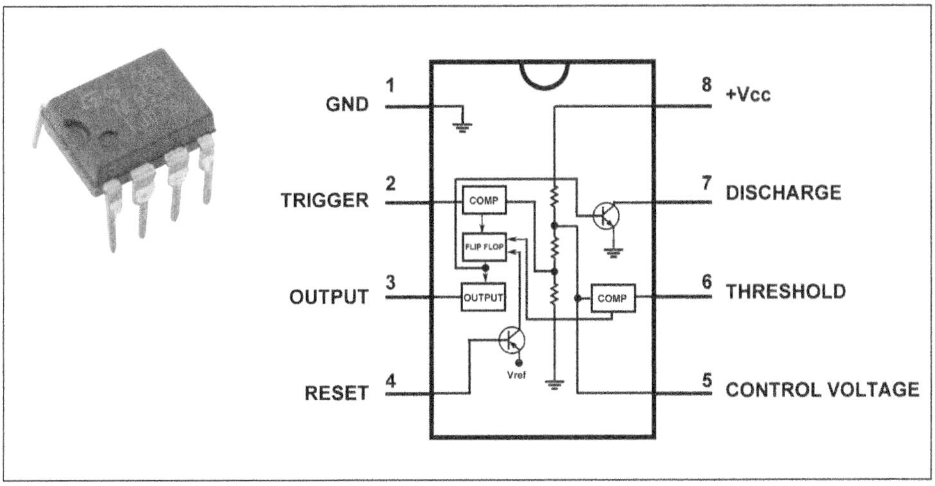

Figura 5.35 L'integrato 555 nel suo tipico package DIP a 8 piedini, lo schema interno e la piedinatura.

Generatore di impulsi a onda quadra

Come si può vedere dalla Figura 5.36, la modalità di funzionamento come *multivibratore astabile* consente al 555 di generare un impulso a onda quadra.

Solo con il resistore R1, che carica il condensatore C1, è possibile creare un ritardo sulla porta Trigger (2) del 555. Il potenziometro collegato alla porta Threshold (6) e alla porta Trigger permette di variare la frequenza dell'impulso a onda quadra.

Nell'esempio sono stati usati dei valori per R1, R2 e C1 studiati per un'onda quadra "udibile". Entro certi limiti, si possono variare questi valori fino a raggiungere frequenze ultrasoniche o infrasoniche.

Anche l'alimentazione con un pila da 9V è arbitraria, perché si può alimentare il circuito da 5 a 15 volt DC.

Lista dei componenti per il generatore di impulsi a onda quadra:

- U1 = integrato 555;
- C1 = 47 nF;
- R1 = resistore 10 KΩ 1/4 di watt;
- R2 = potenziometro 220 KΩ;
- Alimentazione 5-15 volt DC.

Volendo sperimentare le molte possibilità del circuito, la frequenza d'uscita e il *duty cycle* dell'impulso a onda quadra, ovvero la larghezza dell'impulso, vengono stabiliti si può stabilire in base alla capacità C1 e i due resistori R1 e R2.

Provare a cambiare C1, per esempio, con i seguenti valori 1 nF, 10 nF, 100 nF e 1 μF per allargare l'impulso. Provare anche resistori fissi, per esempio R1 = 100 KΩ e R2 = 10 KΩ, tenendo presente che il loro prodotto con la capacità stabilisce la frequenza e il duty cycle, in base alle seguenti formule semplificate:

durata del duty cycle alto (T1) = $0{,}693 \times (R1+R2) \times C$

durata del duty cycle basso (T2) = $0{,}693 \times R2 \times C$

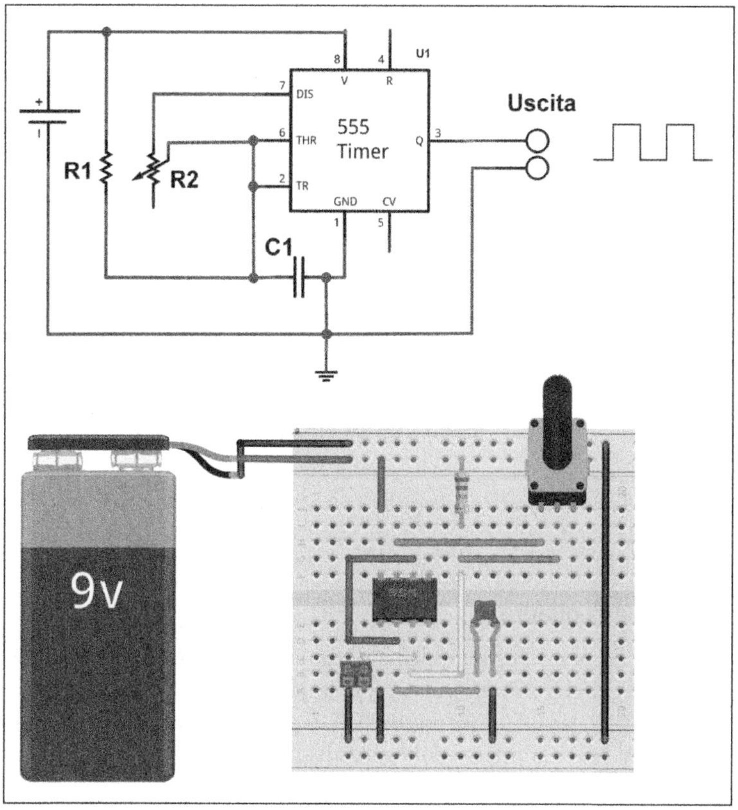

Figura 5.36 Schema elettrico e circuito di un generatore di impulsi a onda quadra con un 555.

Sostituendo i valori come nell'esempio, si avrà:

T1 = 0,693 × (100 + 10) × 47 = 3582,81
T2 = 0,693 × R2 × C = 325,71

La percentuale del duty cycle è il rapporto del tempo T1 e del tempo T2 ed è ricavato dalla formula:

Duty cycle (%) = T1 / (T1 + T2) * 100 = 3582,81 / 3911,52 * 100 = 91,59 %

La formula semplificata per il calcolo della frequenza è la seguente:

frequenza = 1,44 / ((R1 + R2 + R2) × C)

Sostituendo i valori come nell'esempio, si avrà:

frequenza = 1,44 / ((100 + 10 + 10) × 47) = 1,44 / 5 640 = 2,55 × 1000 = 2 550 Hz

All'uscita sul piedino 3 è possibile prelevare il segnale e visualizzarlo con un oscilloscopio. In alternativa, si può collegare un condensatore da 100 nF in serie per disaccoppiare l'uscita e collegarla all'ingresso audio di un impianto audio o dell'amplificatore visto prima.

ATTENZIONE

Se si aumenta l'alimentazione del 555, aumenta anche la tensione del segnale in uscita. Si consiglia di non superare i 6 volt.

Generatore di impulsi a onda triangolare

Nella Figura 5.37 è illustrato il circuito per un generatore di impulsi a onda triangolare, basato sul precedente. In pratica, l'impulso a onda quadra rimane disponibile con un duty cycle del 50% all'uscita 3, ma il condensatore C2 ritarda la rampa di salita e discesa caricandosi e scaricandosi attraverso R2, per cui si ha un'uscita di un'onda triangolare al terminale di C2.

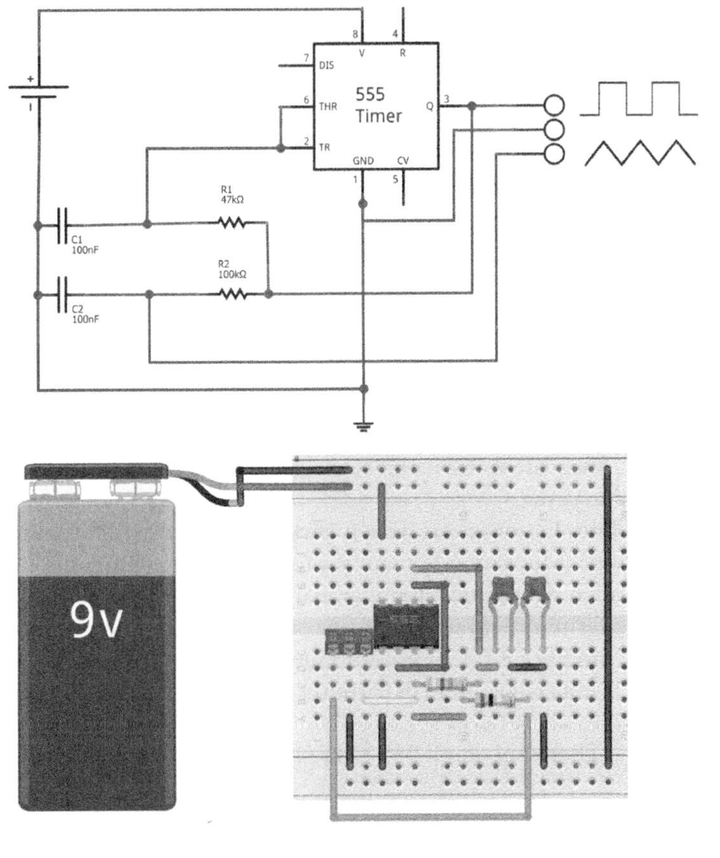

Figura 5.37 Schema elettrico e circuito di un generatore di impulsi a onda quadra e triangolare con un 555.

Anche in questo caso si possono sperimentare varie combinazioni di valori di C1 e C2 per cambiare sia il duty cycle dell'onda quadra sia la rampa dell'onda triangolare.
Elenco componenti per il generatore di impulsi a onda quadra/triangolare:

- U1 = integrato 555;
- C1 = 47 nF;
- C2 = 100 nF;
- R1 = resistore 47 KΩ 1/4 di watt;
- R2 = resistore 100 KΩ 1/4 di watt;
- Alimentazione 5-15 volt DC.

Theremin con il 555 e due fotocellule

Per chi non lo conoscesse, il Theremin è uno dei primi strumenti musicali elettronici e sicuramente il primo strumento senza contatto fisico dell'esecutore. L'inventore russo, translitterato come Leon Termen, presentò in pubblico nel 1919 questo strano strumento basato su oscillatori simili a quelli usati per le prime radio a valvole, dotato di due antenne riceventi per controllare l'intonazione e il volume del suono con il movimento delle mani. Il successo del Theremin fu tale che venne impiegato in numerosi concerti e in produzioni discografiche, così come in colonne sonore di film sci-fi e horror.
Dopo un secolo, il Theremin viene ancora prodotto e distribuito da Moog Music (`http://www.moogmusic.com`) in diversi modelli e grandezze. L'azienda fondata da Robert Moog fu la prima a credere nella commercializzazione di questo strumento fin dagli anni cinquanta. Per la cronaca, il Theremin di Moog Music è da sempre disponibile anche in kit di montaggio fai da te.
Chi invece vuole sperimentare il suono, non proprio come il Theremin professionale, ma prodotto da un semplice circuito integrato e una manciata di componenti, può osservare la Figura 5.38, in cui viene illustrato lo schema elettrico del Theremin, fatto con un 555 e due fotocellule. L'unico problema è che questo Theremin funziona solo se c'è abbastanza luce e non al buio.
L'alimentazione può essere fornita da due pile da 1,5 V per un totale di 3 V, sufficienti a far funzionare il Theremin anche in modalità portatile. Si consiglia di non superare la tensione di 9 volt, per non mandare in uscita un segnale troppo alto nel caso si volesse collegare l'uscita a un amplificatore.
Il fotoresistore LDR1 modifica l'intonazione della forma d'onda, mentre il fotoresistore LDR2 ne controlla il volume. Muovendo le mani sui fotoresistori si sentirà un effetto Theremin abbastanza realistico. Si consiglia di posizionare i due fotoresistori lontani fra loro, in modo da non interferire su entrambi con una sola mano. Volendo cambiare la frequenza del suono, basta modificare C1. Si possono sperimentare varie capacità da 47 nF fino a 1 μF. Si noti che la nota e il volume di partenza vengono stabiliti dalla quantità di luce ambiente.
Lista dei componenti per il Theremin con il 555 e due fotocellule:

- U1 = integrato 555;
- C1 = 47 nF – 1 μF;
- R1 = 3,3 KΩ 1/4 di watt;
- R1 = 33 KΩ 1/4 di watt;

- LDR1 = fotoresistore;
- LDR2 = fotoresistore;
- Alimentazione 3-9 volt DC.

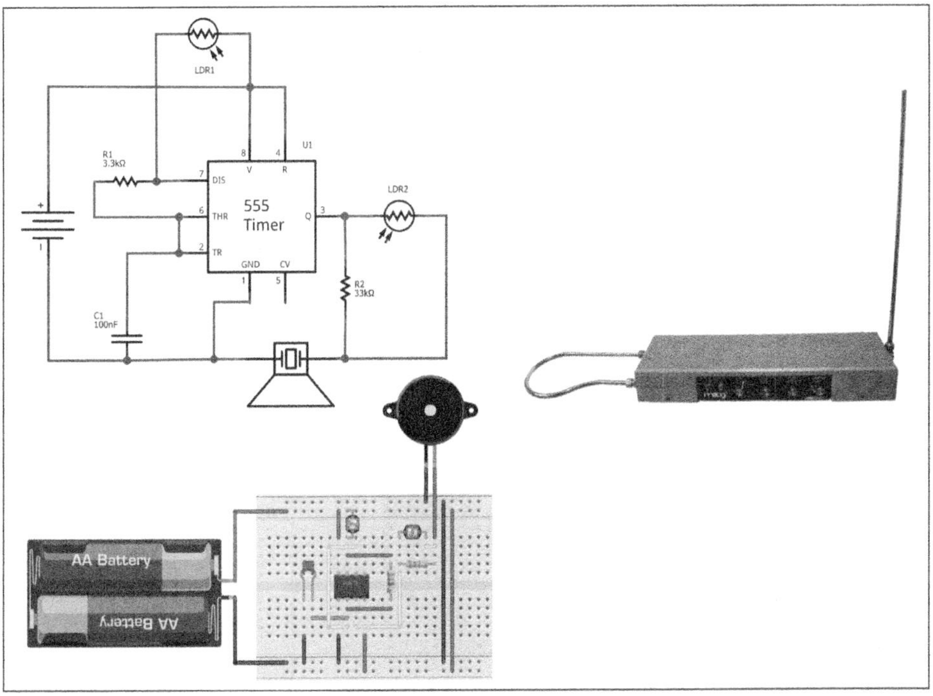

Figura 5.38 Schema elettrico e circuito su breadboard di un Theremin con un 555 e due fotoresistori. A destra, un Etherwave Theremin professionale prodotto da Moog Music.

Timer con il 555

Una peculiarità di un timer come il 555 è quella di fare il... timer. Di tutte le infinite applicazioni possibili, verrà descritta la più semplice.

Quando il 555 è configurato come *multivibratore monostabile* è possibile creare temporizzazioni variabili con l'aggiunta di pochi componenti esterni.

Nella Figura 5.39 è visibile un semplice circuito di un timer regolabile in grado di fornire un livello di uscita con una tensione bassa (come uno "0" logico) e una tensione alta (come un "1" logico).

Quando il pulsante S1 viene chiuso sul piedino Trigger (2), il piedino di uscita (3) attiva il LED dopo che il resistore R2 ha scaricato il condensatore C1. Con il potenziometro R3 si può regolare il tempo di ritardo.

Elenco componenti per il timer:

- U1 = integrato 555;
- C1 = 220 μF;
- R1 = resistore 10 KΩ 1/4 di watt;

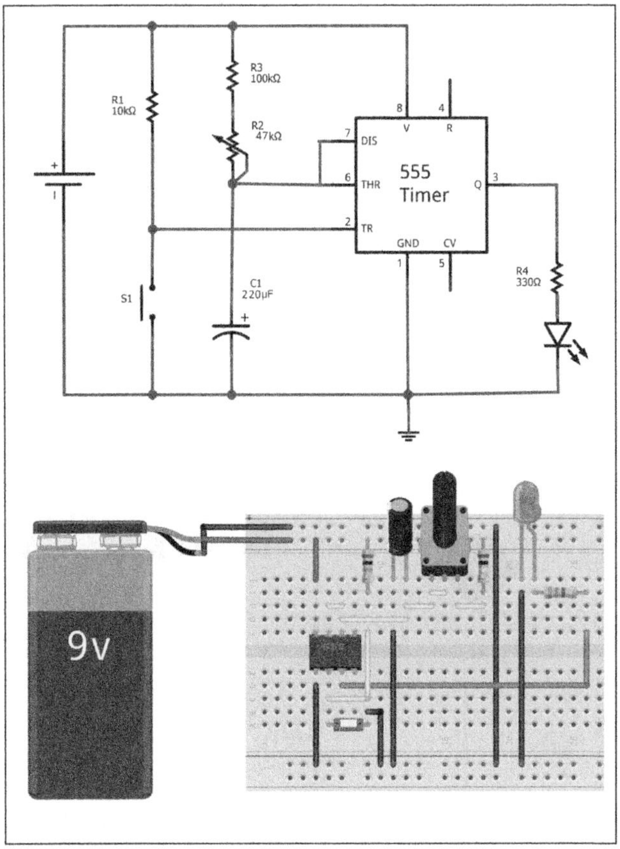

Figura 5.39 Schema elettrico e circuito di un timer con un 555.

- R2 = resistore 100 KΩ 1/4 di watt;
- R3 = potenziometro 47 KΩ;
- R4 = resistore 330 Ω 1/4 di watt;
- S1 = pulsante normalmente aperto;
- Alimentazione 5-15 volt DC.

Con una pressione del pulsante, il timer viene avviato e il LED si accende. Il tempo di spegnimento è proporzionale alla capacità del condensatore elettrolitico e alla resistenza totale del resistore da 100 KΩ in serie al potenziometro da 47 KΩ.
R4 serve solo a limitare la corrente al LED e R1 è un resistore *pull-up*.
La formula semplificata per calcolare il tempo in base alla rete RC è la seguente:

$$t = 1{,}1 \times R \times C$$

dove t = tempo, R e C sono i valori del resistore R2 (100 KΩ), del potenziometro R3 (47 KΩ) e del condensatore C1 (220 µF).

Sostituendo i valori noti (togliendo le migliaia), si avrà:

t = 1,1 × (100 + 0) × 220 = 24.200 millisecondi (24,2 secondi)
t = 1,1 × (100 + 47) × 220 = 35.574 millisecondi (35,5 secondi)

Si noti che i tempi calcolati possono discostarsi leggermente dalla realtà a causa della tolleranza dei resistori e del condensatore. La tolleranza del 10% dei resistori e del 20% dei condensatori può falsare di molto il calcolo. Per un risultato più verosimile si consiglia di misurare con precisione i valori dei resistori e del condensatore.

Lampeggiatore variabile

Quando il 555 è configurato come *multivibratore bistabile* è possibile ottenere un'uscita con due "stati logici" e l'esperimento che viene subito in mente è quello di un lampeggiatore con temporizzazione variabile.
Come si può vedere dalla Figura 5.40, collegando due LED all'uscita (3) del 555 si potrà alternare la loro accensione creando una semplice linea di ritardo RC agli ingressi Trigger (2) e Discharge (7).
Il tempo di accensione e spegnimento globale è determinato dalla capacità di C1, mentre i tempi delle singole accensioni dei LED 1 e 2 vengono stabiliti dai valori di R1 e R2. Se gli intervalli del lampeggio devono essere sempre uguali si consigliano due resistori fissi di valore identico. Se si vogliono intervalli di lampeggio diversi fra loro, si possono usare due resistori diversi o due potenziometri.
I resistori R3 e R4 servono solo a limitare la corrente ai LED. L'alimentazione al 555 deve essere da 5 a 9 volt per non bruciare i LED. Altrimenti è necessario aumentare il valore di R3 e R4.
Lista dei componenti per il lampeggiatore variabile:

- U1 = integrato 555;
- C1 = 100 μF;
- R1 = resistore 10 KΩ 1/4 di watt (o potenziometro);
- R2 = resistore 10 KΩ 1/4 di watt (o potenziometro);
- R3 = resistore 330 Ω 1/4 di watt;
- R4 = resistore 330 Ω 1/4 di watt;
- 2x LED;
- Alimentazione 5-9 volt DC.

Usando due resistori da 10 KΩ e un condensatore da 100 μF si avrà un lampeggio alternato dei LED di circa un secondo: t = 1,1 × 10 × 100 = 1100 millisecondi.

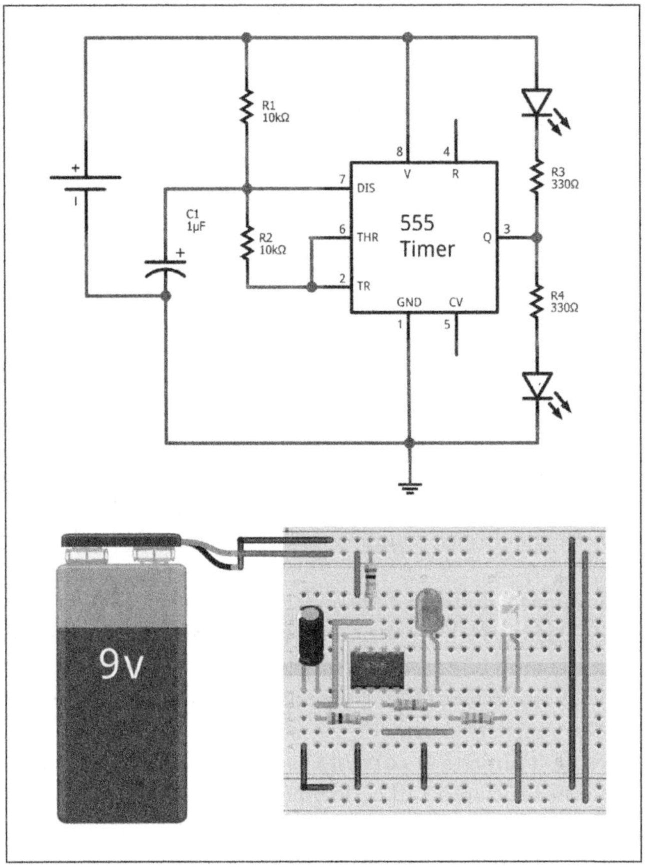

Figura 5.40 Schema elettrico e circuito di un lampeggiatore variabile con un 555.

Circuiti integrati digitali e microprocessori

La differenza sostanziale fra un circuito integrato analogico e uno digitale è il trattamento dei segnali. Mentre un IC analogico tratta la tensione nel dominio della continuità, detta anche linearità, un IC digitale tratta solo due livelli di tensione o stati logici:

- stato logico alto (in inglese, *high*) = livello logico 1 = tensione 5 volt;
- stato logico basso (in inglese, *low*) = livello logico 0 = tensione 0 volt.

Il legame che intercorre fra gli integrati digitali e il mondo dell'informatica è molto stretto. Gli stati logici di un integrato digitale rappresentano quello che in informatica è il concetto di *bit*, ovvero *binary digit* o cifra binaria che dir si voglia.

Gli "uni" e gli "zeri" del linguaggio informatico sono i "cinque volt" e gli "zero volt" dei livelli di tensione dei circuiti logici.

È proprio grazie all'integrazione di circuiti logici sempre più sofisticati che sono nati computer basati su microprocessori sempre più complessi, ovvero su circuiti integrati dotati di milioni di transistor.

Tutto parte dalla matematica più semplice, quella inventata da George Boole (1815 – 1864), un matematico e logico britannico che con la sua "algebra" permise lo sviluppo del calcolo fatto con circuiti elettronici "logici".
L'algebra booleana si basa su semplici regole logiche:

- AND
- OR
- NOT
- NAND
- NOR
- XOR
- XNOR

Porte logiche

In base al concetto booleano, le porte logiche di un circuito integrato funzionano come interruttori "spenti" o "accesi". Per semplificare le cose, di seguito vengono illustrati alcuni esempi relativamente solo alle porte AND, OR e NOT, dato che le altre porte sono derivate da queste tre.
Per far capire la "logica" applicata alla "pratica", basta una semplice simulazione circuitale con un LED e un paio di pulsanti. Per comodità, l'alimentazione viene fornita da un paio di pile da 1,5 V per una tensione complessiva di 3 V, così non servono i resistori di limitazione per i LED.

AND

L'esempio di una porta logica AND è rappresentato nella Figura 5.41a. Ricordiamo che il termine inglese "AND" corrisponde alla congiunzione italiana "E".
Si noti come il LED si accenda solo se il pulsante A "AND" il pulsante B vengono premuti contemporaneamente.
Dall'algebra booleana, viene chiamata *tabella della verità* l'insieme di combinazioni derivanti da un'operazione logica.
Tabella della verità della porta AND con tutte le possibili combinazioni

Pulsante A	**Pulsante B**	**LED**
spento	spento	spento
spento	acceso	spento
acceso	spento	spento
acceso	acceso	acceso

OR

L'esempio di una porta logica OR è rappresentato nella Figura 5.41b. Ricordiamo che "OR" corrisponde alla disgiuntiva italiana "O".
Si noti che il LED si accende se viene premuto il pulsante A "OR" il pulsante B "OR" entrambi i pulsanti A e B vengono premuti contemporaneamente.

Tabella della verità della porta OR con tutte le possibili combinazioni.

Pulsante A	Pulsante B	LED
spento	spento	spento
spento	acceso	acceso
acceso	spento	acceso
acceso	acceso	acceso

NOT

L'esempio di una porta logica NOT è rappresentato nella Figura 5.41c. Ricordiamo che "NOT" corrisponde alla negazione italiana "NON".
Si noti che il LED si accende se il pulsante A viene alzato (il circuito viene aperto), altrimenti il LED rimane spento. La porta NOT inverte l'azione del pulsante, per cui viene chiamata anche porta *inverter*.

Tabella della verità della porta OR con tutte le possibili combinazioni.

Pulsante A	LED
spento	acceso
acceso	spento

Se al posto dei termini *acceso* e *spento* si usano gli stati logici, ovvero i bit *1* e *0*, le tabelle della verità cambiano nel modo seguente.

Porta AND

A	B	Uscita
0	0	0
0	1	0
1	0	0
1	1	1

Porta OR

A	B	Uscita
0	0	0
0	1	1
1	0	1
1	1	1

Porta NOT

A	Uscita
0	1
1	0

Da questo semplice esempio si intuisce quanto stretta sia la connessione con il sistema binario, ovvero il sistema di numerazione usato nel mondo dell'informatica basato esclusivamente su due cifre:

- bit = 1: livello alto (tensione 5 volt);
- bit = 0: livello basso (tensione 0 volt).

Informazione automatica

L'insieme di messaggi espressi come 1 e 0 permette l'interscambio di informazioni che sono codificate in linguaggi. Il termine "informatica" deriva da "informazione automatica" e il suo scopo è quello di stilare linguaggi per la programmazione di circuiti elettronici digitali. Grazie all'informatizzazione dell'elettronica, si possono applicare protocolli di comunicazione, per cui oggi si possono far "parlare" i circuiti digitali usando una serie di "parole" standard.

- bit = 1 bit
- nibble = 4 bit
- byte = 8 bit
- word (2 byte) = 16 bit
- doubleword (4 byte) = 32 bit
- quadword (8 byte) = 64 bit
- octaword (16 byte) = 128 bit

A questo elenco vanno aggiunte tutte le combinazioni intermedie di parole di 10, 12, 20, 24, 40 bit e così via.

La trasmissione e la ricezione dei messaggi fra i dispositivi digitali può avvenire in modalità parallela o seriale a seconda del tipo di periferica o di protocollo usato, come illustrato nella Figura 5.42. Come si può vedere, le parole di dati sono formate da segnali di tensioni a livello alto (5 volt) e livello basso (0 volt). Il canale di comunicazione dei dati viene chiamato in inglese "bus", un po' come fosse un mezzo di trasporto.

Nel bus seriale i dati (bit) vengono trasmessi uno di seguito all'altro, mentre nel bus parallelo i dati procedono contemporaneamente a gruppi paralleli, in base alle linee di comunicazione messe a disposizione dal bus stesso. Il protocollo di comunicazione decide quanti bit devono essere usati per il completamento delle parole.

Per esempio, in una comunicazione seriale a 8 bit, un bit di start serve a iniziare la comunicazione del messaggio, seguono 8 bit di dati (un byte) e un bit di stop, che chiude la comunicazione del messaggio. In base al protocollo di comunicazione usato, i byte di dati possono compiere azioni comando oppure trasportare informazioni relative al comando.

Se si dovesse stabilire o individuare un intervallo di valori utilizzando un segnale di tensione continua, i protocolli di comunicazione sarebbero complicati e comunque poco affidabili. Un esempio fra tutti è l'ormai obsoleto controllo analogico *CV/Gate* (abbreviazione di *Control Volt/Gate*), un protocollo per il controllo di sintetizzatori e altre apparecchiature simili tramite sequencer esterni. La comunicazione dei dati di tensione CV/Gate è a dir problematica, non solo per la scarsa precisione, ma per la dichiarata instabilità dei circuiti analogici che possono cambiare tensione anche solo se un transistor si "scalda" un po'. Per la cronaca, il CV/Gate è stato soppiantato con il molto più efficiente protocollo digitale *MIDI* (*Musical Instrument Digital Interface*) che è basato su una trasmissione seriale digitale a 8 bit. Addirittura le interfacce di conversione da CV/ Gate a MIDI non garantiscono risultati affidabili.

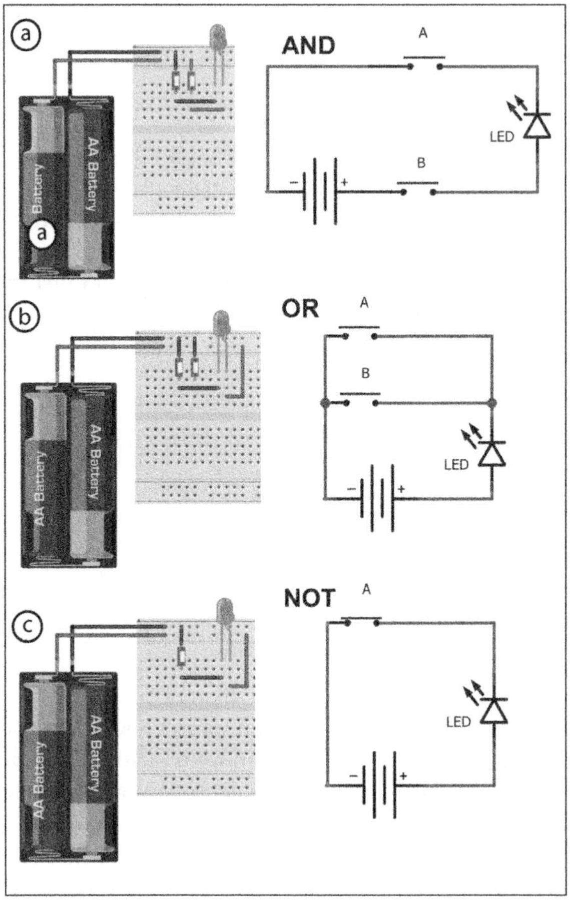

Figura 5.41 Esempio di trasmissione digitale seriale (a) e parallela (b).

Transistor Transistor Logic

Dopo molti tentativi di produrre circuiti "intelligenti" basati sulla tecnologia del pensiero booleano, un'intuizione semplice ma geniale di James L. Buie sfrutta la caratteristica dei transistor di comportarsi come degli interruttori ON (in saturazione) e OFF (in interdizione). Nel 1961, nasce così la porta logica controllata da transistor, ovvero la tecnologia TTL (*Transistor Transistor Logic*). In altre parole, i circuiti integrati iniziano a dialogare fra loro con segnali di 5 volt o di 0 volt.

Prova sul campo

La tecnologia TTL sfrutta particolari configurazioni di transistor, come illustrato nella Figura 5.43, in cui sono visibili alcune simulazioni delle porte logiche fatte con dei semplici transistor.

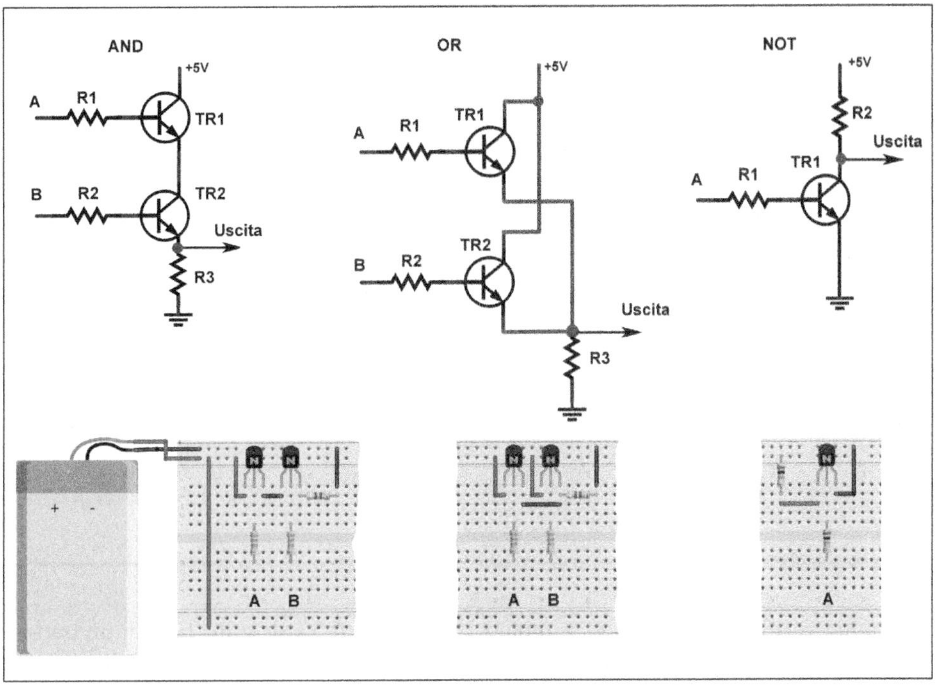

Figura 5.43 Esempio di trasmissione digitale seriale (a) e parallela (b).

Nessuno vieta (anzi, il neofita è fortemente incoraggiato a farlo) di sperimentare questi circuiti per una prova reale di come funzionano le porte logiche.
Elenco componenti porta AND

- TR1 = transistor BC547;
- TR2 = transistor BC547;
- R1 = resistore 33 KΩ 1/4 watt;
- R2 = resistore 33 KΩ 1/4 watt;
- R3 = resistore 470 Ω 1/4 watt;
- Alimentazione = 5V DC.

Applicando ai terminali A e B le tensioni in base alla tabella della verità "AND", si potrà verificare l'uscita con un multimetro.

A	B	Uscita
0	0	0
0	5V	0
5V	0	0
5V	5V	5V

Solo quando si applica la tensione di 5 volt a entrambe le basi dei due transistor si vedrà l'uscita di 5 volt.

Elenco componenti porta OR

- TR1 = transistor BC547;
- TR2 = transistor BC547;
- R1 = resistore 33 KΩ 1/4 watt;
- R2 = resistore 33 KΩ 1/4 watt;
- R3 = resistore 470 Ω 1/4 watt;
- Alimentazione = 5V DC.

Applicando ai terminali A e B le tensioni in base alla tabella della verità "OR", si potrà verificare l'uscita con un multimetro.

A	B	Uscita
0	0	0
0	5V	5V
5V	0	5V
5V	5V	5V

Si potrà verificare che quando si applica la tensione di 5 volt a una base di un transistor o alla base dell'altro transistor o a entrambe le basi, si vedrà l'uscita di 5 volt.
Elenco componenti porta NOT

- TR1 = transistor BC547;
- R1 = resistore 10 KΩ 1/4 watt;
- R2 = resistore 10 KΩ 1/4 watt;
- Alimentazione = 5V DC.

Applicando ai terminali A e B le tensioni in base alla tabella della verità "NOT", si potrà verificare l'uscita con un multimetro.

A	Uscita
0	5V
5V	0

Si potrà verificare che quando si applica la tensione di 5 volt alla base del transistor si vedrà in uscita 0 volt, altrimenti l'uscita sarà 5 volt.

NOTA

Il valore reale in uscita sarà leggermente più basso di 5 V a causa della caduta di tensione dei transistor e dei resistori usati.

Volendo provare i suddetti circuiti di prova senza multimetro, basta collegare all'uscita un LED con un resistore da 330 Ω in serie.

Simboli delle porte logiche

Come per tutti i componenti elettronici, anche per gli IC digitali serve una simbologia chiara che faccia capire subito le caratteristiche del componente.
Nella Figura 5.44 sono illustrati i simboli delle porte logiche più comuni con relative tabelle della verità. Anche se all'inizio possono sembrare difficili da ricordare, con un po' di pratica si potranno riconoscere in uno schema tutti i simboli a colpo d'occhio.

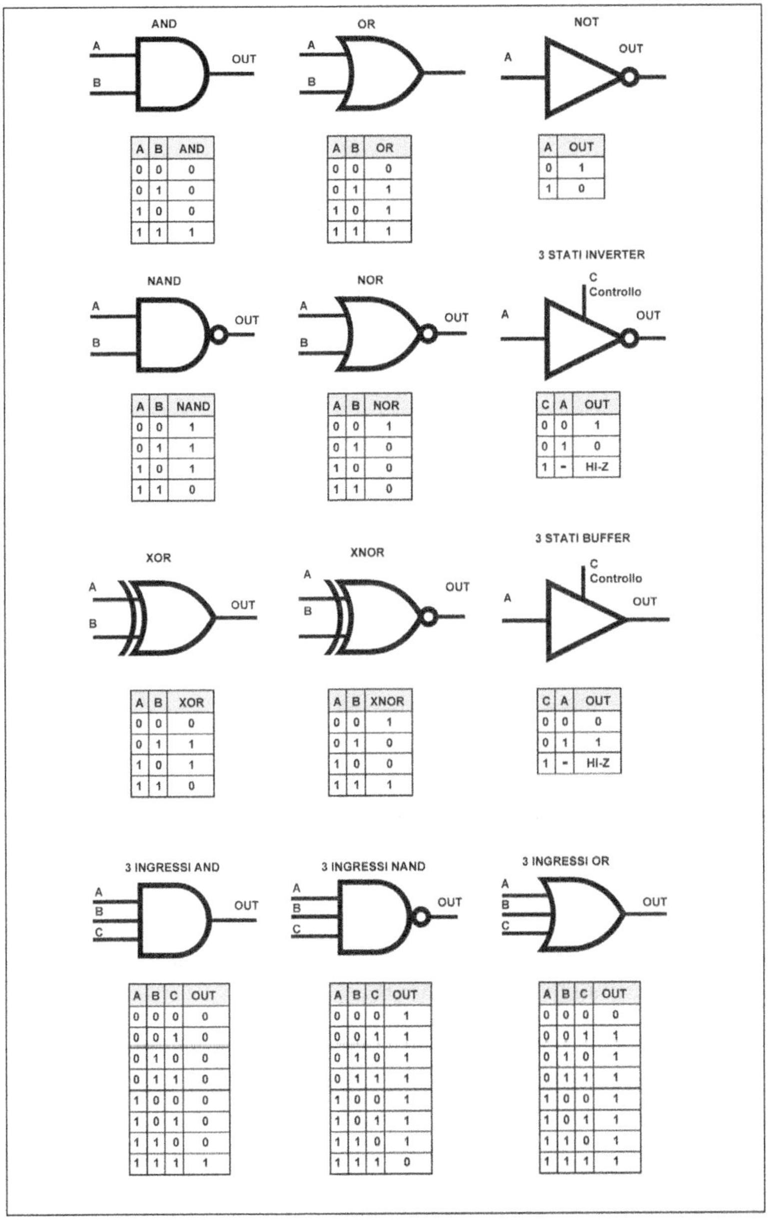

A	B	AND
0	0	0
0	1	0
1	0	0
1	1	1

A	B	OR
0	0	0
0	1	1
1	0	1
1	1	1

A	OUT
0	1
1	0

A	B	NAND
0	0	1
0	1	1
1	0	1
1	1	0

A	B	NOR
0	0	1
0	1	0
1	0	0
1	1	0

C	A	OUT
0	0	1
0	1	0
1	-	HI-Z

A	B	XOR
0	0	0
0	1	1
1	0	1
1	1	0

A	B	XNOR
0	0	1
0	1	0
1	0	0
1	1	1

C	A	OUT
0	0	0
0	1	1
1	-	HI-Z

A	B	C	OUT
0	0	0	0
0	0	1	0
0	1	0	0
0	1	1	0
1	0	0	0
1	0	1	0
1	1	0	0
1	1	1	1

A	B	C	OUT
0	0	0	1
0	0	1	1
0	1	0	1
0	1	1	1
1	0	0	1
1	0	1	1
1	1	0	1
1	1	1	0

A	B	C	OUT
0	0	0	0
0	0	1	1
0	1	0	1
0	1	1	1
1	0	0	1
1	0	1	1
1	1	0	1
1	1	1	1

Figura 5.44 Simboli delle porte logiche.

Si noti che esistono porte con tre ingressi oppure con una porta di controllo. Per esempio, una porta AND, NAND, OR e qualsiasi altro tipo di porta, può essere dotata di un terzo ingresso *C* con il quale decidere il comportamento degli ingressi *A* e *B* in modo più ampio. In altre parole, mentre con due ingressi A e B le combinazioni di bit sono 4 in totale, con l'aggiunta di un terzo ingresso le combinazioni diventano 8.
La porta NOT, oltre a invertire l'uscita, può avere un piedino di controllo per cui l'uscita diventa ad alta impedenza (HI-Z), come nel caso di una porta "buffer a tre stati". Queste porte possono servire a controllare il traffico di dati nelle comunicazioni seriali. Per completezza di informazione, vengono descritte di seguito le porte logiche derivate dalle tre principali porte AND, OR, NOT.Viene tralasciata volutamente la parte pratica, dato che il comportamento è del tutto intuitivo senza bisogno di ulteriori spiegazioni.

Porta NOR

La porta NOR restituisce il valore negativo di una porta OR. In uscita il valore è 1 quando gli ingressi sono 0.

A	B	Uscita
0	0	1
0	1	0
1	0	0
1	1	0

Porta XOR

XOR (si pronuncia ex-or, da *eXclusive OR*). Si tratta di una porta logica che restituisce 1 solo se il valore di un solo ingresso è 1.

A	B	o A o B
0	0	0
0	1	1
1	0	1
1	1	0

Porta XNOR

XNOR (si pronuncia ex-nor, da *eXclusive NOR*). Si tratta di una porta logica che restituisce il valore negativo di una porta XOR. In uscita il valore è 1 solo se il valore degli ingressi è uguale, ovvero entrambi 1 o entrambi 0.

A	B	o A o B
0	0	1
0	1	0
1	0	0
1	1	1

Buffer a tre stati (three-state)

Il terzo pin di controllo di una porta logica di tipo "buffer" o "inverter" può essere pensato come un interruttore che si apre se l'ingresso C è alto e si chiude se l'ingresso C è basso. In questo modo, l'uscita di corrente viene salvaguardata da un valore ad alta impedenza. Quando si inseriscono i buffer o gli inverter a tre stati è per non avere perdite di tensione nelle trasmissioni di dati, soprattutto nelle memorie e nelle CPU.

3 ingressi AND/NAND

Solo a titolo di esempio sono stati raffigurati due simboli per le porte 3 ingressi AND e NAND. L'aggiunta di una porta C consente di sfruttare 8 combinazioni possibili rispetto alle 4 di una porta a due ingressi.

Porta 3 ingressi AND

A	B	C	Uscita
0	0	0	0
0	1	0	0
0	1	1	0
1	0	0	0
1	0	1	0
1	0	1	0
1	1	0	0
1	1	1	1

Porta 3 ingressi NAND

A	B	C	Uscita
0	0	0	1
0	1	0	1
0	1	1	1
1	0	0	1
1	0	1	1
1	0	1	1
1	1	0	1
1	1	1	0

Esistono infinite combinazioni di porte con 3, 4, 5 e 8 ingressi e altre configurazioni particolari. Basti osservare la Figura 5.45 per capire la complessità alla quale possono arrivare le configurazioni delle porte logiche.
Per esempio, sono illustrati alcuni integrati della famiglia 7400 (vedi più avanti).

- *7422*: doppia porta NAND con 4 ingressi
- *7430*: porta NAND con 8 ingressi
- *7413*: doppia porta NAND con 4 ingressi sei inverter Trigger di Schmitt (vedi riquadro)
- *7414*: *Hex Schmitt-Trigger Inverters*, sei inverter Trigger di Schmitt (vedi riquadro)

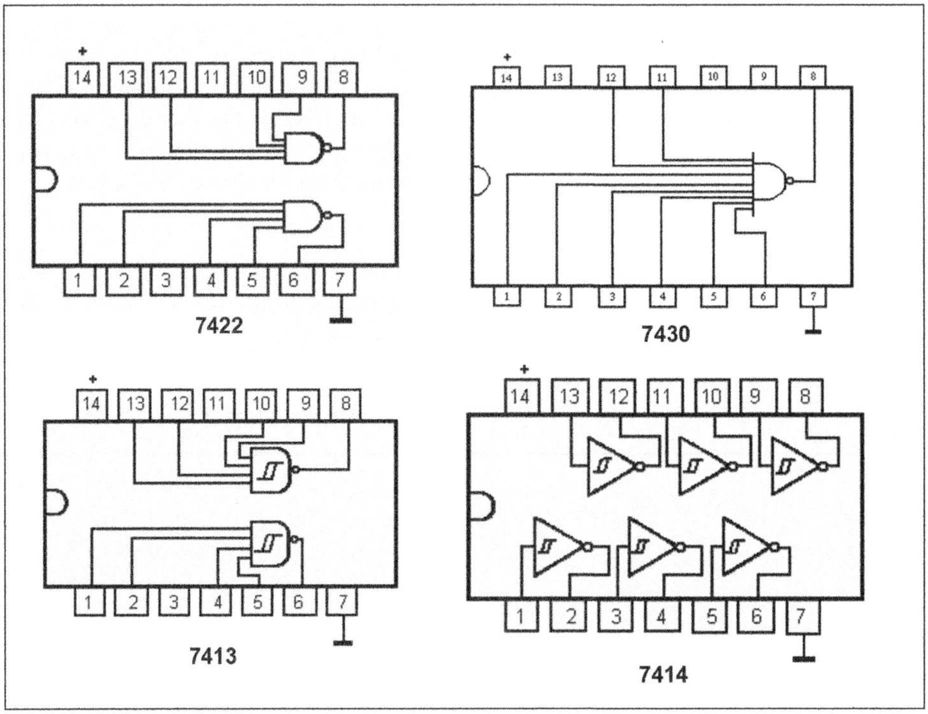

Figura 5.45 Alcuni IC della famiglia 7400 con più ingressi e con trigger di Schmitt.

Trigger di Schmitt

Otto Herbert Schmitt (1913-1998), un inventore tedesco naturalizzato negli Stati Uniti, inventò negli anni trenta questo particolare circuito in grado di rilevare un qualsiasi segnale analogico trasformandolo in un'onda quadra a impulsi, in base a un dato livello di soglia. Nell'uso pratico, il trigger di Schmitt serve a squadrare le forme d'onda continue (analogiche) oppure per rilevare i punti di inizio di una forma d'onda qualsiasi. Spesso si usa il trigger di Schmitt per creare per creare il segnale di clock.

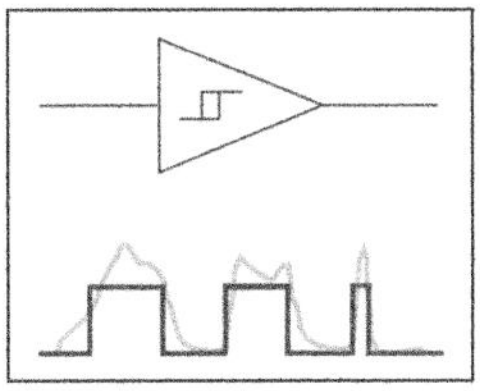

Decimale, esadecimale, binario

Quando si opera nel mondo digitale, diventa estremamente importante saper lavorare con diversi tipi di numerazioni. I numeri impiegati dai circuiti digitali sono distanti dal nostro mondo fatto di dieci dita. È innegabile che, per facilitare i calcoli, viene spontaneo usare il sistema più consono, per cui si è soliti convertire le tabelle della verità in numerazione decimale o esadecimale.
Lavorare con i numeri che rappresentano i byte e i suoi multipli, anziché lavorare sui singoli bit 1 e 0, rende tutto estremamente più semplice.
Per comodità, riportiamo una tabella di conversione binario-decimale-esadecimale delle prime 16 cifre. Si noti che viene usato sempre un nibble per la numerazione binaria.

Binario	**Decimale**	**Esadecimale**
0000	0	0
0001	1	1
0010	2	2
0011	3	3
0100	4	4
0101	5	5
0110	6	6
0111	7	7
1000	8	8
1001	9	9
1010	10	A
1011	11	B
1100	12	C
1101	13	D
1110	14	E
1111	15	F

Esadecimale

Ricordiamo a chi è digiuno di informatica che esadecimale (*hexadecimal*, in inglese) è il sistema basato su 16 cifre anziché 10 cifre del sistema decimale e 2 cifre del sistema binario. Oltre ai 10 numeri da 0 a 9, il sistema esadecimale fa uso delle lettere dell'alfabeto A, B, C, D, E e F, per un totale di 16 cifre.
A seconda dei linguaggi informatici, ci sono vari prefissi o suffissi per distinguere un numero esadecimale. Per esempio: *0x0F*, *#0F090A*, *#A1B*, *%20*, *&H32*, *FEh* e così via. Negli esempi seguenti si userà il prefisso *0x*.
Per convertire un numero esadecimale in un numero decimale basta moltiplicare per 16 ogni fattore elevato alla potenza di riferimento della posizione del fattore.
Per esempio, per un numero esadecimale di due cifre, le potenze posizionali sono 1 e 0:

$0\times12 = (1 \times 16^1) + (2 \times 16^0) = 16 + 2 = 18$ decimale

Per un numero esadecimale di tre cifre, le potenze posizionali sono 2, 1 e 0:
0XF1A = (F × 16^2) + (1 × 16^1) + (A × 16^0) = 3 840 + 16 + 10 = 3 866

NOTA

Un numero elevato a zero è sempre uguale a 1.

Per convertire un numero decimale in un numero esadecimale basta dividere per 16 il numero decimale. La parte intera del quoziente è la prima cifra esadecimale. Poi si sottrae dal numero iniziale il prodotto ottenuto dal quoziente × 16 e il resto è la seconda cifra esadecimale. Se dal resto la cifra è superiore a 15, si procede con un'ulteriore divisione a oltranza fino a trovare i resti con cifre da 0 a F.

Esempio 1
Numero decimale 239
239 / 16 = 14 (esadecimale E)
14 × 16 = 224 => 239 - 224 = 15 (esadecimale F)
Numero esadecimale = 0xEF

Esempio 2
Numero decimale 1012
1012/ 16 = 63 (cifra superiore a 15)
63 / 16 = 3 (esadecimale 3)
3 × 16 = 48 => 63 - 48 = 15 (esadecimale F)
63 × 16 = 1008
1012 - 1008 = 4 (esadecimale 4)
Numero esadecimale = 0x3F4

Binario

Il sistema binario è più semplice perché è basato solo sulle cifre 1 e 0, per cui la conversione va fatta sommando ogni fattore del numero binario moltiplicato per la potenza posizionale di 2. Le potenze posizionali di 2 in un numero binario di 8 bit sono: 7, 6, 5, 4, 3, 2, 1, 0.
Per esempio:
Numero binario 0010 1101

Sostituendo ogni posizione con la potenza di 2, diventa:

0 × 2^7	0 × 2^6	1 × 2^5	0 × 2^4	1 × 2^3	1 × 2^2	0 × 2^1	1 × 2^0
0	0	32	0	8	4	0	1

= 45 (numero decimale)
È consuetudine scrivere i byte e i multipli del byte in nibble di 4 bit, per cui è più facile calcolare un numero binario in esadecimale.
Per esempio:
Numero binario di 8 bit
1001 1100

il nibble di sinistra è 9 in esadecimale
il nibble di destra è C in esadecimale
Convertendo *0x9C* da esadecimale a decimale si otterrà il numero *156* molto più facilmente che eseguire l'operazione dal numero binario:

1×2^7	0×2^6	0×2^5	1×2^4	1×2^3	1×2^2	0×2^1	0×2^0
128	0	0	16	8	4	0	0

= 156 (numero decimale)

Famiglie di IC logici

Esiste una vasta letteratura a proposito delle famiglie di IC logici, per cui vale la pena di collegarsi a Wikipedia per vedere le liste complete delle due famiglie di IC più famose.

Circuiti integrati serie 7400

La serie 7400 è la prima famiglia di IC logici in ordine di tempo. Ha permesso lo sviluppo dei primi computer fin dagli anni sessanta e di una serie infinita di dispositivi digitali per il mercato consumer. Per esempio, si possono trovare all'interno del primo home computer commerciale Commodore 64, a fare compagnia al microprocessore MOS 6510 e alle memorie TMM4164.
La serie 7400 è nata con transistor bipolari in configurazione TTL. Essendo limitati nelle prestazioni e nei consumi elevati a causa di un ristretto intervallo di tensione, tipicamente da 3,5V a 5,5V, vennero prodotti integrati 74xx con tecnologia CMOS (*Complementary Metal Oxide Semiconductor*) per estendere l'intervallo di tensione da 3 fino a 15V.
Negli anni, le sigle degli integrati della serie 7400 si sono diversificate in base al produttore e alla tecnologia di volta in volta usata per migliorare le prestazioni o per distinguere la destinazione d'uso e per la compatibilità CMOS. Quindi, si possono spesso confondere le caratteristiche dello stesso integrato, se non si ha disposizione il datasheet specifico. Fortunatamente oggi basta digitare in un motore di ricerca una sigla di un qualsiasi integrato per trovare il suo datasheet.

Tabella di alcune sigle fra le più comuni

TTL	74*xx*: tipico TTL standard senza lettere
	74LS*xx*: Low Power Schottky (vedi riquadro)
	74ALS*xx*: Advanced Low Power Schottky
CMOS	74C*xx*: CMOS 3-15V
	74HC*xx*: High speed CMOS
	74HCT*xx*: High speed, compatibile TTL

Tabella di alcune sigle di produttori

SN	Texas Instruments
DM	National Semiconductor
MM	Fairchild Semiconductor

Per esempio, la sigla *SN74LS245N* significa:

SN = prodotto da Texas Instruments
74 = TTL
LS = Low Power Schottky
245 = numero della serie
N = package plastico

L'eventuale presenza del suffisso N alla fine della sigla significa che il package è plastico. Il suffisso DW indica il package con montaggio SMD.
Nella Figura 5.46a sono visibili due storici integrati della serie 7400:

- 7400 – 4 porte NAND, il primo prodotto della serie;
- 7411 – 3 porte AND con tre ingressi.

NOTA

La serie 7400 è per uso commerciale e civile con temperatura di esercizio da 0 a 70 °C. Gli stessi integrati per uso militare iniziano con il prefisso 54, per esempio SN5407, con temperatura di esercizio da -55 a 125 °C.

Diodo Schottky

Il fisico tedesco Walter Schottky (1886-1976) inventò il diodo che prese il suo nome. Il diodo Schottky è in grado di fornire un'alta velocità di commutazione grazie alla sua bassa tensione di soglia. Come è noto, la corrente che scorre attraverso un normale diodo al silicio provoca una leggera caduta di tensione intorno ai 0,6-0,7 volt. Nel diodo Schottky questa caduta di tensione è intorno ai 0,15-0,45 volt, permettendo così una più elevata velocità di commutazione. Per questo motivo, i diodi Schottky sono stati impiegati principalmente nella produzione di circuiti integrati TTL della serie 7400 per cercare di migliorarne le prestazioni.

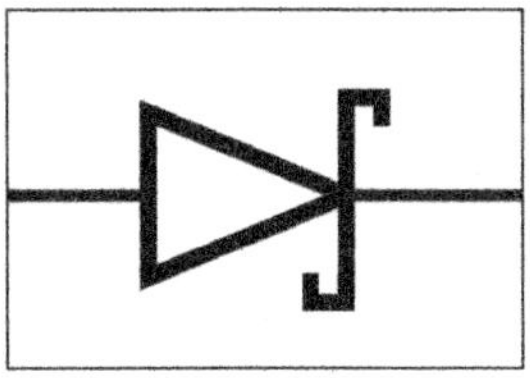

Circuiti integrati serie 4000

Gli integrati della serie 4000 nascono implementando già la tecnologia CMOS e vennero introdotti dalla RCA per essere più versatili e più performanti della serie 7400. La serie 4000 ha il vantaggio di ridurre i consumi e ha di default una più ampia gamma di tensioni di alimentazione (da 3V a 15V).
In seguito, il sistema di denominazione degli integrati adottato da RCA cambiò in CA per l'analogico e CD per il digitale. La numerazione degli integrati non ha mai però

seguito lo standard di numerazione di Texas Instruments della serie SN7400, anche se talvolta gli integrati sono simili nella componentistica interna.
Nella Figura 5.46b sono visibili due storici integrati della serie 4000:

- 4000 – due porte NOR tre ingressi più una porta inverter, il primo prodotto della serie;
- 4011 – 4 porte NAND.

È curioso notare che, nonostante la diversità di numerazione e di caratteristiche, l'integrato 7400 sia molto simile al 4011. Forse si potrebbe anche usare come alternativa ed è per questo motivo che ci accingiamo a sperimentarlo nel prossimo paragrafo.
Si noti che le sigle degli integrati usati negli esperimenti sono senza suffissi o prefissi di alcun genere, pertanto si possono usare indifferentemente integrati LS, HC e con altre lettere intermedie. Per esempio, l'integrato 7400 può essere siglato SN74LS00, SN74H00, 54S00 e l'integrato 4011 può essere siglato CD4011, CD4011B, HEF4011B, MC14011BCP e così via.

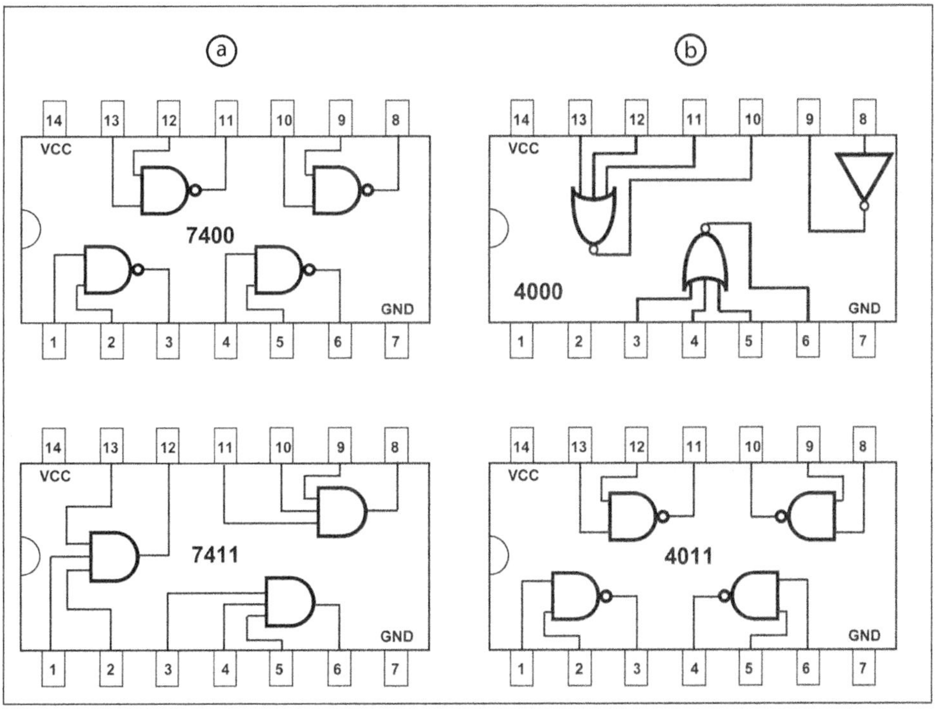

Figura 5.46 (a) Due storici IC della famiglia 7400. (b) Due storici IC della famiglia 4000.

Cosa si può fare con quattro porte NAND?

Riguardando la Figura 5.46 si può notare come circuiti integrati 7400 e 4011 evidenzino la disposizione molto simile delle quattro porte NAND. Una versione Flatpack 7400FC ha addirittura tre porte su quattro porte disposte con la stessa piedinatura del 4011.
Ma cosa si può fare con quattro porte NAND? Innanzitutto, non dimentichiamo che all'interno dei circuiti integrati ci sono sempre dei transistor. Quindi, senza bisogno di

fare calcoli per la polarizzazione o altre elucubrazioni, si può pensare di usare le porte logiche come "porte di transistor".
Il bello è che di solito non servono molti componenti esterni. Con una manciata di componenti esterni si possono realizzare semplici circuiti senza fatica e sicuramente funzionanti.

Generatore di onda quadra con 7400

Osservando il circuito della Figura 5.47 è facile capire che se immettiamo 0 volt contemporaneamente all'ingresso di una porta NAND, dovremmo ritrovarci 5 volt in uscita della stessa porta.Viceversa, se immettiamo 0 volt agli ingressi, dovremmo ritrovarci 0 volt in uscita. Quindi, l'idea è quella di usare tre porte NAND sfasando la loro tensione di ingresso con una rete RC per ottenere un oscillatore a onda quadra a sfasamento. Non solo, vogliamo anche che sia a frequenza e duty cycle variabili. Con due potenziometri calibrati per ottenere frequenze udibile, possiamo anche collegare direttamente un piccolo altoparlante in uscita.
Elenco componenti per il generatore di onda quadra con IC 7400:

- U1 = integrato 7400;
- C1 = 47 nF – 1 μF;
- R1 = potenziometro 4,7 KΩ lineare;
- R2 = potenziometro 4,7 KΩ lineare;
- R3 = resistore 3,3 KΩ 1/4 di watt;
- Alimentazione 5 volt DC;
- Alimentazione 3-15 volt DC con la versione 74C00 (CMOS).

Con il potenziometro R1 si può modificare la larghezza di impulso mentre il potenziometro R2 regola la frequenza. Il condensatore C1 imposta la frequenza di base che viene calcolata in base a quanto spiegato di seguito. R3 serve a limitare la corrente nel caso si voglia collegare l'uscita a un amplificatore.

Frequenza dell'oscillatore

Il tempo di ritardo di una porta logica è il tempo trascorso tra un cambiamento di stato dell'ingresso con conseguente cambiamento dello stato dell'uscita. Il tempo di transizione di solito viene riportato nel datasheet come parametri "tplh" e "tphl", ovvero come *time of propagation*, tempo di propagazione da *high* a *low* e da *low* a *high*. Nel nostro caso, il tp medio è di 10 ns.
Si consiglia di usare una frequenza massima dell'oscillatore al valore pari alla metà del prodotto "tp" con il numero di porte usate. Essendo in questo caso tre le porte usate, la formula sarà:

(1 / tp * 3) / 2

con tp = 10 ns si avrà:

(1 / 30 ns) / 2 = (1 / 0,00000003) / 2 = 16,65 MHz (frequenza)

Questa è la frequenza massima dell'oscillatore che potrebbe essere prodotta con un ponte RC.Volendo una frequenza udibile in uscita, il tempo di carica e scarica del condensatore dovrà essere calcolato per un tempo di 2 ms pari a 1 kHz.
Per esempio:

frequenza f = 1000 Hz = 0,001 s = 1 ms

La formula semplificata per trovare la frequenza f di oscillazione dell'onda quadra in base a R e C è la seguente:

$f = 1 / 2{,}2 \times R \times C$

quindi

$C = 1 / 2{,}2 \times R \times f$

Esempio 1:

con R = 1 KΩ
con f = 1000 Hz

si avrà:

$C = 1 / (2{,}2 \times 1) \times 1000 = 454$ nF (si userà 470 nF)

Esempio 2:

con R = 1 KΩ
con f = 2000 Hz

si avrà:

$C = 1 / (2{,}2 \times 1) \times 2000 = 227$ nF (si userà 220 nF)

Si noti che la frequenza raddoppia dimezzando il valore del condensatore.
Per ottenere una frequenza radio non udibile:

con R = 100 KΩ
con f = 2 MHz

si avrà:

$C = 1 / (2{,}2 \times 100) \times 2.000.000 = 0{,}0022$ nF (si userà 2,2 pF)

In questo caso, serve misurare l'uscita con un oscilloscopio fino a 10 MHz. Si noti che i valori di frequenza effettivi che si potranno misurare, saranno approssimativi per effetto dell'arrotondamento dei valori standard dei condensatori e della tolleranza dei resistori.

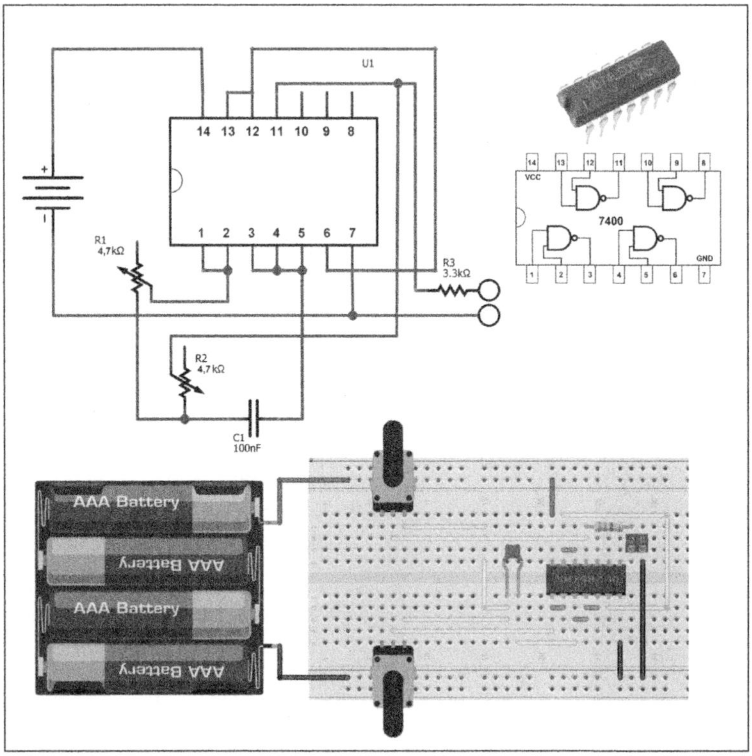

Figura 5.47 Schema elettrico e layout di un generatore di onde quadre variabile con un 7400.

Generatore di onda quadra con 4011

Il circuito è simile al precedente, solo che verrà usato un 4011 anziché un 7400. Il test serve a capire fino a che punto possono essere compatibili o intercambiabili i due circuiti. Nella Figura 5.48a è illustrato lo schema del generatore di onda quadra fatto con l'integrato 4011. Si noti innanzitutto che vengono usate due porte NAND e che l'alimentazione può essere elevata fino a 15 volt.

Una volta provato il collegamento a un oscilloscopio, si vedrà una migliore forma d'onda quadra rispetto a quella prodotta dal 7400. Probabilmente i transistor MOSFET del 4011 fanno il loro dovere meglio dei BJT del 7400.

Elenco componenti per il generatore di onda quadra con IC 4011:

- U1 = integrato 4011;
- C1 = 22 nF – 330 nF;
- R1 = potenziometro 4,7 KΩ lineare;
- R2 = potenziometro 4,7 KΩ lineare;
- R3 = resistore 3,3 KΩ 1/4 di watt;
- Alimentazione 5 volt DC.

Con il potenziometro R1 si può modificare la frequenza, mentre il potenziometro R1 regola leggermente il fronte dell'onda (più o meno ripido. Il condensatore C1 imposta la frequenza di base che viene calcolata in base a quanto spiegato nel paragrafo precedente. R3 serve a limitare la corrente nel caso si voglia collegare l'uscita a un amplificatore.

Doppio generatore di onda quadra con 4011

Avendo a disposizione ancora due porte NAND, nella Figura 5.48b è visibile anche la versione che sfrutta le altre due porte per un secondo generatore con uscita separata e controllabile in modo autonomo. I componenti sono identici al primo generatore.
In uscita si potranno avere due forme d'onda completamente autonome per poter gestire la diagnostica su due tracce separate di un oscilloscopio, per esempio.

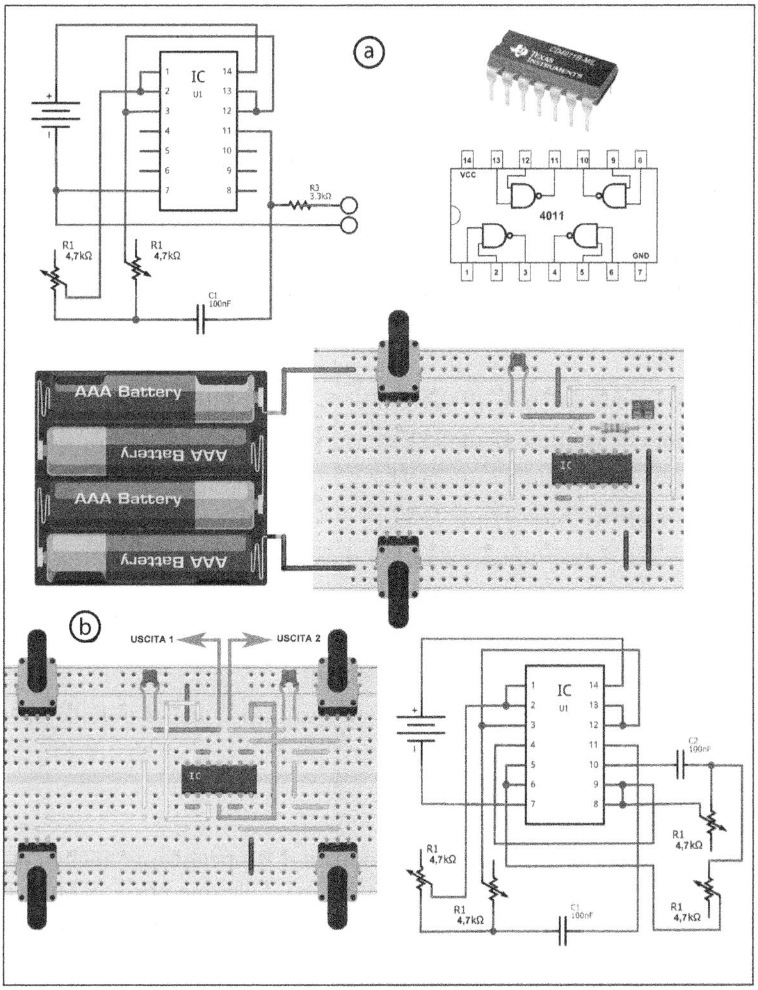

Figura 5.48 Schema elettrico e layout di un generatore di onde quadre variabile con un 4011 (a). In basso, la versione con doppia forma d'onda e due uscite separate (b).

ATTENZIONE: SCHEMA ELETTRICO ALTERNATIVO

Dopo aver fatto pratica con gli schemi elettrici e pratici per il montaggio degli IC logici, è giunto il momento di introdurre lo schema alternativo, quello che di solito si trova pubblicato in libri, riviste, Internet e così via.
Lo schema elettrico alternativo illustra solo le porte logiche e i loro collegamenti con l'esterno. Un motivo non trascurabile per imparare a leggere questi schemi è che, in mancanza di un integrato logico specifico, si può pensare di utilizzare un integrato simile che abbia le stesse porte logiche (o quasi), ma non la stessa piedinatur,a per poterlo adattare al circuito, come nel caso del lampeggiatore descritto di seguito.

Lampeggiatore con 7400

Con le quattro porte NAND di un 7400 si possono realizzare dei semplici timer come questo lampeggiatore con quattro LED.
Seguendo lo schema elettrico (presentato in modo alternativo rispetto a prima) e adattando i collegamenti alle quattro porte NAND di un 4011, si ottiene lo stesso risultato.
Il circuito di Figura 5.49 evidenzia come sfruttare il tempo di carica-scarica di quattro condensatori elettrolitici per impostare il lampeggio alternato di quattro LED. Essendo quattro porte autonome, si possono stabilire con quattro potenziometri anche tempi diversi di lampeggio con durate che vanno da pochi millisecondi a qualche secondo, aumentando la capacità del condensatore o la resistenza dei potenziometri.
Elenco componenti per il generatore di onda quadra con IC 4011:

- U1 = integrato 7400;
- C1 = condensatore elettrolitico 47 μF 25 VL;
- C2 = condensatore elettrolitico 47 μF 25 VL;
- C3 = condensatore elettrolitico 47 μF 25 VL;
- C4 = condensatore elettrolitico 47 μF 25 VL;
- R1 = R2 = R5 = R6 = resistore 3,3 KΩ 1/4 di watt;
- R3 = R4 = R7 = R8 =resistore 330 Ω 1/4 di watt;
- 4 × LED;
- Alimentazione 5 volt DC (3-15 V in caso di 74C00);
- In alternativa, R1, R2, R5, R6 possono essere sostituiti con dei potenziometri lineari da 4,7 KΩ.

Lampeggiatore con 4011

Adattando il circuito del 7400 è possibile far funzionare il lampeggiatore anche con il 4011. Bisogna solo fare attenzione alla piedinatura diversa delle due porte NAND del 4011, che sono invertite. Per cui, gli ingressi 4-5 e 9-10 della figura diventano rispettivamente 5-6 e 8-9, mentre le uscite da 6 e 8 diventano rispettivamente 4 e 10.
Oltre a questo, bisogna cambiare i LED di limitazione della corrente ai LED da 330 Ω a 560 Ω e anche più se necessario, in base all'alimentazione dell'integrato. Se a 5 volt di alimentazione, i LED si spengono, significa che è insufficiente la corrente per l'eccessivo assorbimento.

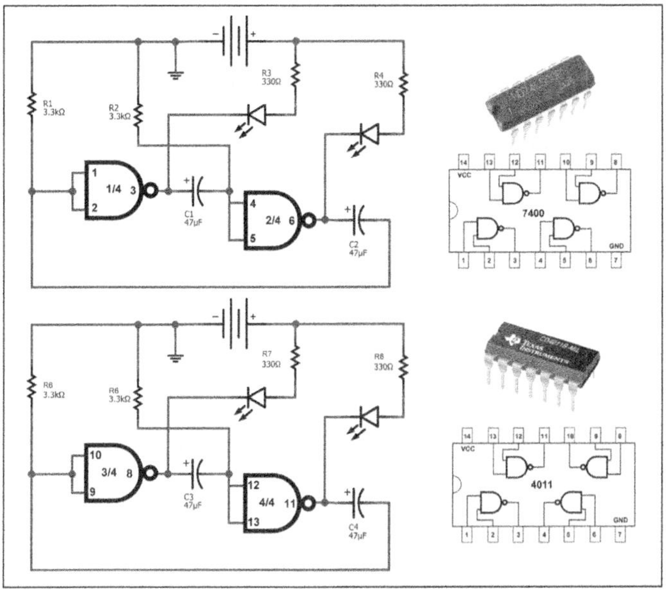

Figura 5.49 Schema elettrico di un lampeggiatore con un 7400 e quattro LED e piedinatura del 4011 per, eventualmente, adattare il circuito.

Simulazione logica

Nella progettazione di un circuito logico, l'aspetto più importante, prima della prova reale su banco, è la simulazione delle porte logiche. Per quanto bravi possiamo essere a pensare alle mille probabilità logiche, un buon simulatore fa capire meglio e subito dove potremmo aver sbagliato. Fra i tanti prodotti open source dedicati all'argomento, citiamo *Logic Gate Simulator*, uno strumento software studiato per sperimentare, ma anche per insegnare l'uso delle porte logiche.

Il software è per Windows ed è stato progettato e viene mantenuto da Steve Kollmansberger presso il suo sito `http://www.kolls.net/gatesim`.

Il simulatore è stato originariamente progettato per gli studenti del South Puget Sound Community College, ma è libero per chiunque lo voglia utilizzare e modificare sotto licenza GPL v3.

Logic Gate Simulator è un simulatore molto facile da usare e bastano tre minuti del video dimostrativo per capire come funziona. Una volta trascinate le porte logiche nell'area di lavoro basta collegare gli ingressi porte logiche a pulsanti di attivazione o generatori clock e le uscite a LED o display.

Si possono creare circuiti personalizzati in modo da riutilizzarli nei vari progetti. Oltre alle porte logiche di default, fra le varie opzioni sono disponibili Input e Output con visualizzazione personalizzata del numero di bit e un generatore di clock a onda quadra con impulso variabile. Una volta avviata la simulazione, il percorso dei segnali è visibile in tempo reale, con velocità e zoom regolabili a piacere.

Per scopi didattici è possibile anche esportare il file in formato immagine, come quello rappresentato nella Figura 5.50 di una simulazione di porte AND con clock e display dei bit uscita.

Alcuni progetti simili:
Cedar Logic – open source per Windows `http://cedarlogic.scienceontheweb.net/`
LogiSim – open source per Linux `http://logisim.sourceforge.net/`
QUCS – open source per Windows, Ubuntu e OSX `http://qucs.sourceforge.net/`
Logicly – commerciale per Windows, Linux e OSX `http://logic.ly/`

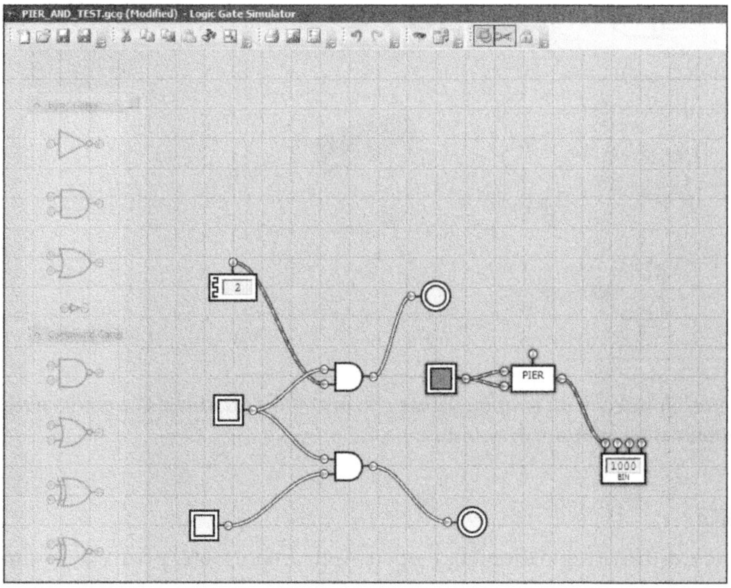

Figura 5.50 Simulazione fata con Logic Gate Simulator (http://www.kolls.net/gatesim).

Multiplexing e Charlieplexing

In elettronica, il termine *Multiplexing* (tradotto in italiano come "multiplazione") si riferisce a una tecnologia basata su circuiti chiamati *multiplexer*. Questi circuiti sono in grado di produrre uscite multiple da un segnale singolo.
In pratica, un multiplexer con tre o quattro ingressi può codificare i bit in modo tale da rendere disponibili "n" uscite.
Il *Charlieplexing* è una tecnica proposta all'inizio del 1995 da Charlie Allen della nota azienda *Maxim Integrated*, quella del famoso integrato MAX232, usato per gestire segnali digitali su protocollo seriale RS232. La tecnica di Charlieplexing viene impiegata per display basati su circuiti multiplexer per la gestione di matrici di "n" LED, anche di dimensioni gigantesche per stadi, teatri o grandi eventi.

Circuiti multiplexer e contatori

Dei moltissimi circuiti logici specializzati per il multiplexing ne verranno illustrati solo alcuni espressamente specializzati nella gestione di LED e display a 7 segmenti. Sono tutti a 16 piedini DIP e sono fra i più facili da gestire:

- CD4026: CMOS Decade Counter Divider (similare CD4033)
- CD4051, 74HC/HCT4051: 8-channel analog multiplexer/demultiplexer

- CD4511, 74HC/HCT4511: BCD-to-7 Segment Latch/Decoder/Driver

È curioso notare che alcuni integrati specializzati in multiplexing delle famiglie 4000 e 7400 riportino spesso la piedinatura identica, oltre a essere compatibili CMOS. Per comodità, la piedinatura dei tre integrati viene riportata nella Figura 5.51.

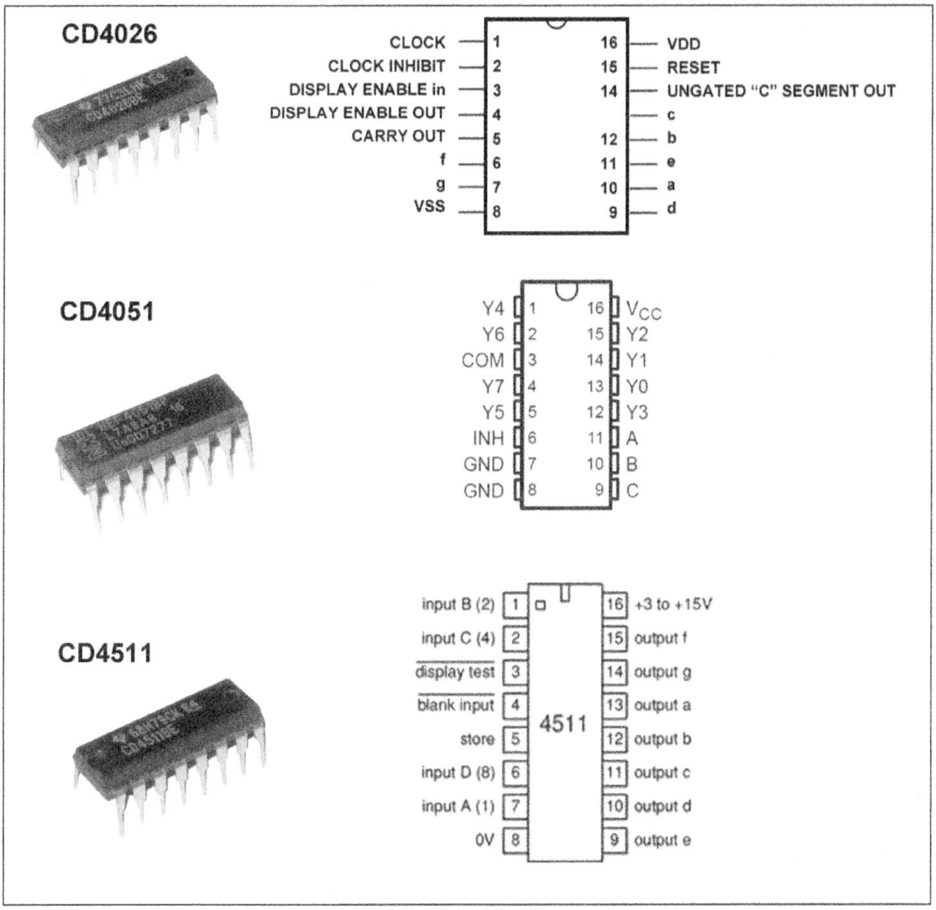

Figura 5.51 Gli integrati CD4026, CD4051, CD4511 e relativa piedinatura.

Contatore con CD4026

Il circuito è volutamente semplice per poter sperimentare un timer 555, considerato il fatto che il CD4026 è classificato come un *Decade Counter Divider* e possiede già al suo interno un driver per display a 7 segmenti.

È sufficiente osservare la Figura 5.52a per capire quanto facile sia la connessione a un display a 7 segmenti. Significa che, una volta collegati i piedini dell'integrato ai segmenti del display, è sufficiente mandare in ingresso un segnale di clock per attivare il conteggio da 0 a 9.

Il circuito del timer è identico a quello descritto nell'esperimento del Timer con il 555. Premendo il pulsante S1 di tipo normalmente aperto, si attiverà il LED e inizierà il conteggio. Il contatore visualizzerà il numero di attivazioni del timer, ovvero l'inte-

grato riceverà un impulso sul piedino 1 (clock) quando il timer attiva i LED. Essendo il contatore ciclico, una volta arrivato a 9, riparte da 0. Si otterrebbe lo stesso risultato mettendo il clock a massa e attivandolo con un tensione di 5 volt.
La piedinatura del CD4026 è riportata nella Figura 5.51 e si può notare come l'integrato sia già predisposto per pilotare il display a 7 segmenti. Bisogna solo fare attenzione di far combaciare i piedini contrassegnati con a, b, c, d, e, f, g con i corrispondenti piedini del display.
La Figura 5.52b illustra la piedinatura di un tipico display a 7 segmenti tipo FND. Nel caso non si trovasse il display di questo tipo, ma se ne trova uno recuperato da qualche scheda o qualche banchetto di surplus di cui però non si conosce la piedinatura, la si può sempre trovare provando ad alimentare i piedini uno alla volta e segnando la mappatura dei segmenti a, b, c, d, e, f, g. Per conoscere la sua polarità, provare ad alimentare il display sconosciuto prima con una tensione positiva (anodo comune) o negativa (catodo comune). Di solito, in un display con 10 piedini, l'alimentazione è sul piedino numero 3. Se il display si illumina troppo con 5 volt, mettere in serie un resistore da 330-470 Ω all'alimentazione positiva o negativa per ridurre la luminosità.
Elenco componenti del contatore con CD4026:

- U1 = integrato CD4026;
- Display 7 segmenti tipo FND a catodo comune;
- U2 = integrato 555;
- C1 = 47 – 220 μF (anche di più per tempi più lunghi);
- R1 = resistore 10 KΩ 1/4 di watt;
- R2 = resistore 100 KΩ 1/4 di watt;
- R3 = potenziometro 47 KΩ lineare;
- R4 = resistore 330 Ω 1/4 di watt;
- S1 = pulsante normalmente aperto;
- Alimentazione 5 volt DC (non usare una tensione superiore).

Contatore automatico con CD4026

Un circuito di conteggio automatico si ottiene spostando solo pochi elementi del timer, come illustrato nella Figura 5.53a. Basta collegare il piedino 2 al 6 ed entrambi al condensatore elettrolitico da 47 μF e cambiare il resistore da 100 KΩ con uno da 10 KΩ per il piedino 7. Tutto il resto rimane invariato. Ruotando il potenziometro si vedrà il conteggio da 0 a 9 sul display a 7 segmenti. Anche il LED rimarrà acceso.
Elenco componenti del contatore automatico con CD4026:

- U1 = integrato CD4026;
- Display 7 segmenti tipo FND a catodo comune;
- U2 = integrato 555;
- C1 = 47;
- R1 = potenziometro 47-100 KΩ lineare;
- R2 = resistore 10 KΩ 1/4 di watt;
- R3 = resistore 330 Ω 1/4 di watt;
- Alimentazione 5 volt DC (non usare una tensione superiore).

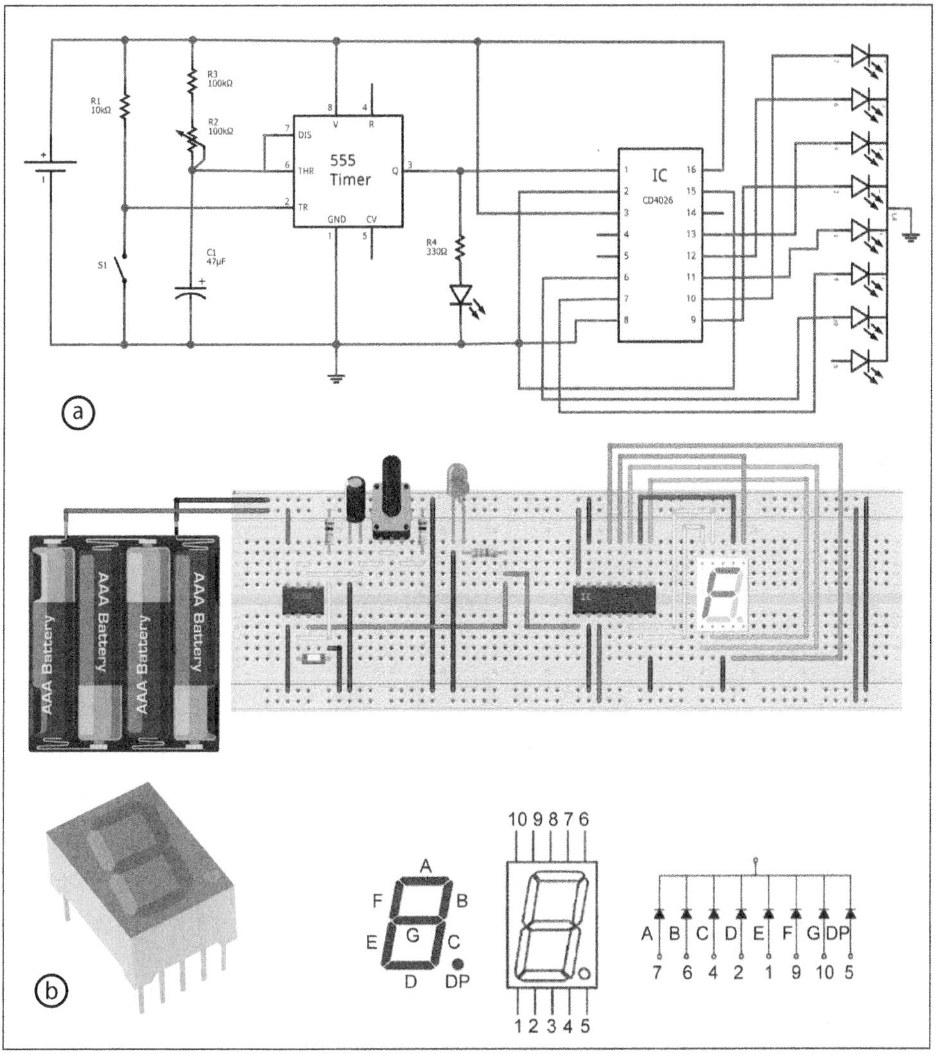

Figura 5.52 (a) Schema elettrico e su breadboard di un contatore con un integrato CD4026 e un timer 555. (b) Piedinatura del display a 7 segmenti tipo FND.

Contatore automatico con due CD4026

A questo punto la domanda sorge spontanea: come si fa ad avere un conteggio con due o tre cifre? Niente di più semplice. Basta mettere in cascata due o più CD4026 collegati ad altrettanti display a 7 segmenti.

Collegando il piedino 1 (*clock*) del secondo integrato al piedino 5 (*carry out*) del primo integrato, quando il conteggio del primo integrato arriva a 9, la cifra del display collegato al secondo integrato aumenta automaticamente di uno. In pratica, impostando il timer 555 a circa un secondo (R2 = 22 KΩ, C1 = 47 µF) si vedranno avanzare i secondi nel primo display e avanzare la cifra del secondo display ogni 10 secondi. Ogni 90 secondi il ciclo ricomincia da zero.

Nella Figura 5.53b è illustrato lo schema di collegamento del secondo display a 7 segmenti collegato a un CD4026. Per tre o più cifre basta replicare il circuito e mettere in cascata gli integrati come spiegato prima. L'alimentazione 5 V è comune a entrambi i circuiti.

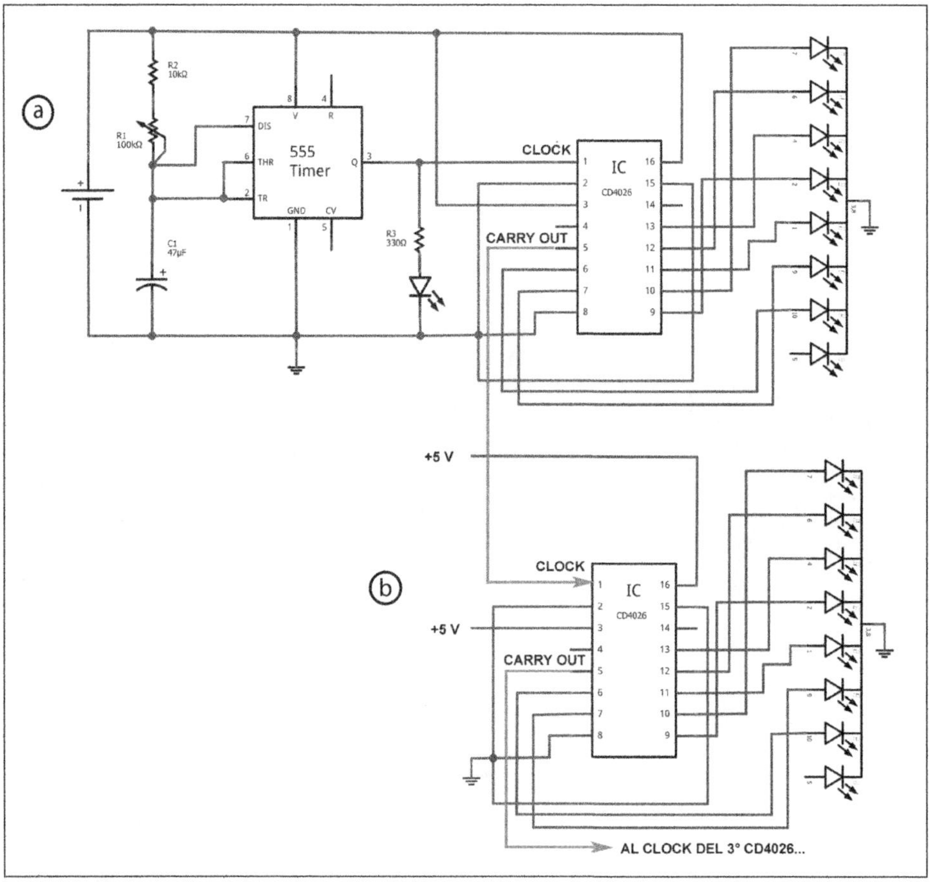

Figura 5.53 (a) Schema elettrico di conteggio automatico con un CD4026 e un display a 7 segmenti. (b) Schema elettrico di conteggio automatico del secondo display a 7 segmenti.

LED sequencer con CD4051

L'integrato CD4051 è disponibile anche come 74HC4051 e 74HCT4051 con la stessa piedinatura.

Il circuito descritto nella Figura 5.54 è di un semplice sequencer (chiamato anche sequenziatore) di LED, ma potrebbe essere adattato per un impianto luci di potenza oppure impiegato come generatore di funzioni programmabili.

L'idea di base è quella di sperimentare la codifica BCD (*Binary Coded Decimal*), ovvero una tecnologia comunemente utilizzata per codificare/decodificare insiemi di bit.

Per l'esattezza, il CD4051 è in grado di codificare 3 bit e mandare in uscita 8 bit in multiplexing.
Tenendo d'occhio la piedinatura, la tabella seguente illustra come funziona la codifica BCD a 3 bit dell'integrato 4051.

Ingresso C piedino 9	**Ingresso B piedino 10**	**Ingresso A piedino 11**	**Uscita alta Y0~Y7**
0	0	0	1 (Y0) piedino 13
0	0	1	2 (Y1) piedino 14
0	1	0	3 (Y2) piedino 15
0	1	1	4 (Y3) piedino 12
1	0	0	5 (Y4) piedino 1
1	0	1	6 (Y5) piedino 5
1	1	0	7 (Y6) piedino 2
1	1	1	8 (Y7) piedino 4

Collegando alle uscite Y0~Y7 otto LED e mandando in ingresso una sequenza di byte di tre bit da 0 a 7, come descritto nella tabella, si avrà l'accensione sequenziale dei LED. Si noti che il piedino 3 (COM) va portato a livello alto (5V).
Questo semplice circuito potrebbe anche essere un aiuto didattico per capire come funziona la numerazione binaria e la codifica dei byte per attivare le porte in uscita.
In pratica, mettendo tre pulsanti normalmente aperti collegati agli ingressi A, B e C dell'integrato e alla linea di alimentazione di 5 volt, si potranno "premere" i singoli bit per accendere il numero di LED corrispondente al byte codificato (tre bit). Tramite questo circuito di test si può provare a premere uno, due o tre pulsanti contemporaneamente, in base al codice binario della tabella precedente per vedere quali LED si accendono.

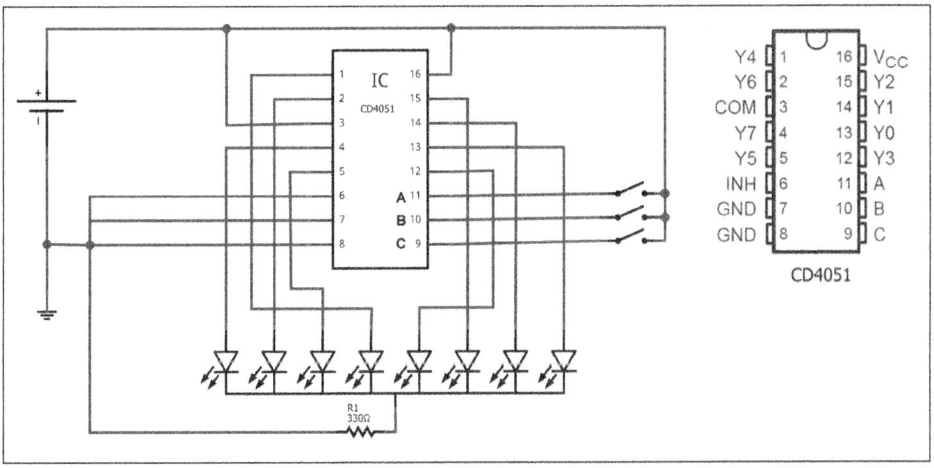

Figura 5.54 Schema elettrico di un LED sequencer con CD4051.

Contatore di bit 74LS193

Questo integrato viene definito come un "4-bit Binary Up/Down Counter", ovvero un contatore a 4 bit "in su e in giù". La sua funzione è semplicemente quella di mandare in uscita, in ordine ascendente o discendente, un byte di 4 bit. Collegando in uscita i suoi piedini a un decoder BCD (come quello precedente) è possibile far accendere la sequenza di LED in modo automatico.
Non solo, ma come vedremo, si potrà anche temporizzare con un semplice clock il tempo di uscita dei dati.
La piedinatura dell'integrato 74LS193 e il circuito di contatore e generazione dei bit sono illustrati nella Figura 5.55a. Si noti che il circuito è impostato per l'uscita all'ingresso 5 in modalità ascendente (UP) perché il piedino 4 (*Count Down Clock Pulse Input*) è a livello alto (+5 V). Se si vuole invertire il senso del conteggio (DOWN), è necessario collegare il piedino 5 a livello alto (+5V) e dare il clock al piedino 4.
Per testare il circuito è sufficiente toccare il connettore collegato al piedino 5 o 4, a seconda di quale resta libero, e vedere i LED muoversi disordinatamente.

Piedinatura dell'integrato 74LS193

Piedino numero	Nome piedino	Descrizione
5	**CPu**	**Count Up Clock Pulse Input**
4	**CPd**	**Count Down Clock Pulse Input**
14	MR	Asynchronous Master Reset (Clear) Input
11	PL	Asynchronous Parallel Load (Active LOW) Input
1, 10, 9	Pn	Parallel Data Inputs
3, 2, 6, 7	**Qn**	**Flip-Flop Outputs**
13	TCD	Terminal Count Down (Borrow) Output
12	TCU	Terminal Count Up (Carry) Output
8	**GND**	**Ground**
16	**VCC**	**+5 V**

I piedini più importanti sono evidenziati in **grassetto**. I piedini 3, 2, 6 e 7 (denominati (Q0, Q1, Q2, Q3) sono i quattro bit che vengono codificati in uscita. Siccome non esistono contatori a 3 bit (almeno non ne conosciamo) bisognerà prendere 3 dei 4 bit in uscita e mandarli agli ingressi A, B e C dell'integrato CD4051, a sua volta collegato agli 8 LED. Più precisamente, vanno collegati i piedini 2, 6, 7 (Q1, Q2, Q3) ai piedini 11, 10, 9 (A, B, C).
Per dare senso al progetto è necessario collegare una sorgente di clock, come spiegato nel prossimo paragrafo.

Contatore di bit con timer 555

Nella Figura 5.55b si può notare che al circuito precedente è stato aggiunto il timer 555 già visto in precedenza. Collegando l'uscita del timer (piedino 3) all'ingresso del contatore (piedino 5 o 4, a seconda del verso di conteggio impostato) si vedrà la serie di otto LED accendersi in sequenza, in un verso o nel senso opposto. Con il potenziometro si può regolare il tempo di accensione della sequenza di LED.

Il clock a onda quadra del timer 555 attiva il *Count Up* o il *Count Down* della serie di quattro bit. Ovviamente, la seconda serie di bit da 8 a 15 verrà conteggiata dal BCD ignorando il bit più a sinistra (Q0). I tre bit a destra si ripetono uguali dopo la cifra binaria 7.

Q0	Q1	Q2	Q3	BCD
0	0	0	0	0
0	0	0	1	1
0	0	1	0	2
0	0	1	1	3
0	1	0	0	4
0	1	0	1	5
0	1	1	0	6
0	1	1	1	7
1	0	0	0	8
1	0	0	1	9
1	0	1	0	10
1	0	1	1	11
1	1	0	0	12
1	1	0	1	13
1	1	1	0	14
1	1	1	1	15

Elenco componenti del contatore di bit con timer 555:

- U1 = integrato CD4051;
- U2 = integrato 74LS193;
- U3 = integrato 555;
- LED × 7;
- C1 = 47;
- R1 = potenziometro 47-100 KΩ lineare;
- R2 = resistore 10 KΩ 1/4 di watt;
- R3 = resistore 330 Ω 1/4 di watt;
- R4 = resistore 330 Ω 1/4 di watt;
- Alimentazione 5 volt DC (non usare una tensione superiore).

Contatore di bit con doppio display a 7 segmenti

Per terminare gli esperimenti con i contatori a 4 bit, vale la pena utilizzare l'integrato CD4511 (o similare). Presentato come *BCD to 7 segment latch decoder driver*, si tratta di uno dei più comuni circuiti integrati BCD in grado di decodificare 4 bit e di pilotare un display a 7 segmenti.

La Figura 5.56a illustra uno schema di collegamento di un display a 7 segmenti al CD4511. Per la visualizzazione di due cifre servono due integrati CD4511 e due display a 7 segmenti. In base alla loro piedinatura facilitata si possono effettuare direttamente i seguenti collegamenti, che serviranno come base di partenza per i due display:

Piedino CD4511	Piedino display a 7 segmenti
13 (output a)	7 (segmento A)
12 (output b)	6 (segmento B)
11 (output c)	4 (segmento C)
10 (output d)	2 (segmento D)
9 (output e)	1 (segmento E)
15 (output f)	9 (segmento F)
14 (output g)	10 (segmento G)

Per il controllo delle due cifre si userà il doppio contatore CD4518 *Dual Up Counter* o il suo similare CD4520. Questo integrato ha una doppia uscita a 4 bit e sembra fatto apposta per gli ingressi a 4 bit dei due CD4511.Volendo, si possono usare più CD4518 in cascata per tre, quattro o qualsiasi numero di display.
Nella Figura 5.56b è illustrato lo schema per collegare due display a 7 segmenti ad altrettanti CD4511 e a un CD4518.

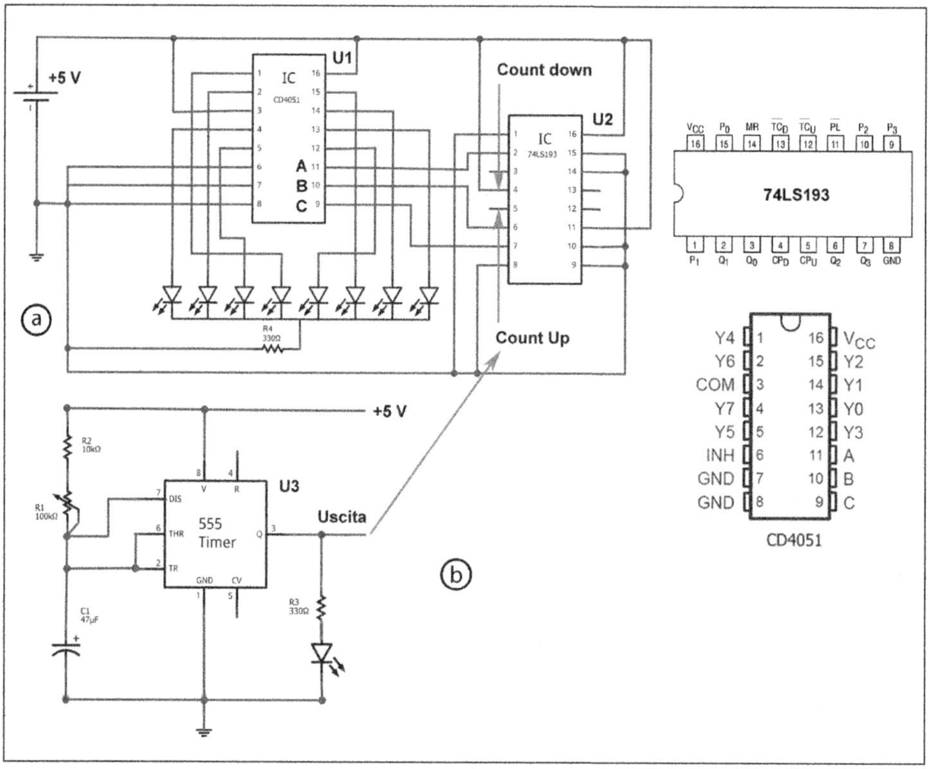

Figura 5.55 (a) Schema elettrico di un LED sequencer con CD4051 con contatore di bit 74LS193. (b) Lo stesso circuito dotato di timer 555.

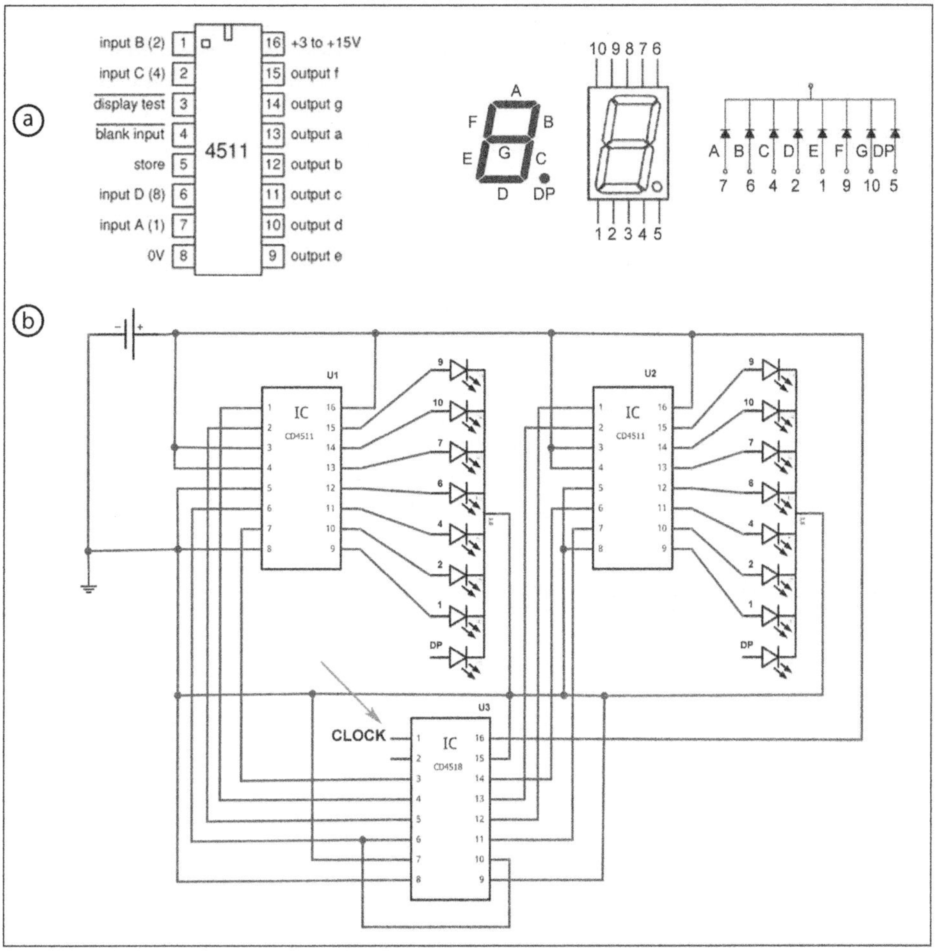

Figura 5.56 (a) Schema di collegamento di un CD4511 e display a 7 segmenti. (b) Schema elettrico di contatore di bit con due display a 7 segmenti.

Tenendo d'occhio la piedinatura del CD4518 bisogna mandare i 4 bit delle uscite Q1A~-Q4A agli ingressi A, B, C e D del primo CD4511 e i 4 bit delle uscite Q1B~Q4B agli ingressi A, B, C e D del secondo CD4511.

Piedino CD4518	Piedino CD4511
3 (Q1A)	pin 7 (input A) del primo CD4511
4 (Q2A)	pin 1 (input B) del primo CD4511
5 (Q3A)	pin 2 (input C) del primo CD4511
6 (Q4A)	pin 6 (input D) del primo CD4511
11 (Q1B)	pin 7 (input A) del secondo CD4511
12 (Q2B)	pin 1 (input B) del secondo CD4511
13 (Q3B)	pin 2 (input C) del secondo CD4511
14 (Q4B)	pin 6 (input D) del secondo CD4511

La freccia in figura indica l'ingresso clock del 4518, per cui si può usare il consueto timer 555, come già visto per le precedenti applicazioni o qualsiasi altra sorgente in grado di fornire un impulso (non un dito, perché si vedrebbero solo un sacco di cifre confuse sui display).

Elenco componenti del contatore di bit con doppio display a 7 segmenti:

- U1 = integrato CD4511;
- U2 = integrato CD4511;
- U3 = integrato CD4518 (o CD4520);
- 2 × display 7 segmenti tipo FND a catodo comune;
- Alimentazione 5 volt DC (non usare una tensione superiore).

Per completezza di informazione riportiamo la tabella della decodifica del CD4511. La codifica BCD illustrata di seguito indica nella prima colonna i numeri decimali da codificare, mentre le colonne Q3, Q2, Q1 e Q0 rappresentano i 4 bit di codifica e le colonne da A a G corrispondono alle uscite dei rispettivi segmenti del display. Come si può vedere dopo i primi 10 numeri decimali il display non può visualizzare niente.

Decimale	Q3	Q2	Q1	Q0	A	B	C	D	E	F	G
0	0	0	0	0	1	1	1	1	1	1	0
1	0	0	0	1	0	1	1	0	0	0	0
2	0	0	1	0	1	1	0	1	1	0	1
3	0	0	1	1	1	1	1	1	0	0	1
4	0	1	0	0	0	1	1	0	0	1	1
5	0	1	0	1	1	0	1	1	0	1	1
6	0	1	1	0	1	0	1	1	1	1	1
7	0	1	1	1	1	1	1	0	0	0	0
8	1	0	0	0	1	1	1	1	1	1	1
9	1	0	0	1	1	1	1	1	0	1	1
10	1	0	1	0	0	0	0	0	0	0	0
11	1	0	1	1	0	0	0	0	0	0	0
12	1	1	0	0	0	0	0	0	0	0	0
13	1	1	0	1	0	0	0	0	0	0	0
14	1	1	1	0	0	0	0	0	0	0	0
15	1	1	1	1	0	0	0	0	0	0	0

Altri usi dei circuiti

Se invece di display a 7 segmenti o LED si volessero collegare altri dispositivi, nessuno vieta di usare il contatore come semplice generatore di segnali da mandare ai vari integrati visti finora oppure ad altri circuiti pensati su misura. Quello che esce dalle porte dei multiplexer sono uscite alte (+ 5V) o basse (0V) e quindi basta pensare a qualcosa come transistor o altri integrati analogici controllabili in tensione, per espandere i propri circuiti a piacere. Inoltre, per la generazione di segnali a 3 o 4 bit da mandare ai circuiti come il 4511 e il 4051, ma anche ai moltissimi altri integrati simili, si può pensare all'utilizzo di un microprocessore. Dal prossimo paragrafo in poi potrebbe aprirsi un nuovo capitolo di idee per nuove sperimentazioni.

Microprocessore

Il microprocessore è un particolare circuito integrato che può contenere altri circuiti integrati fino a costituire in un sistema di controllo complesso, la CPU (*Central Processing Unit*), ovvero l'unità di elaborazione centrale.
Questo paragrafo dedicato al microprocessore vuole essere di stimolo per chi ha voglia di costruirsi un piccolo sistema di controllo, chiamato appunto "microcontroller", basato su un processore facile da usare, semplice da gestire e soprattutto economico.
Un'altra ragione è che nel prossimo capitolo si parlerà di progetti con Arduino, quindi perché non costruirsi un Arduino in casa sulla propria breadboard?

ATmega328

Alla base di tutte le schede Arduino o cloni c'è un processore Atmel e il processore che è in grado di unire semplicità e affidabilità in un ambiente di sperimentazione si chiama *ATmega328*.
Prodotto dall'azienda americana Atmel (`www.atmel.com`), l'ATmega328 è un processore a 8 bit che fa parte della numerosa famiglia AVR, ovvero microprocessori con architettura RISC, presenti sul mercato fin dal 1996.
Questi microprocessori utilizzano una memoria flash interna per memorizzare il programma che può venire scritto in C o C++ in qualsiasi computer e qualsiasi piattaforma e successivamente trasferito tramite una semplice comunicazione seriale RS232 o USB. Essendo dotato di un ingresso e un'uscita seriale, può essere facilmente controllabile anche in tempo reale.
Grazie alle 6 porte analogiche di ingresso, si possono facilmente interfacciare dispositivi di controllo analogico (potenziometri, microfoni e sensori di qualsiasi tipo) per controllare direttamente attuatori e/o circuiti costruiti ad hoc, collegati alle sue 14 uscite digitali.
Di seguito vengono illustrati gli elementi base per potere essere in grado di progettare senza problemi un circuito con processore ATmega328 e una manciata di componenti.

Bootloader

Un processore ATmega328 necessita di un *Booloader*, cioè di un programma che carichi il kernel e consenta di avviare il sistema operativo (*boot*). Un po' come il BIOS nei computer con CPU Intel e affini.
Per motivi di compatibilità con i progetti di questo libro verrà usato il bootloader di Arduino UNO.
Tramite l'IDE di Arduino è possibile programmare, per una stessa famiglia di processori, il Booloader per vari sistemi operativi: per esempio, Duemilanove, UNO, Diecimila, FIO, Nano, Mega e così via. Collegando un programmatore AVR ISP o un altro *Programmer*, alle porte ISP (*In-System Programmer*) di Arduino, è possibile scrivere il Booloader desiderato. Vedremo in seguito l'operazione per caricare in un ATmega328 un Booloader o come usare un processore ATmega328 con il Booloader precaricato per programmare un altro Arduino.

Piedinatura

Il processore ATmega328 è disponibile in versione tipica a 28 piedini *dual in line* a passo standard, come illustrato nella Figura 5.57, facilmente inseribile in un zoccolo DIL o saldabile direttamente su basetta (sconsigliato). Ricordiamo che la tacca sul corpo indica il verso di inserimento nel circuito.
Le versioni TQFP (*Thin Quad Flat Pack*) e MLF (*MicroLeadFrame*) a 28 e 32 piedini non verranno prese in considerazione per il semplice fatto che sono a montaggio superficiale (SMD) e il loro package è di dimensioni microscopiche.

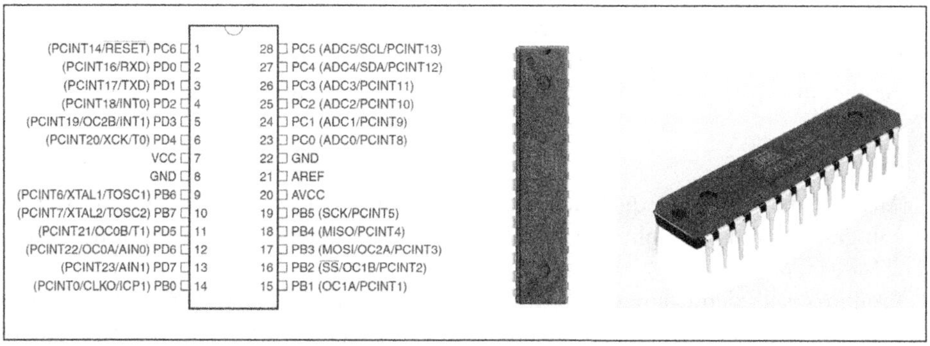

Figura 5.57 La piedinatura del processore ATmega328 derivata dal datasheet di Atmel e aspetto reale, visto da sopra e lateralmente.

Analisi delle porte

Premesso che tutta la documentazione dettagliata della famiglia ATmega e dell'architettura AVR è disponibile presso il sito del produttore Atmel (un documento PDF di 555 pagine!), diamo solo una descrizione sintetica dei pin con riferimento alla Figura 5.58, in cui vengono riportati i nomi semplificati e i riferimenti ai collegamenti a scopo progettuale. Nella Tabella 5.1 vengono riportati i piedini con il nome relativo alla porta del processore (B, C e D), una breve descrizione, una funzione primaria e, solo per alcuni piedini, una funzione secondaria dedicata alla programmazione tramite dispositivi SPI (*Serial Peripheral Interface*) o I^{2}C (*Inter Integrated Circuit*).

Tabella 5.1 Descrizione della piedinatura primaria e secondaria del processore ATmega328.

Pin	Nome	Descrizione	Funzione	Secondaria
1	C6	RST	Reset	
2	D0	Digital Input/Output 0	RX	
3	D1	Digital Input/Output 1	TX	
4	D2	Digital Input/Output 2	I/O digitale	
5	D3	Digital Input/Output 3	I/O digitale PWM	
6	D4	Digital Input/Output 4	I/O digitale	
7	+	+5VCC	Alimentazione	
8	GND	Massa	Ground	
9	B6	Oscillatore 1	Clock 1	

10	B7	Oscillatore 2	Clock 2	
11	D5	Digital Input/Output 5	I/O digitale PWM	
12	D6	Digital Input/Output 6	I/O digitale PWM	
13	D7	Digital Input/Output 7	I/O digitale	
14	B0	Digital Input/Output 8	I/O digitale	
15	B1	Digital Input/Output 9	I/O digitale PWM	
16	B2	Digital Input/Output 10	I/O digitale PWM	
17	B3	Digital Input/Output 11	I/O digitale PWM	MOSI (SPI)
18	B4	Digital Input/Output 12	I/O digitale	MISO (SPI)
19	B5	Digital Input/Output 13	I/O digitale	SCK (SPI)
20	+	Alimentazione	+5VCC	
21	AREF	Tensione analogica di riferimento	AREF	
22	GND	Massa	Ground	
23	C0	Analog In 0	ADC	
24	C1	Analog In 1	ADC	
25	C2	Analog In 2	ADC	
26	C3	Analog In 3	ADC	
27	C4	Analog In 4	ADC	SDA (I2C)
28	C5	Analog In 5	ADC	SCL (I2C)

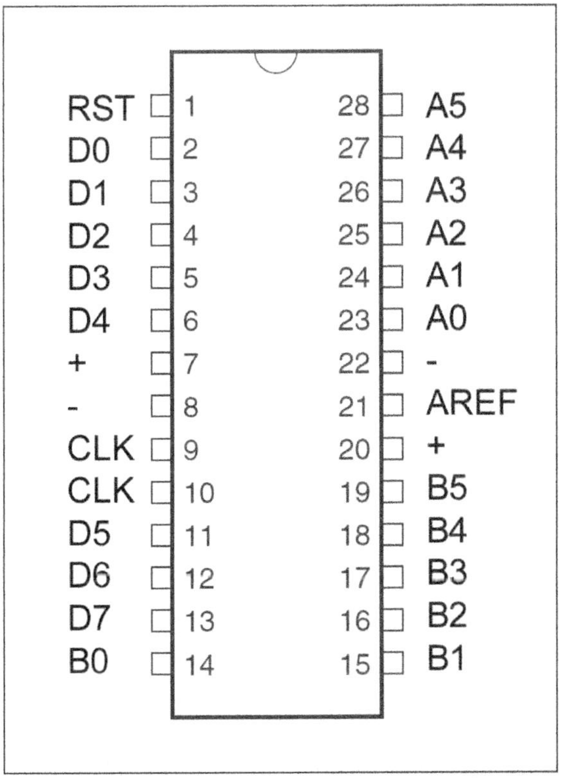

Figura 5.58 Nomenclatura semplificata della piedinatura del processore ATmega328.

Schema elettrico

Il primo cablaggio di un Arduino fai-da-te perfettamente funzionante può addirittura essere montato su breadboard.

Basta aprire Fritzing dal menu *File > Apri Esempio > Arduino > Processing > Barebones Arduino* per trovarsi di fronte a una schermata simile alla Figura 5.59.

Si può vedere l'ossatura (*barebones*) e il montaggio su stripboard di un processore ATmega328. Ovviamente senza chip FTDI per l'alimentazione e la programmazione via USB, ma perfettamente funzionante, se si monta un processore ATmega328 già programmato con il bootloader di Arduino.

Per programmare l'ATmega328 e/o alimentare da una porta USB il circuito su breadboard è possibile collegare una piccola scheda breakout, siglata come *FT232 breakout board*, disponibile presso SparkFun. Sul sito ITP Physical Computing, all'indirizzo `http://itp.nyu.edu/physcomp/Tutorials/ArduinoBreadboard`, oltre a tutta la descrizione e la procedura passo passo di come montare su breadboard i componenti del progetto Barebones Arduino, c'è anche la procedura per collegare il suddetto circuito FT232 e la procedura per il collegamento all'adattatore *AVR Programming Adapter* con il quale caricare il bootloader in memoria del processore ATmega328, nel caso ne fosse sprovvisto.

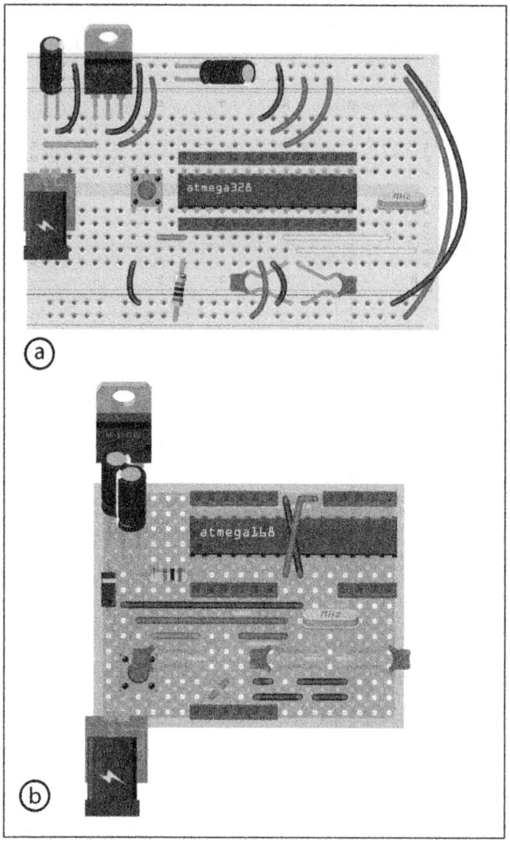

Figura 5.59 La schermata di Fritzing con il progetto Barebones Arduino su breadboard (a) e su stripboard (b).

Lo schema elettrico della Figura 5.60a evidenzia la semplicità di costruzione del circuito. Nella Figura 5.60b viene illustrato il progetto su PCB per l'eventuale fotoincisione in casa o presso un servizio di stampa.
Elenco componenti di una scheda Barebones Arduino:

- 1 × Processore ATmega328;
- 1 × LM7805 regolatore di tensione 5V;
- 1 × quarzo 16 MHz;
- 2 × condensatori 22 pF;
- 2 × condensatori elettrolitici 10 μF;
- 1 × resistore 1 kΩ;
- 1 × presa DC;
- 1 × pulsante reset normalmente aperto;
- 2 × pin header.

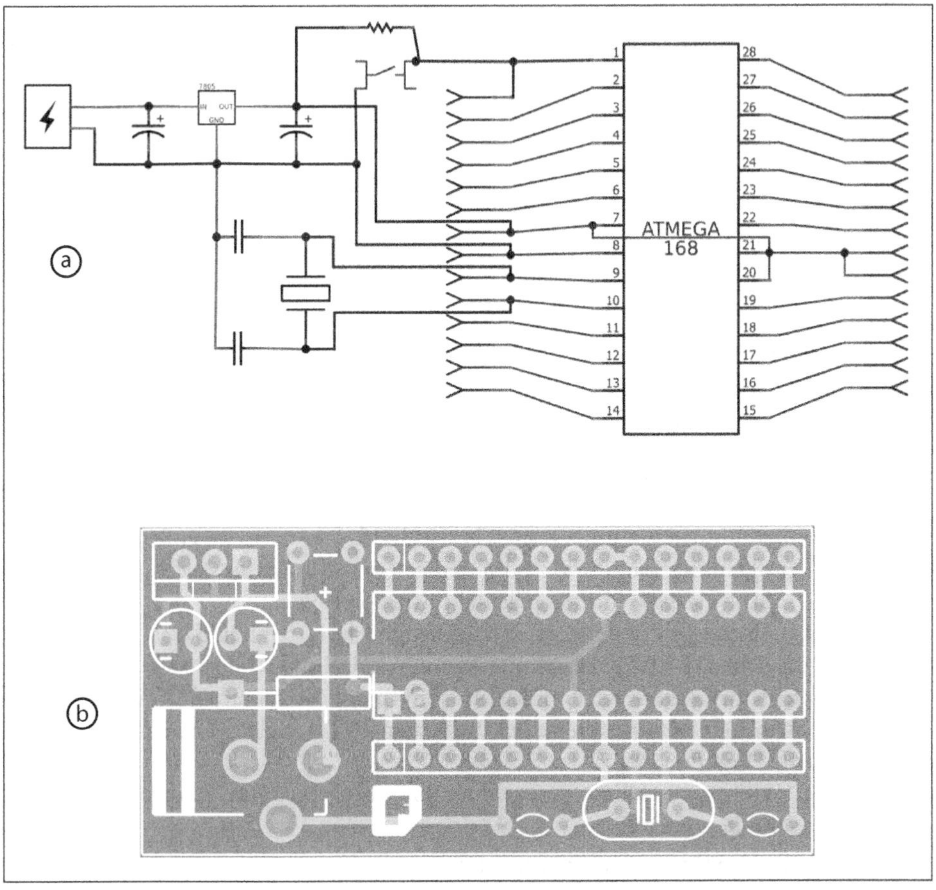

Figura 5.60 (a) Schema elettrico dell'esempio Barebones Arduino.
(b) Il layout per l'incisione di una PCB.

A dire il vero, osservando con attenzione il layout di Fritzing, l'incisione PCB può comportare qualche problema, perché è su doppia faccia. Chi non è esperto può trovarsi in difficoltà se deve affrontare la fotoincisione in casa. Inoltre, la disposizione dei pin non è coincidente con quella di Arduino e questo confonde le idee durante i collegamenti con gli shield, per esempio.
Per dotare il circuito di maggiore flessibilità, viene presentato qui un layout a singola faccia con una disposizione dei pin compatibile al 100% con Arduino. Il circuito è dotato di un connettore a 6 pin per facilitare il collegamento di una scheda breakout FTDI e di un alloggiamento per un eventuale modem Xbee o WiFly. Chi avrà la pazienza di seguire i progetti del Capitolo 6 troverà questa soluzione utilissima.

Shield Xbee

Progettare un circuito stampato rimanendo su una singola faccia non è facile, per cui le dimensioni della basetta aumentano.
Ci sono dei benefici quali i collegamenti per la porta ISP per la programmazione del bootloader del processore e il connettore a 6 pin con tre opzioni per la connessione all'interfaccia FTDI.
Come illustrato nella Figura 5.61, il circuito è più grande e misura esattamente 125 × 72 mm.
Si noti la scheda FTDI collegata in basso al connettore, prevista per la programmazione e l'alimentazione via USB. La freccia indica la scelta del tipo di scheda FTDI (vedi più avanti).
Oltre a poter ospitare gli shield di Arduino di larghezza standard, sono stati aggiunti diversi elementi:

- alloggiamento dei pin header per il modem Xbee;
- il regolatore di alimentazione separata 3,3V DC per il modem;
- il connettore a 6 pin per la scheda FTDI.

In questo modo, avendo previsto il montaggio a bordo di un modem Xbee, è possibile risparmiare sull'acquisto dello shield Xbee.

Scheda FTDI

Per poter programmare un processore ATmega328 è necessario un collegamento seriale all'IDE di programmazione. Solo così il codice compilato nello sketch può venire trasferito via USB e caricato in memoria del processore.
In ogni caso, che si tratti di una versione su Breadboard o stripboard o PCB, è necessario collegare una scheda FTDI per la comunicazione via USB. Sarebbe possibile fabbricare da soli una scheda del genere, ma è molto più conveniente acquistare il circuito già pronto, viste le dimensioni microscopiche del microchip FTDI, siglato FT232RL disponibile solo su SMD (Figura 5.62a).
Le schede FTDI pronte all'uso sono disponibili presso Sparkfun in diverse opzioni. Le principali sono le seguenti:

- FT232RL USB to Serial (Figura 5.62b);
- FTDI Basic 5V (Figura 5.62c);
- FTDI Cable 5V (Figura 5.62d).

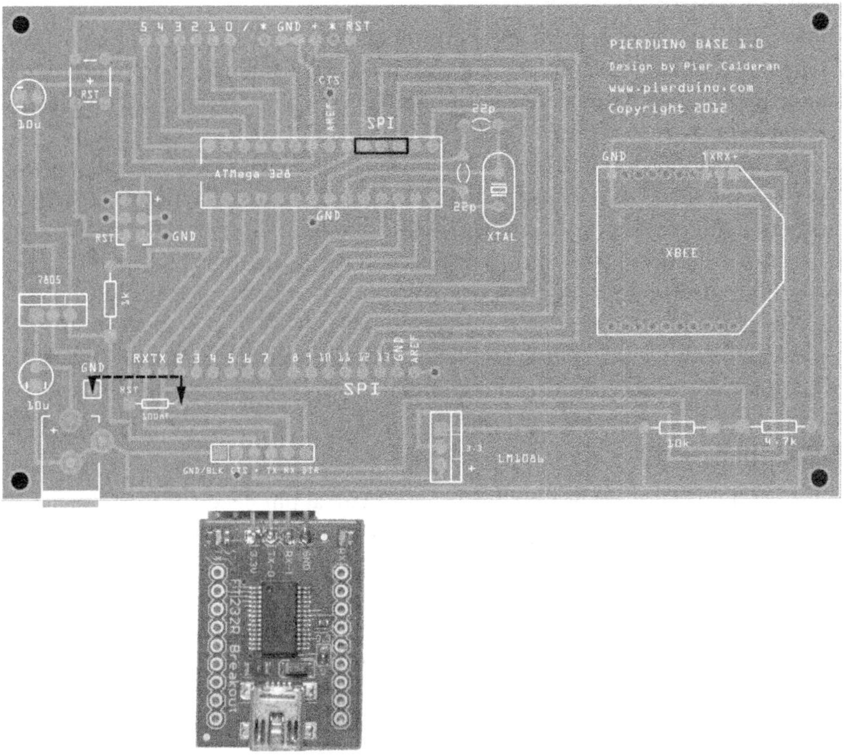

Figura 5.61 Il layout per l'incisione di una scheda personalizzata con processore ATmega328. In basso la scheda FTDI.

Alimentazione scheda FTDI

La differenza fra le suddette schede sta nel tipo di collegamento e alimentazione. Si consiglia una scheda con alimentazione 5V per poterla alimentare senza problemi dalla porta USB, altrimenti bisogna modificare manualmente l'impostazione dell'alimentazione della scheda (vedi più avanti).

Con la scheda breakout è possibile alimentare direttamente il processore ATmega328 dalla presa USB del computer. È comunque consigliabile usare una sorgente di alimentazione esterna per evitare sovraccarichi, specie se si usano shield con assorbimenti di una certa entità. La porta USB del computer non è in grado di fornire più di 500 mA di corrente. L'alimentazione può essere fornita da un alimentatore DC o da una pila a 9V alla presa DC del circuito. Il regolatore di tensione 7805 montato sul circuito garantirà l'alimentazione di +5 volt del processore. I due condensatori elettrolitici da 10 μF posti in parallelo all'ingresso e all'uscita dell'integrato 7805 servono a mantenere stabile la tensione +5 V da fornire al processore.

Scheda FT232RL USB to Serial

Usando questo modello di breakout, è possibile impostare l'alimentazione a 3,3V oppure 5V. Dopo aver dissaldato il jumper dall'opzione 3.3V, è sufficiente un punto di saldatura sul jumper 5V. Questa scheda è molto comoda perché non serve un condensatore di disaccoppiamento.
Una volta saldato un pin header femmina ai quattro contatti contrassegnati come 3.3V, TX-O, RX-I e GND, si può collegare la scheda a X-duino all'apposito connettore maschio, come previsto in progettazione. Notare che il pin GND è a destra. Basta pertanto saldare un ponticello su X-duino (vedi freccia tratteggiata nella Figura 5.61), che metta a massa il condensatore di disaccoppiamento previsto invece per il modello di scheda FTDI Basic 5V, descritta di seguito.
Per l'alimentazione del circuito e per il trasferimento dei dati è necessario usare un cavo USB con minipresa da collegare al computer.

Scheda FTDI Basic 5V

La scheda FTDI Basic 5V ha sei contatti da saldare al pin header: DTR, CTS, TXO, 5V, CTS e GND. Essendo già predisposta a +5V non è necessario apportare nessuna modifica. Notare che i pin sono disposti in maniera diversa rispetto alla precedente breakout. Usando questa scheda breakout è necessario saldare un condensatore di disaccoppiamento da 100 nF fra il piedino DTR e il piedino RST del processore, come indicato dalla freccia nella Figura 5.61. Senza questo condensatore non è possibile (oppure è molto difficile) sincronizzare i dati seriali via USB. Notare che il pin GND è a sinistra.
Per l'alimentazione del circuito e per il trasferimento dei dati è necessario usare un cavo con minipresa USB da collegare al computer.

Scheda FTDI con cavo

L'alternativa, leggermente più costosa, è il cavo con incorporata la scheda FTDI pronta all'uso. Basta collegare il pin header del cavo FTDI al connettore a 6 pin e l'altro connettore alla presa USB di un computer. All'interno di questo connettore USB è annegato il microscopico circuito FTDI di conversione seriale.
Usando il cavo FTDI è necessario saldare un condensatore di disaccoppiamento da 100 nF fra il piedino DTR e il piedino RST del processore, come indicato dalla freccia nella Figura 5.61, esattamente come per la precedente scheda FTDI Basic 5V. Si noti che il pin GND (nero) è a sinistra. Usando il cavo FTDI non è necessario il reset del processore (vedi più avanti) per il caricamento degli sketch.

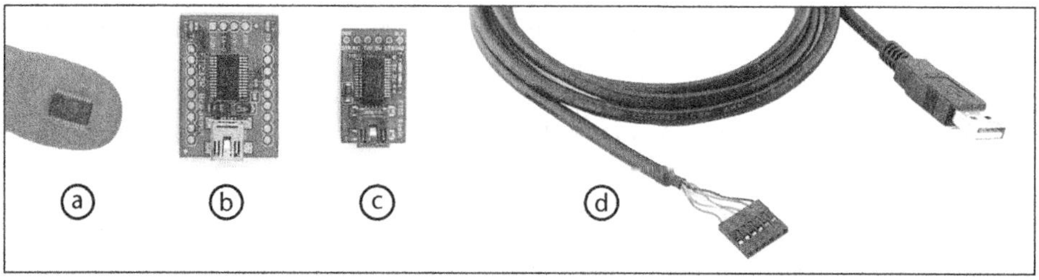

Figura 5.62 (a) Il microchip FT232RL con microsaldatura SMD. (b) La scheda FT232RL USB to Serial. (c) La scheda FTDI Basic 5V. (d) Il cavo FTDI 5V.

Alimentazione e pin header per il modem

Sulla scheda con il processore ATmega328 è previsto il montaggio di un modem (Xbee o WiFly). Come si può vedere dal layout con Fritzing, l'unica differenza rispetto al resto è la piedinatura che ha un passo 2 mm. Questo obbliga all'acquisto di una coppia di pin header da 10 pin e passo 2 mm.

L'alimentazione prevista per il modem è di 3,3 volt, per cui si può prelevare la stessa tensione di alimentazione di 5V e ridurla con un circuito integrato tipo LM1086 3,3V. È stato usato un resistore pull-down da 10 kΩ sulla linea TX e uno da 4,7 kΩ per limitare la corrente.

Prima di montare un modem Xbee è necessario programmarlo in ricezione (RX) tramite una scheda Xbee explorer e l'utility X-CTU di Digi International, come spiegato nel Capitolo 6.

Una volta programmato e montato il modem Xbee, è possibile comunicare da e verso un computer tramite un'applicazione aprendo una connessione Wi-Fi, esattamente come se fosse installato uno shield Xbee per Arduino (vedi Capitolo 6).

Test della scheda con processore ATmega328

La procedura per programmare il processore tramite USB prevede il reset del processore. Basta premere il pulsante di reset della scheda prima di compilare lo sketch. Quando lo sketch sta per essere caricato, rilasciare il pulsante. Si vedranno lampeggiare i piccoli LED TX e RX della scheda breakout. Se nella finestra dell'IDE appare un errore e la trasmissione non è andata a buon fine, bisogna ripetere la procedura. Assicurarsi di rilasciare il pulsante reset in tempo, oppure di avere effettuato in modo corretto il collegamento della scheda FTDI.

Dopo il montaggio di tutti i componenti su basetta o sulla breadboard e aver effettuato la connessione USB al computer tramite scheda FTDI, è possibile aprire l'IDE di Arduino e caricare uno sketch di prova. Se si usa l'esempio *Blink*, bisogna collegare un LED al pin 13 e 14 (GND).

Bootloader precaricato

Per comodità, quando si acquista un processore ATmega328 è meglio chiedere il modello con un bootloader preinstallato, per esempio, Arduino UNO. La differenza di costo è irrisoria.

In questo modo, quando si collega il breakout alla porta USB, verrà installato il driver FTDI per la porta seriale COM virtuale e sarà immediatamente possibile usare l'IDE per trasferire lo sketch nella memoria del processore. Per i particolari di questa operazione e sull'IDE di Arduino, vedere il Capitolo 6.

Programmazione ISP

Uno degli aspetti positivi del processore ATmega328 è la possibilità di caricare un bootloader con estrema semplicità.

Tramite i pin contrassegnati come porta ISP è possibile collegare un programmatore esterno AVR ISP (ce ne sono di vari modelli) oppure una seconda scheda Arduino. Esiste anche un sistema che prevede la programmazione tramite porta parallela.

Senza dover per forza acquistare un programmer AVR ISP dedicato, si può acquistare una scheda Arduino con un processore dotato di bootloader, oppure costruire un proprio circuito Barebones su breadboard, utilizzando un processore con il bootloader preinstallato. Si potranno acquistare i successivi ATmega328 senza bootloader e procedere alla loro programmazione tramite la porta ISP. Oppure, cambiare a piacere il bootloader. Fritzing permette di caricare dal menu *Apri Esempio > Arduino > Processing > Arduino ISP* il layout su breadboard per il collegamento ISP. Basta eseguire gli stessi collegamenti indicati e caricare il bootloader nel proprio ATmega328.
Come si può notare nella Figura 5.63, vanno collegati i tre pin 17, 18 e 19, contrassegnati come ISP, l'alimentazione +5V e GND, il pin 1 (RST) e, opzionalmente, tre LED di stato alle porte digitali 7, 8 e 9 (pin 13, 14 e 15 del processore).

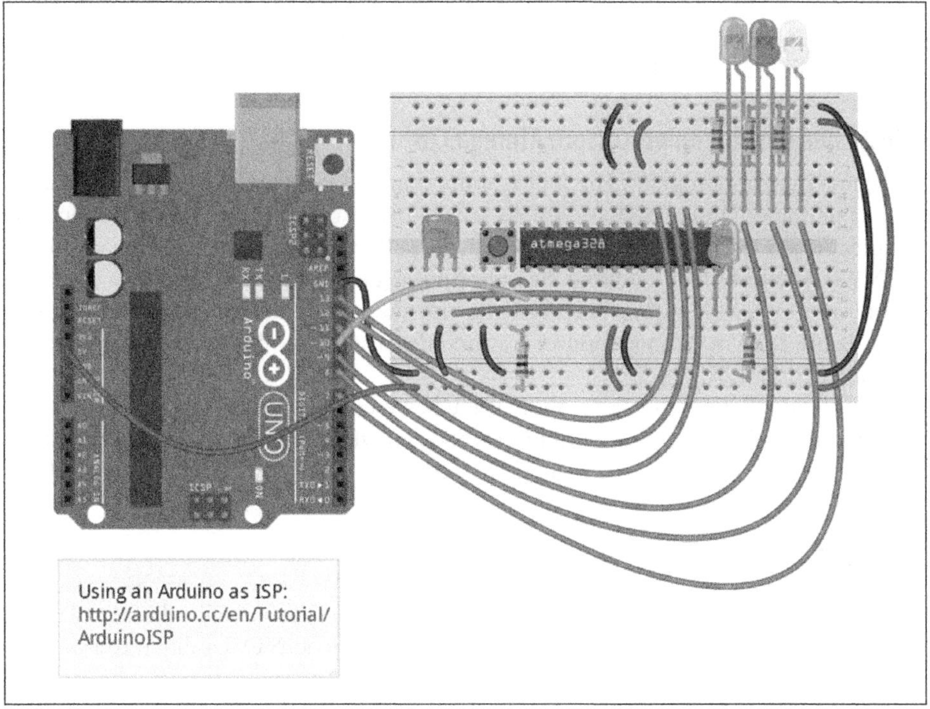

Figura 5.63 Il layout su breadboard per il collegamento ISP.

La procedura per scrivere il bootloader tramite la porta ISP è la seguente.

- Dal menu *Tools* selezionare la voce *Programmer > Arduino as ISP*.
- Caricare dal menu *Examples* lo sketch ArduinoISP.
- Per l'IDE Arduino 1.0: è necessario apportare una piccola modifica al codice ArduinoISP. Individuare la riga della funzione *heartbeat()* che riporta il valore "delay(40)" e cambiare il valore in "delay(20)".
- Selezionare la voce *Tools > Board* e la voce *Serial Port* relative alla scheda che si sta usando come programmatore (non la scheda da programmare).

- Collegare la scheda Arduino da programmare, come mostrato nella Figura 5.63.
- Selezionare dalla voce *Tools* > *Board* la scheda su cui si desidera masterizzare il bootloader (non la scheda che si sta utilizzando come programmatore).
- Dal menu *Tools*, selezionare la voce *Burn Bootloader*.

Shield fai-da-te

Dopo essere riusciti a costruire un circuito personalizzato con processore ATmega328 , è possibile allargare la propria esperienza nella progettazione di un proprio shield.
Oltre a poter acquistare e montare gli shield per Arduino disponibili in commercio, è sicuramente più elettrizzante progettare da zero i propri circuiti "intercambiabili".
Per la costruzione di uno shield fai-da-te si possono percorrere almeno tre strade:

- Millefori con pin header impilabili per Arduino;
- Arduino Prototyping Shield;
- Shield su PCB.

Millefori con pin header impilabili per Arduino

È sicuramente un modo molto pratico per creare velocemente uno shield per sviluppare prototipi. Come illustrato nella Figura 5.64, è possibile acquistare una serie di pin header impilabili per Arduino (*Arduino Stackable Header*) e fissarli su una basetta millefori in corrispondenza di tutti o di alcuni pin della scheda Arduino su cui "impilare" lo shield.
Sono disponibili pin header a 5, 6 e 8 pin.
I pin si chiamano impilabili perché sono abbastanza lunghi da trapassare la basetta, per essere infilati nei pin femmina della scheda Arduino sottostante. Allo stesso tempo, vengono riportati i pin femmina nella parte superiore della basetta, dando la possibilità di impilare un ulteriore shield.
La basetta millefori può essere di tipo a piazzole singole, stripboard, a pad o di altro tipo, ma è preferibile usare quella a piazzole singole, onde evitare collegamenti in parallelo abbastanza difficili da evitare.
Per la progettazione del circuito su millefori è comunque consigliabile aprire Fritzing e usare la vista breadboard con una basetta millefori virtuale (Figura 5.64b) e creare prima i collegamenti virtuali da riportare successivamente sulla millefori reale. Si eviteranno sicuramente errori in fase di saldatura.

Arduino Prototyping Shield

Un metodo un po' più sofisticato è l'uso di Fritzing con il layout di un *Arduino Prototyping Shield* virtuale, come illustrato nella Figura 5.65a in cui viene riportata in modo identico la scheda di prototipazione originale Arduino Prototyping Shield (Figura 5.65b).
Lo shield di prototipazione, in pratica, è molto simile a una basetta millefori a piazzole singole, con alcune piazzole strip e pad nella parte laterale.
Uno dei tanti modelli di shield per prototipi è quello rappresentato nella Figura 5.65c, disponibile presso AdaFruit (`www.adafruit.com`), in cui viene riportata una basetta millefori con piazzole di diverso tipo disposte in modo diverso da Arduino Prototyping Shield.

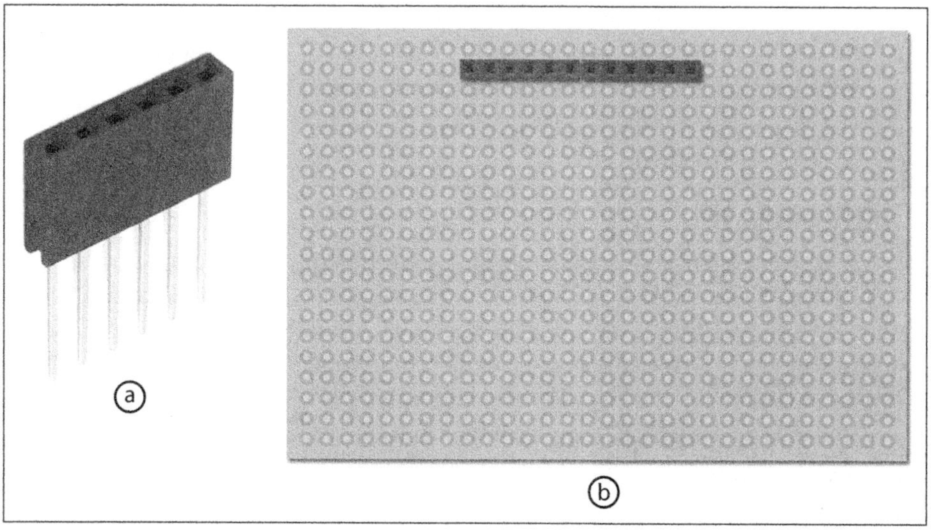

Figura 5.64 (a) Pin header impilabile per Arduino.
(b) Millefori virtuale con un paio di pin header impilabili.

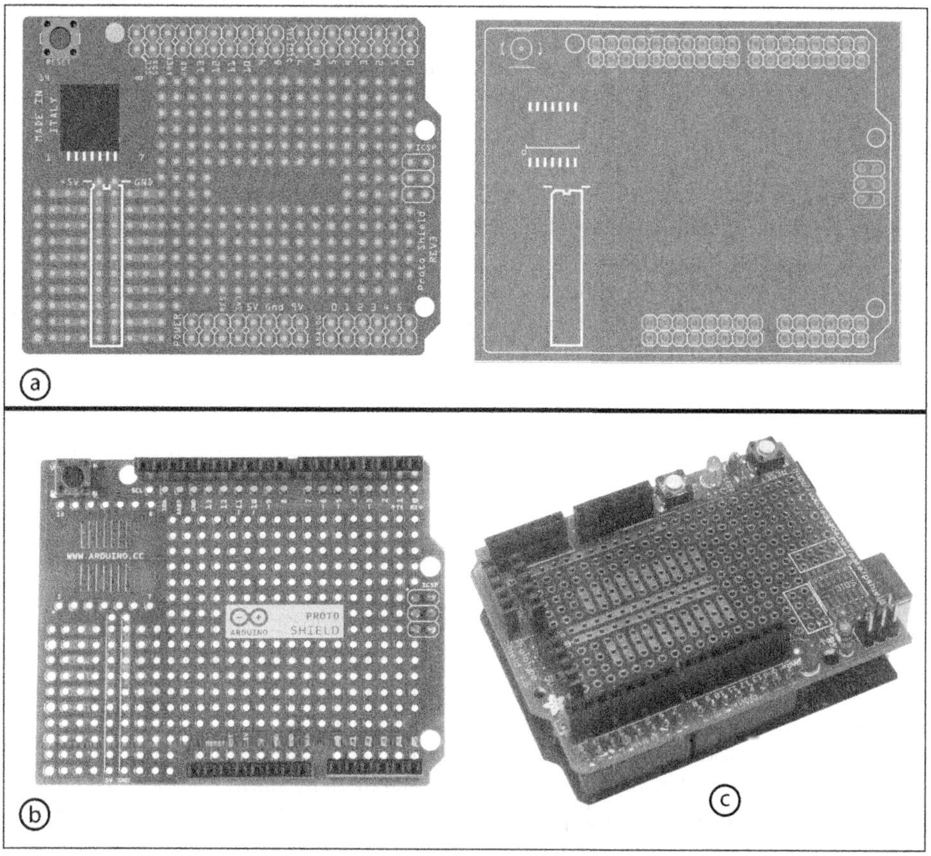

Figura 5.65 (a) e (b) Arduino Prototyping Shield. (c) Adafruit Proto Shield for Arduino Kit.

Shield su PCB

Chi si vuole divertire a sviluppare con il bromografo e a incidere basette in acido saranno è invitato a progettare PCB fai da te.

Nella Figura 5.66a è illustrato uno shield progettato con Fritzing su PCB a doppia faccia, dotato di 6 potenziometri di controllo, interfaccia MIDI, interfaccia LCD e uscita audio. Nella Figura 5.66b, lo stesso circuito realizzato su PCB reale.

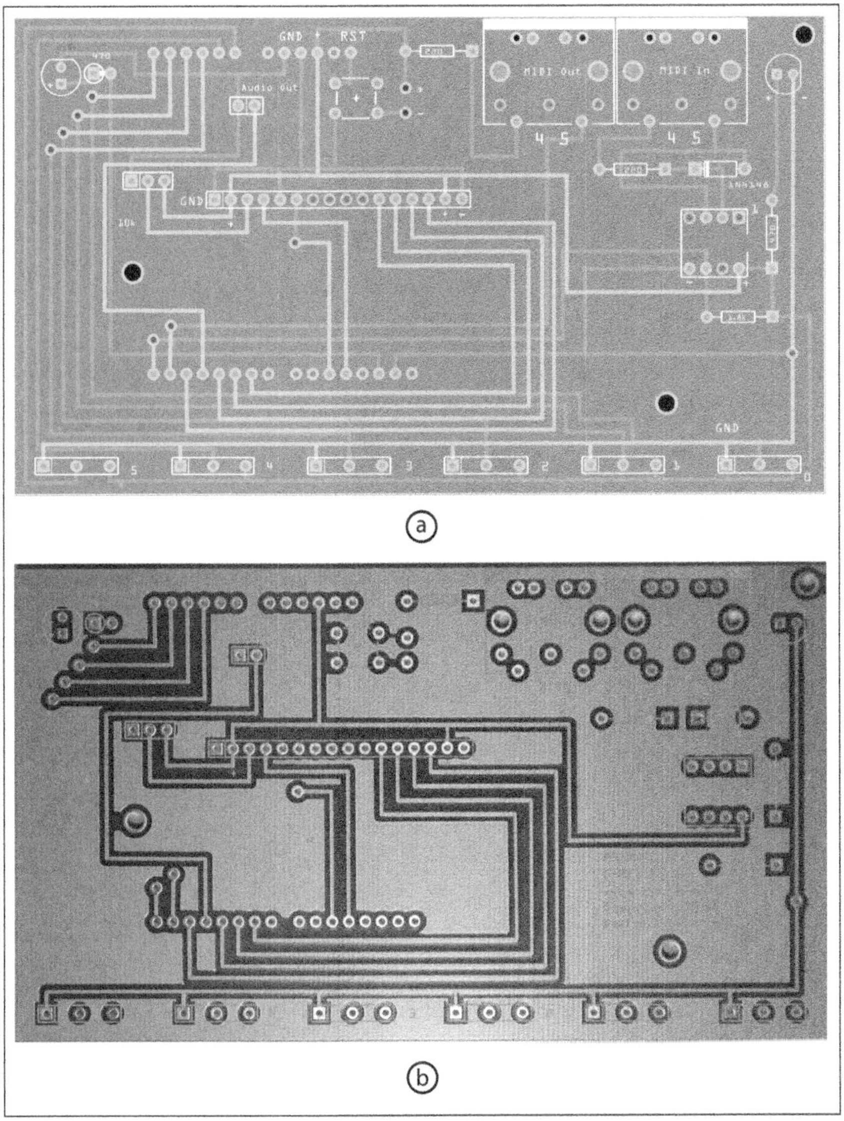

Figura 5.66 Layout virtuale con Fritzing di uno shield su PCB (a).
Lo shield reale su circuito stampato autoprodotto (b).

Esperimenti con la scheda personalizzata con ATmega328

Agli esperimenti con la scheda personalizzata con processore ATmega328 è dedicato tutto il Capitolo 6, nel quale vengono descritti 30 progetti con Arduino. La scheda autoprodotta descritta in questo capitolo è totalmente compatibile al 100 % con tutti i progetti.

Capitolo 6

30 progetti con Arduino

In questo capitolo

- **IDE di Arduino**
- **Progetti hardware con Arduino**
- **Sviluppo di programmi per comunicare con Arduino**

IDE di Arduino

Dalla sua nascita (2005) a oggi, Arduino si è imposto a livello mondiale come una vera e propria piattaforma di sviluppo hardware e software su tutti i prodotti concorrenti. Non solo, grazie alla sua diffusione planetaria, sono nati nel frattempo molti prodotti, diversi concettualmente, ma compatibili con Arduino (si veda l'Appendice A, *Strumenti*).

Non sarà questa la sede per approfondire i temi su Arduino e, a tal proposito, invitiamo alla lettura de "Il manuale di Arduino" di Maik Schmidt, Edizioni Apogeo 2011, nel quale si può trovare materiale didattico a profusione.

Di Arduino, in questo capitolo, viene illustrato brevemente l'ambiente di sviluppo integrato, chiamato *Integrated Development Environment*, abbreviato come IDE, perché verrà usato per compilare i programmi relativi ai nostri 30 progetti hardware.

Installazione

Nel momento in cui scriviamo, la versione del software disponibile è la 1.0.5 (15 maggio 2013), scaricabile gratuitamente dal sito ufficiale `http://arduino.cc` per sistemi operativi Windows, Mac OS X, Linux (32 bit e 64 bit) e come file sorgente open source per gli sviluppatori.

Essendo un ambiente sviluppato in Java, una volta scaricato il file compresso, è sufficiente decomprimerlo e creare una cartella contenente il file eseguibile "arduino".

Per gli utenti Linux è possibile installare l'IDE tramite il comando *apt-get install arduino* da terminale oppure tramite Synaptic o gestori di installazione simili.
Una volta lanciato il file eseguibile "arduino", l'interfaccia principale appare simile a quella illustrata nella Figura 6.1a. È una finestra vuota che riporta il nome dello *sketch*, così viene chiamato il programma in ambiente Arduino.
Ogni volta che si crea uno sketch nuovo viene dato un nome automatico corrispondente alla data più una lettera da a-z. Superando il limite giornaliero di 26 progetti appare un simpatico messaggio che invita a prendere una boccata di aria fresca.
Da alcune versioni, Arduino è localizzato in italiano (al 90% circa) per cui è possibile scegliere la nostra lingua dal menu *Preferences*. D'ora in avanti si farà riferimento alle voci dei menu in italiano.
Collegando per la prima volta una scheda Arduino a una porta USB del computer, viene installato automaticamente il driver FTDI, che crea una porta seriale virtuale *COM* (nei sistemi Windows) o *tty* (nei sistemi Mac OS o Linux). In questo modo il driver virtuale consente la comunicazione dei dati seriali fra l'IDE e la scheda Arduino collegata con il classico cavo USB.
La prima cosa da fare è controllare che nel menu *Strumenti* > *Serial Port* sia presente una porta seriale *COMx* oppure *ttyx*, dove *x* sta per un numero arbitrario della porta dato dal sistema. Nell'esempio di Figura 6.1b è illustrato il collegamento alla porta seriale virtuale COM7 (sistema operativo Windows).
Altra cosa importantissima è controllare la selezione del tipo di scheda collegata, dal menu *Strumenti* > *Board*, come illustrato nella Figura 6.1c. Nel caso fosse collegata una scheda Arduino UNO, è necessario selezionarla nella lista.

Esempi

Dal menu *File* si può accedere alla voce *Esempi* per aprire una fitta serie di esempi pronti all'uso. È inutile dire che il primo esempio che di solito si carica è un po' come il classico "Hello World" per verificare che tutto funzioni.
L'esempio in questione si chiama *Blink* ed è accessibile dal menu *File* > *Esempi* > *1.Basics* > *Blink*.
Si tratta di un semplice programma che fa lampeggiare un LED interno della scheda o un LED esterno collegato alla porta digitale 13.
Una volta caricato *Blink*, si aprirà una nuova finestra simile a quella di Figura 6.2, con tutto il listato del programma commentato riga per riga, ovviamente in inglese. A beneficio dei principianti e di chi non è avvezzo al linguaggio di programmazione, diamo una breve spiegazione del listato.
Per prima cosa, seguendo fedelmente la tipica sintassi del linguaggio C e C++, le indicazioni di commento alle righe di codice sono di due tipi:

- viene usata la sequenza // a inizio o a fine riga per commentare una riga isolata. Il testo apparirà in grigio dopo il segno //;
- viene usata la sequenza /* all'inizio di un blocco di righe e la sequenza */ alla fine dell'insieme di righe. Tutto il testo all'interno di /* e */ verrà visualizzato in grigio;
- le righe di commento non vengono compilate e non influiscono minimamente nelle dimensioni del programma.

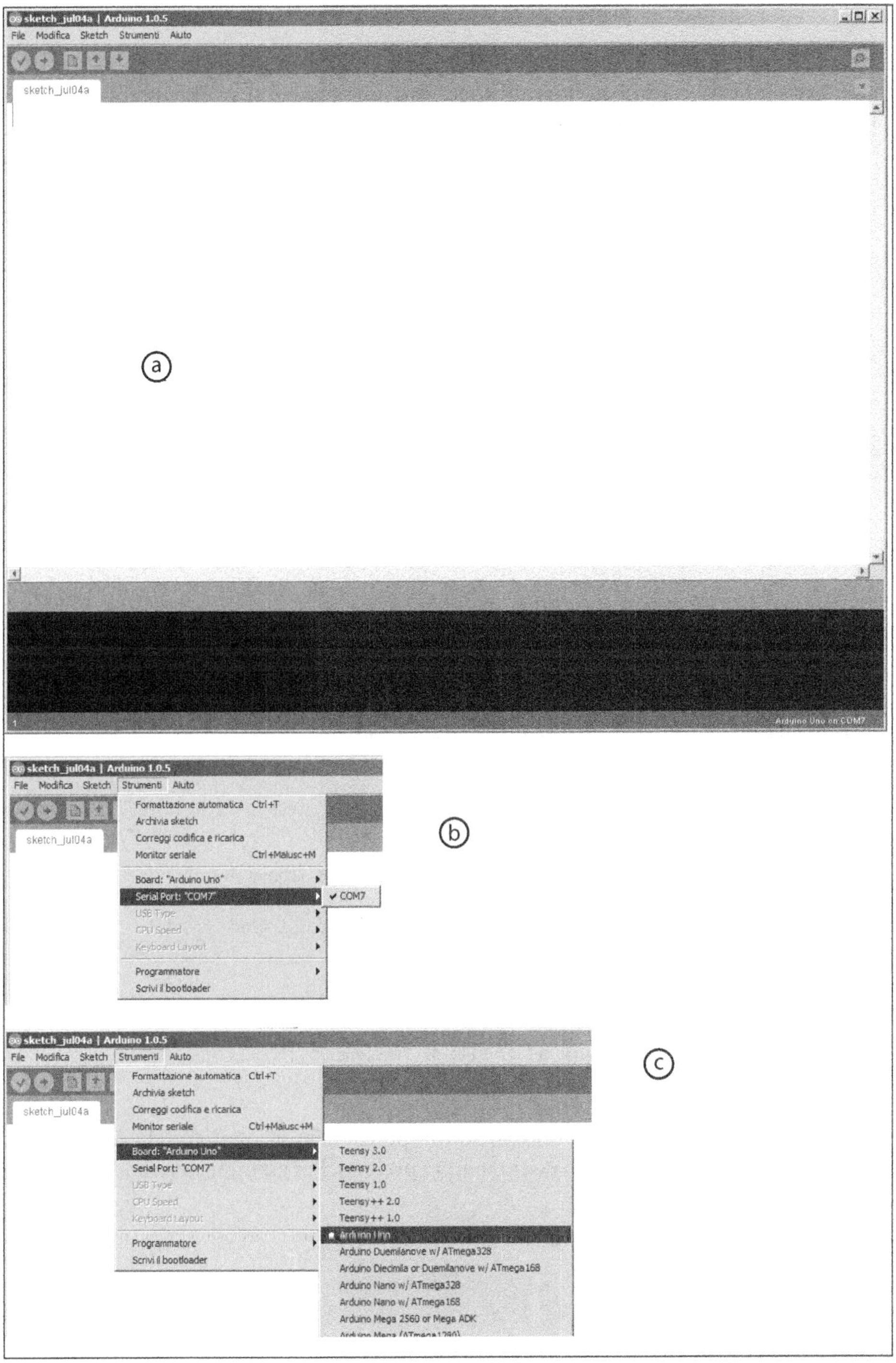

Figura 6.1 (a) L'interfaccia IDE di Arduino. (b) Selezione della porta seriale virtuale COM e (c) del tipo di scheda Arduino collegata alla porta seriale.

Altre regole di base della sintassi:

- le istruzioni devono terminare sempre con un punto e virgola;
- ogni routine o funzione deve iniziare con una parentesi graffa aperta e terminare con una parentesi graffa chiusa;
- si possono usare spazi, tabulazioni e indentazioni di qualsiasi tipo per la formattazione del testo. L'interfaccia intercetta automaticamente la posizione del testo nella finestra, la posizione dei punti e virgola di fine istruzione e delle parentesi graffe.

Listato originale dello sketch Blink

```
// Pin 13 has an LED connected on most Arduino boards.
// give it a name:
int led = 13;

// the setup routine runs once when you press reset:
void setup() {
  // initialize the digital pin as an output.
  pinMode(led, OUTPUT);
}

// the loop routine runs over and over again forever:
void loop() {
  digitalWrite(led, HIGH);     // turn the LED on (HIGH is the voltage level)
  delay(1000);                 // wait for a second
  digitalWrite(led, LOW);      // turn the LED off by making the voltage LOW
  delay(1000);                 // wait for a second
}
```

Ecco la traduzione del testo commentato:

```
// Il pin 13 ha un LED collegato nella maggior parte delle schede Arduino
// È necessario dare un nome (al pin 13)
// La routine di setup viene eseguita una sola volta quando si preme reset
// Inizializzare il pin digitale come uscita
// La routine loop esegue il ciclo continuo
// Accensione del LED (HIGH corrisponde al livello alto di tensione)
// Attesa di un secondo
// Spegnimento del LED abbassando il livello di tensione
// Attesa di un secondo
```

Si noti che le routine *setup()* e *loop()* sono obbligatorie in ogni sketch. Anche se non contengono istruzioni devono essere sempre presenti. Per esempio, scrivendo uno sketch solamente con...

```
void setup() { }
void loop() { }
```

... lo sketch viene compilato senza errori. Questo perché la funzione *setup()* serve a inizializzare le variabili, le modalità dei pin, i parametri delle librerie e così via e può essere anche completamente vuota. La funzione *setup()* viene eseguita solo una volta all'accensione della scheda o dopo un reset della scheda.

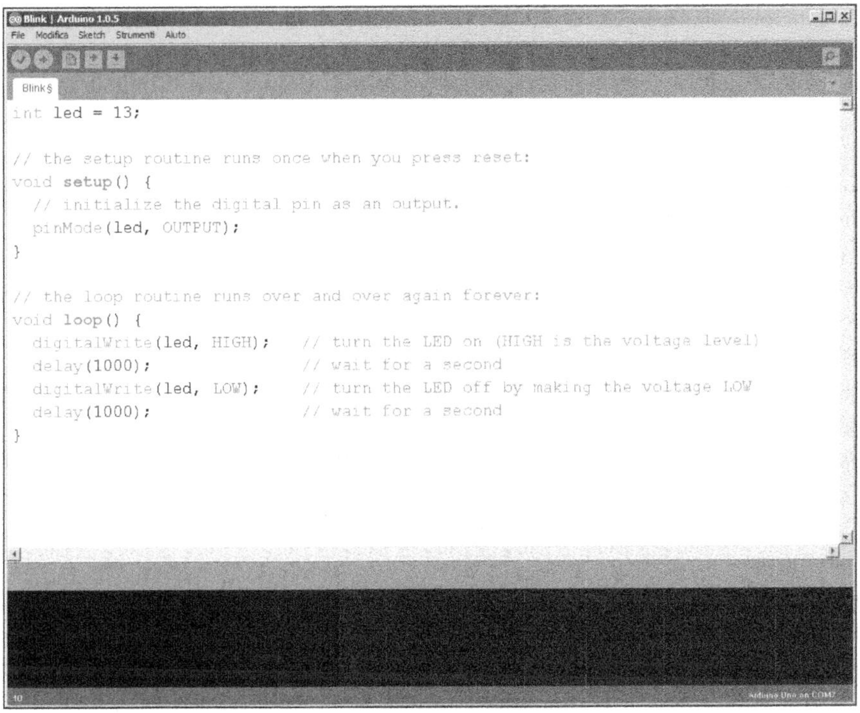

Figura 6.2 L'esempio Blink caricato nell'IDE.

La funzione *loop()* esegue ciclicamente tutte le istruzioni contenute all'interno del loop. Se non si imposta nulla nella funzione *setup()* e non si scrivono istruzioni all'interno di *loop()*, lo sketch si limita a inizializzare la scheda senza eseguire alcuna operazione.
Il termine *void* davanti alla funzione significa che la funzione non "restituisce" nessun valore. Una funzione deve avere le parentesi tonde aperte e chiuse senza "argomenti" oppure con i dati da trattare all'interno delle parentesi. Per esempio: la funzione *delay(200)* crea un ritardo di 200 millisecondi nel timer di sistema, oppure la funzione *digitalWrite(13, HIGH)* scrive un valore HIGH sulla porta digitale 13.

Sintassi

Rispetto al C, la sintassi di programmazione nell'ambiente Arduino è stata molto semplificata. Anche se è possibile sviluppare programmi usando il linguaggio C, la maggior parte delle funzioni è stata "tradotta" con termini più facili da ricordare.
Per esempio, analizzando il breve codice di esempio dello sketch *Blink* si possono capire molte cose del linguaggio utilizzato.

- *int led = 13* è un'istruzione che dichiara intera (*integer*) la variabile *led* e la pone uguale a 13. In altre parole, alla porta digitale 13 viene dato il nome "led". Una variabile può avere un nome qualsiasi, purché non contenga spazi, per esempio, *Tizio* o *Caio* oppure *quello_che_si_desidera*. Bisogna fare attenzione ai nomi, perché il compilatore è sensibile alle maiuscole e minuscole. Una volta dato un nome a una variabile, questo deve essere mantenuto sempre uguale all'interno dello sketch o all'interno di una singola funzione.

- La funzione *pinMode(led, OUTPUT)* all'interno della funzione *setup()* imposta la modalità del pin chiamato "led" come OUTPUT (tutto maiuscolo). In altre parole, la porta 13 della scheda viene impostata per la trasmissione di dati digitali in uscita.
- La funzione *digitalWrite(led, HIGH)* non fa altro che eseguire un comando simile a "scrivi sulla porta digitale 13 un valore HIGH". Scrivendo un valore HIGH (tutto maiuscolo), si ottiene una tensione di 5 volt, ovvero la porta viene alzata allo stato logico 1. Tant'è che si può scrivere l'istruzione anche in questo modo: *digitalWrite(led, 1)*.
- La funzione *delay(1000)* introduce un ritardo di 1000 millisecondi, cioè di un secondo. Volendo modificare il ritardo è possibile scrivere un qualsiasi valore di millisecondi, compreso fra 0 e 4.294.967.295 (*unsigned long* di 32 bit) che è un valore vicino a 49 giorni.
- La funzione *digitalWrite(led, LOW)* esegue il comando "scrivi sulla porta digitale 13 un valore LOW". Scrivendo un valore LOW (tutto maiuscolo), si ottiene una tensione di 0 volt, ovvero la porta viene abbassata allo stato logico 0. Anche in questo caso, si può scrivere *digitalWrite(led, 0)*.
- Di nuovo la funzione *delay(1000)* introduce un ritardo di 1 secondo e il ciclo (loop) ricomincia.

Da queste poche righe di codice si intuisce la semplicità con cui è stata pensata la programmazione di una scheda Arduino. Strada facendo, si studieranno listati più complessi, ma la logica di base sarà sempre la stessa.

Verifica e compilazione

Ogni sketch deve venire compilato prima di essere caricato nella memoria del processore della scheda. Nella barra degli strumenti sotto i menu, il pulsante con l'icona di un segno di spunta si chiama *Verifica*, seguito dal pulsante *Carica* con l'icona di una freccia. Premendo sul pulsante *Verifica*, il listato viene compilato e, se non ci sono errori, appare dopo qualche secondo la scritta nella barra della finestra di output *Compilazione terminata.* Nella finestra di output viene riportata anche l'indicazione della dimensione di memoria occupata dallo sketch e della memoria disponibile (massimo 32 KB).

In caso di errore di compilazione, verranno segnalati in questa stessa finestra tutti gli errori e i riferimenti alle righe di codice che li contengono. Se non si riesce a ottenere la compilazione del codice, è inutile procedere alla fase successiva del caricamento in memoria, in quanto il sistema operativo del processore non può caricare un programma contenente anche un solo errore, perché ne causerebbe il crash. Verificare sempre la sintassi prima di disperarsi.

Caricamento in memoria

Una volta compilato il codice con successo, è possibile caricare il programma nella EPROM del processore, ovvero nella sua area di memoria riscrivibile.

Premendo il pulsante *Carica*, il codice verrà compilato ancora una volta per sicurezza e caricato in memoria di Arduino. Nel frattempo una barra di progresso visualizzerà lo stato di scrittura della EPROM.

Al termine del caricamento, se non si verificano problemi, apparirà la scritta *Caricamento terminato*. Se per qualche motivo non imputabile a errori di compilazione il caricamento non dovesse andare a buon fine, nella stessa finestra apparirà l'indicazione del problema. Spesso succede che la porta virtuale non sia selezionata o che non sia stata selezionata la scheda corretta nel menu *Strumenti > Board*. È sufficiente verificare questi problemi e riprovare il caricamento. Se i problemi persistono, verificare l'installazione del driver seriale. Una volta caricato in memoria lo sketch *Blink*, senza collegare nulla alla scheda, si vedrà il LED incorporato lampeggiare a intervalli di un secondo.Volendo, si può aggiungere un LED esterno al pin 13 (anodo) e al pin GND (catodo), come illustrato nella Figura 6.3.

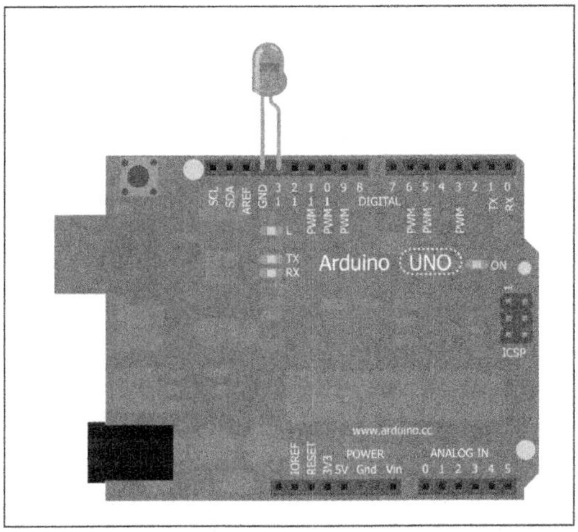

Figura 6.3 Un LED collegato al piedino 13 e al piedino GND di una scheda Arduino UNO.

Modificare lo sketch

Giusto per iniziare a programmare qualcosa, ecco una semplice modifica dello sketch di esempio. Le modifiche sono riportate in **grassetto**:

```
void setup() {
  pinMode(12, OUTPUT);
}



void loop() {
  digitalWrite(12, HIGH);
  delay(500);
  digitalWrite(12, LOW);
  delay(500);
}
```

Compilando e caricando il codice così modificato, il LED andrà collegato al pin 12 e al pin GND. L'intervallo del lampeggio è stato ridotto a mezzo secondo (500 millisecondi) impostando la funzione *delay(500)*. Semplice, no?

Sketchbook

Dopo aver modificato uno sketch di esempio o averlo creato da zero è possibile salvarlo dal menu *File > Salva con nome...* oppure *File >Salva*.
Il file viene salvato nella cartella di default del programma. In questo modo si potranno ritrovare i propri sketch nel menu *File > Cartella degli sketch*.
Si può lasciare la data messa in automatico nel nome e aggiungere qualche riferimento al programma, per esempio "sketch_sept21a_LED_LAMPEGGIANTE". È un metodo consigliato per dare un certo ordine ai propri lavori, almeno all'inizio. Se il nome del file salvato contiene spazi, questi vengono sostituiti in automatico con il carattere di sottolineatura, "_".
Dalla versione 1.0, l'estensione dei file di Arduino è cambiata in ".ino". Si possono ancora aprire i file con la vecchia estensione ".pde", ma è consigliabile ricompilarli e risalvarli con la nuova estensione. Per esempio, dalla versione 1.0, la parola chiave "BYTE" non è più supportata e, per mandare un singolo byte, lo si deve sostituire con la funzione *Serial.write()*.

Risorse di Arduino

Per chi vuole approfondire la conoscenza hardware e software di Arduino, è consigliata la lettura del già citato testo "Il manuale di Arduino" di Maik Schmidt, Edizioni Apogeo 2011, come riferimento in lingua italiana.
In lingua inglese, sono disponibili le librerie di riferimento, tutta la documentazione, gli esempi di codice, il forum e i link a innumerevoli altre risorse online nel sito ufficiale `www.arduino.cc`.

Progetti hardware con Arduino

Dopo aver dato un'occhiata alle funzionalità principali dell'IDE di Arduino, è possibile caricare gli sketch proposti in queste pagine a corredo dei progetti hardware. Tutti gli sketch descritti in queste pagine sono disponibili per il download nell'area "Risorse del libro" presso il sito `www.robomag.net`.
Una volta scompattati i file in una cartella, si otterranno 30 cartelle con il titolo del progetto, ognuna contenente il file di Fritzing e lo sketch di Arduino da caricare. In realtà, i progetti saranno molti di più, perché alcune cartelle conterranno varianti dello stesso progetto.
A questo punto, basta assemblare i circuiti su breadboard e collegarli a una scheda Arduino. Per motivi di praticità tutti i progetti fanno uso di una scheda Arduino UNO Rev. 3. La Figura 6.4 riporta il layout della scheda con la piedinatura alla quale fanno riferimento tutti i layout fatti con Fritzing.
Brevemente, ecco la tipologia e la numerazione delle porte di Arduino da ricordare:

- 6 porte digitali (I/O 8 bit): 2, 4, 7, 8, 12, 13;
- 6 porte digitali PWM (I/O 8 bit): 3, 5, 6, 9, 10, 11;
- 6 porte analogiche (con ADC 10 bit): A0, A1, A2, A3, A4, A5;
- 1 porta digitale per la trasmissione seriale (TX): 1;
- 1 porta digitale per la ricezione seriale (RX): 0.

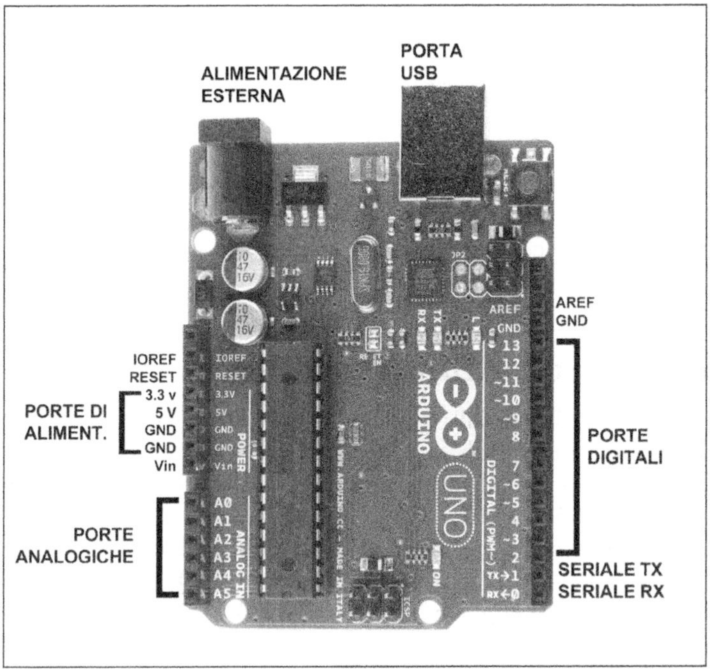

Figura 6.4 Layout della scheda Arduino UNO con l'indicazione delle porte analogiche e digitali.

Procedura per l'assemblaggio dei progetti hardware

1. Collegare a una porta USB la scheda Arduino.
2. Aprire lo sketch del progetto e caricarlo in memoria di Arduino.
3. Scollegare la scheda dalla porta USB.

Avvertenza

1. Effettuare il montaggio di tutti componenti su breadboard e collegarli con appositi cavetti.
2. I collegamenti alla scheda Arduino vanno sempre effettuati con la scheda spenta (scollegata dalla presa USB), onde evitare errori che possono causare danni irreparabili alla scheda.
3. Effettuare prima i collegamenti dalla breadboard alle porte digitali e/o analogiche e/o seriali.
4. Effettuare per ultimi il collegamento a massa GND alla linea blu della breadboard e il collegamento +5V di Arduino alla linea rossa della breadboard.
5. Se non si è sicuri, verificare nuovamente il circuito sulla breadboard e tutti i collegamenti alla scheda.
6. Accendere Arduino e verificare che il progetto su breadboard funzioni come previsto.

ATTENZIONE

I progetti di questo libro sono stati provati personalmente dall'autore e garantiti funzionanti, a patto che si usino gli stessi componenti o similari e si seguano fedelmente le istruzioni. L'uso di componenti diversi o modifiche ai circuiti possono causare malfunzionamenti o danni alla scheda.
Se la scheda Arduino si spegne durante un collegamento o l'attivazione di pulsanti o altri controlli, scollegare subito l'alimentazione, verificare nuovamente il circuito e i collegamenti e riprovare. L'autore declina ogni responsabilità diretta o indiretta per eventuali danni causati alla scheda o ad altre apparecchiature e alle persone.

Accensione e spegnimento di tre LED tramite tre pulsanti

Come primo esperimento colleghiamo sulla breadboard tre LED e tre pulsanti seguendo il layout di Figura 6.5a. I pulsanti da utilizzare sono del tipo sempre aperto a due vie con quattro piedini. Si consiglia un pulsante per circuiti stampati o breadboard a due vie come illustrato on Figura 6.5b.
Il piccolo pulsante (diffusissimo nei negozi di elettronica) è dotato di quattro terminali collegati a coppie. I terminali 1-3 e 2-4 sono sempre collegati. Quando si preme il pulsante si cortocircuitano le due coppie di terminali 1-2 e 3-4. Quando si rilascia il pulsante il circuito torna aperto.
Il resistore da 10 kΩ collegato fra un reoforo del pulsante e la massa serve da *pull-down*. I cosiddetti resistori *pull-up* e *pull-down* servono nei collegamenti di circuiti logici per fornire una tensione di riferimento quando si devono confrontare differenti livelli di tensione in ingresso. Di solito, è sufficiente un valore resistivo di 10 kΩ per fare in modo che il resistore "tiri" la tensione verso il polo positivo (*pull-up*) o verso il polo negativo (*pull-down*). Se l'ingresso logico su cui si opera la lettura della tensione in ingresso dovesse rimanere senza un livello di riferimento, l'ingresso potrebbe rilevare che il pulsante è stato premuto, ma anche il contrario, dando risultati imprevedibili o addirittura dannosi per il circuito stesso.

Sketch da caricare

Aprire il file `Accensione_e_spegnimento_di_3_LED_tramite_pulsanti` e caricare il codice nella memoria di Arduino UNO.
Premendo uno dei tre pulsanti, si porta la tensione di +5 volt alla relativa porta digitale impostata come INPUT. Leggendo lo stato HIGH della porta di ingresso, si porta a livello HIGH (+5 volt) la porta digitale impostata come OUTPUT (il LED collegato si accende).
Il listato e il circuito sono stati limitati a tre LED e tre pulsanti. Sapendo che le porte digitali disponibili sono dodici, si possono replicare i collegamenti fino a controllare sei LED tramite sei pulsanti. Modificare anche il listato copiando lo stesso codice e assegnando le porte rimanenti.

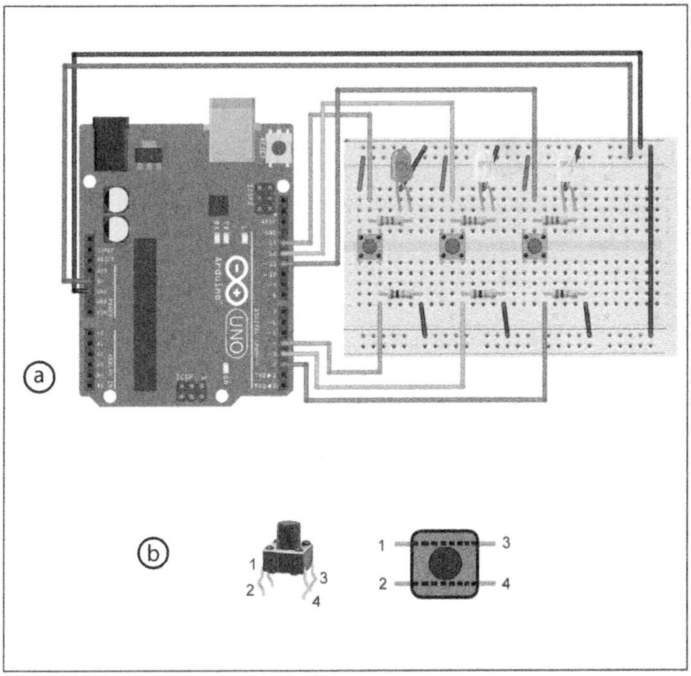

Figura 6.5 (a) Layout di Fritzing per l'accensione e lo spegnimento di tre LED tramite tre pulsanti. (b) Pulsante sempre aperto a due vie con quattro piedini.

Controllo della luminosità di LED tramite potenziometri

Il progetto serve a controllare la luminosità di un LED collegato a una porta PWM di Arduino tramite un potenziometro collegato a una porta analogica.

Come illustrato nella Figura 6.6a, i reofori 1 e 3 del potenziometro da 10 kΩ sono collegati rispettivamente alla linea di alimentazione +5 V e a massa (GND). Il reoforo centrale è collegato a un ingresso analogico (A0). I valori di tensione variano pertanto in modo analogico (continuo) da 0 a +5V.

Essendo le sei porte analogiche di Arduino collegate a un convertitore analogico/digitale a 10 bit di risoluzione, i valori di tensione analogica vengono divisi in 1024 livelli, ovvero da 0 a 1023 (ricordiamo che 10 bit equivalgono a 2^10 = 1024 valori).

Le porte digitali sono invece a 8 bit e consentono la scrittura di stati logici 0 (LOW) e 1 (HIGH). Lo stato logico LOW corrisponde a 0 volt, lo stato logico HIGH corrisponde a 5 volt.

Come abbiamo visto, sei porte digitali sono impostate in modo diverso per poter gestire la cosiddetta "modulazione della larghezza di impulso" altrimenti conosciuta come PWM (*Pulse Width Modulation*). Queste porte PWM consentono la scrittura di impulsi a onda quadra modulati in larghezza, ovvero di segnali digitali 0-5 volt mandati in uscita con una larghezza variabile (*duty cicle*) definita dal valore del segnale digitale a 8 bit (2^8 = 256) mandato al pin. In pratica, si tratta di una simulazione "analogica" del segnale digitale. La Figura 6.6b illustra il comportamento di una porta digitale PWM.

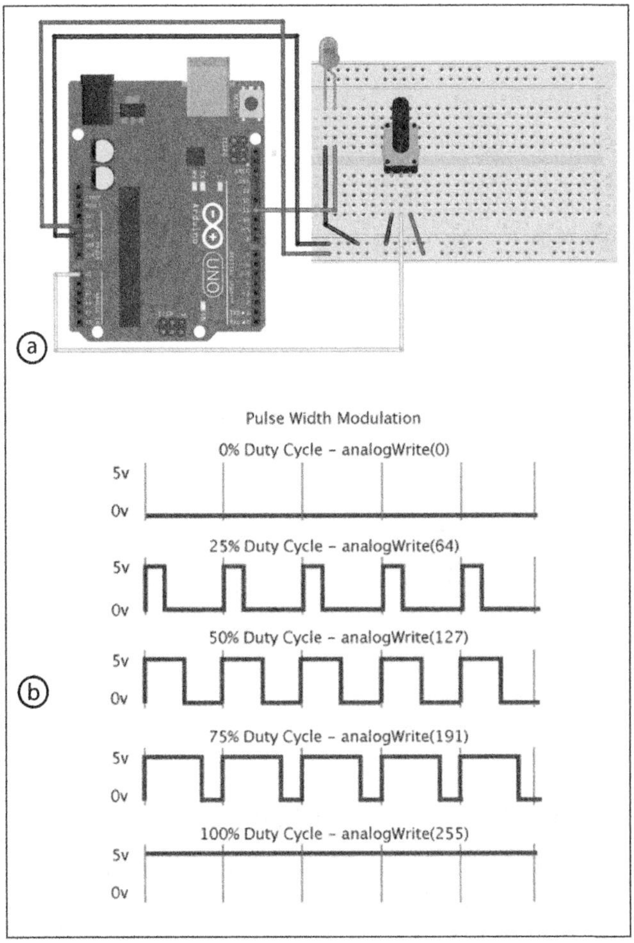

Figura 6.6 (a) Layout di Fritzing per il controllo della luminosità di un LED tramite un potenziometro. (b) Schematizzazione della tecnologia PWM.

Dato che la lettura di dati analogici avviene a 10 bit e la scrittura di dati sulla porta PWM è a 8 bit, si rende necessaria una conversione o, meglio, una mappatura dei valori. Per ottenere una buona mappatura dei valori di ingresso, campionati a 10 bit (da 0 a 1023 livelli di tensione) mantenendo la proporzionalità in uscita con valori a 8 bit (da 0 a 255 impulsi PWM) è disponibile una funzione particolare di Arduino.

Sketch da caricare

Aprire il file `Controllo_PWM_LED_con_potenziometri` e caricare il codice nella memoria di Arduino UNO.
La prima differenza dallo sketch precedente sta nella variabile *sensorPin*, che legge il valore analogico in ingresso alla porta *analog0*. Questo significa che, invece di leggere solamente un digitale HIGH oppure LOW, la variabile assume i valori da 0 a 1023.

L'altra differenza è la funzione *analogWrite*, la quale, su una porta digitale PWM, consente di modificare la luminosità del LED in modo graduale, ruotando il potenziometro collegato alla porta A0.
Si noti che lo stesso circuito può venire replicato per il controllo della luminosità di sei LED tramite sei potenziometri, modificando il codice in modo opportuno, ovvero copiando il codice e numerando le variabili e le porte come fatto per lo sketch precedente.

Analog e digital

Fin qui abbiamo visto che usando solo quattro funzioni essenziali si è in grado di controllare gli ingressi digitali e analogici della scheda Arduino.
Riepilogando:

- la funzione *digitalRead* legge uno stato LOW oppure HIGH (0 volt o 5 volt);
- la funzione *digitalWrite* scrive uno stato LOW oppure HIGH (0 volt o 5 volt);
- la funzione *analogRead* legge valori da 0 a 1023 (campionamento da 0 a 5 volt a 10 bit);
- la funzione *analogWrite* scrive valori da 0 a 255 (PWM a 8 bit);

Da qui in avanti si potrà riciclare spesso il codice per poter gestire circuiti elettronici diversi, per cui la programmazione vera e propria diventa molto semplice.

Controllo di velocità di due motori DC tramite potenziometri e transistor

Il circuito proposto controlla la velocità di due motori DC. Replicando il circuito e il codice, si possono controllare fino a sei motori tramite le sei porte analogiche.
Nella Figura 6.7 è visibile il layout di Fritzing del circuito comprensivo di:

- 2 motori DC da 3 volt;
- 2 diodi 1N4007;
- 2 transistor BC547;
- 1 pacchetto di alimentazione a pile stilo 2 × 1,5 volt.

Nel riquadro della figura è descritta la piedinatura del transistor BC547 nel classico contenitore TO-92. Si tratta di un transistor amplificatore usato spessissimo in circuiti di bassa potenza. Un transistor similare è il 2N2222 la cui piedinatura però è diversa se il contenitore è tipo TO-18.
Si consiglia un'alimentazione esterna per i motori DC, dato che questi possono assorbire più corrente di quella fornita dalla scheda Arduino che, essendo collegata alla porta USB del computer, normalmente non può fornire più di 500 mA.
L'uso dei diodi 1N4007 (o similari) fra collettore ed emettitore è per assicurare un isolamento da correnti parassite indotte dal motore DC.
Si noti che con questo circuito, l'inversione della rotazione del motore è possibile solo invertendo la polarità dei collegamenti ai motori. Per un controllo "logico" si veda il progetto "Controllo bidirezionale di due motori DC" descritto più avanti.

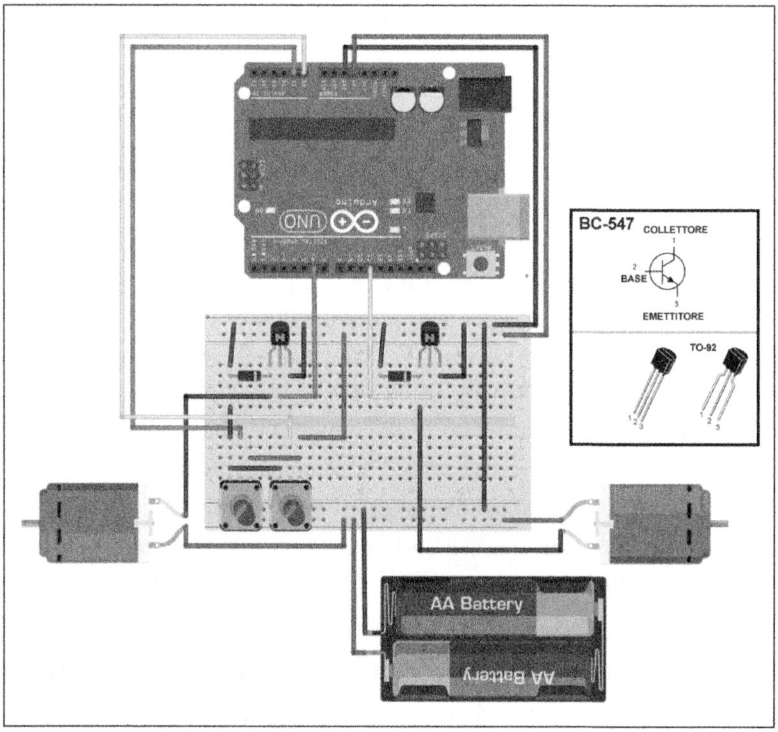

Figura 6.7 Layout di Fritzing per il controllo di velocità di due motori DC tramite potenziometri e transistor. Nel riquadro la piedinatura del transistor BC547.

Sketch da caricare

Aprire il file `Controllo_due_motori_DC_con_transistor` e caricare il codice nella memoria di Arduino UNO. Lo sketch è praticamente identico a quello per il controllo della luminosità di un LED.

> **SUGGERIMENTO**
>
> Per poter pilotare motori più potenti è possibile sostituire il transistor e aumentare l'alimentazione esterna, lasciando inalterato tutto il resto. Per esempio, se i motori supportano tensioni elevate è possibile alimentare il circuito con una tensione adeguata e utilizzare transistor rapportati alla tensione e alla corrente assorbita dal motore. Per esempio, si possono usare transistor tipo Darlington, come i TIP120 che supportano tensioni fino a 60 volt e 5 ampere di corrente. Fare attenzione alla piedinatura diversa dei transistor TIP. Si consiglia di mettere un resistore da 1 kΩ in serie alla base del transistor dalla porta PWM.

Interfaccia display retroilluminato 16x2

Dotare Arduino di uno schermo è sicuramente utile per monitorare in tempo reale le funzioni del programma. Lo schermo LCD usato per questo progetto è il diffusissimo

modello ADM1602K, in grado di visualizzare 16 caratteri su 2 righe. È possibile alimentare la retroilluminazione a +5V e regolare il contrasto tramite un potenziometro. Il display dispone di un set interno di 256 caratteri ASCII esteso, con un'area di memoria per la creazione di caratteri personalizzati.
Si può reperire questo schermo LCD molto facilmente, facendo però attenzione che sia compatibile con il driver Hitachi HD44780.
Tramite l'interfaccia LCD, i prossimi circuiti permetteranno di visualizzare varie informazioni, come, per esempio, la temperatura, la distanza, l'ora e altri messaggi.
Dallo schema elettrico di Figura 6.8 è facile capire che serve davvero poco per controllare uno schermo LCD di questo tipo.
È sufficiente eseguire i collegamenti dalla breadboard alla scheda Arduino e collegare solo un potenziometro da 10 kΩ per regolare il contrasto.
L'alimentazione per la retroilluminazione può essere prelevata dalla stessa scheda Arduino, anche se, per alcuni LCD, è consigliabile provvedere con una sorgente di alimentazione autonoma per non sovraccaricare la porta USB del computer.
Per esempio, alimentando la scheda Arduino con un alimentatore 9 volt, invece che da porta USB, si è molto più tranquilli.
Per poter inserire il modulo display nella breadboard è necessario saldare un pin header a 16 pin.

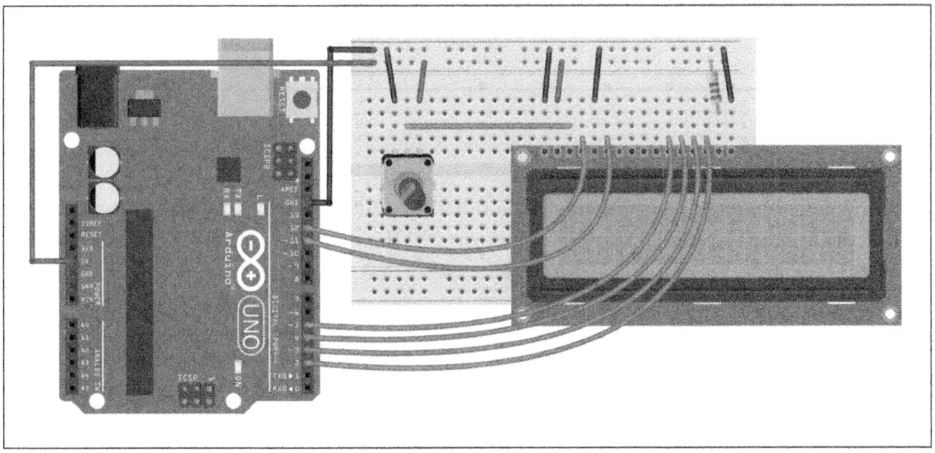

Figura 6.8 Layout di Fritzing dell'Interfaccia display retroilluminato 16x2. Si noti che nel layout di Fritzing sono stati usati anche dei cavi "morbidi" implementati nelle più recenti versioni del software.

Descrizione dei pin del display

Nella tabella seguente vengono descritte le funzioni dei 16 pin del display.

I pin 1 (Vss=massa), 2 (Vdd=+5V) e 3 (V0) servono all'alimentazione del display.

La regolazione del contrasto avviene tramite il potenziometro da 10 kΩ.

Pin n.	Nome	Descrizione
1	Vss	Massa dell'alimentazione
2	Vdd	Positivo dell'alimentazione
3	V0	Regolazione contrasto
4	RS	Register Select
5	R/W	Read / Write
6	E	Enable signal per Read / Write
7~10	DB0-DB3	Data Bus a 4 bit
11~14	DB4-DB7	Data bus a 4 bit
15	LED+	Alimentazione positiva LED di retroilluminazione
16	LED-	Alimentazione negativa LED di retroilluminazione

I collegamenti standard alle porte di Arduino.

N. porta Arduino	Pin LCD	Porta LCD
12	4	RS (Register Select)
11	6	E (Enable)
5	11	DB-4
4	12	DB-5
3	13	DB-6
2	14	DB-7
GND	5	R/W

Esempi LiquidCrystal

Dato che la libreria *LiquidCrystal* per il controllo dello schermo LCD è già implementata in Arduino, per testare il display si può aprire l'IDE e caricare una serie di sketch di prova dal menu *File > Esempi > LiquidCrystal*:

- Autoscroll
- Blink
- CustomCharacter
- Display
- HelloWorld
- Scroll
- SerialDisplay
- SetCursor
- TextDirection

Come vedremo in seguito, l'interfaccia LCD 16×2 potrà venire usata per monitorare i dati di diversi circuiti proposti in queste pagine. A titolo di esempio, nella Figura 6.9 è visibile il layout con il controllo della luminosità di un LED, più la visualizzazione sul display dei valori del potenziometro.

ATTENZIONE

Il LED deve essere collegato alla porta 9, perché la porta 11 è già occupata dal display.

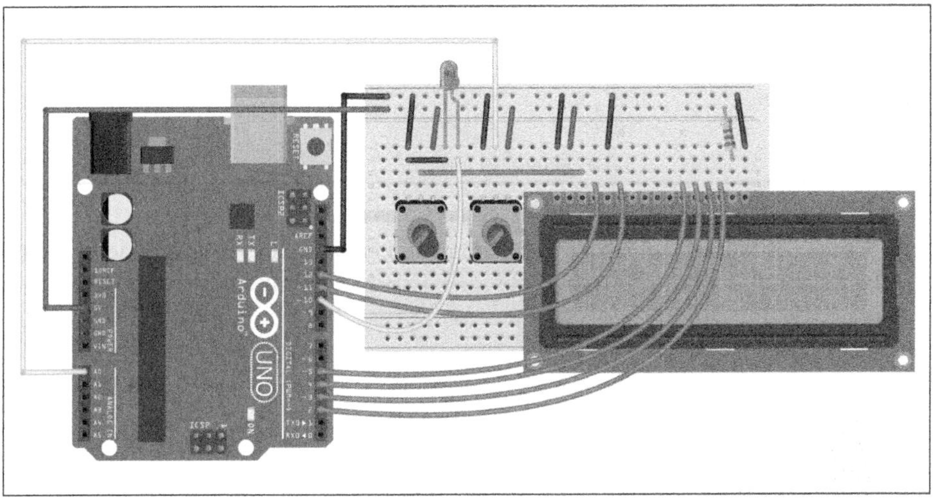

Figura 6.9 Layout di Fritzing dell'interfaccia LCD più il potenziometro per il controllo della luminosità di un LED.

Sketch da caricare

Aprire il file `Controllo_LED_con_interfaccia_LCD` e caricare il codice nella memoria di Arduino UNO. Si noti che lo sketch è praticamente identico a quello per il controllo della luminosità di un LED, con la sola aggiunta della libreria *LiquidCrystal* e delle funzioni di stampa a video.

Ruotando il potenziometro per regolare la luminosità del LED, si vedranno i valori PWM stampati sul display.

Interfaccia display a 7 segmenti

Fra i moltissimi tipi di display a 7 segmenti abbiamo scelto uno dei più usati, ovvero il display a 7 segmenti siglato FND della serie 500. Quello impiegato per gli esempi è a catodo comune. Ce ne sono ad anodo comune, di fogge e colori diversi. La logica di funzionamento è comunque sempre la stessa.

La tabella seguente illustra in breve la disposizione dei pin rispetto alle porte digitali di Arduino usate per il progetto. Ovviamente, la scelta delle porte può essere diversa, purché se ne usino almeno sette oppure otto, includendo anche il punto decimale.

Pin digitali Arduino	Pin del display 7 segmenti
6	7 (A)
7	6 (B)
8	4 (C)
9	2 (D)
10	1 (E)
11	9 (F)
12	10 (G)
13	5 (DP) punto decimale

La Figura 6.10 illustra un layout di Fritzing con i collegamenti corrispondenti alla suddetta tabella. Il display a 7 segmenti usato è a catodo comune per cui va collegato alla massa (GND) di Arduino.

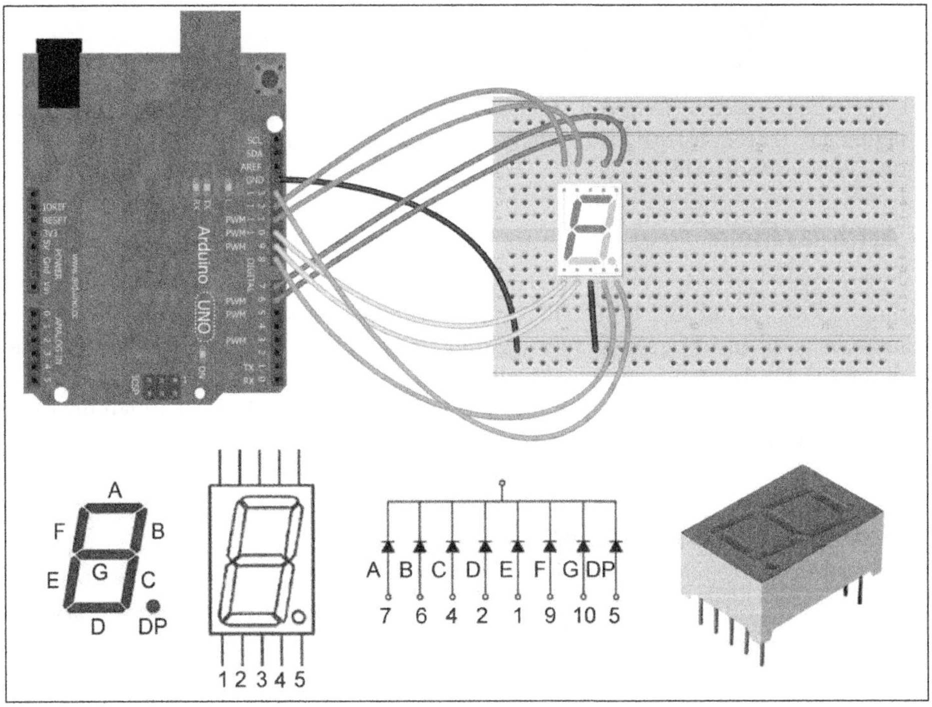

Figura 6.10 Layout di Fritzing dell'interfaccia display a 7 segmenti e piedinatura di un display tipo FND500 a catodo comune.

Codice di prova

Ognuno dei segmenti può venire acceso ponendo la porta al valore HIGH, cioè scrivendo il valore logico 1 o 0 nella funzione *digitalWrite()*. Quindi, per scrivere il numero "8" (il più semplice), basterà portare allo stato logico 1 tutte le porte digitali.

Capita la logica di funzionamento, si può facilmente intuire che scrivere il codice in questo modo diventa davvero oneroso, anche se è molto più chiaro quel che succede. Dovendo portare a 1 tutte le porte, per ogni numero bisognerebbe scrivere la funzione *digitalWrite* più il dato per tutte le sette porte. Ogni volta che si cambia un numero bisogna ricopiare il codice e il listato diventerebbe lunghissimo e ingestibile.
La regola d'oro per il programmatore è quella di scrivere meno righe possibili e di ottimizzare il codice per velocizzare il computo da parte del processore.
Fortunatamente il linguaggio permette di usare variabili di tipo "array" (=matrice).Visto che il display a 7 segmenti è praticamente una matrice di elementi, possiamo scrivere un codice molto più compatto ed efficiente. Fra l'altro, chi è digiuno di programmazione può imparare qualcosa di nuovo.

Array di dati

Una programmazione snella usa gli array di dati quanto più possibile. Essendo il display formato da 7 segmenti da accendere e spegnere, basta creare un array con sette elementi, e siccome vogliamo scrivere 10 numeri (da 0 a 9), basta creare un'altra dimensione di 10 elementi.
Pertanto si può creare un array bidimensionale in questo modo: *NomeArray[10][7]*.
Dando un nome arbitrario all'array, nel nostro caso "SegDigit", basterà riempire l'array con una serie di dati, come illustrato nel seguente esempio di codice.

Sketch da caricare

Nello sketch "Display_7_segmenti_conteggio_0_9", mantenendo un certo ordine nell'inserimento dei dati nell'array, si può vedere quanto sia facile scrivere gli stati logici 1 e 0 corrispondenti all'accensione e/o spegnimento dei segmenti.
4Una volta caricato lo sketch di prova, si vedrà il display conteggiare da 0 a 9 a intervalli di 1 secondo (1000 ms).

Visualizzare i dati dei sensori

Per tutti i progetti basati su sensori potrebbe tornare utile la visualizzazione da un certa distanza di numeri e lettere, quando un piccolo LCD potrebbe risultare insufficiente. Il layout del display a 7 segmenti visto sopra va leggermente modificato inserendo, per esempio, un fotoresistore opportunamente collegato a una porta analogica di Arduino e a massa con un resistore pull-down.
Come abbiamo già potuto vedere, l'unica limitazione del display a 7 segmenti è che la numerazione è di 10 cifre (da 0 a 9). Dato che le porte di Arduino sono limitate, è possibile aggiungere più display a 7 segmenti sfruttando dei particolari circuiti integrati come il CD4511 della Texas Instruments, uno dei più comuni circuiti integrati in grado di decodificare 4 bit con tecnologia di codifica BCD (*Binary-Coded Decimal*) e pilotare un display a 7 segmenti. In questo modo si possono usare solo 4 porte per pilotare il bus di dati per ogni display.

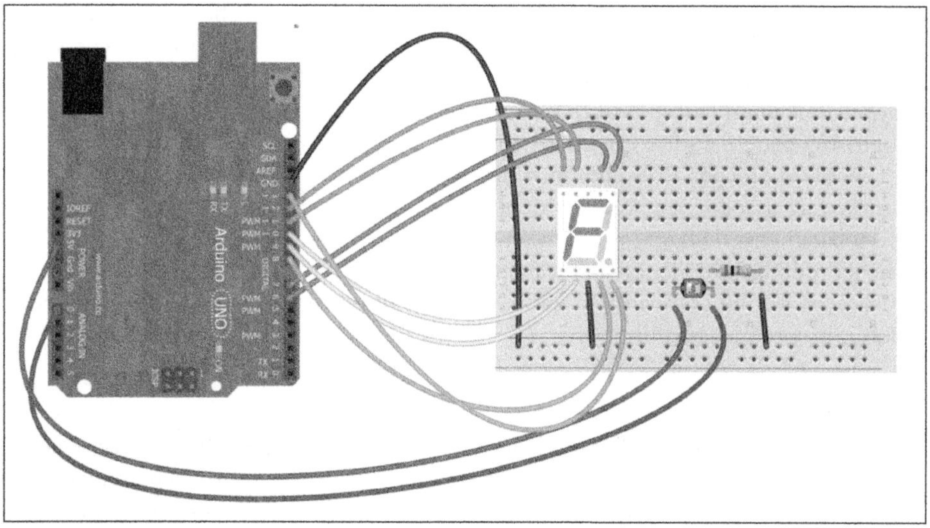

Figura 6.11 Layout di Fritzing dell'interfaccia display a 7 segmenti con un fotoresistore collegato all'ingresso analogico A0.

Sketch da caricare

Aprire il file `Interfaccia_sensore_display_7_segmenti` e caricare il codice nella memoria di Arduino UNO.

Provare a coprire il fotoresistore con la mano e il programma farà apparire sul display a 7 segmenti un numero da 0 a 9 in base alla quantità di luce ambiente. Usando lo stesso circuito e sostituendo un fotoresistore con un termistore e un resistore pull-down da 1 kΩ, si può visualizzare un valore sul display crescente in base alla temperatura. Alla temperatura ambiente di 25° circa dovrebbe apparire sul display il numero 5. Avvicinando una fonte di calore (senza toccare il termistore!) si dovrebbe arrivare anche a 9. Per il calcolo esatto della temperatura si veda il progetto "Termometro a LED con sensore di temperatura" più avanti.

Interfaccia display grafico 128x64 pixel

Dotare il proprio Arduino di interfaccia grafica è come dotare di un monitor un computer vero. Pensando alla miriade di applicazioni grafiche, anche un semplice ed economico display con una risoluzione di 128×64 pixel può dare grandi soddisfazioni.

Il display a cui ci riferiamo è un diffusissimo modello della Crystal Clear Technology (`http://www.cct.com.my`), ditta malese specializzata in display. Può andare benissimo un qualsiasi altro display compatibile, purché rispetti le stesse caratteristiche di base.

Questo display rende le cose facilissime, perché in Arduino è già inclusa la libreria GLCD (*Graphic Liquid Crystal Display*), opportunamente rivista e migliorata proprio nelle ultime versioni del software. È necessario però fare molta attenzione al modello di display grafico, perché la piedinatura può essere (almeno) di due tipi. Nella Tabella 6.1 è visibile la piedinatura di Arduino in relazione ai due tipi principali di piedinatura A e

B del display grafico. In **grassetto** le alimentazioni invertite, quindi bisogna fare molta attenzione a non sbagliare l'alimentazione del display!
La colonna GLCD descrive le funzioni del display grafico e il tipo di collegamento da effettuare.

Tabella 6.1 Piedinatura del display grafico.

Arduino	Tipo A	Tipo B	GLCD
5V	1	2	+5 volt
GND	2	1	GND
-	3	3	(VO) Contrast, collegare il piedino 2 (centrale) del potenziometro
8	4	7	D0
9	5	8	D1
10	6	9	D2
11	7	10	D3
4	8	11	D4
5	9	12	D5
6	10	13	D6
7	11	14	D7
Analog A0	12	15	CSEL1 (Chip 1 select)
Analog A1	13	16	CSEL2 (Chip 2 select)
RESET	14	17	Collegare a RESET
Analog A2	15	5	R_W (Read/write)
Analog A3	16	4	D_I (Data/Instruction RS)
Analog A4	17	6	EN (Enable)
-	18	18	(VEE) Contrast, collegare il piedino 1 del potenziometro
-	19	19	Retroilluminazione +5V
GND	20	20	Retroilluminazione GND
GND	-	-	Collegare il piedino 3 del potenziometro

Dalla tabella si intuisce che vanno impiegati molti piedini di Arduino UNO, per cui bisogna prestare molta attenzione nei collegamenti, soprattutto per l'alimentazione.
I driver più diffusi sono siglati KS108 e NT7107, compatibili entrambi con la libreria GLCD di Arduino. Ovviamente, ci possono essere altri tipi di piedinature in base al display che si acquista. In questo caso è meglio cercare il datasheet nel quale sono descritti i piedini che andranno collegati ad Arduino come illustrato nella Tabella 6.1. Per ulteriori chiarimenti, all'interno della cartella */libraries/glcd/doc* di Arduino è disponibile tutta le documentazione in PDF e HTML.
Può succedere che i display presi a buon mercato nelle fiere di elettronica non abbiano sigle e riferimenti al costruttore. Con un po' di fortuna, basta cercare un numero di serie o una sigla o un'etichetta sul retro del display.
Nella Figura 6.12 sono visibili i collegamenti del display tipo B. Il resistore da 220 Ω serve a limitare la corrente per la retroilluminazione, ma può essere anche omesso. Il potenziometro da 10 kΩ serve alla regolazione del contrasto.

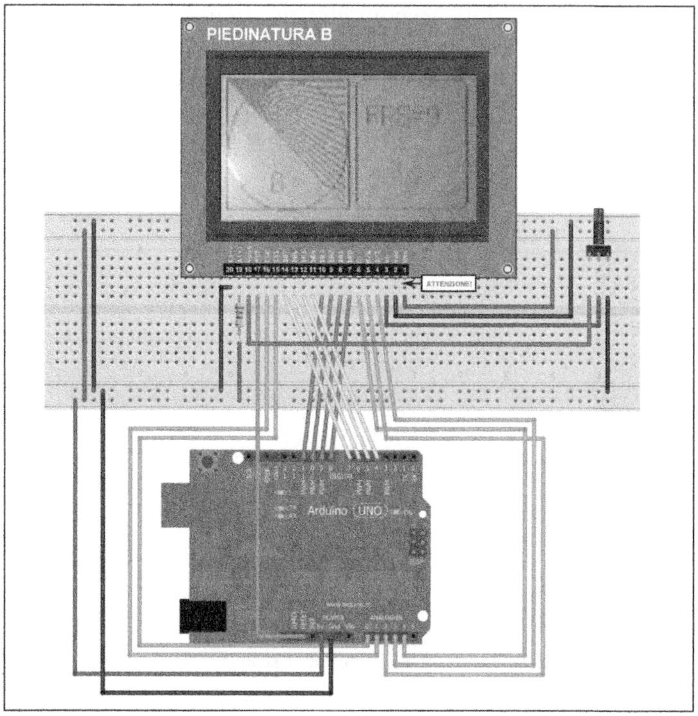

Figura 6.12 Layout di Fritzing dell'interfaccia display grafico 128x64. Oltre alla piedinatura dei display, fare attenzione all'alimentazione.

Esempi della libreria GLCD

Dal menu *File* > *Esempi* > *glcd* è possibile aprire una serie di esempi e gustose dimostrazioni delle funzionalità grafiche, che spiegano l'uso di questa libreria.
Come vedremo, il display grafico potrà essere usato come monitoraggio dei dati provenienti da sensori e per creare l'interfaccia ideale di un oscilloscopio, come spiegato nel prossimo paragrafo.

Oscilloscopio con display grafico

Usando lo stesso circuito fatto in precedenza per testare il display grafico, il progetto seguente permette di visualizzare una forma d'onda in ingresso all'ingresso analogico.
Per fare questo, è sufficiente caricare lo sketch "Oscilloscopio_con_display_grafico" e applicare un segnale alla sonda collegata alla porta analogica A5.
La sonda può essere creata semplicemente con uno spezzone di cavo schermato, ai cui terminali applicare due coccodrilli, uno alla massa (calza) e uno al positivo al quale collegare in serie un resistore da 10 kΩ.
Lo sketch consente di visualizzare sul display grafico la forma d'onda di un segnale in ingresso alla porta analogica A5 tramite la sonda.
Senza aggiungere nessun altro componente al circuito è possibile far funzionare l'oscilloscopio in modo automatico.

Nella Figura 6.13a si vede il display in funzione con un segnale di onda triangolare in ingresso. Il programma di lettura del segnale è impostato per rilevare il trigger automatico, una divisione temporale (Time/Division) di 20 ms e una sensibilità (Volts/Division) da 50 mV a 1 V. La posizione verticale (Vertical Offset) della traccia è centrale di default. Per poter gestire controlli di Trigger, Time/Division, Volts/Division e Vertical Offset bisogna aggiungere dei pulsanti esterni e molto altro codice. Per gli approfondimenti sul progetto con l'aggiunta di tali controlli e il relativo codice si veda il Capitolo Risorse al paragrafo Progetti Extra.

SUGGERIMENTO

I collegamenti al display 128x64 da breadboard sono molto instabili e possono causare interferenze. Si consiglia di portare tutto su una basetta millefori. In alternativa, è possibile usare un cavo flat, tipo quello usato per dischi rigidi con bus IDE. Questo cavo flat è dotato di 40 piedini di cui si ne possono usare 20 per i collegamenti ai 20 pin del display. Il secondo connettore del cavo flat che va ad Arduino può essere collegato usando cavetti per breadboard (Figura 6.13b).

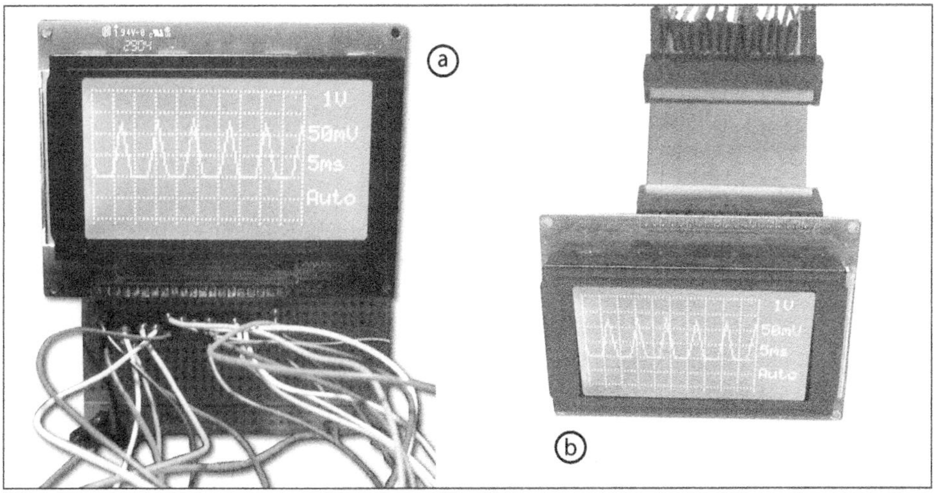

Figura 6.13 (a) Il display grafico in funzione. (b) Collegamento con cavo flat.

Controllo bidirezionale di due motori DC

Costruendo il circuito "Controllo di velocità di due motori DC tramite potenziometri e transistor", ci si rende conto come il controllo analogico possa far ruotare i motori solo in un senso o nell'altro, invertendo la polarità manualmente.

Volendo costruire un controllo bidirezionale di tipo "logico" è necessario procurarsi un circuito integrato con porte logiche. Fra i vari tipi di *driver* per motori elettrici, il più usato è l'integrato siglato L293 o il suo equivalente SN754410, che ha la stessa piedinatura. L'integrato L293 è un *Quadruple Half H-bridge* (chiamato anche ponte-H) ovvero un driver a 4 canali con altrettanti amplificatori di potenza in push-pull e 4 diodi di protezione per limitare picchi di corrente (specie quando il motore si blocca). Un circuito

in push-pull è un tipo di circuito elettronico in grado di pilotare un carico di corrente sia positivo sia negativo.
Le tipiche uscite push-pull sono presenti nei circuiti logici digitali TTL e CMOS e in alcuni tipi di amplificatori. Di solito sono realizzate come una coppia complementare di transistori. Uno dissipa corrente dal carico a massa o un'alimentazione negativa. L'altro fornisce corrente al carico da un'alimentazione positiva.
L'integrato può fornire in uscita una corrente massima di 600 mA per ogni canale, con una corrente di picco di 1,2 A. La massima tensione di alimentazione arriva a 36 volt. Per l'alimentazione delle porte logiche è sufficiente una tensione di 4,5 volt.
La Figura 6.14 riporta i dati presi dal datasheet ufficiale dell'integrato L293, prodotto da Texas Instruments, in cui è visibile il simbolo dell'integrato, il diagramma a blocchi, il diagramma delle porte logiche e lo schema interno equivalente di ingressi e uscite.
Come si può vedere, è un circuito a 16 terminali in un contenitore DIP16 con 4 amplificatori di potenza studiati appositamente per pilotare motori in corrente continua, passo-passo o servomotori. La tabella seguente riporta la piedinatura dettagliata.

Pin	Nome	Descrizione
1	1,2EN	Abilitazione degli amplificatori 1 e 2
2	1A	Ingresso amplificatore 1
3	1Y	Uscita amplificatore 1
4	Heat Sink	GND, massa
5	Heat Sink	GND, massa
6	2Y	Uscita amplificatore 2
7	2A	Ingresso amplificatore 2
8	Vcc2	Tensione di alimentazione dei motori
9	3,4EN	Abilitazione degli amplificatori 3 e 4
10	3A	Ingresso amplificatore 3
11	3Y	Uscita amplificatore 3
12	Heat Sink	GND, massa
13	Heat Sink	GND, massa
14	4Y	Uscita amplificatore 4
15	4A	Ingresso amplificatore 4
16	Vcc1	Tensione di alimentazione delle logiche

Per l'utilizzo di un L293 bisogna collegare le sue 4 porte logiche a un processore come Arduino di cui si possono usare quattro porte per pilotare per pilotare 2 motori con due sensi di rotazione. La Figura 6.15a illustra come utilizzare in modo speculare le porte per un motore (X2) con due sensi di rotazione oppure fino a quattro con un solo senso di rotazione. Il controllo delle porte viene effettuato mandando livelli di tensione TTL compatibili ovvero con livello logico HIGH a +5V e livello LOW a 0V.
La Figura 6.15b illustra la tabella delle funzioni con i vari livelli logici per stabilire il senso di rotazione.

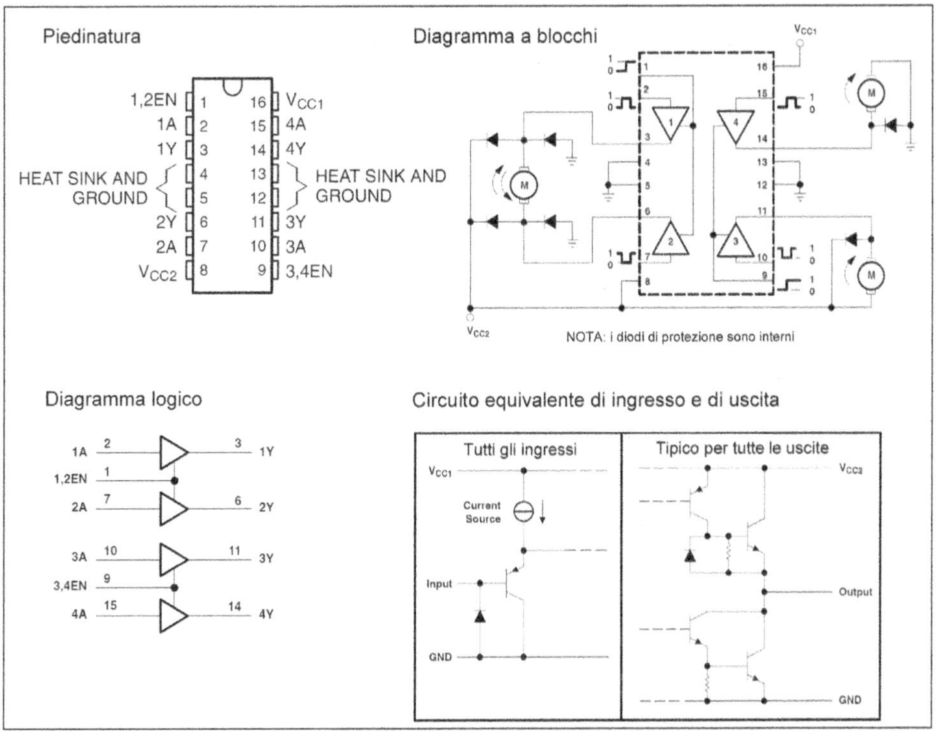

Figura 6.14 Simbolo dell'integrato L293, il diagramma a blocchi, il diagramma delle porte logiche e lo schema interno equivalente degli ingressi e uscite.

NOTA

La tecnologia TTL (*Transistor-Transistor Logic*) è stata la prima a essere utilizzata nei circuiti integrati e nei primi computer fin dagli anni sessanta, grazie a Texas Instruments che introdusse nel mercato una serie di circuiti integrati con funzioni logiche che andò a costituire una vasta famiglia di circuiti *74xx*, dove *xx* sta per il numero della serie.

Facendo riferimento alla Figura 6.16, bisogna collegare in modo opportuno le porte di Arduino, i due motori DC, i due interruttori ai pin dell'integrato L293 e i due potenziometri per il controllo della velocità.
Chiaramente l'assegnazione delle porte di Arduino è solo formale e si possono usare altre porte digitali, purché si cambi opportunamente anche il codice.
La Tabella 6.2 spiega i collegamenti da effettuare.

Tabella 6.2 Corrispondenza della piedinatura dell'integrato L293 e le porte di Arduino. La seconda metà della tabella è in grassetto per evidenziare la specularità del collegamento.

Pin L293	Nome	Pin Arduino
1	1,2EN	Porta digitale 4
2	1A	Porta digitale 5
3	1Y	Terminale 1 del motore 1

(continua)

(segue)

Pin L293	Nome	Pin Arduino
4	Heat Sink	GND
5	Heat Sink	GND
6	2Y	Terminale 2 del motore 1
7	2A	Porta digitale 12
8	Vcc2	Porta 3,3V
9	**3,4EN**	**Porta digitale 6**
10	**3A**	**Porta digitale 7**
11	**3Y**	**Terminale 2 del motore 2**
12	**Heat Sink**	**GND**
13	**Heat Sink**	**GND**
14	**4Y**	**Terminale 1 del motore 2**
15	**4A**	**Porta digitale 11**
16	**Vcc1**	**Alimentazione +5 V**

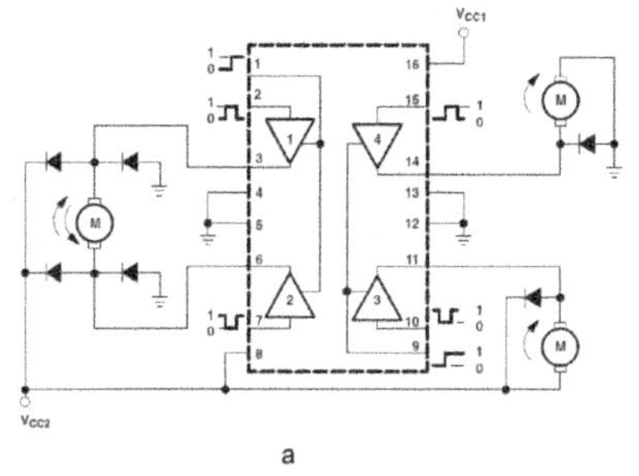

INPUTS A	INPUTS EN	OUTPUT Y
H	H	H
L	H	L
X	L	Z

H = HIGH
L = LOW
X = non collegato
Z = alta impedenza (non collegato)

b

Figura 6.15 (a) Utilizzo delle porte per due motori (uno per lato) con due sensi di rotazione oppure quattro (due per lato) con un solo senso di rotazione.
(b) Tabella delle funzioni delle porte logiche.

I due interruttori servono a controllare le porte 2 e 3 per controllare il senso di rotazione di ciascun motore.

- Un terminale del primo interruttore va collegato alla porta digitale 2.
- Un terminale del secondo interruttore va collegato alla porta digitale 3.
- L'altro terminale del primo interruttore va collegato a massa.
- L'altro terminale del secondo interruttore va collegato a massa.
- Due resistori da 1 kΩ servono da pull-down.

Se gli interruttori sono in posizione aperta, i due resistori tengono basso il livello logico delle porte digitali 2 e 3. Se gli interruttori sono in posizione chiusa, portano alto il livello delle porte digitali 2 e 3. In questo modo si può cambiare il senso di rotazione solo con una riga di codice.

I due potenziometri sono collegati alle porte analogiche 0 e 1. Ricordiamo che i dati in lettura dalle porte analogiche dei potenziometri possono essere scritti solo su porte PWM. Il motore 1 è collegato alle porte PWM 9 e 10 e il motore 2 è collegato alle porte PWM 6 e 11. Di conseguenza, il pin 3, 4EN dell'integrato è collegato alla porta 7.

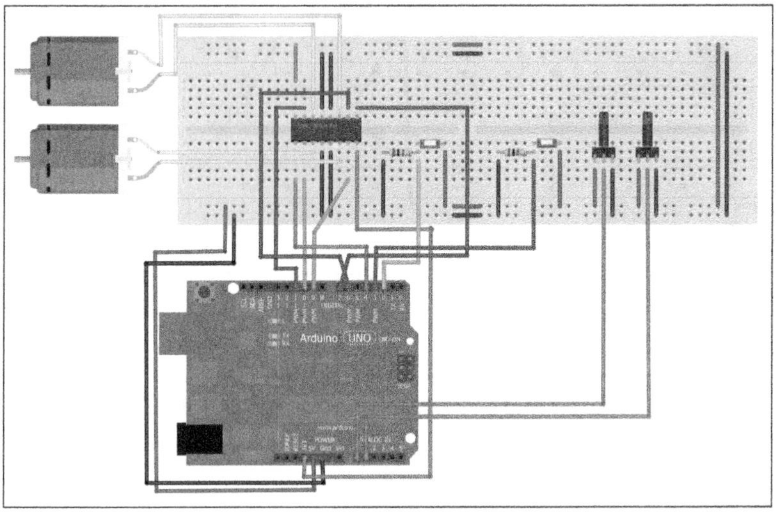

Figura 6.16 Layout su breadboard per il controllo bidirezionale di due motore DC e controllo di velocità tramite due potenziometri.

Sketch da caricare

Aprire il file "Controllo_bidirezionale_di_due_motori_DC" e caricare il codice nella memoria di Arduino UNO.
Ruotando i due potenziometri si potrà variare la velocità dei due motori. Anche con gli interruttori che invertono la direzione si potrà mantenere la stessa velocità di rotazione dei potenziometri, perché è stato usato il "trucco" di leggere il valore ottenuto per differenza, ovvero *255-val1* e *255-val2*.

Controllo di servomotori con potenziometri e sensori

I servomotori sono particolari motori passo-passo dotati di ingranaggi e servomeccanismi studiati per l'automazione e la robotica. Per usi pesanti sono disponibili servomotori con una coppia elevatissima, pur rimanendo di dimensioni ridotte.
Un paio di esempi sono disponibili anche in Fritzing con il codice corrispondente di Arduino.
Volendo costruire un circuito con servomotori di un certa potenza e controllabili da potenziometri o da sensori è necessario utilizzare una sorgente di alimentazione esterna. Nella Figura 6.17 è visibile un semplice circuito di controllo di due servomotori tramite un fotoresistore e un potenziometro. L'alimentazione dei motori viene fornita da una LiPo da 1300 mAh.

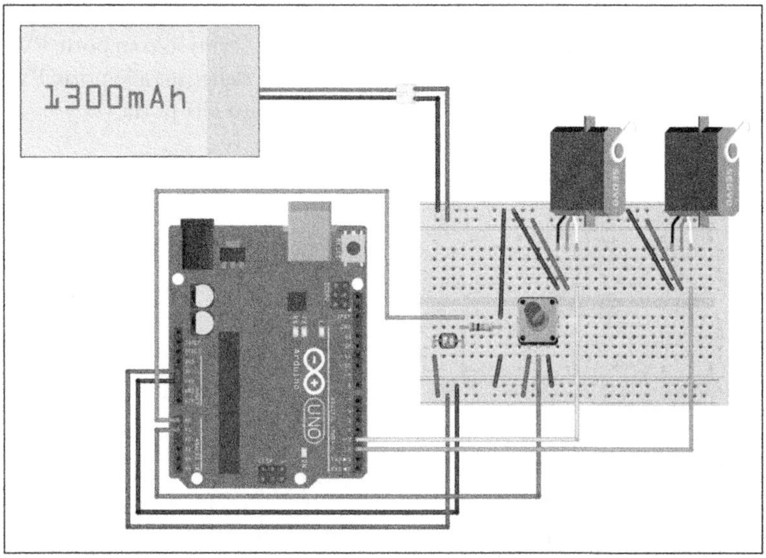

Figura 6.17 Layout del circuito d controllo di due servomotori con un potenziometro e un fotoresistore.

Sketch da caricare

Aprire il file "Controllo_di_servomotori_con_potenziometri_e_sensori" e caricare il codice nella memoria di Arduino. Si noti che lo sketch include l'utilissima libreria *Servo*, espressamente studiata per il controllo di servomotori collegati su qualsiasi porta digitale, anche non PWM

Il servomotore 1 si muoverà in base alla quantità di luce che colpisce il fotoresistore. Il servomotore 2 si muoverà in base alla rotazione del potenziometro.

Controllo di LED RGB con potenziometri e sensori

Vediamo come controllare uno o più LED RGB. Ricordiamo che un LED RGB è in grado di produrre da solo fino a 16.777.216 colori, corrispondenti alla combinazione di 256 livelli di 3 byte di controllo (24 bit).

Nella Figura 6.18a viene illustrato lo schema elettrico e il layout con pochi componenti su una breadboard per il circuito di prova di un LED RGB.

Come si può vedere, il LED RGB usato per il progetto è ad "anodo comune" e quindi va collegato al positivo del circuito. Se fosse a catodo comune, andrebbe collegato a massa. Un resistore da 220 Ω in serie serve a limitare la corrente.

I tre terminali R, G e B vanno collegati a tre porte PWM, per esempio 9, 10 e 11.

Il potenziometro da 10 kΩ va collegato alla porta analogica 1.

Per vedere in funzione il controllo di dissolvenza incrociata di un LED RGB, utilizzando un solo potenziometro, bisogna impostare dei valori di lettura calibrando i valori tramite la finestra Monitor seriale di Arduino. Così, in base al potenziometro usato, si possono impostare correttamente gli intervalli di lettura.

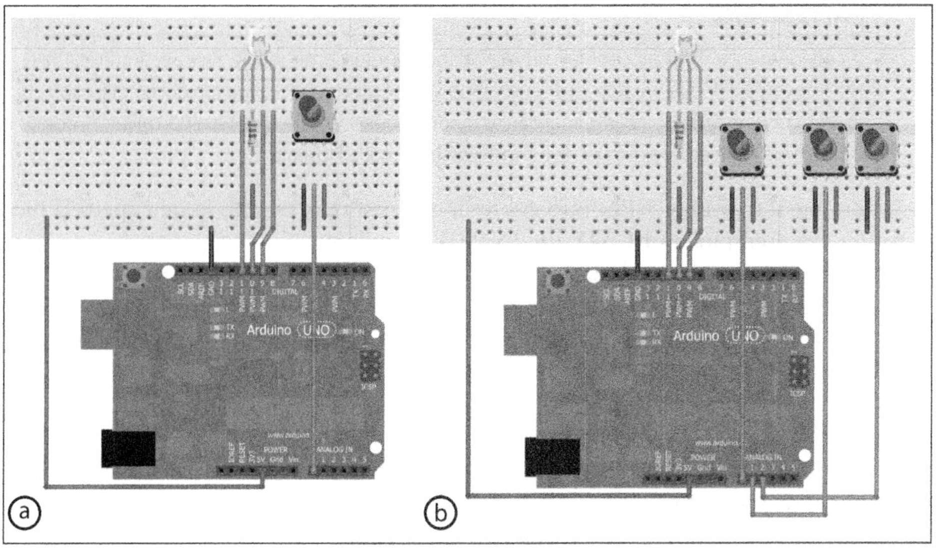

Figura 6.18 (a) Layout per il controllo di un LED RGB. (b) Controllo della combinazione di colori RGB con tre potenziometri separati.

Ruotando il potenziometro si potrà controllare la dissolvenza incrociata fra i colori rosso, verde e blu del LED RGB.

Combinazione di colori

Per un controllo con tre potenziometri o sensori separati, ovvero uno per colore, è possibile scrivere un semplicissimo sketch che si rifà al controllo della luminosità di un solo LED. In questo modo è possibile creare una "tinta" dalle 16.777.216 combinazioni di colore possibili.

Ruotando i tre potenziometri o cambiando i valori dei tre sensori, si possono controllare i colori in modo separato per i canali R, G e B. Si noti che la luce (quasi) bianca si ottiene con la luminosità al massimo dei tre LED, corrispondenti ai valori decimali 255, 255, 255 per ogni canale.

Controllo di potenza per luci di casa con relè

Il relè è essenzialmente un interruttore dotato di un elettromagnete al quale viene applicata una tensione continua per chiudere o aprire il circuito.

Per realizzare un semplice circuito elettronico dotato di un relè per accendere e spegnere un intero impianto luci, basta seguire i collegamenti illustrati nella Figura 6.19a.

A seconda del tipo di relè usato, è possibile applicare un carico collegato alla rete di casa a 220 volt. Per carichi molto grossi è consigliabile l'uso di cavi opportunamente dimensionati e un buon isolamento elettrico per evitare sovraccarichi, corto circuiti e possibili incendi.

ATTENZIONE

Il collegamento illustrato nel layout di Fritzing è puramente indicativo. Se si collega la tensione di 220 V alla breadboard si rischiano scosse elettriche, sovraccarichi e corti circuiti. Per cui è necessario collegare il carico su un circuito, anche una basetta millefori, con opportune morsettiere di potenza, come illustrato nella Figura 6.19b.

Si noti che il transistor NPN può essere di qualsiasi tipo, purché se ne rispetti la piedinatura. Per esempio, un BC547, un 2N3904 o similare.
Il diodo è un semplice raddrizzatore tipo 1N4001~1N4007 o similare e serve per evitare rimbalzi sui contatti del relè dovuti all'induzione elettromagnetica.
La porta 13 di Arduino (può essere una qualsiasi altra porta) va collegata alla base del transistor tramite un resistore da 1 kΩ circa (valore non critico).

SUGGERIMENTO

Se i piedini del relè non si agganciano bene alla breadboard, basta saldare dei brevi spezzoni di cavo per allungarli.

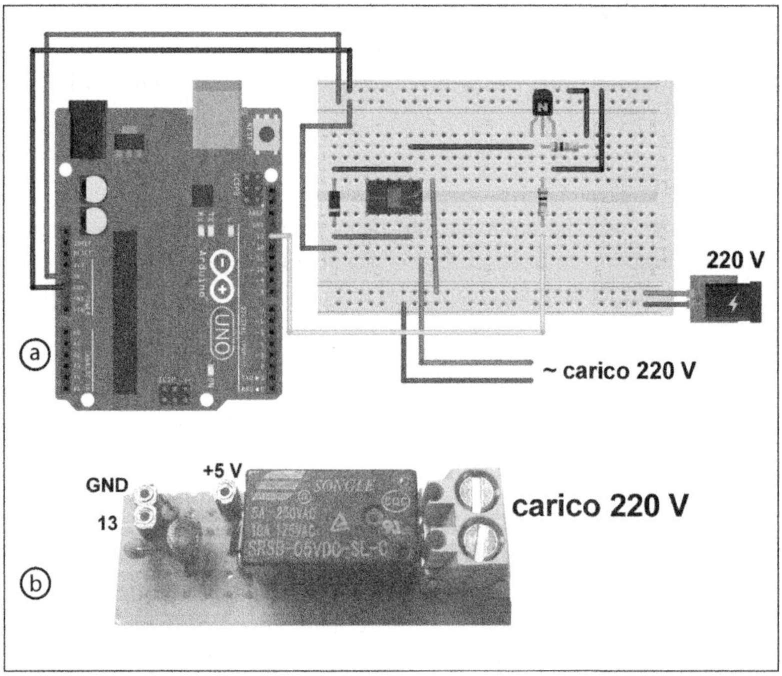

Figura 6.19 (a) Layout del controllo di potenza per luci di casa con relè.
(b) Circuito reale su millefori e morsettiera per il collegamento alla rete elettrica a 220 V.

Programmi per Arduino

Il circuito con relè è molto versatile e può essere utilizzato per decine di progetti. Ecco un'idea di cosa poter controllare:

- timer di accensione e spegnimento luci;
- interruttore crepuscolare;
- sistema antifurto a ultrasuoni;
- termostato automatico;
- lampeggiatore temporizzato.

Volendo pilotare più relè è sufficiente replicare il circuito più volte e collegare più porte di Arduino.

Sketch da caricare

A titolo di esempio, aprire il file `Controllo_relay_con_sensore`. Si noti che lo sketch è simile a quello usato per la lettura di un fotoresistore. Viene aggiunto solo il valore per la soglia di accensione del relè. Si tratta di un valore arbitrario e può essere cambiato in base alle necessità e alla quantità di luce.

Per il funzionamento del circuito è sufficiente aggiungere un fotoresistore alla porta A5 e il solito resistore di pull-down.

Allo stesso modo è possibile inserire un termistore o un sensore di temperatura, un sensore a ultrasuoni, un sensore di tilt e così via.

Si potrebbe pensare di aggiungere anche un display a LED, un display a 7 segmenti o a cristalli liquidi 16X2 o grafico 128X64. Inoltre, per un controllo remoto del relè con funzionalità wireless o web, è possibile aggiungere i circuiti di cui parliamo più avanti.

Uso del sensore di tilt

Il sensore di tilt o di inclinazione è un componente che può rilevare l'inclinazione di un oggetto. Esistono shield e circuiti di tilt già pronti all'uso, ma se pensiamo che un sensore da solo non costa neanche come un caffè, meglio pensare di costruire un proprio sistema di controllo di inclinazione, dimensionato in base alle proprie esigenze.

L'esempio di codice è identico a quello usato per un pulsante (si veda il circuito e il codice di "Accensione e spegnimento di tre LED tramite tre pulsanti"). Il circuito cambia leggermente, come illustrato nella Figura 6.20. Il resistore di pull-down è di 100 kΩ e la porta digitale di ingresso è la numero 8.

Volendo pilotare con un sensore di tilt un circuito come quello del relè visto prima, basta aggiungere il circuito relè e caricare lo sketch seguente.

Sketch da caricare

Aprire il file `Uso_del_sensore_di_tilt` e caricare il codice nella memoria di Arduino UNO. Quando il sensore viene inclinato di 90° o più, il relè viene attivato. Qualsiasi inclinazione inferiore a 90° mantiene il relè disattivato. Questo circuito può essere utile, per esempio, in un sistema di allarme.

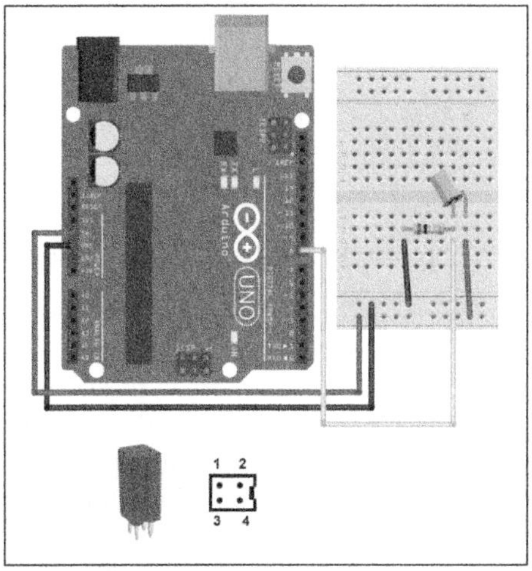

Figura 6.20 Layout per l'uso del sensore di tilt. Per i sensori a due vie con una scanalatura di riferimento, seguire la piedinatura 1-2 e 3-4, riportata in basso.

Il sensore di tilt collegato a un circuito di controllo motori potrebbe interrompere l'alimentazione se, per esempio, il rover si capovolge.

Termometro a LED con sensore di temperatura

Per un progetto affidabile di rilevamento della temperatura si consiglia di usare il sensore di precisione LM35, uno fra i più diffusi. La caratteristica principale di questo integrato è quella di fornire 10 mV per grado centigrado. Con questo dato, vedremo come creare una funzione per leggere la temperatura con la precisione al centesimo di grado centigrado. Come evidenziato nella Figura 6.21, il circuito è molto semplice e non prevede alcun componente aggiuntivo per il sensore LM35. Questo va collegato direttamente all'alimentazione e a una porta analogica di Arduino. Esistono vari package del componente, per cui bisogna fare attenzione alla piedinatura diversa.
Sono stati usati quattro LED che si accenderanno una volta superata una certa soglia di temperatura preimpostata. Nessuno vieta di usare più LED, modificando di conseguenza il codice.

Sketch da caricare

Nel file `Termometro_a_LED_con_sensore_LM35` la funzione più interessante è quella relativa alla conversione della tensione di ingresso.
Una volta letto dalla porta analogica il valore della tensione, basta convertire il valore in *float*, ovvero in un numero a 32 bit in virgola mobile (*floating point*) moltiplicando il valore per 5 volt (tensione di riferimento del sensore).
Questa tensione va divisa per 1024 livelli (10 bit) e infine moltiplicata per 100 per ottenere i gradi centigradi, essendo 10 mV/grado pari a 0,01 volt/grado.

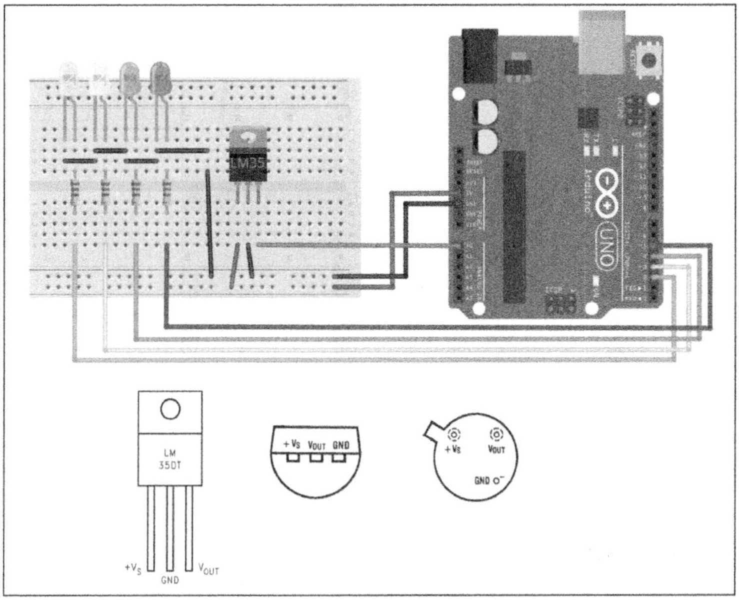

Figura 6.21 Layout del termometro a LED con sensore di precisione LM35. Si noti la diversa piedinatura disponibile per i diversi package del componente.

Si vedranno i LED accendersi in modo preciso, in base alla temperatura rilevata, ovvero quando supera le soglie di 20, 25 e 30 gradi. Si possono cambiare questi valori in base alle esigenze oppure aumentare il numero di LED per aver una visualizzazione più estesa. Per esempio con dieci LED si potrebbe impostare una soglia ogni 3 gradi.

Termometro con visualizzazione su display

L'aggiunta di un LCD rende tutto molto più professionale, perché si ottiene una visualizzazione della temperatura costantemente aggiornata al centesimo di grado, con le indicazioni in gradi centigradi e gradi Fahrenheit.
Guardando la Figura 6.22, la cosa è davvero molto semplice. Basta aggiungere il sensore LM35 al modulo display LCD 16X2 e caricare lo sketch seguente.

Sketch da caricare

Nel file `Termometro_con_visualizzazione_su_display` la funzione per il calcolo della temperatura è identica a quella usata nello sketch precedente. Il rimanente codice si riferisce solamente alla visualizzazione sul display della temperatura in gradi centigradi e in gradi Fahrenheit.
Provare il termometro in diversi ambienti o in diverse condizioni termiche, per esempio, mettendo il sensore nel frigorifero o avvicinandolo a una lampada accesa. Si vedranno sul display le temperatura in gradi centigradi e Fahrenheit con una precisione al centesimo di grado.

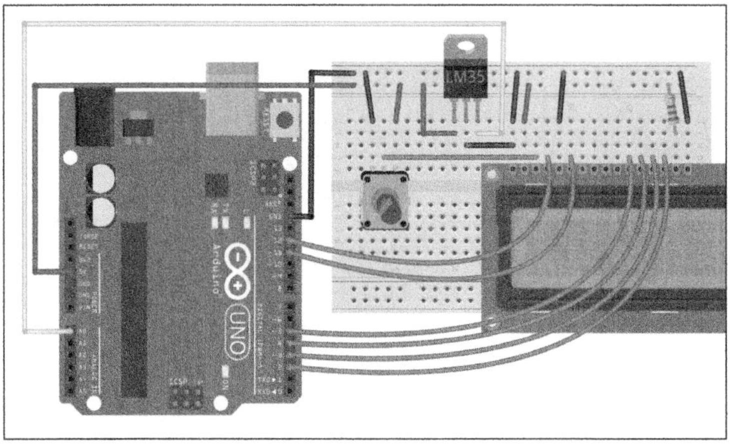

Figura 6.22 Layout del termometro su LCD 16x2 con sensore di precisione LM35.

Interfaccia MIDI con display

Per chi vuole sfruttare la tecnologia MIDI in campo musicale, ecco un progetto davvero efficace per collegare tastiere, controller e altri dispositivi MIDI.

Per i profani, MIDI sta per *Musical Instrument Digital Interface* ed è un protocollo di comunicazione inventato nel 1983 per poter mettere in comunicazione strumenti musicali digitali tramite un semplice circuito seriale di Input e Output e prese DIN a 5 pin. Nonostante la sua età, il protocollo MIDI viene ampiamente sfruttato ancora oggi in moltissime applicazioni multimediali e web e come protocollo di controllo luci e altri dispositivi elettromeccanici e robotici.

Per lo schema elettrico ci si basa sullo storico documento ufficiale rilasciato dall'IMA (*International MIDI Association*), come illustrato nella Figura 6.23a. Quello che appare evidente è la necessità di implementare un circuito opto-isolatore all'ingresso MIDI In dell'interfaccia e un circuito di inversione del segnale seriale digitale all'uscita MIDI Out (Hex Inverter), almeno come solitamente viene fornito da un circuito ACIA (*Asynchronous Communications Interface Adapter*). Sapendo che i dati trasmessi dalla porta TX di Arduino sono già serializzati in modo corretto, il circuito di inversione, nel nostro caso, non è necessario. Pertanto, lo schema elettrico da utilizzare è molto semplificato, come illustrato nella Figura 6.23b.

I componenti principali per costruire un'interfaccia MIDI per Arduino sono i seguenti:

- 1 × opto-isolatore 6N137 (6N138 o equivalente);
- 2 × resistore 220 Ω 1/4 watt;
- 1 × resistore 1,8 Ω 1/4 watt;
- 1 × diodo 1N914 (1N4148 o equivalente);
- 2 × prese DIN 5 poli.

I suddetti componenti sono leggermente diversi da quelli usati dal documento ufficiale, perché ritenuti più idonei al circuito. Per esempio, l'opto-isolatore 6N137 è stato scelto perché è più veloce del 6N138.

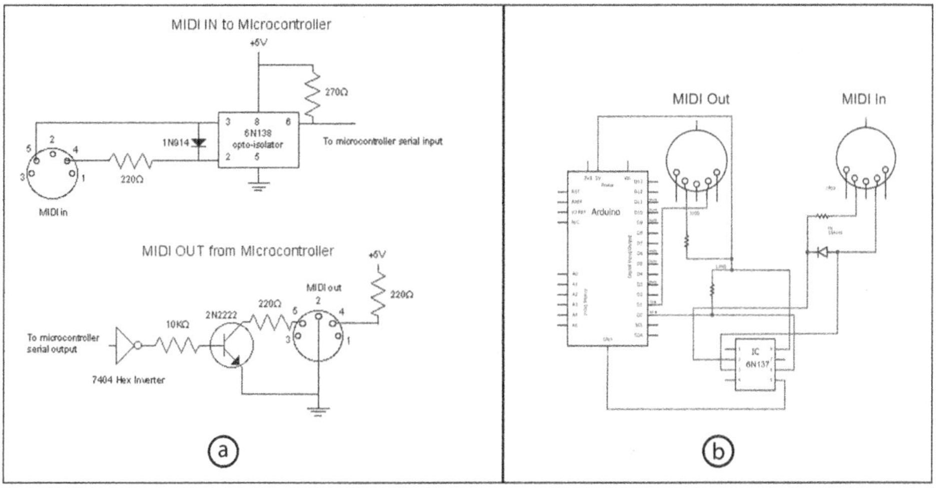

Figura 6.23 (a) Schema elettrico ufficiale rilasciato dall'International MIDI Association. (b) Lo schema elettrico semplificato per Arduino.

La sezione display è opzionale, ma fortemente consigliata per poter monitorare i messaggi MIDI in ingresso e in uscita. Per collegare il display, basta effettuare i collegamenti come illustrato nella Figura 6.24.

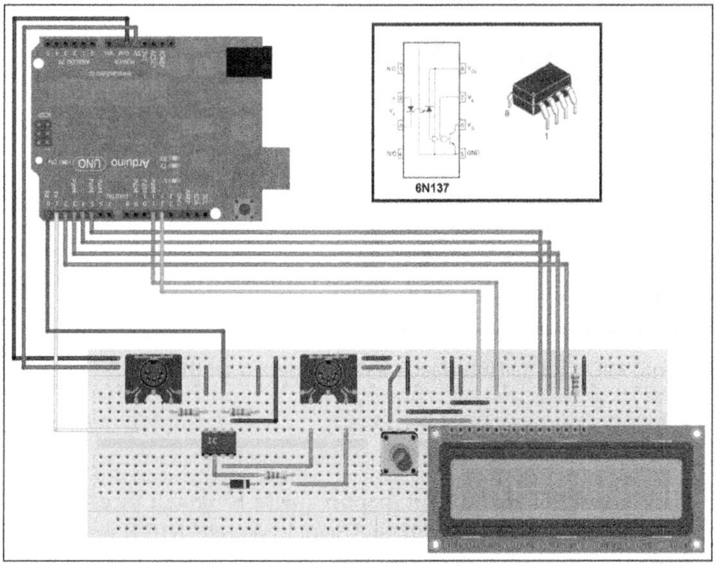

Figura 6.24 Layout dell'interfaccia con Fritzing. Nel riquadro, la piedinatura dell'opto-isolatore 6N137.

Essendo la comunicazione dei dati MIDI basata su un circuito chiuso di corrente, la funzione dell'opto-isolatore è quella di isolare totalmente la linea di trasmissione dalla linea di ricezione, nel caso si collegassero le prese in loop (Out > In e In > Out).

È necessario pertanto mettere in parallelo all'ingresso, ovvero ai piedini 4 e 5 della presa MIDI In, un diodo (1N4148 o simile) per evitare tensioni inverse.

L'opto-isolatore, come illustrato nel riquadro della Figura 6.24, ha un fotodiodo in ingresso ai piedini 2 e 3 e un secondo fotodiodo in uscita ai piedini 8 e 6. L'alimentazione di +5 volt sul piedino 8 è sufficiente per il corretto funzionamento dell'opto-isolatore. I resistori da 220 Ω servono a limitare la corrente.

Prova MIDI sul campo

È necessario collegare almeno un'apparecchiatura MIDI alla presa MIDI Out o MIDI In. Assicurarsi di collegare un cavo dalla presa MIDI Out dell'interfaccia alla presa MIDI In del dispositivo MIDI e collegare un cavo dalla presa MIDI In dell'interfaccia alla presa MIDI Out del dispositivo MIDI, come illustrato nella Figura 6.25.

Si possono tranquillamente collegare entrambi i cavi all'interfaccia MIDI, perché non è attiva nessuna funzione di MIDI Thru abilitata via software e l'isolamento è garantito dall'opto-isolatore. In caso si scrivesse un codice per ritrasmettere i dati da MIDI In a MIDI Out (vedi esempio MIDI Thru, più avanti), bisognerà scollegare il cavo MIDI Out che va all'ingresso del dispositivo trasmittente onde evitare pericolosi loop, ovvero la sovrapposizione all'infinito dei dati in ingresso con quelli di uscita.

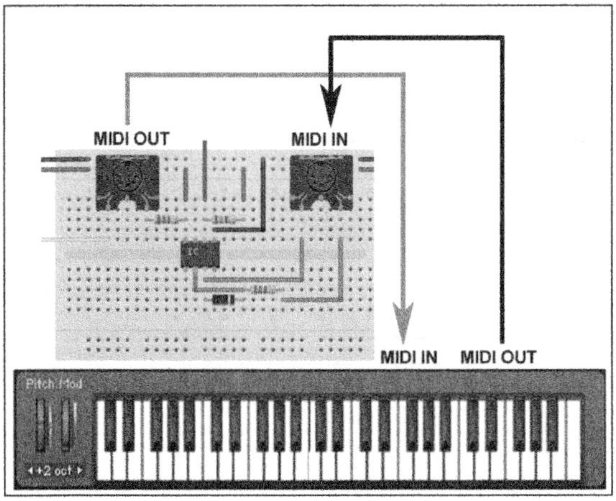

Figura 6.25 Collegamento MIDI Out dall'interfaccia a una tastiera o synth.

Esempio MIDI Out

Per testare l'interfaccia in modalità MIDI Out, si può aprire lo sketch di esempio dal menu *File* > *Esempi* > *4. Communication* > *MIDI*. Si Aprirà lo sketch "MIDI note player". La parte commentata spiega cosa fa il codice.

In pratica, viene trasmessa una sequenza di note MIDI da F#0 (0X1E) a F#5 (0X5A), ovvero le note da 30 a 90, in decimale. Collegando l'interfaccia alla presa MIDI In di un synth o di un qualsiasi generatore sonoro, si sentirà la scala cromatica di note a distanza di 100 ms l'una dall'altra.

Esempi MIDI In

Da alcune versioni l'IDE di Arduino offre anche un menu di esempi MIDI. Ora gli sketch del menu *File* > *Esempi* > *MIDI* sono i seguenti:

- MIDI_Basic_IO;
- MIDI_Callbacks;
- MIDI_Input.

Prima di effettuare il caricamento di uno sketch MIDI, si consiglia di spegnere l'apparecchiatura MIDI collegata alla porta MIDI In o di scollegare il cavo. Purtroppo i dati MIDI sempre presenti nel Bus seriale (per esempio, dati di *Active Sensing*) impediscono il caricamento facendo apparire un messaggio di errore nella finestra dell'IDE. Dopo il caricamento dello sketch si può ricollegare il cavo MIDI o accendere l'apparecchiatura MIDI collegata. Per fare un'esperienza con il MIDI e il display, si consiglia di caricare lo sketch seguente.

NOTA

Anche con altri dispositivi che occupano la porta seriale sarà necessario scollegare il cavo che va al piedino RX di Arduino prima di caricare lo sketch.

Sketch da caricare

Aprire il file `Interfaccia_MIDI_con_display` e caricare il codice nella memoria di Arduino. In questo esempio verranno illustrate solo alcune funzionalità di "parsing" dei dati MIDI in ingresso e relativa visualizzazione sul display.
Per poter filtrare tutti i messaggi MIDI basta fare riferimento alla libreria MIDI 3.2, sviluppata e mantenuta dalla community open source sul sito `http://sourceforge.net/projects/arduinomidilib/`.
Per comodità, un riepilogo delle principali funzioni della libreria MIDI 3.2 con riferimento all'uso specifico dell'interfaccia MIDI per Arduino è disponibile nell'Appendice disponibile online.

MIDI Thru

Siccome il MIDI non è audio, per ascoltare un segnale audio dall'interfaccia MIDI bisogna collegare uno strumento o un computer dotato di interfaccia MIDI.
Modificando opportunamente il codice precedente si può creare un flusso continuo di dati alla presa MIDI Out provenienti dalla presa MIDI In. In pratica, si crea un MIDI Thru in piena regola. Prima di caricare lo sketch in memoria, è consigliabile scollegare i cavi MIDI. Dopodiché, si può collegare il MIDI Out di una tastiera alla presa MIDI In dell'interfaccia MIDI e trasmettere i dati dalla presa MIDI Out di questa a un computer o un altro dispositivo MIDI.
Nel computer va caricato uno strumento virtuale standalone (per esempio un campionatore) oppure un'applicazione DAW con uno strumento virtuale caricato come plug-in. Nella Figura 6.26 è visibile uno strumento virtuale caricato in Cubase, la nota applicazione DAW di Steinberg. La freccia in alto indica il segnale MIDI in ingresso, la freccia al

centro il segnale audio dello strumento virtuale (per la cronaca, si tratta del synth Anubis) e la freccia a sinistra indica l'assegnazione delle porte MIDI, impostate per la periferica collegata al computer e in uscita allo strumento virtuale (Anubis).
Premendo qualsiasi nota sulla tastiera, si sentiranno suonare le stesse identiche note prodotte dallo strumento virtuale caricato in Cubase.

Figura 6.26 Uno strumento virtuale caricato in Cubase. La freccia in alto indica il segnale MIDI in ingresso, la freccia al centro il segnale audio dello strumento virtuale e la freccia a sinistra le porte MIDI impostate in ingresso (la periferica collegata al computer) e in uscita (synth Anubis).

MIDI.sendNoteOn

Dopo aver analizzato il messaggio entrante tramite la funzione *MIDI.getType()*, se questo è un messaggio di *NoteOn*, allora viene attivata la funzione *MIDI.sendNoteOn*.
Questa funzione prevede tre parametri:

- Data Byte 1
- Data Byte 2
- Canale (da 1 a 16)

Quindi, scrivendo *MIDI.sendNoteOn(MIDI.getData1(),MIDI.getData2(), 1)* non facciamo altro che dire alla funzione di mandare all'uscita il messaggio di Status Byte di *NoteON*, seguito dai seguenti tre parametri:

- *Data Byte 1* ovvero quello preso dall'ingresso (*MIDI.getData1*);
- *Data Byte 2* ovvero quello preso dall'ingresso (*MIDI.getData2*);
- il numero di canale 1 (può essere qualunque canale di trasmissione da 1 a 16).

Si tratta di un perfetto sistema MIDI Thru in una sola riga di codice!
Suonando le note, si vedrà anche lampeggiare il LED, una volta per il messaggio di *NoteOn* e una volta per quello di *NoteOff* (NoteOn con Velocity zero).

Generatore di forme d'onda con display

Dopo aver visto il "Generatore di segnali con il 555" del Capitolo 5, questo progetto può essere utile per capire come effettuare la stessa cosa sfruttando solamente la programmazione software di un processore. Come vedremo, il codice genera forme d'onda che possono venire utilizzate per scopi "musicali" o in combinazione con un oscilloscopio (quello fatto con Arduino).

Un generatore di forme d'onda viene chiamato anche "generatore di funzioni", come nel caso dei frequenzimetri. Questi apparecchi, solitamente abbinati a un oscilloscopio, servono per la diagnosi di circuiti in bassa e alta frequenza. Per esempio, iniettando nel circuito i segnali con una forma d'onda nota, si possono verificare le distorsioni dei segnali in uscita e quindi rilevare il guasto che le produce visualizzando l'andamento del segnale sull'oscilloscopio.

Senza entrare nei particolari, descriviamo qui un semplice generatore di forme d'onda ascoltabili anche da un normale impianto di amplificazione.

Come illustrato nella Figura 6.27, il circuito è composto semplicemente da Arduino con una presa audio collegata alla porta digitale 3 (PWM), da un pulsante per la selezione delle forme d'onda e dal modulo display 16×2.

L'unica particolarità del circuito è il collegamento al display. Invece di usare le porte standard viste fin qui, ovvero 12, 11, 5, 4, 3, 2, bisogna lasciare libera la porta 3 e quindi spostare i collegamenti in modo che siano occupate le porte 12, 11, 6, 5, 4, 2.

Per poter creare un'uscita audio si rende necessario usare un timer a 16 bit che occupa l'interrupt della porta 3 o della porta 11.

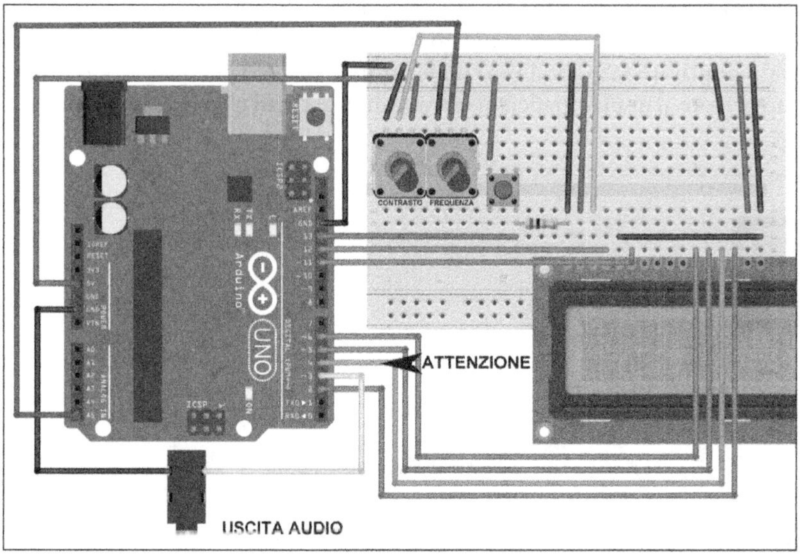

Figura 6.27 Il layout del generatore di forme d'onda.
Fare attenzione alla disposizione dei collegamenti del display per lasciare libera la porta 3.

Sketch da caricare

Aprire il file `Generatore_di_funzioni` e caricare il codice nella memoria di Arduino. Premendo il pulsante ciclicamente si carica una forma d'onda diversa, ovvero si scorrono le quattro forme d'onda tipiche:

- Triangle (triangolare);
- Square (quadra);
- Sawtooth (dente di sega);
- Sine (sinusoidale).

Con il potenziometro si può variare la frequenza d'uscita. Sul display appare sia il nome della forma d'onda corrente sia la frequenza impostata.
Collegando l'uscita all'ingresso di una scheda audio è possibile ascoltare le forme d'onda, dato che la frequenza va da 15 a 1000 hertz circa.

Mini synth programmabile con 6 potenziometri

Questo progetto è dedicato agli amanti della sintesi sonora. La difficoltà non sta tanto nella costruzione della parte hardware, quanto nel codice, che è davvero molto complesso. Lo schema elettrico di base evidenza un collegamento di ben 6 potenziometri collegati in parallelo con il reoforo centrale di ciascuno collegato a una porta analogica di Arduino (Figura 6.28). Il display permette di visualizzare contemporaneamente 6 parametri del suono sintetizzato.
L'uscita audio è prevista sulla porta digitale 3, per cui il risultato sonoro può essere ascoltato tramite un impianto di amplificazione. Come per il precedente sketch, anche in questo caso bisogna spostare i collegamenti standard del display per lasciare libera la porta 3.
In alternativa al display 16X2, a dir il vero un po' troppo piccolo per questo tipo di applicazioni, si può pensare al display grafico in cui visualizzare tutti i parametri senza problemi.

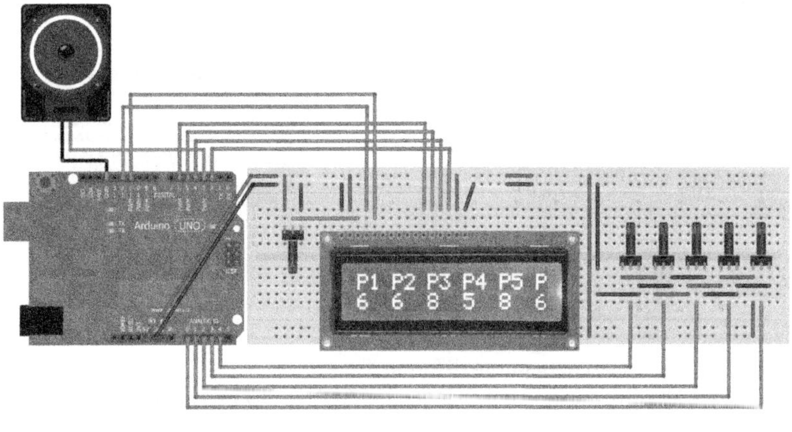

Figura 6.28 Il layout di un Mini synth programmabile con potenziometri, uscita audio e display.

Sketch da caricare

Aprire il file `Mini_synth_programmabile` e caricare il codice nella memoria di Arduino. Ruotando i 6 potenziometri si possono modificare i parametri principali del suono sintetizzato e visualizzarli sul display.
Data la complessità del codice, si rimanda alla sezione del sito `www.robomag.net` per la spiegazione dettagliata delle funzioni.

VU meter audio LED

Il tipico misuratore dei segnali audio che appare in tutti gli apparecchi audio, viene chiamato con il termine inglese *VU meter*.
Viene normalmente usato per indicare il volume di uscita sotto forma di display a LED, di barre su display a cristalli liquidi e, negli apparecchi di sapore vintage, con voltmetri analogici ad ago.
In ogni apparecchio audio il VU meter misura il segnale in *Volume Units*, ovvero "unità di volume" che sono disposte su una scala logaritmica calibrata in decibel, solitamente da -20 dB a +3 dB. La posizione di 0 dB indica il volume ottimale in uscita senza distorsione. Oltre i 3 dB il segnale potrebbe risultare distorto.
Per costruire un semplice VU meter a LED basta seguire il circuito rappresentato nella Figura 6.29, nel quale 10 LED collegati direttamente alle porte digitali di Arduino si accendono in base al livello del segnale in ingresso.

SUGGERIMENTO

Chi ha costruito il "Preamplificatore audio" descritto nel Capitolo 5, lo può utilizzare per controllare il volume di ingresso al VU meter in modo ottimale.

ATTENZIONE

Non collegare mai il VU meter in parallelo agli altoparlanti, ovvero collegati all'uscita dell'amplificatore di potenza! Il VU meter va collegato esclusivamente in parallelo all'ingresso dell'amplificatore o all'uscita di un preamplificatore. Per esempio, collegare il VU meter in parallelo all'uscita di una scheda dotata di prese tipo "Line" oppure in parallelo alle prese di ingresso Line di un amplificatore. Il livello di tensione del segnale immesso nel VU meter non dovrebbe mai superare 1 volt. Nella Figura 6.29b è evidenziato un collegamento di linea con prese RCA. L'uscita di linea (canale destro o sinistro) va collegata in parallelo al VU meter tramite un pannello con prese RCA. Per prese di tipo mini-jack, come quelle dell'uscita di linea della scheda audio del computer, si può ricorrere a un adattatore da mini-jack a RCA.

Sketch da caricare

Nel file `VU_meter_a_LED` il breve listato illustra una semplice funzione di lettura del segnale in ingresso. Questi dati, opportunamente ridotti di 10 volte per limitare i picchi, consentono di mandare gli stati logici 0 e 1 (0-5 volt) alle uscite digitali e di conseguenza accendere i LED in modo proporzionale.

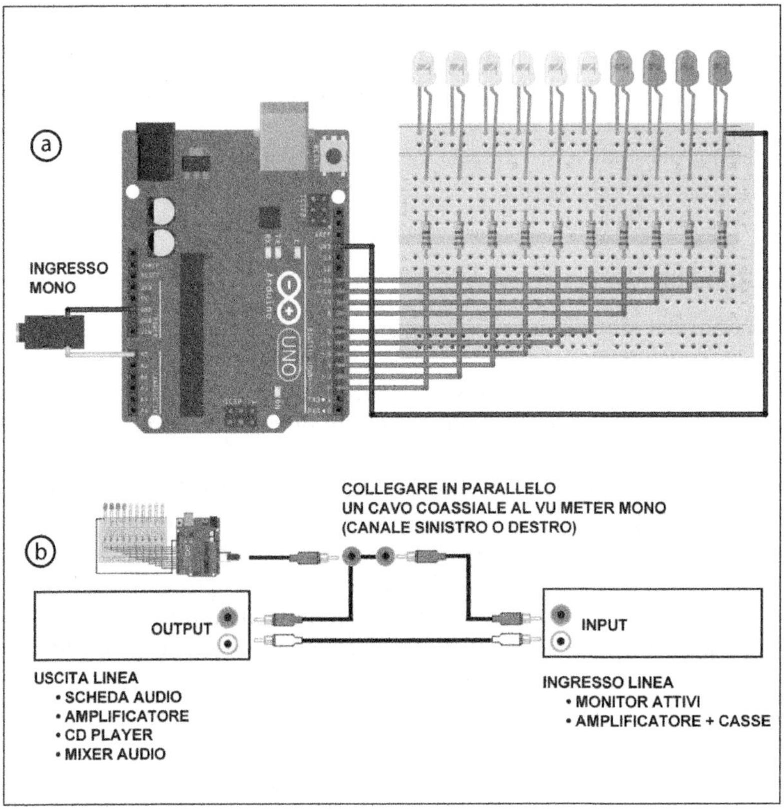

Figura 6.29 (a) Il layout di un VU meter con 10 LED e un ingresso audio mono. (b) Schema di collegamento del VU meter mono a un impianto audio stereo.

ATTENZIONE

La riduzione dei dati tramite la variabile *redux* usata nello sketch seguente serve solo a facilitare i calcoli via software. Questo non significa che si possono usare tensioni elevate in ingresso. Prima di collegare il VU meter all'uscita del preamplificatore o di una scheda audio assicurarsi di misurare una tensione di 1 volt (massimo) utilizzando un voltmetro, meglio se analogico, tarato su 2 volt fondo scala. Alzare il volume dell'apparecchio audio gradualmente e misurare la tensione. Quando la tensione misurata è di circa 300-500 mV, è possibile collegare il VU meter in totale sicurezza.

I LED si accendono poco o troppo, è necessario modificare la variabile "redux" in modo da ottenere una sensibilità di ingresso ottimale. La variabile redux a 10 è tarata per un segnale di ingresso di circa 1 volt massimo. Volendo costruire un VU meter stereo con 2X6 LED, basta replicare il codice e collegare 12 LED.

VU meter audio stereo con display

Volendo ottenere qualcosa di più professionale e soprattutto stereo, ecco uno sketch che può venire caricato in Arduino utilizzando il consueto modulo display 16X2, senza aggiunte particolari se non per l'ingresso audio (Figura 6.30).

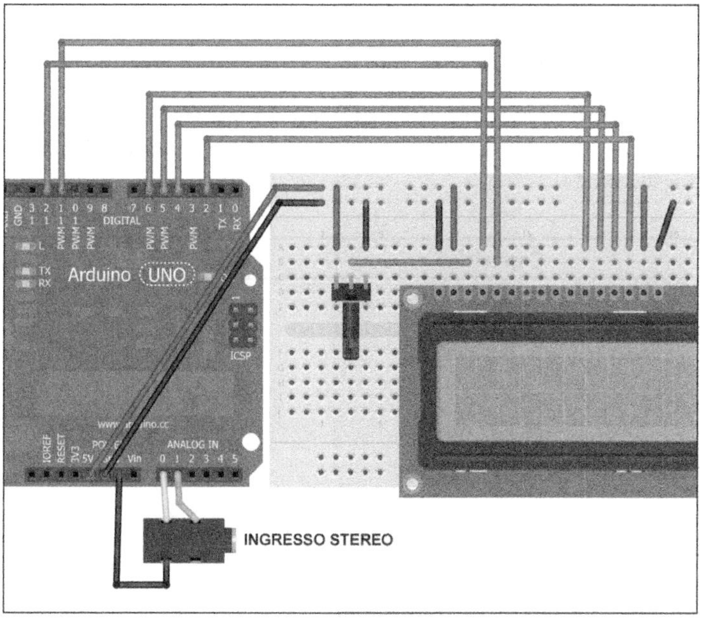

Figura 6.30 Il layout di un VU meter audio stereo con display e un ingresso audio stereo.

Sketch da caricare

Aprire il file `VU_meter_con_10_LED` e caricare il codice nella memoria di Arduino. Siccome quasi tutti gli schermi LCD di questo tipo riservano un'area di memoria per un set di caratteri personalizzati per effetti grafici, all'inizio dello sketch vengono "costruiti", bit per bit, i caratteri che si useranno come barre di indicazione de VU meter.
Per scrivere un carattere personalizzato si usa una matrice di 5X40 bit. Ogni bit uguale a 1 è un pixel acceso e ogni bit uguale a 0 è un pixel spento.

NOTA

È disponibile anche uno sketch di esempio CustomCharacter nel menu *File > Esempi > LiquidCrystal*. Purtroppo dà un errore di compilazione, per cui si consiglia di modificarlo in corrispondenza della funzione lcd.write(0) scrivendo prima lcd.createChar(5, heart) e poi richiamarlo con lcd.write(5).

Il set di caratteri personalizzati fa apparire una serie di barre per il canale destro e per il canale sinistro e anche un pallino per il picco, in caso di sovraccarico. Se il segnale è troppo alto e i picchi rimangono costantemente accesi, è meglio abbassare il volume audio.

Se le barre non si muovono neppure con livelli di volume elevati, modificare la variabile "redux" a un valore più basso. La variabile redux a 10 è tarata per un segnale in ingresso di circa 1 volt massimo. I valori di soglia per l'accensione del picco sono tarati a circa un terzo della tensione di ingresso, per cui dovrebbero accendersi a tratti una volta superati i 300 mV. Se rimangono accesi sempre, significa che il segnale è in distorsione o è troppo forte in ingresso.

Scrittura e lettura dati su SD Card

Le schede di memoria esistono in vari formati e capacità e sono sempre più diffuse al posto dei supporti di massa ottici. Fra le schede di memoria o *Memory Card* citiamo i modelli più diffusi (Figura 6.31a):

Tipo di scheda	**Capacità**
CompactFlash I	32 GB
CompactFlash II	64 GB
SmartMedia	128 MB
Memory Stick	1 GB
Memory Stick Duo	16 GB
Memory Stick Micro M2	8 GB
MultiMediaCard	8 GB
Secure Digital	128 GB
miniSD	32 GB
microSD	32 GB

Il formato che si è imposto maggiormente e quello di *Secure Digital*, abbreviato in SD. Le card SD hanno dimensioni normali (32 × 24 mm), mini (21,5 × 20 mm) e micro (15 × 11 mm). Sono molto diffuse le micro SD soprattutto perché, date le ridotte dimensioni, vengono montate negli smartphone e tramite un adattatore possono venire montate come normali SD su qualsiasi altro apparecchio, per esempio, videocamere e fotocamere. Per questo motivo, il loro prezzo è attualmente il più basso rispetto ad altre memory card. Nella Figura 6.31b è visibile uno shield per Arduino, prodotto e distribuito da SparkFun, per interfacciare Arduino con una microSD.
Per gli hacker elettronici più accaniti verrà illustrato il modo più spartano (e molto cool) per usufruire di una microSD senza spendere nulla per uno shield (Figura 6.31c).

Collegamento di una card SD ad Arduino

In base alle specifiche fornite da Secure Digital, è possibile collegare in modo diretto una card SD ad alcune porte specifiche di Arduino.

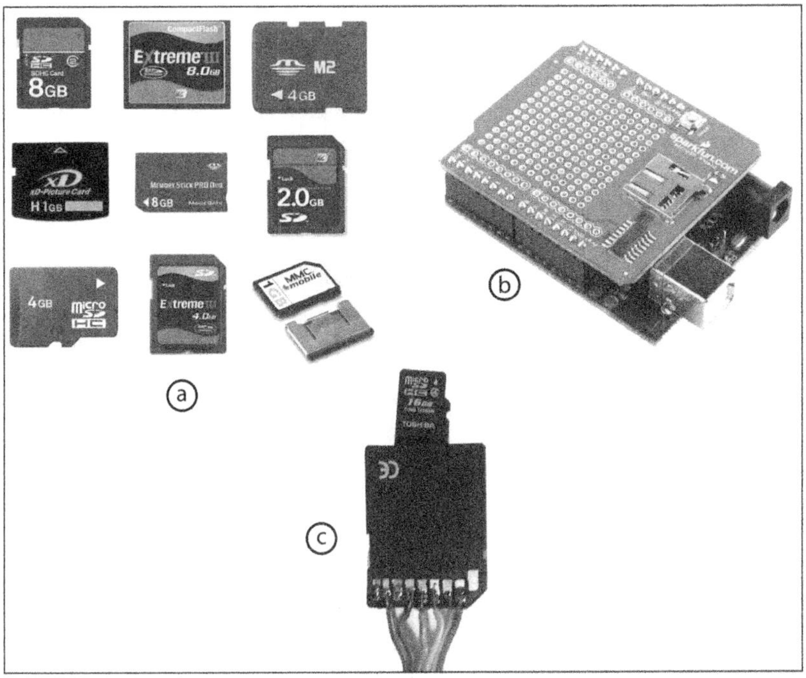

Figura 6.31 (a) Alcuni modelli di Memory Card.
(b) Lo shield microSD per Arduino, distribuito da SparkFun.
(c) Collegamento a un adattatore microSD.

Come illustrato nella Figura 6.32 è possibile "saldare" i terminali di un adattatore per microSD (non la microSD!) direttamente alle porte SPI (*Serial Peripheral Interface*) di Arduino. Queste porte digitali assumono una particolare funzione, descritta fra parentesi:

- pin 11 (MOSI = Master Out Slave In);
- pin 12 (MISO = Master In Slave Out);
- pin 13 (SCLK = Serial Clock);
- pin 10 (CS = Chip select).

A seconda dello shield usato è necessario cambiare il pin CS:

- Arduino Ethernet Shield: pin 4;
- Adafruit SD Shield: pin 10;
- Sparkfun SD Shield: pin 8.

I collegamenti su breadboard sono solo di esempio. Per un uso continuativo della card si suggerisce di mettere tutto su millefori, magari usando uno slot per card SD recuperato da una vecchia fotocamera digitale o da qualche vecchio telefono cellulare.

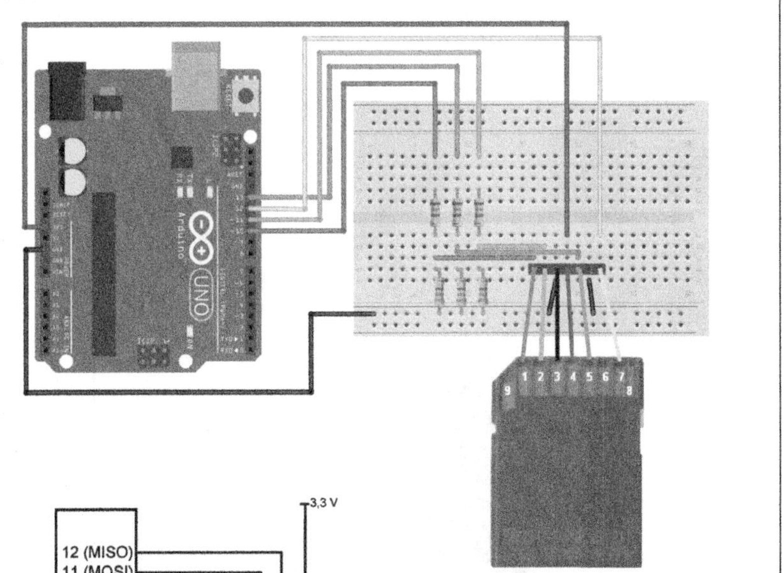

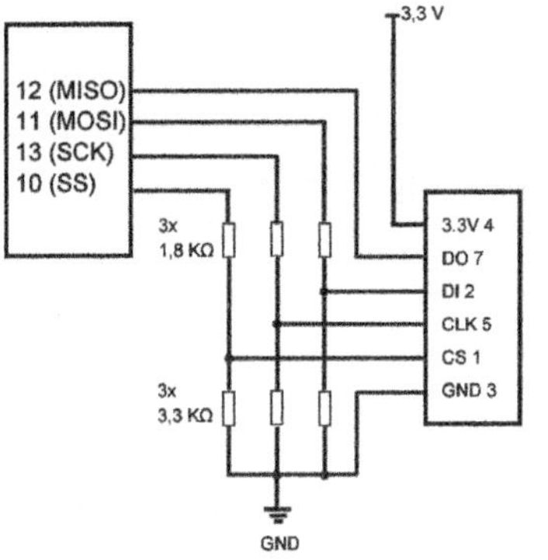

PIN	Desc.
1	CS
2	CMD/DI
3	GND
4	VCC
5	SCLK
6	GND
7	DAT/DO
8	n.c.
9	n.c.

Figura 6.32 Layout di collegamento di una card SD ad Arduino e piedinatura della card SD.

Per rispettare una compatibilità con gli sketch di esempio (e gli shield commerciali), abbiamo scelto il pin 10 come CS (Chip Select). Dopo aver costruito su una breadboard o una basetta millefori una rete di resistori che agiscono come divisori di tensione, diventa facile collegare i piedini della card microSD (ovvero del suo adattatore) nel modo seguente:

Pin della card SD	Descrizione	Pin di Arduino	Descrizione
1	CS	10	CS
2	DI	11	MOSI
3	GND	GND	GND
4	VCC	3,3V	VCC

5	SCLK	13	SCLK
6	GND	GND	GND
7	DO	12	MISO
8	n.c.	n.c.	n.c.
9	n.c.	n.c.	n.c.

ATTENZIONE

Le card SD supportano un'alimentazione di 3,3 volt, quindi è necessario collegare il pin 4 della card SD al pin di Arduino contrassegnato come 3V3. Alimentando la card SD con una tensione superiore se ne provoca la distruzione.

- Terminati i collegamenti è possibile caricare uno degli esempi di Arduino dal menu *File > Esempi > SD* per testare il circuito (in alcuni esempi il CS è impostato su 4, quindi bisogna ricordarsi di cambiarlo).
- *CardInfo*: visualizza le informazioni della card e di tutti i file presenti nella card, comprese le cartelle;
- *Datalogger*: salva in un file tutti i dati in ingresso dai sensori collegati alle porte analogiche;
- *DumpFile*: consente di spedire a una porta seriale i dati salvati in un file;
- *listFiles*: visualizza tutti i file presenti nella card, comprese le cartelle;
- *ReadWrite*: semplice test di lettura e scrittura di un file.

Se lo sketch caricato si connette correttamente alla card, una volta aperto il monitor seriale di Arduino, si vedranno apparire le informazioni della card e tutte le funzionalità di lettura, scrittura e altre operazioni descritte nei vari esempi.
Per una gestione più "professionale" dei dati della card SD si può aggiungere al circuito il nostro modulo LCD, come illustrato nella Figura 6.33.
Visto che le porte della card SD sono già assegnate e non possono venire cambiate via software (almeno non in modo facile), il collegamento al display è tutto da rifare. Basterà modificare lo sketch di esempio "ReadWrite" assegnando al display le porte disponibili e aggiungendo alcune funzioni di stampa.

Sketch da caricare

Aprendo il file `SD_CARD_Test_LCD` le funzioni principali si riferiscono alla libreria *SD* che va caricata all'inizio, insieme alla libreria *LiquidCrystal*. Tutto quel che succede in questo esempio, è la creazione di un file e la sua rimozione con la corrispondente visualizzazione sul display delle operazioni anziché sul monitor seriale del computer. Ricordiamo che è necessario cambiare l'assegnazione dei pin al display nell'oggetto "lcd". Nell'esempio sono commentate brevemente le funzioni principali della libreria SD:

- SD.begin
- SD.open
- SD.exists
- SD.remove

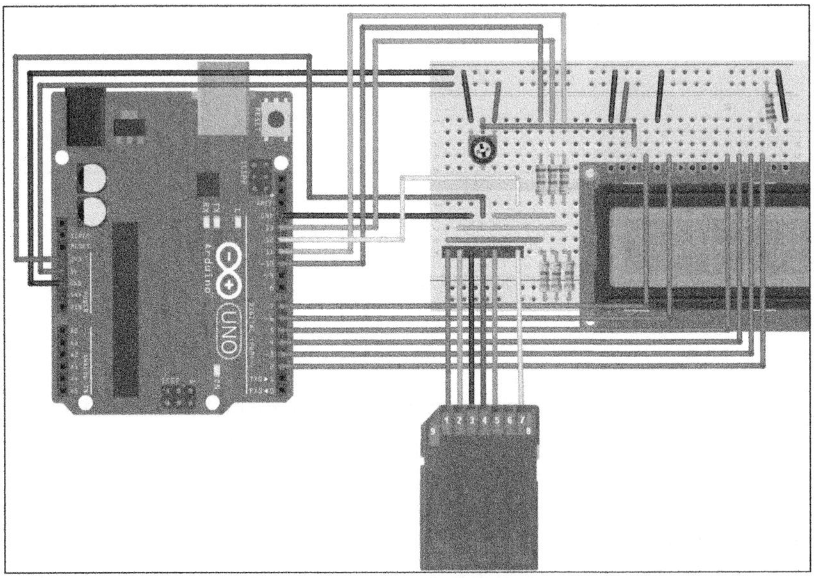

Figura 6.33 Layout di collegamento di una card SD e di un display a cristalli liquidi 16x2.

Per le altre funzioni della libreria e approfondimenti sull'uso della libreria, visitare la pagina *Reference/Libraries/SD* del sito Arduino.
Si noti che al lancio dello sketch si vedranno apparire alcune scritte ritardate volutamente di due secondi per scopi didattici. La funzione di ritardo *delay(2000)* può essere rimossa o ridotta, ma le operazioni velocissime sulla card non permetteranno di visualizzare praticamente nulla.

NOTA

Ricordarsi sempre di scrivere i file in formato DOS 8.3, altrimenti i nomi verranno letti ugualmente ma troncati con il carattere tilde (~).

Connessione Internet

Visto il suo prezzo accessibile, per la connettività di rete è consigliabile l'acquisto dello shield Ethernet per Arduino. Anche volendo essere hacker fino in fondo, non sarebbe comunque conveniente programmare un *Embedded Ethernet Controller Wiznet W5100*, come quello montato nello shield. Bisognerebbe acquistarlo dal produttore coreano (`www.wiznet.co.kr`) o da un suo distributore.
Nella Figura 6.34a è illustrato lo shield in tutto il suo splendore, mentre nella Figura 6.34b si può vedere lo shield montato su un Arduino UNO. Lo shield Ethernet, oltre alla connettività LAN a 10/100 Mb, offre uno slot per microSD per operazioni di *Data Logging* o *File Dumping*, come abbiamo visto nel paragrafo precedente dedicato alla card SD. La card consente anche di gestire pagine HTML e mini-siti web.

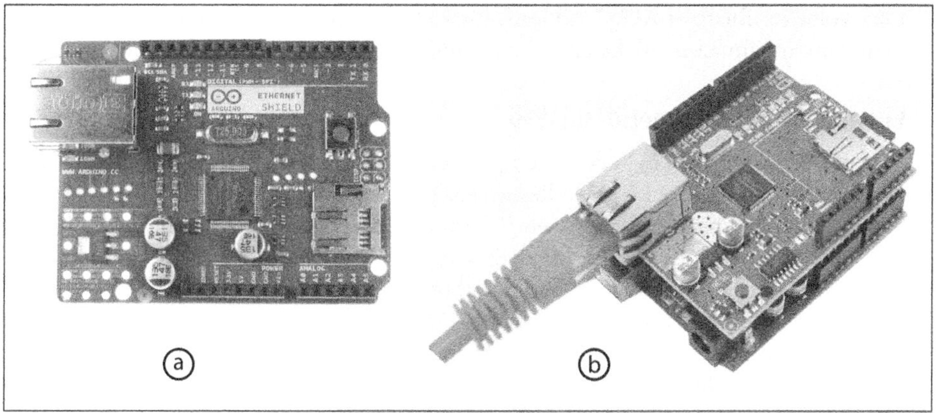

Figura 6.34 (a) Arduino Ethernet Shield collegato alla LAN e (b) lo shield montato su un Arduino UNO.

La libreria Ethernet incorporata nell'IDE consente di utilizzare lo shield immediatamente per qualsiasi operazione in rete. Alcuni esempi accessibili dal menu *File > Esempi > Ethernet*:

- *BarometricPressureWebServer*: per l'uso con il sensore SCP1000;
- *ChatServer*: un semplice server per chat;
- *DhcpAddressPrinter*: rileva il DHCP e lo visualizza nel monitor;
- *DhcpChatServer*: rileva il DHCP e lo manda a tutti i client in chat;
- *PachubeClient*: si connette al sito `www.pachube.com` per mandare l'ID di un sensore;
- *PachubeClientString*: come sopra, ma converte i dati in stringa;
- *TelnetClient*: semplice client Telnet;
- *TwitterClient*: semplice client Twitter per visualizzare i Tweet;
- *UdpNtpClient*: rileva l'orario dal server Network Time Protocol (NTP);
- *UDPSendReceiveString*: riceve le stringhe dei messaggi UDP, li stampa sulla porta seriale e invia la stringa "acknowledge" al mittente;
- *WebClient*: si connette a Google (`http://www.google.com`);
- *WebClientRepeating*: si connette al web server e fa una richiesta;
- *WebServer*: semplice server che invia in rete i dati ricevuti dalle sei porte analogiche.

MAC Address

Caricando uno sketch di esempio di quelli riportati qui sopra, probabilmente non funzionerà. Di solito è necessario impostare il corretto *MacAddress*, ovvero l'indirizzo MAC (*Media Access Control*). Viene chiamato anche "indirizzo fisico" o "indirizzo LAN" ed è un codice univoco di 6 byte assegnato dai produttori a ogni scheda di rete Ethernet. Se nello sketch non viene inserito l'indirizzo MAC corrispondente al proprio shield, la connessione "fisica" a Internet non sarà possibile. Di solito, l'indirizzo MAC viene riportato in un'etichetta attaccata allo shield stesso.

Una volta cambiato il MAC Address, tutti gli esempi della libreria Ethernet saranno perfettamente funzionanti. Essendo ben commentati, saranno anche facilmente adattabili.

Visualizzare il "termometro" sul Web

Aprendo lo sketch "Web_Server_Temperature" si può visualizzare su una pagina web la temperatura del sensore LM35 collegato alla porta analogica A0 di Arduino. Adattando il codice dello sketch relativo al progetto "Termometro con visualizzazione su display", sarà possibile digitare l'indirizzo locale della scheda e visualizzare sul browser l'indicazione della temperatura in gradi centigradi e Fahrenheit.
La funzione chiave dello sketch si chiama *listenForEthernetClients()*. È una funzione che "ascolta" eventuali richieste HTTP dal browser (per esempio, Chrome, Firefox, Internet Explorer o altri). Nell'esempio qui sotto, digitando l'indirizzo 192.168.1.20, si aprirà una connessione locale e sul browser appariranno i dati del sensore di temperatura insieme al codice HTML. Tutto questo tramite la funzione *client.print*.
Come illustrato nella Figura 6.35a, si vedranno apparire nel browser i dati del sensore, aggiornati ogni 20 secondi. Come si vede nel listato, il tempo della funzione *refresh* è stato impostato così: *client.println("Refresh: 20")*.
Siccome il testo HTTP può essere formattato in HTML, si possono scrivere tutti i tag accettati dai browser, comprese le funzionalità di scripting. Volendo sfruttare la card SD incorporata è possibile caricare una pagina HTML preformattata contenente vari script per ottenere un aspetto grafico "elaborato", come quello rappresentato nella Figura 6.35b.

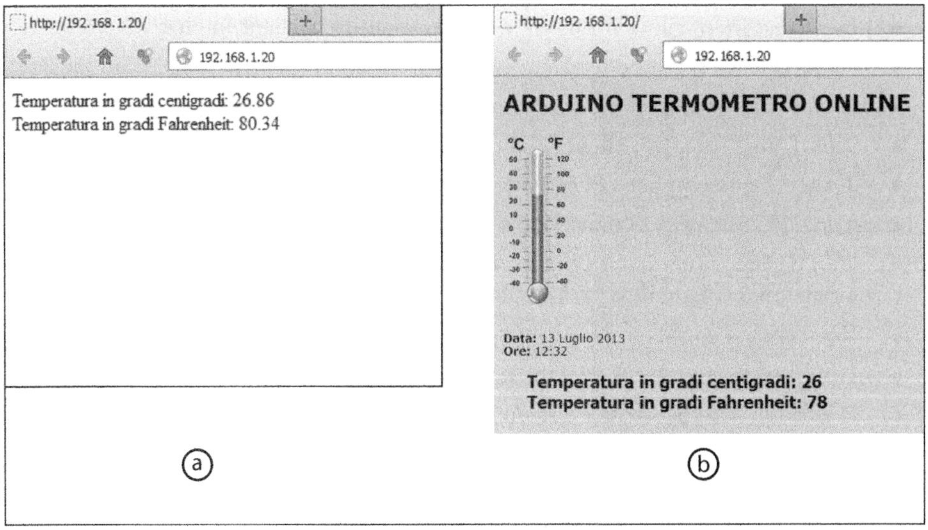

Figura 6.35 (a) Pagina web prodotta dal server LAN di Arduino con le indicazioni della temperatura in tempo reale del sensore. (b) La stessa pagina con un aspetto grafico più elaborato.

Scrivere e leggere i dati dalla card SD

Può sembrare facile, ma ci vuole un po' di pazienza per elaborare un codice efficiente per la lettura e scrittura in tempo reale di una pagina web da un server.
Aprendo lo sketch `Web_SD_Read_Write` si può visualizzare la temperatura del sensore LM35 con le indicazioni in tempo reale della data e dell'ora e una grafica personalizzata. Ovviamente, si possono ottenere risultati simili utilizzando altri sensori.
Prima di tutto bisogna creare un pagina HTML con un editor qualsiasi per impostare la grafica, i testi e gli eventuali script. Nel nostro esempio `index.htm` (ricordarsi sempre di scrivere i file in formato 8.3) è stato usato uno script per visualizzare la data e l'ora e un'immagine di un termometro `termo.png`. Il file di dati del sensore è stato chiamato `SENSOR.HTM`.
Dal listato di questo sketch abbiamo estrapolato due funzioni principali:

- scrittura del file `SENSOR.HTM` nella card SD;
- scrittura sul client (browser) dei file HTML e delle immagini.

Bisogna fare attenzione a come il server deve aprire e leggere i file per poterli "mandare" al client, ovvero al browser. Per esempio, se volessimo creare un mini sito contenente immagini e link a pagine interne, dovremmo sempre aprire tutti i file per poterli scrivere sul client.
Per il collegamento a una immagine interna, non basta scrivere, per esempio:

```
<img src="termo.png">
```

ma usare anche la funzione `SD.open("termo.png")`.
Allo stesso modo, bisogna aprire la pagina `SENSOR.HTM` per poter scrivere i dati del sensore sul client.

Pagine HTML

Per scrivere pagine HTML leggibili da un server è necessario riportare alcune indicazioni standard nell'intestazione e poi formattare il testo in base alle norme W3C relative ai tag HTML. Ovviamente, in questa sede non possiamo dedicarci come vorremmo alla spiegazione dei tag HTML e degli script usati, ma possiamo dare uno sguardo al breve listato della pagina `index.htm`, che viene caricata al lancio del server Arduino.
Chi mastica un po' di HTML e di Javascript avrà notato che serve davvero poco per far apparire qualcosa di sensato nella home page del mini-sito di Arduino. Il Javascript serve unicamente per trascrivere la data con nomi dei mesi in italiano e l'anno corretto (funzione *getFullYear*).
Il link in fondo serve per aprire la pagina CONTROLLO LED di cui parliamo nel prossimo paragrafo.

Controllo remoto da Web

Come abbiamo visto nel precedente progetto, ricevere i dati di un sensore e visualizzarli su un browser è ormai cosa fatta. La cosa si complica leggermente quando si vogliono controllare le porte digitali di Arduino premendo alcuni pulsanti su una pagina web.

Dalla home page del mini-sito è possibile aprire la pagina `led.htm` facendo clic sul link CONTROLLO LED.
Quello che appare è simile alla Figura 6.36a, nella quale sono stati predisposti sette interruttori a slitta per il controllo di altrettante porte digitali di Arduino. Per semplicità circuitale ci siamo limitati a semplici LED. Le porte usate sono solo sette perché quattro sono usate dallo shield per la gestione della card SD (porte 11, 12, 13, 10) una per lo shield Ethernet (porta 4).
Nella pagina `led.htm` non ci sono link a immagini da caricare e il codice per i sette interruttori è stato scritto in un foglio stile, altrimenti noto come CSS (*Cascading Style Sheets*). Purtroppo, la memoria di Arduino è limitata e quindi è meglio evitare il caricamento di troppe immagini.
Il link CONTROLLO TEMPERATURA in fondo alla pagina riporta alla home page (`index.htm`).
Nella Figura 6.36b è illustrato il semplice circuito di sette LED collegati alle porte digitali rimaste disponibili dello shield Ethernet. Muovendo gli interruttori sulla pagina web si vedranno i corrispondenti LED accendersi e spegnersi.

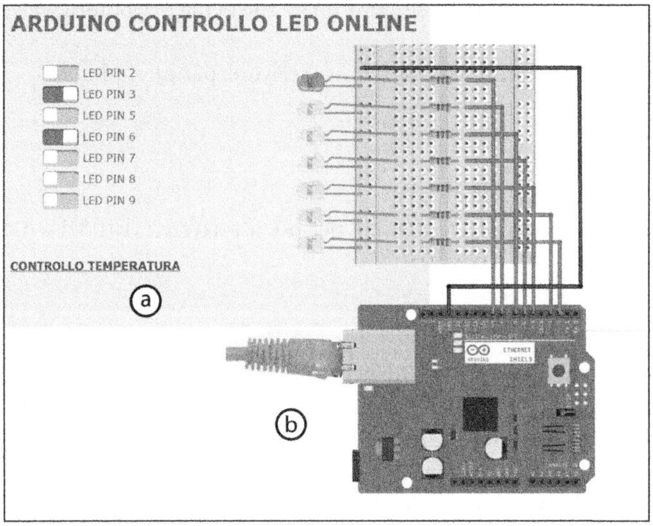

Figura 6.36 (a) Pagina web prodotta dal server LAN di Arduino per il controllo via HTTP di sette porte digitali. (b) Il semplice circuito con sette LED collegati allo shield Ethernet.

Sketch da caricare

Aprendo lo sketch `Mini_sito_Web` si carica il mini-sito nella memoria di Arduino. Vista la complessità del codice ci limitiamo a estrapolare la funzione più importante per il controllo dei LED.

```
...
int pinx = 0;
if (Parse_String(DATA_READ, "GET /led.htm?ID=2")) pinx = 2;
if (Parse_String(DATA_READ, "GET /led.htm?ID=3")) pinx = 3;
if (Parse_String(DATA_READ, "GET /led.htm?ID=5")) pinx = 5;
```

```
if (Parse_String(DATA_READ, "GET /led.htm?ID=6")) pinx = 6;
if (Parse_String(DATA_READ, "GET /led.htm?ID=7")) pinx = 7;
if (Parse_String(DATA_READ, "GET /led.htm?ID=8")) pinx = 8;
if (Parse_String(DATA_READ, "GET /led.htm?ID=9")) pinx = 9;

if (pinx > 0)
  {
    client.write(pinx);
    if (Flag_pin[pinx]==1) Flag_pin[pinx]=0;
    else if (Flag_pin[pinx]==0) Flag_pin[pinx]=1;
    digitalWrite(pinx, Flag_pin[pinx]);
}
```

Si può vedere come il risultato della lettura del codice HTML comporti l'assegnazione automatica dei pin da accendere o spegnere. Quando un interruttore viene premuto sulla pagina web, il codice HTML mandato dal browser al server è di questo tipo: *led.htm?ID=2*.

Una volta effettuata la lettura tramite la funzione *Parse_String(DATA_READ)*, diventa facile estrapolare il dato relativo alla porta del LED da accendere/spegnere in corrispondenza dell'apertura o della chiusura dell'interruttore virtuale.

Orologio con display controllato via Web

Siccome Arduino non è dotato di un orologio di sistema, questo che proponiamo può essere un progetto utile per avere sempre un orologio sincronizzato a Internet. Con alcune modifiche al listato si possono creare allarmi o sistemi di controllo temporizzati. Il circuito da riutilizzare è quello del display 16X2 che abbiamo impiegato già in diversi progetti.

Grazie ai servizi internazionali offerti dai server NTP (*Network Time Protocol*) è possibile ottenere un pacchetto UDP con i dati relativi al tempo UTC, ovvero al tempo coordinato universale, che ha come riferimento il GMT (*Greenwich Mean Time*).

Il Network Time Protocol, gestito dal sito ufficiale `http://www.ntp.org`, è un protocollo per sincronizzare gli orologi dei computer collegati in rete ed è disponibile attraverso numerosi server. Per essere informati sullo stato dei server NTP, ovvero se sono attivi o meno o se sono inutilizzabili, consultare il sito `http://tf.nist.gov/tf-cgi/servers.cgi` che tiene aggiornata la lista in tempo reale.

Nella Figura 6.37a è visibile il semplice circuito del display collegato allo shield ethernet e Arduino UNO, mentre la Figura 6.37b illustra il progetto reale del display su breadboard che mostra il tempo UTC.

Sketch da caricare

Caricando lo sketch `Orologio_controllato_da_Web` si può vedere il consueto uso delle librerie Ethernet e SPI più quelle per la gestione dei pacchetti UDP e del display.

Una volta mandata una richiesta al server NTP, si riceve un pacchetto di 48 byte da cui estrapolare le informazioni di tempo.

Per la cronaca, si tratta di un "tempo Unix", ovvero un tempo usato nei sistemi operativi Unix rappresentato come scarto in secondi rispetto alla mezzanotte (UTC) del 1° gennaio 1970. Questo scarto viene chiamato *epoch* (=epoca).

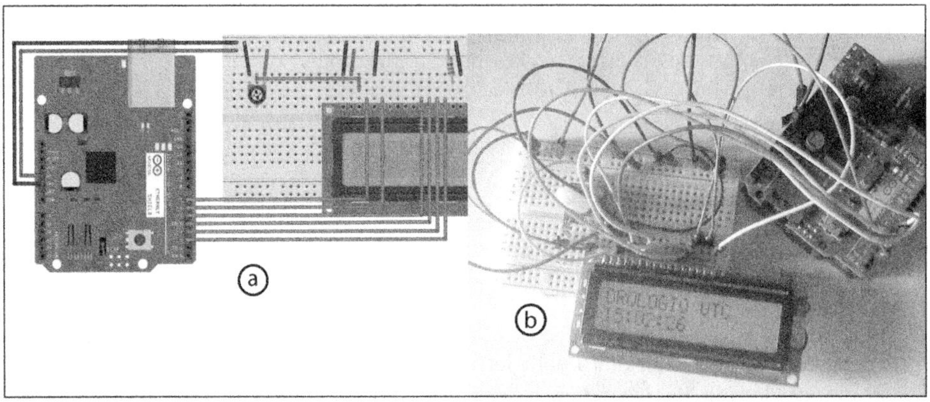

Figura 6.37 (a) Layout di un orologio con display controllato via Web. (b) Il circuito montato su breadboard con il display 16x2.

Per trovare ore minuti e secondi basterà compiere una serie di operazioni sul tempo *epoch*, come viene descritto nei commenti del listato. Per brevità omettiamo la spiegazione della funzione *sendNTPpacket* per mandare la richiesta al server NTP.

NOTA

Il tempo UTC si riferisce al GMT, per cui è necessario aggiungere lo scarto di un'ora del nostro fuso orario e dell'ora legale. Nel periodo estivo lo scarto è di due ore. Nel listato dello sketch viene spiegato come fare.

Orologio con allarme controllato via Web

Si noti che la richiesta a un server NTP richiede tempo (circa 10-15 secondi), per cui non è possibile visualizzare i secondi in tempo reale. Per un orologio precisissimo con la visualizzazione dei secondi basta modificare leggermente il listato precedente.
Con l'aggiunta al sistema di due librerie si possono programmare tutti i tipi di allarmi e sistemi sincronizzati. Scaricare dal sito PJRC le seguenti librerie e copiarle nella cartella *libraries* di Arduino:

```
http://www.pjrc.com/teensy/td_libs_Time.html
http://www.pjrc.com/teensy/td_libs_TimeAlarms.html
```

La libreria "TimeAlarms" consente di impostare allarmi personalizzati giornalieri, settimanali oppure timer con ripetizione, timer con attivazione momentanea e così via. Le funzioni personalizzate possono attivare o disattivare le porte digitali.
La Figura 6.38 illustra il circuito montato su breadboard con il display che visualizza l'orologio impostato su un allarme con data e orario.

Figura 6.38 Il circuito montato su breadboard con il display 16x2 che visualizza l'orologio digitale impostato su un allarme.

Sketch da caricare

Lo sketch `Orologio_allarme_controllato_da_Web` è identico al precedente per quanto riguarda la richiesta al server NTP. Una volta ottenuto il pacchetto per il calcolo del tempo Unix, basta solo convertirlo in ore, minuti, secondi, giorno, mese e anno grazie alla libreria "Time".

Durante il funzionamento, la sincronizzazione al server NTP non sarà più necessaria, per cui, una volta ottenuto il tempo iniziale e fatto partire l'orologio interno di Arduino, il timer sarà sempre preciso al miliardesimo di secondo. Una volta spento Arduino, si potrà ottenere la sincronizzazione connettendosi nuovamente al server NTP.

Si noti che ogni allarme può richiamare una funzione nella quale inserire un'operazione come l'accensione o spegnimento di un attuatore collegato a una porta digitale. In questo modo si potranno automatizzare varie operazioni, come l'irrigazione del giardino, la gestione delle luci di casa, il riscaldamento o il condizionamento ambientale e così via. Per circuiti di potenza basterà collegare alle porte digitali i circuiti con relè visti in precedenza.

NOTA

Fra i tanti siti online che offrono calcolatori e convertitori di tempo UNIX, citiamo Epoch Converter, disponibile all'indirizzo `http://www.epochconverter.com`. Qui si possono trovare informazioni dettagliate sul tempo UNIX e moltissime risorse per il calcolo e la conversione in diversi linguaggi di programmazione.

Comunicazione wireless

Finora abbiamo collegato Arduino al mondo reale attraverso un cavo di rete o USB. L'aspetto più esaltante dei circuiti elettronici fin qui esposti è che si possono controllare tutti anche in remoto, attraverso una connessione wireless.

Significa che è possibile accendere e spegnere, monitorare sul display, ricevere o mandare dati da una postazione remota senza usare cavi, magari anche da un tablet o uno smartphone.
Ci sono vari modi per poterlo fare e vedremo come utilizzare quei componenti e quei dispositivi di facile reperibilità e soprattutto alla portata di tutte le tasche.
Non ci sono particolari segreti da svelare nella trasmissione senza cavo. La comunicazione dei dati è e resta sempre seriale. Significa che i dati inviati e ricevuti da Arduino vengono ricevuti e inviati in modo "seriale" da un modem wireless.
In base al protocollo di comunicazione, distinguiamo le tre principali categorie di protocolli e di dispositivi di comunicazione wireless che verranno usati nei prossimi progetti:

- Wi-Fi;
- Xbee;
- Bluetooth.

Wi-Fi

Con il termine Wi-Fi ci si riferisce all'acronimo di *Wireless Fidelity*, che fa un po' il verso allo termine Hi-Fi, la tecnologia ad alta fedeltà inventata negli anni sessanta per gli apparecchi musicali.
Si tratta di una tecnologia per telecomunicazioni e dispositivi che possono connettersi a una rete WLAN (*Wireless Local Area Network*), in base alle specifiche dello standard IEEE 802.11 nella banda di frequenza dei 2,4 GHz.
L'uso della tecnologia Wi-Fi è talmente globalizzato che si trova ormai ovunque, anche negli elettrodomestici.
Per gli scopi di questo libro si farà riferimento a un particolare modem Wi-Fi molto versatile, quasi fatto apposta per Arduino. Parliamo del modem *Roving Networks RN-XV*, chiamato amichevolmente *WiFly* (`http://www.rovingnetworks.com/WiFly`).
Anche se esistono molti altri prodotti simili e shield Wi-Fi per Arduino, pensiamo che l'estrema facilità d'uso e le caratteristiche rendano questo dispositivo molto appetibile, anche nel prezzo.
Ecco in breve le sue specifiche:

- sistema intelligente per la gestione dell'alimentazione con parametri di risparmio energia;
- orologio in tempo reale per il time stamping, l'auto-spegnimento e l'auto-accensione;
- configurazione tramite Wi-Fi o UART utilizzando semplici comandi ASCII;
- aggiornamento del firmware tramite FTP Wi-Fi;
- autenticazione Wi-Fi: WEP, WPA-PSK (TKIP), WPA2-PSK;
- Host Data Rate fino a 460Kbps su UART;
- applicazioni di rete incorporate: DHCP, DNS, ARP, ICMP UDP, Telnet, FTP e client HTML;
- potenza di trasmissione configurabile: da -2 dBm a 12 dBm;
- client web HTML incorporato per inviare a server web remoti dati GPIO (8 porte), UART e dei sensori (attraverso tre ADC interni);
- antenna incorporata.

Inoltre, la piedinatura è totalmente compatibile con i modem Xbee, per cui si può usare un adattatore tipo Xbee Explorer (si veda il prossimo paragrafo) per la programmazione del processore interno, usando una porta USB del computer.
Nella Figura 6.39 è visibile il modem WiFly e un esempio di collegamento. I collegamenti necessari sono solo quattro, mentre gli altri piedini servono a gestire i dati delle porte GPIO e dei sensori.

- il piedino 3.3V va collegato all'alimentazione 3.3V di Arduino;
- il piedino TX va collegato alla porta 1 (TX) di Arduino;
- il piedino RX va collegato alla porta 0 (RX) di Arduino;
- il piedino GND va collegato a GND di Arduino.

Attenzione a fornire l'alimentazione di 3,3 volt! Il modem non sopporta una tensione superiore.

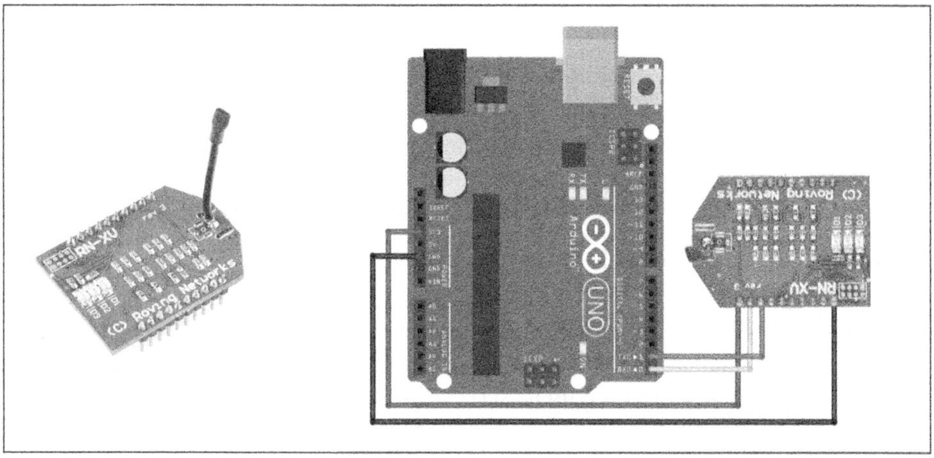

Figura 6.39 Il modem WiFly collegato alle porte seriali e all'alimentazione di 3,3 volt di Arduino.

Uso del modem WiFly

Nel layout si noterà la mancanza di una breadboard nella circuitazione. Purtroppo il passo dei piedini non è standard 2,54 mm, ma 2 mm. Questo può essere un handicap, ma si possono acquistare i pin header per Xbee che sono totalmente compatibili e produrre una basetta forandola con passo 2. In alternativa, si possono usare dei pin header femmina saldati singolarmente a fili rigidi e infilati a uno a uno nei quattro piedini del modem. I fili rigidi potranno poi essere infilati in una breadboard. Per i progetti Wi-Fi servirà anche collegare il piedino 8 (marcato come GPIO9). Se non si è esperti, meglio evitare la saldatura diretta ai piedini del modem. I progetti Wi-Fi sono descritti più avanti.

Xbee

Il proprietario del marchio Xbee è Digi International (`www.digi.com`), noto produttore di una vasta serie di dispositivi per la comunicazione wireless. Inizialmente i modem Xbee venivano prodotti da MaxStream, poi acquisita dalla stessa Digi International. Oggi si possono ancora acquistare modem Xbee marcati MaxStream.

Standard IEEE 802.15.4

Lo standard IEEE 802.15.4 è nato per regolamentare le reti wireless in area personale, altrimenti chiamata WPAN (*Wireless Personal Area Network*). Si tratta di reti per la comunicazione a breve raggio, tipicamente inferiore a 30 metri con bassa velocità di trasferimento dei dati (LR-WPAN, Low-Rate WPAN).

Le specifiche ZigBee sono basate su questo standard e prevedono frequenze diverse a seconda dei paesi di diffusione. Per quasi tutto il mondo, la frequenza è stata fissata nella banda dei 2,4 GHz, la stessa delle reti wireless.

I dispositivi ZigBee possono essere di tre tipi:

- Coordinator – costituisce il perno di una rete ZigBee e può funzionare come "ponte" tra più reti;
- Router – i dispositivi ZigBee di questo tipo agiscono passando i dati da e verso altri dispositivi;
- End Device – sono dispositivi con funzionalità minime per dialogare con un nodo Coordinator o Router e non sono in grado di trasmettere dati.

Per l'uso specifico in alcuni progetti, verranno presi in considerazione solo alcuni modelli di modem Xbee con specifiche ZigBee, testati e funzionanti. Essendo modem dotati di chip programmabile, verranno spiegate brevemente le procedure per la programmazione.

XBee 1mW Chip Antenna Series 1

Nella Figura 6.40a è illustrato uno dei più popolari modem XBee usati per la comunicazione wireless di dispositivi telecontrollati. Questo modem XBee funziona sulla banda 2,4 GHz dello standard IEEE 802.15.4 e consente una comunicazione molto affidabile. Grazie al suo bus di ingresso e uscita seriale, può dialogare tranquillamente con sistemi a microcontrollore tipo Arduino. Il basso consumo di corrente lo rende efficiente anche per molte ore di utilizzo in volo o per il controllo continuato di dispositivi robotici.

Ecco le sue caratteristiche principali:

- alimentazione 3,3V;
- corrente 50 mA;
- data rate max 250 kbps;
- uscita 1mW (+0 dBm);
- raggio d'azione 100 m;
- antenna incorporata;
- certificato FCC;
- ingresso 6 pin del convertitore ADC a 10 bit;
- 8 pin I/O digitale;
- crittografia a 128 bit;
- configurazione locale o in aria;
- set di comandi AT o API.

Per la programmazione del modem Xbee è necessario acquistare anche lo shield Xbee Explorer, che va collegato via USB al computer. Il modem Xbee va quindi montato sullo shield, come illustrato nella Figura 6.40b. Lo shield Xbee Explorer può essere usato anche per programmare i modem WiFly.
Per il corretto funzionamento con il driver della porta seriale, devono essere cortocircuitati con un goccia di stagno il piedino RTS e il piedino DI03, come illustrato nella Figura 6.40c. Una volta collegato lo shield Xbee Explorer alla porta USB, il computer installerà il driver FTDI per il dispositivo USB RS232. L'installazione del driver FTDI consente di creare delle porte seriali COM virtuali che potranno essere selezionate dal software di programmazione. Se l'installazione del driver non venisse effettuata in modo automatico, bisogna scaricare il driver FTDI disponibile per Window, Mac e Linux dalla pagina `http://www.ftdichip.com/Drivers/VCP.htm` del sito FTDI.

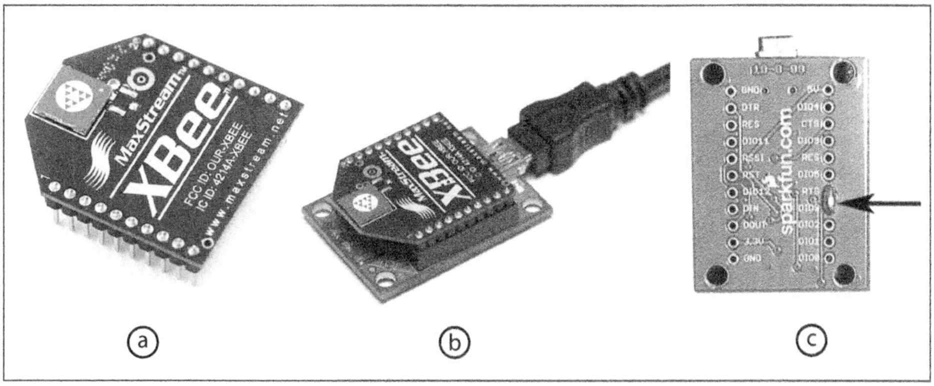

Figura 6.40 (a) Il modem XBee 1mW Chip Antenna Series 1.
(b) Il collegamento con lo shield Xbee Explorer. (c) La modifica allo shield Xbee Explorer.

X-CTU

Per la programmazione dei modem Xbee è disponibile gratuitamente il software X-CTU solo per Windows. La pagina di download (Diagnostics, Utilities and MIBs) del sito Digi International è la seguente:

`www.digi.com/support/productdetail?pid=3352&osvid=57&type=cabling`

Una volta scaricato il software X-CTU, l'installazione prevede anche un aggiornamento tramite collegamento via FTP di tutti i dispositivi Xbee, per cui può impiegare diversi minuti (si può anche saltare ed effettuare l'aggiornamento in un secondo tempo).
Dopo aver collegato lo shield Xbee Explorer (con a bordo il modem Xbee) e dopo aver atteso l'installazione del driver FTDI che crea una porta COM virtuale, si può lanciare il software X-CTU. La finestra principale è simile a quella illustrata nella Figura 6.41a. Da questa finestra, la prima operazione da effettuare è l'impostazione del Baud Rate a 57.600, come indicato dalla freccia. Benché la frequenza di trasmissione possa essere più elevata, quella a 57.600 è prevista anche per l'uso dello shield Xbee per Arduino.
Rimanendo in questa finestra, è possibile effettuare un test del modem premendo il pulsante *Test/Query*. Se non si verificano problemi di comunicazione seriale con il modem,

apparirà una finestra simile a quella di Figura 6.41b; se il test dà un risultato negativo bisognerà verificare le connessioni e i parametri della porta seriale, effettuare altri test di diagnostica e riprovare. Provare anche ad abilitare la voce *Seleziona RTS in chiusura* nel pannello *Impostazioni avanzate* delle proprietà della scheda USB Serial Port (COMx, dove x è il numero di porta assegnato dal driver FTDI). Se non si riesce a risolvere il problema, sul sito Digi è disponibile un supporto online.

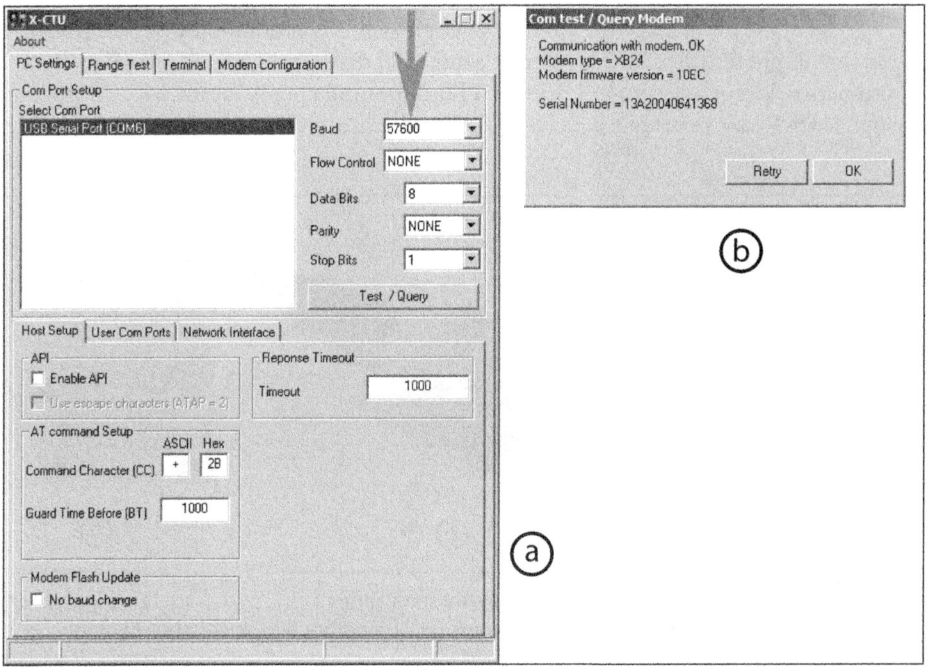

Figura 6.41 La finestra principale del software X-CTU di Digi International (a). La freccia indica l'impostazione del Baud Rate a 57.600. La finestra di risposta del test di comunicazione (b).

Configurazione dei modem

Per una comunicazione bidirezionale sono necessari due modem Xbee. Uno impostato per la trasmissione e uno per la ricezione. I due modem devono essere identici, della stessa marca e modello per evitare problemi di compatibilità. Uno dei due modem va programmato come "trasmittente".

Dalla finestra *Modem Configuration* del software X-CTU, premere il pulsante *Read* per leggere i dati in memoria del processore del modem. Se il Test/Query non ha dato problemi, si vedrà apparire la lista di parametri interni del modem, come illustrato nella Figura 6.42a. Bisognerà impostare manualmente i seguenti parametri per il modem di trasmissione:

- alla voce *Networking & Security* impostare un numero di 4 cifre per PAN ID, per esempio 1234;
- alla voce *Serial Interfacing* impostare il *Baud Rate* a 57600;
- alla voce *Packetization Timeout* impostare il valore a 10;

- alla voce *I/O Settings* impostare il parametro *DIO3 Configuration* su DI.

Terminate le modifiche, premere sul pulsante *Write* per scrivere i dati nella EPROM del processore del modem di trasmissione. Dopo la scrittura dei dati, chiudere il programma X-CTU e staccare l'Xbee Explorer dalla porta USB. È consigliabile apporre un'etichetta adesiva con la scritta "TX" al modem di trasmissione.

Inserire il secondo modem "ricevente" nell'Explorer, collegare il cavo USB e lanciare nuovamente il software X-CTU. Il modem va programmato come ricevente e la procedura è simile alla precedente, salvo alcuni parametri.

Dalla finestra *Modem Configuration*, premere il pulsante *Read* per leggere i dati in memoria del processore del modem per il Test/Query. I parametri da impostare sono quasi gli stessi del precedente modem:

- alla voce *Networking & Security* impostare un numero di 4 cifre per PAN ID, per esempio 1234 (lo stesso ID);
- alla voce *Serial Interfacing* impostare il *Baud Rate* a 57600 (la stessa velocità);
- alla voce Packetization Timeout impostare il valore a 10 (lo stesso tempo);
- alla voce *I/O Settings* impostare il parametro *DIO3 Configuration* su DO HIGH;
- alla voce *I/O Settings* impostare il parametro *I/O Output* su DISABLED.

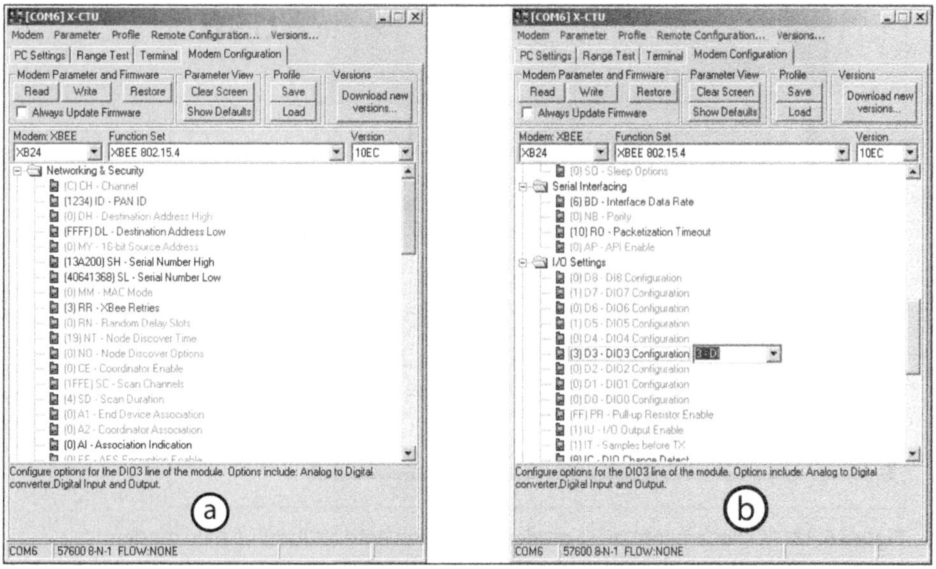

Figura 6.42 (a) Finestra Modem Configuration del software X-CTU con la lista dei parametri interni del modem Xbee trasmittente.
(b) Finestra Modem Configuration con la lista dei parametri interni del modem Xbee ricevente.

Al temine delle modifiche, premere il pulsante *Write* per scrivere i dati nella EPROM del processore del modem di ricezione. È consigliabile apporre un'etichetta adesiva con la scritta "RX" al modem di ricezione.

Uso dei modem Xbee

I due modem programmati in questo modo possono essere utilizzati in vari progetti di comunicazione wireless. Come illustrato nella Figura 6.43, il modem TX rimane collegato all'Xbee Explorer e funziona come periferica USB per la trasmissione seriale da un computer. Come vedremo, basterà mandare dei dati seriali sulla porta USB perché il modem li trasmetta al modem ricevente che va montato su uno shield Xbee per Arduino o su un circuito simile a quello fatto per il modem WiFly.

I collegamenti al modem ricevente sono solo quattro:

- il piedino 3.3V va collegato all'alimentazione 3.3V di Arduino;
- il piedino TX va collegato alla porta 1 (TX) di Arduino;
- il piedino RX va collegato alla porta 0 (RX) di Arduino;
- il piedino GND va collegato a GND di Arduino.

Attenzione a fornire l'alimentazione di 3,3 volt! Il modem Xbee non sopporta una tensione superiore. I progetti con i modem Xbee sono descritti più avanti.

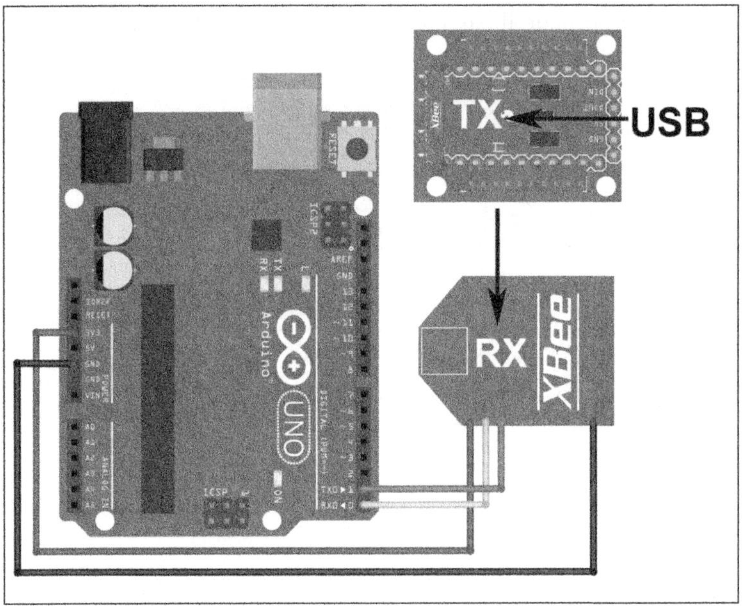

Figura 6.43 Collegamento di un modem Xbee ricevente ad Arduino e un modem trasmittente a un porta USB del computer.

Bluetooth

Un altro sistema di comunicazione wireless è il diffusissimo Bluetooth, uno standard per reti personali senza fili, ovvero WPAN (*Wireless Personal Area Network*), adatto per scambiare informazioni a corto raggio, sempre nella banda dei 2,45 GHz del protocollo di base IEEE 802.15.

Oggi il 90% dei telefoni cellulari e dei tablet è dotato di modem Bluetooth, così come le automobili di ultima generazione, molti apparecchi per l'audio e per il telecontrollo. I dispositivi Bluetooth si dividono in 3 classi:

- Classe 1 – potenza 100 mW, distanza operativa 100 m circa;
- Classe 2 – potenza 2,5 mW, distanza operativa 10 m circa;
- Classe 3 – potenza 1 mW, distanza operativa 1 m circa.

Uso del modem Bluetooth

Fra i tanti modem Bluetooth in commercio, la scelta è ricaduta sul modello *BlueSMiRF* di Sparkfun, molto diffuso ed economico e, come vedremo, utilizzato in modo specifico per applicazioni con Arduino.
La Figura 6.44 mostra il semplice collegamento del modem Bluetooth che ha una piedinatura a passo standard di 2,54 mm, per cui è facile saldare un pin header maschio da infilare in una breadboard. I collegamenti al modem BlueSMiRF sono solo quattro:

- il piedino VCC va collegato all'alimentazione 5 V di Arduino;
- il piedino TX va collegato alla porta 10 di Arduino;
- il piedino RX va collegato alla porta 11 di Arduino;
- il piedino GND va collegato a GND di Arduino.

Si noti l'uso delle porte digitali 10 e 11 anziché 0 (RX) e 1 (TX) di Arduino, di cui verrà spiegato il motivo nel progetto "Controllo Bluetooth" più avanti. L'alimentazione al modem BlueSMiRF è compresa fra 3,3 e 6 volt.

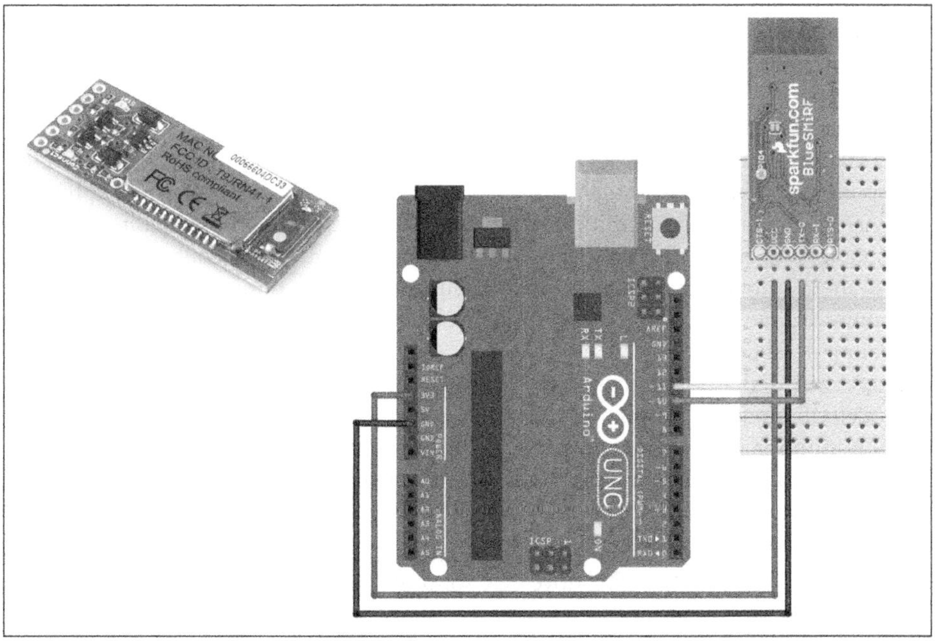

Figura 6.44 Collegamento di un modem Bluetooth BlueSMiRF ad Arduino montato su una breadboard.

Controllo remoto da un dispositivo wireless

Dopo aver visto con quanta semplicità si collegano i modem per la comunicazione seriale "via etere", non resta che affrontare il problema del controllo remoto da un dispositivo wireless. Le soluzioni sono diverse ma ne verranno analizzate solo tre:

- controllo remoto Wi-Fi da tablet/smarthone;
- controllo remoto Xbee da computer/Wi-Fi;
- controllo remoto Bluetooth da smartphone;

Controllo remoto Wi-Fi da tablet/smarthone

Per questo progetto verrà utilizzato il modem WiFly che ben si presta a una configurazione di rete *ad hoc*. Basta collegare il pin 8, marcato come GPIO9, all'alimentazione positiva (in pratica si alza il bit allo stato logico 1) per configurare automaticamente il modem in modalità di rete *ad hoc*. Come già spiegato in precedenza si possono usare i pin header infilati in una breadboard. I più esperti possono saldare un ponticello fra i piedini 1 e 8.
Una rete wireless ad hoc non si basa su un'infrastruttura di rete esistente, per esempio quella di casa, per cui è possibile una connessione diretta fra client e server su un indirizzo IP statico fornito dal server. In pratica, si può usare la rete ad hoc anche in aperta campagna senza bisogno di infrastrutture cablate o Access Point.
Il modem WiFly, configurato come server ad hoc, fornisce un indirizzo IP al dispositivo Wi-Fi che si connetterà in modo esclusivo. Dopo aver collegato il piedino 8 al piedino 1, come illustrato nella Figura 6.45a, è necessario impostare/controllare alcuni parametri del modem WiFly.
Una volta alloggiato il modem sull'Xbee Explorer e collegato quest'ultimo a una porta USB del computer, è possibile comunicare con il modem attivando il prompt dei comandi tramite la sequenza di caratteri $$$ dalla finestra di un software di emulazione terminale. Per il software di emulazione terminale si può usare un qualsiasi freeware disponibile in rete.
Fra i molti, consigliamo i programmi gratuiti UTF-8 TeraTerm per piattaforma Windows, disponibile all'indirizzo `http://en.sourceforge.jp/projects/ttssh2/releases/`) oppure Terminator, per piattaforma Linux, Macintosh e Windows (con emulatore Linux Cygwin), disponibile all'indirizzo `http://software.jessies.org/terminator/#downloads`.
Provare la velocità di default di 9600 baud e se non funziona provare a impostare la comunicazione sulla porta seriale su una velocità di 57.600 baud (dipende dalle impostazioni di fabbrica).
Dopo aver digitato la sequenza di caratteri $$$ viene visualizzato CMD, mettendo il modem in modalità "command". Significa che la comunicazione con il modem è attiva e si possono mandare tutti i comandi per modificare i parametri del modem.
Per visualizzare tutti i parametri correnti, basta digitare "get everything". La Figura 6.45b illustra i parametri di default impostati con la modifica hardware ad hoc. I più importanti sono i seguenti:

- SSID – WiFly-GSX-XX, dove XX sono gli ultimi due byte dell'indirizzo MAC del dispositivo;
- Channel – 1 è il canale di default;
- DHCP – ON anche se attivo verrà ignorato dalla comunicazione ad hoc;

- IP address – 169.254.1.1:2000 è l'indirizzo IP statico e la porta di ricezione UDP da impostare nel client Wi-Fi;
- PROTO – UDP,TCP, sono i protocolli di comunicazione UDP e TCP.

Se il parametro PROTO è impostato solo su TCP, è necessario impostare anche UDP tramite il comando seguente:

```
set ip protocol 3
```

Nel caso che la velocità di default non sia 57600 è necessario impostare il modem in questo modo:

```
set uart baud 57600
```

Quando si imposta un parametro, ricordarsi sempre di salvare le modifiche nella flash memory del modem con il comando "save".
Per la lista di tutti i comandi e altre informazioni sull'uso del modem WiFly fare riferimento al sito del produttore `www.rovingnetworks.com`.

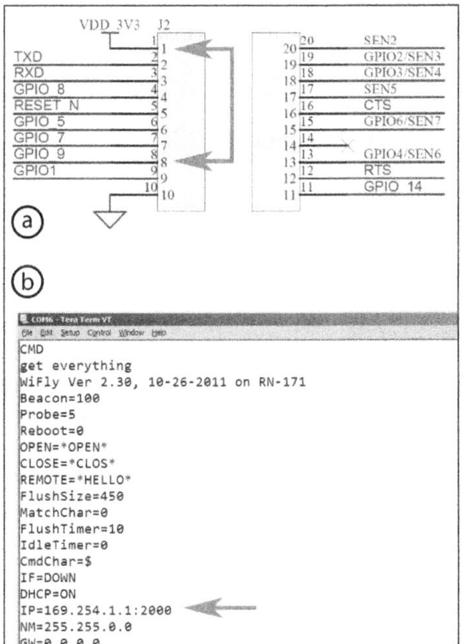

Figura 6.45 (a) Piedinatura del modem WiFly e modifica hardware. (b) Finestra di emulazione terminale con i parametri del modem. Le frecce indicano i parametri più importanti.

Lo scopo principale di questa impostazione è quella di poter sfruttare il protocollo OSC (*Open Sound Control*) per il controllo remoto su rete ad hoc dei progetti descritti nei prossimi paragrafi, tramite un iPad.

Nella Figura 6.46 è visibile l'impostazione di rete del programma TouchOSC che verrà usato per il controllo OSC (si veda più avanti):

- Host – 169.254.1.1 (l'indirizzo del server WiFly);
- Port (outgoing) – 2000 (porta di uscita dei dati);
- Port (incoming) – 9000 (porta di ingresso dei dati);
- Local IP address – indirizzo dato dal server (non si può cambiare).

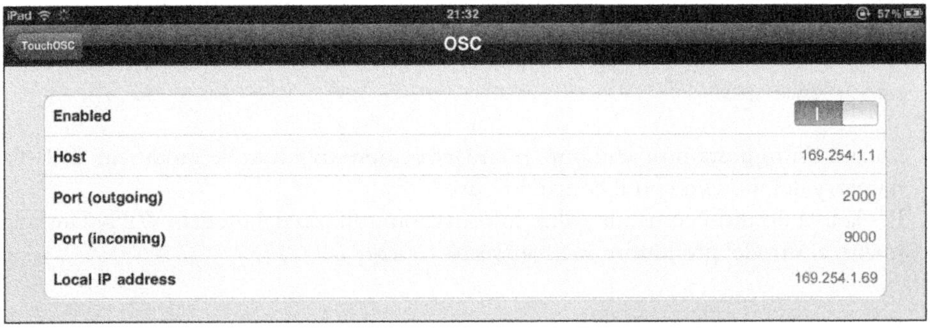

Figura 6.46 Impostazioni di rete del programma TouchOSC per il controllo remoto su rete ad hoc.

Per il circuito di test della connessione Wi-Fi si rimanda al progetto "Braccio meccanico con controllo remoto", descritto più avanti.

Controllo remoto Xbee da computer/Wi-Fi

Il titolo di questo paragrafo è un po' fuorviante, perché, anche se i modem Xbee non usano la rete Wi-Fi IEEE 802.11, è possibile inserirli in una infrastruttura di rete utilizzando particolari programmi per la comunicazione seriale. Non solo, la cosa più interessante è che si possono usare due schede Arduino come radiocomandi programmabili a piacere, ovvero controllare un Arduino con un Xbee ricevente tramite un secondo Arduino con Xbee trasmittente.

Limitandoci alle cose semplici, possiamo ipotizzare i seguenti progetti:

- Arduino con Xbee RX per ricevere dati da un programma su computer;
- Arduino con Xbee RX per ricevere dati da un programma su computer e da un dispositivo Wi-Fi;
- Due schede Arduino con Xbee RX/TX.

NOTA

Quando si caricano gli sketch con il modem collegato alle porte seriali RX e TX di Arduino, l'operazione dà errore. Anche se appare la scritta *Caricamento terminato*, in realtà lo sketch non viene caricato. Ricordarsi di caricare gli sketch staccando il filo che va alla porta seriale RX di Arduino. Nel caso si usino shield Xbee per Arduino, smontare il modem dallo shield prima di caricare lo sketch.

Arduino con Xbee RX per ricevere dati da un programma su computer

Come già spiegato in precedenza, dopo aver collegato il modem RX con i quattro piedini alle porte di Arduino, basterà collegare il modem Xbee TX all'Xbee Explorer e questo a una porta USB del computer.

L'Xbee Explorer installerà una porta seriale virtuale che potrà venire aperta da qualsiasi programma dotato di emulazione di terminale. Per provare che tutto funzioni, basterà caricare un semplicissimo sketch e aprire una finestra del terminale per trasmettere i dati alla porta seriale. Questi dati verranno interpretati dalla porta seriale del modem ricevente e il programma in memoria li gestirà. Il circuito di prova è molto semplice, come illustrato nella Figura 6.47a. Aprendo una finestra del terminale e la porta seriale corrispondente all'Xbee Explorer con alloggiato il modem TX si potranno digitare i numeri da 1 a 6 per accendere e spegnere i tre LED collegati alle porte 3, 5 e 6 di Arduino. Ricordarsi di impostare nel terminale la velocità della porta seriale a 57.600 baud e attivare la funzione "Local echo" per visualizzare i caratteri sul terminale, come illustrato nella Figura 6.47b, altrimenti non si vedrà nulla durante la digitazione.

Sembrerà banale, ma questo semplice circuito e relativo sketch di prova è "la madre" di tutte le comunicazioni seriali descritte nei prossimi progetti.

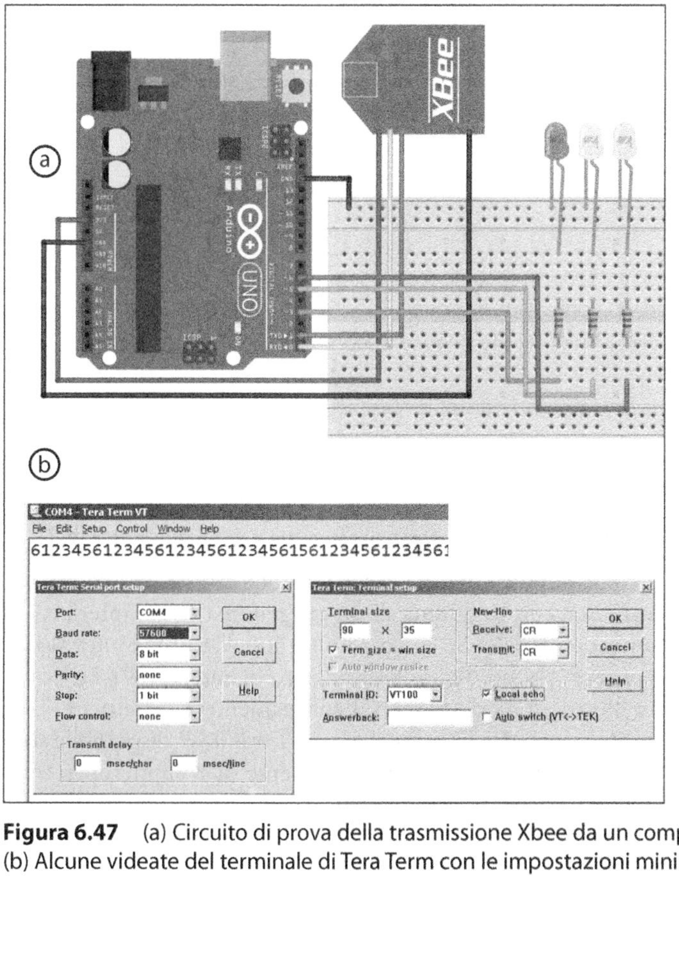

Figura 6.47 (a) Circuito di prova della trasmissione Xbee da un computer.
(b) Alcune videate del terminale di Tera Term con le impostazioni minime per il test.

Si noti che non c'è nessuna particolare logica nella numerazione per l'accensione o lo spegnimento dei LED. Si ottiene lo stesso risultato modificando il listato e associando alla funzione *digitalWrite* un numero o lettera qualsiasi.

Open Sound Control

Il protocollo *Open Sound Control* (OSC) nasce nel 1997 come uno studio di Adrian Freed e Matt Wright per lo sviluppo di una piattaforma di messaggistica tra computer, sintetizzatori audio e altri dispositivi multimediali in ambiente di networking.
Nato presso il CNMAT (*Center for New Music and Audio Technologies*) dell'università di Berkeley, il protocollo è di libero utilizzo ed è ormai implementato in moltissime applicazioni di sviluppo multimediale, in molti software musicali e in alcuni controller hardware.
Originariamente previsto per la condivisione di dati musicali, come alternativa al MIDI, i messaggi OSC sono comunemente trasportati attraverso una rete Internet e all'interno di sottoreti utilizzando protocolli UDP.
I messaggi OSC da controllori gestuali (touchpad, Wii e affini) sono generalmente trasmessi su reti wireless e controllano in tempo reale dispositivi finali di qualsiasi tipo.
In pratica, una volta programmato un software compatibile OSC, è possibile creare un'applicazione software in grado di controllare un dispositivo remoto, senza bisogno di un collegamento fisico di cavi o altro.
Il messaggio OSC è formato da un "indirizzo" testuale di lunghezza variabile e un numero in virgola mobile per un totale massimo di 32 byte. Per esempio, il messaggio OSC

```
/1/fader10000,f00, 154.0
```

significa:

- pagina 1 (un layout può contenere un numero di pagine variabile);
- nome del controllo fader1 (nome dato al controllo);
- numero in virgola mobile (conforme allo standard IEEE 754);
- valore 154.0.

Le specifiche e la documentazione completa sono disponibili presso il sito ufficiale www.opensoundcontrol.org.

Arduino con Xbee RX per ricevere dati da un programma su computer e da un dispositivo Wi-Fi

Lasciando inalterato il circuito di prova precedente, è possibile attivare dal computer la trasmissione seriale appena vista, con l'aggiunta di un programma che si interfacci con la rete LAN attraverso un router Wi-Fi. Se in casa non è installato un router Wi-Fi è possibile collegare a una porta LAN un Access Point dotato di antenna Wi-Fi.
Lo schema di Figura 6.48 illustra in modo pratico il collegamento da effettuare.
Come programmi di comunicazione Wi-Fi verranno usati *TouchOSC*, disponibile sia per Apple sia per Android, e Pure Data, un potentissimo ambiente di sviluppo open source compatibile OSC, disponibile per qualsiasi piattaforma.

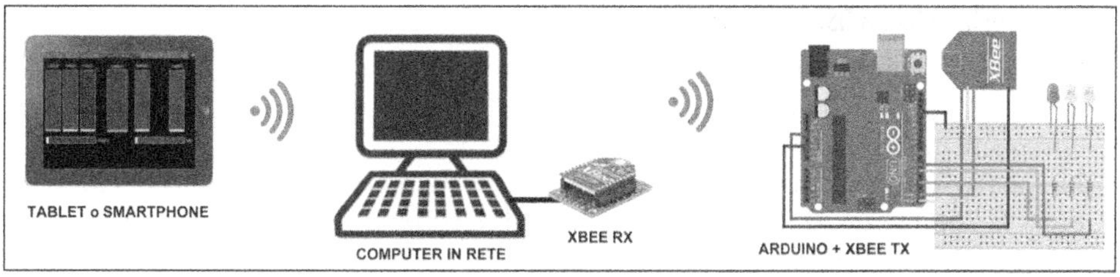

Figura 6.48 Schema di collegamento Xbee > Wi-Fi tra un tablet e Arduino.

Dal sito `www.hexler.net` si può acquistare per pochi euro la versione del software TouchOSC per la gestione del controllo Wi-Fi e scaricare l'editor gratuito per creare i propri layout OSC.

Considerata l'enorme facilità di utilizzo del TouchOSC Editor, non verranno spiegati i passaggi per la costruzione del layout, ma solo il risultato della nostra interfaccia di prova. Nella Figura 6.49 è visibile l'interfaccia minimale per l'accensione lo spegnimento di tre LED. Sono stati aggiunti al layout tre pulsanti di tipo "toggle" (interruttore ON/OFF) i cui nomi OSC di default e i valori assegnati sono i seguenti:

- /1/toggle1 0-1
- /1/toggle2 0-1
- /1/toggle3 0-1

Una volta trasferito il layout allo smartphone, i dati OSC spediti in rete dai tre pulsanti saranno 0 e 1, a seconda dello stato dei pulsanti.

Per il trasferimento del file, si può mandare il layout al dispositivo tramite la stessa connessione Wi-Fi oppure importando il file del layout (solo nei dispositivi Android).

Ora non resta che costruire l'interfaccia OSC sul computer per collegarla al modem Xbee.

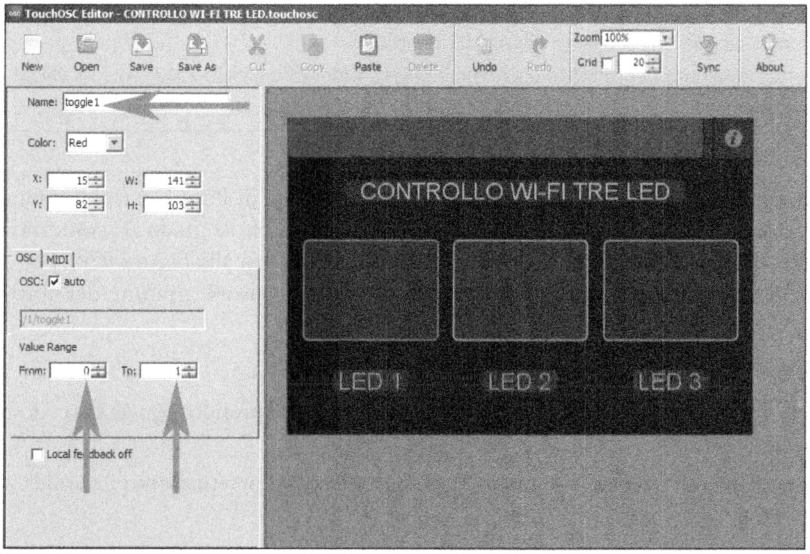

Figura 6.49 Layout del controllo Wi-Fi tre LED, fatto con TouchOSC Editor.

Layout di interfaccia OSC sul computer

Non esistono molti ambienti di sviluppo dotati di libreria precompilata per il protocollo OSC, per cui la scelta è ricaduta su Pure Data, un potentissimo ambiente open source estremamente facile da usare.
La caratteristica principale che contraddistingue Pure Data dai programmi che richiedono la compilazione è la sua capacità di elaborazione in tempo reale in un ambiente di programmazione grafica.
Le righe di codice che solitamente descrivono le funzioni di un programma, sono state sostituite con oggetti visivi, che possono essere inseriti e modificati nella finestra del progetto a piacere. Per questo motivo, i programmi Pd vengono chiamati patch, perché gli elementi grafici nella finestra vengono collegati proprio come si fa con i cavi audio che vengono usati per i collegamenti in una patchbay audio.

Pure data

Miller Puckette è direttore associato del *Center for Research in Computing and the Arts*, nonché professore di musica presso la *University of California* a San Diego.
Puckette è noto per la creazione di Max, un ambiente di sviluppo grafico per la musica e la sintesi multimediale, sviluppato presso l'IRCAM alla fine degli anni ottanta.
Puckette è autore di Pure Data e mette a disposizione sul sito `http://crca.ucsd.edu/~msp/` tutta la documentazione relativa al software e molte altre risorse sulla musica elettronica.
Pure Data, chiamato anche brevemente Pd, è un ambiente di programmazione grafico studiato essenzialmente per applicazioni audio, video, per l'elaborazione grafica in tempo reale e per l'interfacciamento con sensori, il controllo di robot, di telecamere e molto altro ancora.
Pure Data è stato scritto e viene mantenuto da Miller Puckette e include il lavoro di molti sviluppatori che hanno dato origine a una comunità molto attiva sul sito `www.puredata.info`. È disponibile gratuitamente con licenza GNU per le piattaforme Windows, Mac OS X, Linux e Debian, così come per le piattaforme mobili come iPhoneOS, Android e Maemo (Scratchbox). Essendo open source, sono disponibili anche i file sorgente per gli sviluppatori.
L'ultima versione nel momento in cui scriviamo è la 0.43.4 (del 25 gennaio 2013) ed è localizzata anche in italiano.

Non essendo questa la sede per una trattazione approfondita di Pure Data, ci limitiamo a descrivere le operazioni passo passo per costruire una patch in grado di comunicare subito con il nostro smartphone via OSC, facendo riferimento alla Figura 6.50. Per chi non ha pazienza, il file Pd pronto all'uso è disponibile nelle risorse gratuite del libro.

1. Dal menu *File* creare *Nuovo file*.
2. Dal menu *Inserisci* inserire tre pulsanti *Toggle*.
3. I *Toggle* si possono dimensionare e colorare a piacere aprendo con il tasto destro *Proprietà*.
4. Dal menu *Inserisci* inserire i seguenti *Oggetti*, digitando correttamente i nomi:
   ```
   dumpOSC 8000
   OSCroute /1
   OSCroute /toggle1 /toggle2 /toggle3
   ```

```
moses 1 (x 3)
comport 3 57600
```

5. Dal menu *Inserisci* inserire i seguenti *Messaggi*:
```
print 1
print 2
print 3
print 4
print 5
print 6
devices
open 6
close 6
```
6. Collegare ingressi e uscite degli oggetti e dei messaggi come illustrato nella Figura 6.51a.
7. Salvare la patch con un nome, per esempio: "Controllo Wi-Fi tre LED".

Sul significato dei vari oggetti e dei messaggi non è necessario soffermarsi anche perché sono molto espliciti. Capire quello che succede è facile:

- l'oggetto *dumpOSC 8000* scarica i dati dalla rete Wi-Fi;
- gli oggetti *OSCroute /1* e *OSCroute /toggle1 /toggle2 /toggle3* instradano i messaggi OSC ricevuti dal dispositivo Wi-Fi (smartphone o tablet) e li mandano ai pulsanti Toggle;
- i tre oggetti *moses 1* dividono i dati dai Toggle in 0 e 1 (un po' come Mosè con le acque del Mar Rosso) mandandoli ai messaggi print;
- i messaggi *print* mandano i dati all'oggetto comport 3 57600 che imposta la porta seriale a 57600 baud (3 è il parametro per impostare la porta come uscita) ;
- *comport 3 57600* manda i dati dei messaggi print alla porta seriale aperta dall'oggetto open.

I dati dei messaggi "print" sono 1, 2, 3, 4, 5, e 6 perché si è voluto creare l'emulazione del terminale, come abbiamo visto nel precedente paragrafo. In questo modo, lo sketch in memoria di Arduino interpreterà gli stessi dati e accendere di conseguenza i LED.

Una nota sull'oggetto *open*. Prima di premere pulsanti nella finestra della patch o nel dispositivo Wi-Fi, è necessario aprire la porta seriale alla quale è collegato il modem Xbee TX. Per sapere qual è la porta, premere prima sull'oggetto *devices*. Apparirà la lista delle porte disponibili. Nell'esempio è stata usata la porta COM 6, ma può essere un qualsiasi altro numero.

Impostazione dell'indirizzo IP

Per il dump dei dati OSC da Pure Data è necessario impostare l'indirizzo IP della scheda di rete alla quale è collegato il computer. Per esempio, l'indirizzo di rete tipico assegnato dal router è simile a *192.168.1.2.*Aprendo le impostazione di TouchOSC da smartphone o tablet è necessario inserire l'indirizzo esatto della scheda di rete per poter comunicare i dati OSC alla rete Wi-Fi. Per conoscere l'indirizzo della scheda entrare nell'impostazioni della scheda. Ricordarsi anche di impostare correttamente la porta OSC di uscita (default 8000) e la porta OSC di entrata (default 9000).

La patch potrà effettuare il dump dalla porta 8000 e mandare i dati ai tre pulsanti Toggle. La Figura 6.50b mostra lo smartphone in azione con la patch collegata sia a TouchOSC che alla porta seriale. Toccando lo schermo dello smartphone si vedranno accendersi e spegnersi i pulsanti sia della patch di Pure Data che i tre LED di Arduino.

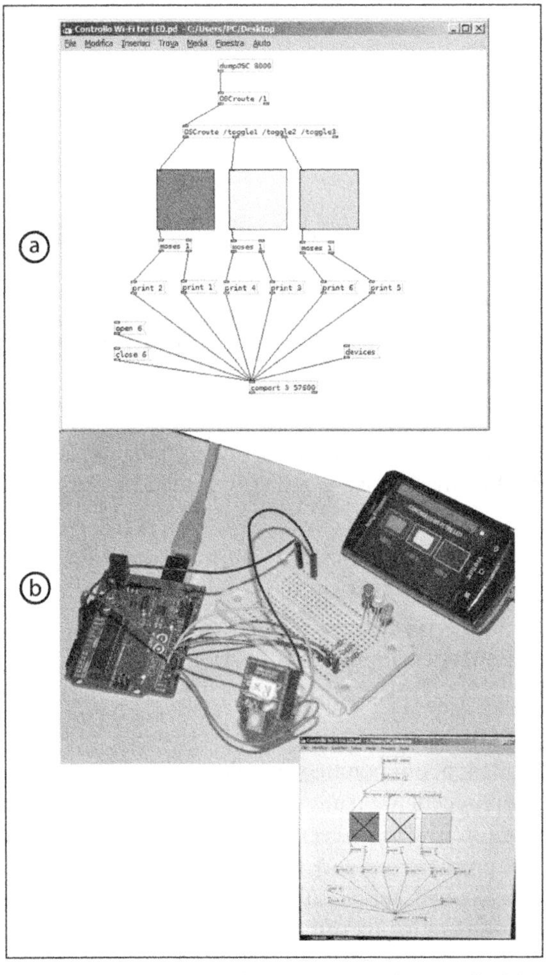

Figura 6.50 (a) Patch di Pure Data per il controllo OSC di tre LED.
(b) Lo smartphone in azione con la patch Pd e Arduino con i tre LED accesi via Wi-Fi.

Due schede Arduino con Xbee RX/TX

Questo progetto è più semplice dei precedenti e implica solo l'acquisto di due schede Arduino. In realtà, ne basterebbe una sola e creare un circuito ricevente con il solo processore e pochi altri componenti, come descritto nell'Appendice A, *Strumenti*.
Mentre lo sketch e il circuito di prova per Arduino RX rimangono sempre gli stessi, basta collegare un modem TX al secondo Arduino come illustrato nella Figura 6.51 e caricare lo sketch seguente, che ricalca un po' quello visto per l'accensione di tre con tre pulsanti, all'inizio di questo capitolo.

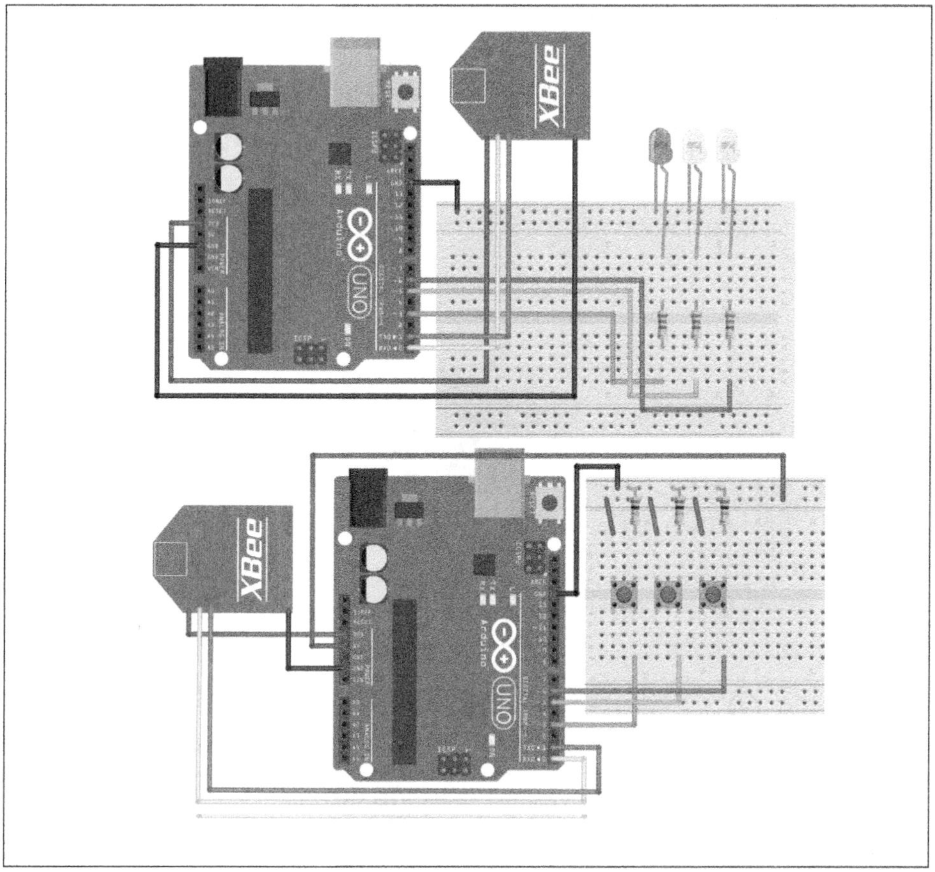

Figura 6.51 Due schede Arduino in comunicazione fra loro tramite due modem Xbee.

Braccio meccanico con controllo remoto

Questo è il primo progetto in cui verrà utilizzata la rete Wi-Fi ad hoc, come preannunciato nel paragrafo "Controllo remoto Wi-Fi da tablet/smarthone". Lo scopo è quello di muovere un braccio da un tablet su rete ad hoc, toccando i fader di un layout per TouchOSC. Prima di proseguire, però, occorre dotarsi dei seguenti materiali:

- 2 o 3 servomotori;
- un braccio meccanico pan/tilt;
- una pinza per braccio meccanico.

Chi sa armeggiare con il tornio meccanico può tentare la costruzione fai da te del braccio e della pinza. Chi invece vuole divertirsi con materiali di terze parti e sviluppare un circuito funzionante in meno di mezz'ora, veda l'Appendice B, *Risorse* per l'acquisto di economiche pinze e bracci robotici, come quelli illustrati nella Figura 6.52:

- un servomotore va montato sulla pinza;
- un servomotore è già montato al braccio pan/tilt nella versione Sparkfun, per cui va montato sul braccio nel caso di altri prodotti;

- un servomotore va montato alla base del braccio per la rotazione.

Si noti che le misure delle flange sono standard e si possono adattare praticamente a quasi tutti i modelli di servomotori. Dopo il montaggio si consiglia di fissare la base del servomotore della rotazione su un supporto stabile, in modo da non far cadere il braccio durante i movimenti.

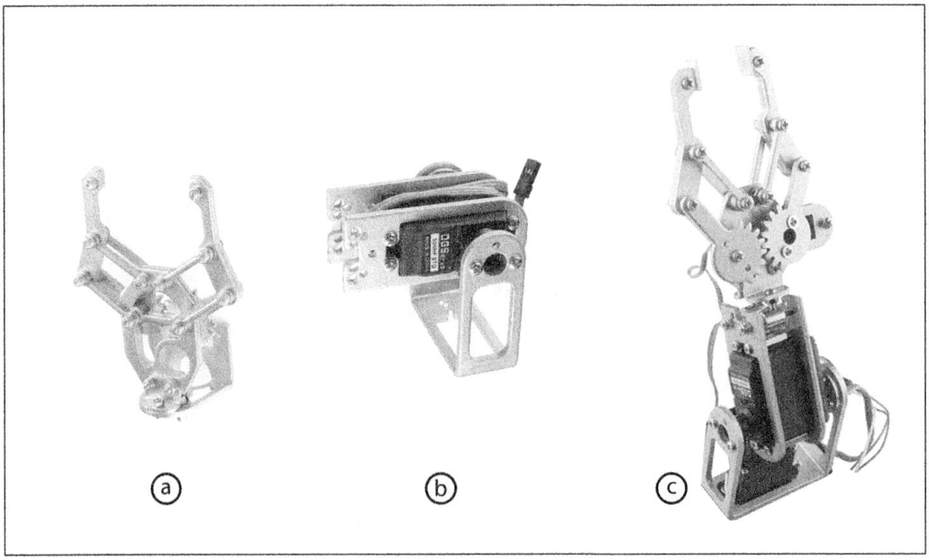

Figura 6.52 (a) Pinza e (b) braccio pan/tilt prodotti da Sparkfun. (c) Il braccio meccanico completo una volta assemblato.

Una volta montati gli elementi del braccio e i servomotori, basterà fare riferimento al circuito "Controllo di servomotori con potenziometri e sensori" per il collegamento ad Arduino, modificando la parte relativa alla ricezione dei dati via Wi-Fi.
La Figura 6.53 illustra il semplice circuito con tre servomotori collegati alle porte 2, 3 e 4 e un modem WiFly collegato alla porta RX di Arduino. Non serve collegare la porta TX, in quanto non vengono trasmessi dati al tablet. Si noti l'uso dell'alimentazione separata ai servomotori fornita da una batteria LiPo abbastanza potente. In alternativa, si possono usare tre alimentazioni separate, una per ogni servomotore, usando coppie di pile alcaline da 1,5 volt in pacchetti da 3 volt.

Sketch da caricare

Lo sketch `Braccio_meccanico_con_controllo_Wi_Fi` non presenta particolari difficoltà nella gestione dei servomotori. La parte più complicata è quella relativa alla gestione dei messaggi OSC inviati dal tablet e ricevuti dal modem WiFly.
Innanzitutto ricordiamo l'impostazione di rete del programma TouchOSC.

- Host: 169.254.1.1 (l'indirizzo del server WiFly).
- Port (outgoing): 2000 (porta di uscita dei dati).
- Port (incoming): 9000 (porta di ingresso dei dati).

- Local IP address: indirizzo dato dal server (non si può cambiare).

Con TouchOSC Editor si costruisce la nuova interfaccia grafica da mandare al tablet. Nella Figura 6.54a è visibile il risultato, mentre nella Figura 6.54b si possono vedere in azione il braccio e il tablet. I parametri per i fader e dei pulsanti toggle del layout sono i seguenti:

- fader1 0-255
- fader2 0-255
- fader3 0-255
- toggle1 0-255
- toggle2 0-255
- toggle3 0-255

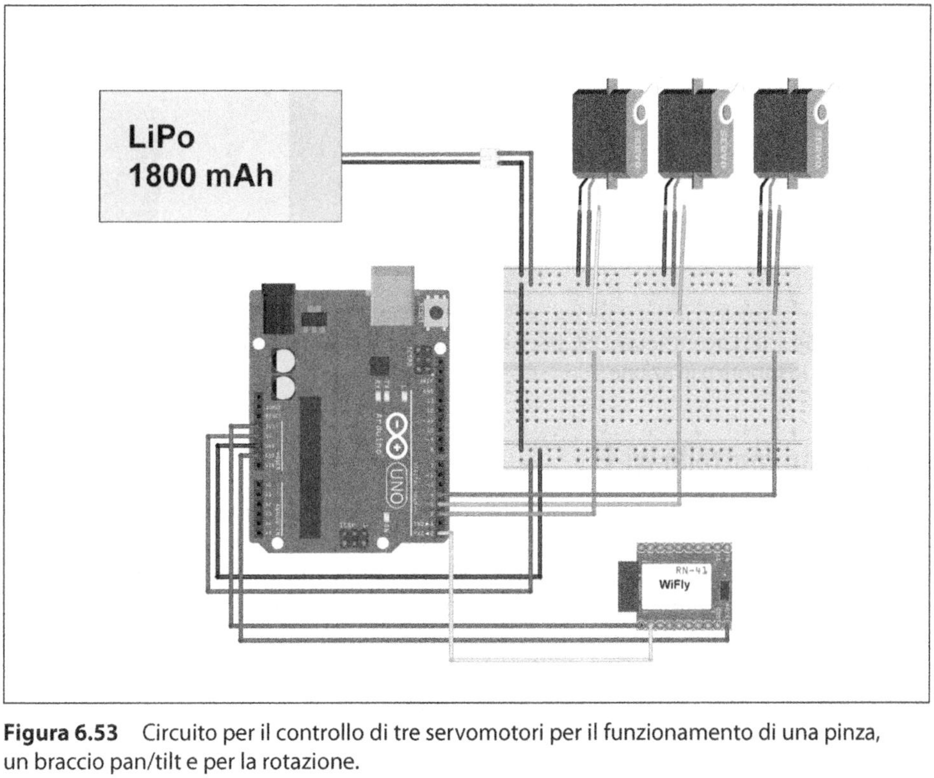

Figura 6.53 Circuito per il controllo di tre servomotori per il funzionamento di una pinza, un braccio pan/tilt e per la rotazione.

Il listato dello sketch per la gestione OSC è una sofisticata elaborazione personale ed è disponibile in toto come risorsa gratuita allegata al libro. Si tratta di materiale prezioso, soprattutto perché non si trova nulla sull'argomento, in grado di far funzionare TouchOSC in una connessione ad hoc.

Muovendo i tre fader si possono modificare le velocità dei tre servomotori in modo proporzionale allo spostameneto dei fader. Toccando i tre pulsanti toggle si riportano i tre servomotori in posizione di riposo.

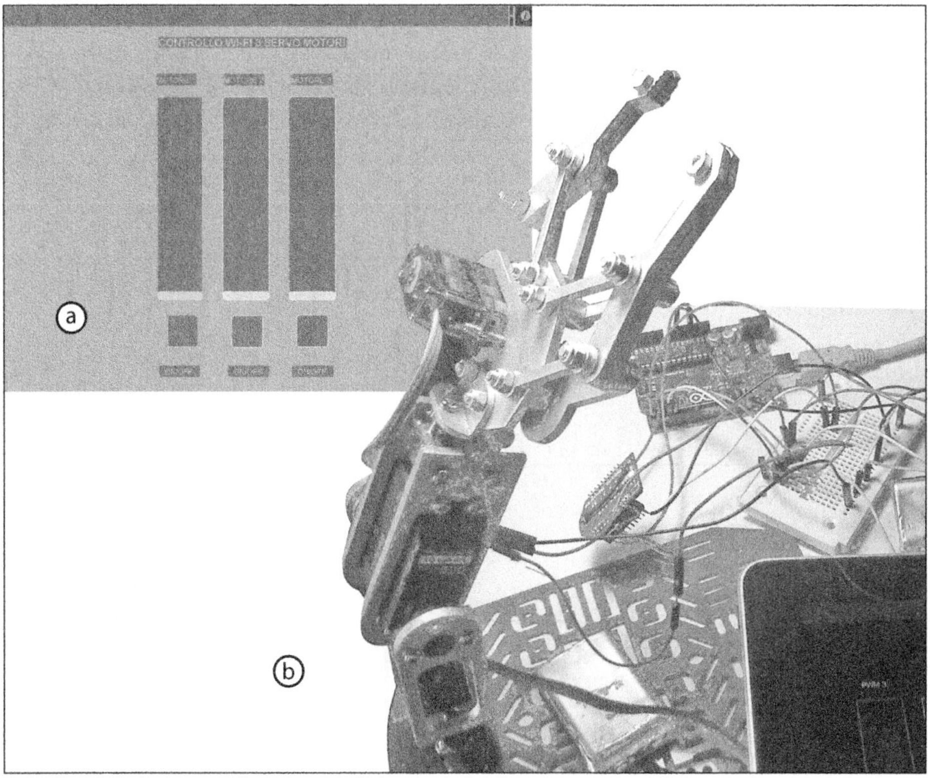

Figura 6.54 (a) Layout TouchOSC per il controllo di tre servomotori. (b) Il braccio robotico in azione.

Rover con controllo Wi-Fi

Un'altra applicazione figlia della precedente può essere un rover a tre ruote con controllo Wi-Fi. Il circuito è identico a quello del progetto "Controllo bidirezionale di due motori DC", in cui sono stati usati due motori DC e un ponte-H. Sostituendo i pulsanti e potenziometri con un modem Wi-Fi, si ottiene il circuito rappresentato nella Figura 6.55. I motori DC hanno bisogno di essere controllati tramite porte PWM e l'integrato L293 utilizzato nel progetto può gestire la velocità e la bidirezionalità dei motori.
Con solo due ruote il rover faticherebbe a stare in equilibrio, per cui è necessaria una ruota pivottante centrale per gestire l'equilibrio e garantire il cambio di direzione. Volendo, si possono usare due ruote pivottanti per un maggiore equilibrio.
Per piccole applicazioni ludiche o didattiche sono disponibili varie soluzioni, una fra tutte il *Magician Chassis*, prodotto da Sparkfun (Figura 6.56), dotato di due motori con ruote e una ruota pivottante. Può essere utile per montare il braccio meccanico sul piano superiore per una simpatica soluzione semovente totalmente controllata in remoto.

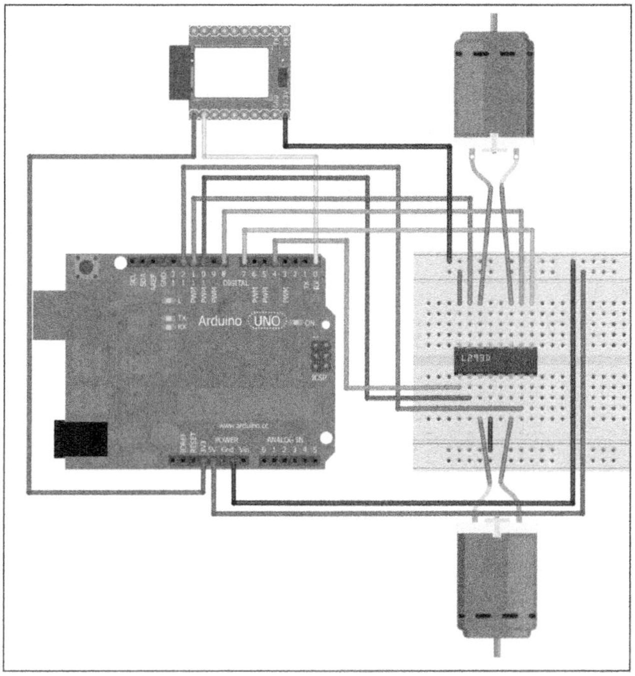

Figura 6.55 Layout del circuito di un rover con due motori DC e controllo Wi-Fi.

Figura 6.56 Magician Chassis, prodotto da Sparkfun.

Sketch da caricare

Lo sketch `Rover_con_controllo_Wi_Fi` è simile a quello usato per il braccio meccanico, ma cambiano i parametri di movimentazione dei motori. I fader hanno lo zero centrale, per cui si può muovere il fader verso l'alto regolare la velocità e la direzione in avanti e il fader verso il basso per invertire la direzione. Il pulsante toggle serve a fermare il motore. Con TouchOSC Editor si costruisce la nuova interfaccia grafica da mandare al tablet (Figura 6.57). I parametri per i fader e dei pulsanti toggle del layout sono i seguenti:

- fader1 0-255
- fader2 0-255
- toggle1 0-255
- toggle2 0-255

Figura 6.57 Layout TouchOSC per il controllo di due motori DC del rover.

Controllo Bluetooth

Per questo progetto si rimanda al circuito descritto al paragrafo Bluetooth in cui si spiega la piedinatura del modem BlueSMiRF. Nella Figura 6.58 si può vedere che il modem è collegato alle porte di comunicazione 10 e 11, perché viene fatto uso della libreria SoftwareSerial. In questo modo si evita di usare le porte standard RX e TX di Arduino per evitare conflitti. La libreria SoftwareSerial consente di usare due porte qualsiasi di trasmissione e di ricezione diverse da quelle standard.

Importantissimo! Affinché lo sketch di prova funzioni, collegare la porta 11 al piedino TX e la porta 10 al piedino RX del modem Bluetooth.

Per il test di trasmissione e ricezione si farà uso del consueto circuito di tre LED, impiegato già per i test con i modem Xbee, e di un modem Bluetooth collegato a una porta del computer.

Il modem bluetooth collegato al computer può essere di qualsiasi tipo e classe, purché venga riconosciuto e installato su una porta seriale COM. Può capitare che il modem venga installato con due porte COM e in questo caso bisogna trovare la porta corretta per tentativi.
Per rilevare i dispositivi collegati, solitamente basta aprire un menu con "aggiungi dispositivo" e attendere che appaia il nome del modem. Il BlueSMiRF di ultima generazione dovrebbe essere visto come *FireFly-9400*. Il PIN di autorizzazione per attivare l'associazione del dispositivo è quello di default, ovvero "1234". Se si usa il diffusissimo programma *BluSoleil* per la gestione dei dispositivi Bluetooth è possibile aprire e chiudere la connessione solo quando è necessario dall'icona nella toolbar di sistema.

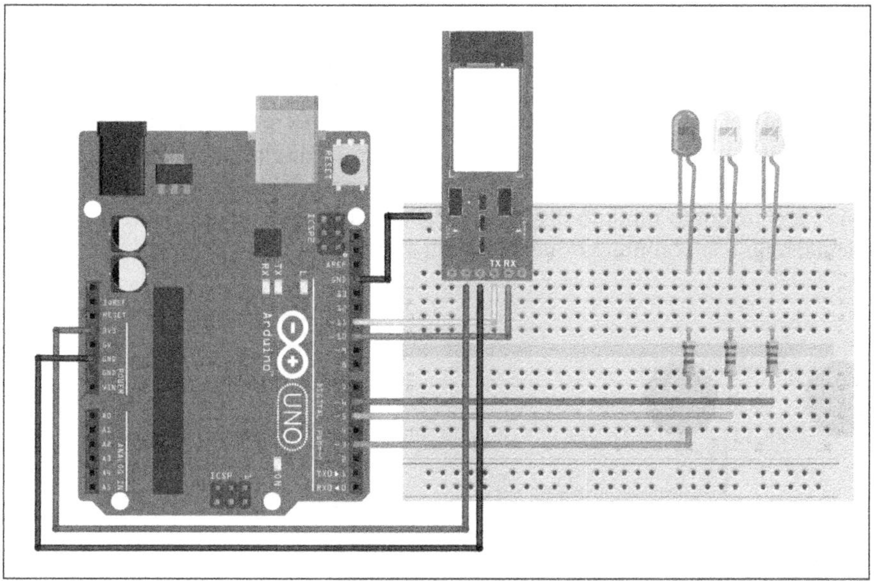

Figura 6.58 Circuito per il controllo Bluetooth di tre LED.

Sketch da caricare

Lo sketch `Bluetooth_RX` è simile a quello usato per i precedenti test con i modem Xbee. L'unica differenza consiste nell'uso della libreria SoftwareSerial. In questo modo è possibile gestire il monitor seriale di Arduino senza andare in conflitto con la porta del modem Bluetooth.
Aprendo una finestra del terminale e la porta seriale corrispondente al modem Bluetooth, basta digitare i numeri da 1 a 6 per accendere e spegnere i tre LED collegati alle porte 3, 5 e 6 di Arduino. Ricordarsi di impostare nel terminale la velocità della porta seriale a 115.200 baud e attivare la funzione "Local echo" per visualizzare i caratteri sul terminale. Una volta effettuata la connessione in modo corretto, si accende stabilmente il LED verde del modem.

Controllo Bluetooth da smartphone

È possibile provare la connessione anche da uno smartphone dotato di modem Bluetooth. Si possono scaricare decine di programmi gratuiti dal sito google Play e qualche programma per iPad/iPhone. Spesso però mancano i riferimenti agli sketch da caricare in Arduino, per cui questi programmi risultano inutili.
Per questo motivo, nella sezione risorse gratuite del libro del sito `www.robomag.net` è disponibile un programma di prova funzionante su piattaforma Android con sketch di riferimento per Arduino.

Controllo con sensore a ultrasuoni

Il sensore URM37 di DFRobot è una soluzione semplice ed economica per costruire un circuito in grado di rilevare oggetti a distanza tramite una sofisticata tecnologia a ultrasuoni. Si vedano le caratteristiche del sensore URM37 nel Capitolo 3.
Le possibili applicazioni con un sensore a ultrasuoni sono molte, per cui verrà descritta la più semplice, consistente in un circuito dotato di display sul quale visualizzare la distanza rilevata. Il circuito rappresentato nella Figura 6.59 è composto da un sensore URM37 e il consueto modulo display 16x2. Per i collegamenti al sensore bastano solo l'alimentazione e la comunicazione alla porta seriale.

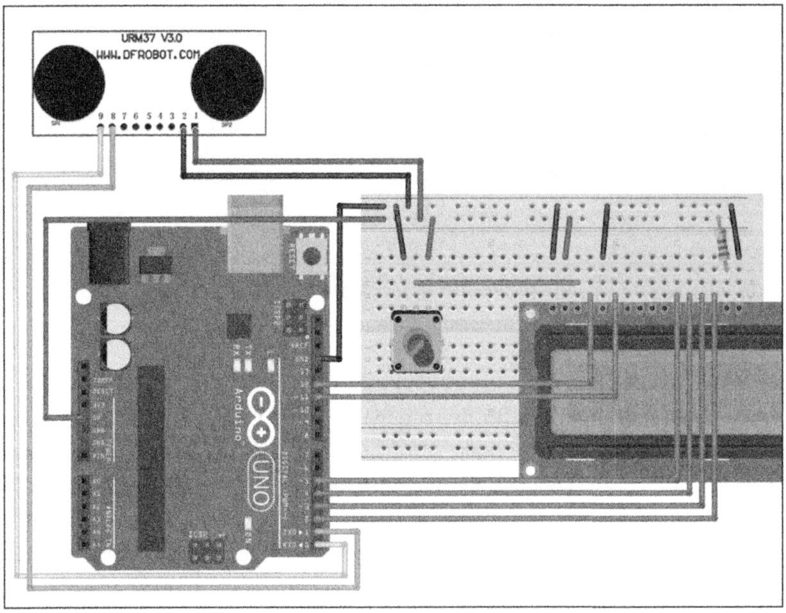

Figura 6.59 Layout del circuito con sensore a ultrasuoni e display 16x2.

Sketch da caricare

Lo sketch `Controllo_con_sensore_a_ultrasuoni` offre la gestione dei dati distanziometrici sul display. I dati del sensore sono disponibili sul sito del produttore (`www.dfrobot.com`) il quale offre vari esempi di utilizzo, dato che il sensore deve essere inizializzato da una procedura per poter funzionare in diverse modalità. La modalità scelta in questo sketch è quella seriale. Ricordarsi di portare i jumper del sensore in posizione TTL e, prima di caricare lo sketch, scollegare momentaneamente il filo cha va alla porta RX di Arduino. Si noti l'uso dell'array di quattro byte che "impartisce" il comando per la misurazione della distanza al sensore. Se il sensore risponde correttamente, ovvero il primo byte non è 255, allora la lettura viene effettuata correttamente.

Controllo motore con sensore a ultrasuoni

Una variante del precedente progetto è questa applicazione leggermente diversa a livello di codice. Montato il sensore su un rover, è possibile controllare la velocità e l'arresto dei motori se un oggetto o un ostacolo si avvicina. La velocità del motore destro e sinistro viene stabilita dalla distanza rilevata, per cui si può ottenere un rallentamento e uno stop definitivo se la distanza è inferiore a 10 cm.
Nella Figura 6.60 viene illustrato il layout con il display e il sensore e il circuito reale su un rover con uno shield autocostruito e il sensore in azione.

Sketch da caricare

Lo sketch `Controllo_motore_con_sensore_a_ultrasuoni` è simile al precedente, con la variante del codice per il controllo dei motori collegati. Per brevità riportiamo solo la parte che richiama la seguente funzione:

```
if (USValue < 50) Motor_Slow(USValue);
```

La funzione *Motor_Slow* scrive i dati del sensore sulla porta PWM del motore 1 e sulla porta PWM del motore 2. Riprendendo il codice dello sketch del progetto "Rover con controllo Wi-Fi", basterà scivere nella funzione le righe seguenti:

```
void Motor_Slow(int val)
{
  analogWrite(DigitalPin10,val); // rallenta il motore dx
  analogWrite(DigitalPin11,val); // rallenta il motore sx
  if (val < 10) {
    analogWrite(DigitalPin10,0); // stop motore dx
    analogWrite(DigitalPin11,0); // stop motore sx
  }
}
```

Nell'esempio, se il sensore rileva un ostacolo a meno di 50 cm, comincia a rallentare proporzionalmente la velocità dei motori. Se la distanza è inferiore a 10 cm i motori vengono fermati. Ovviamente, si possono impostare le distanze a piacere.

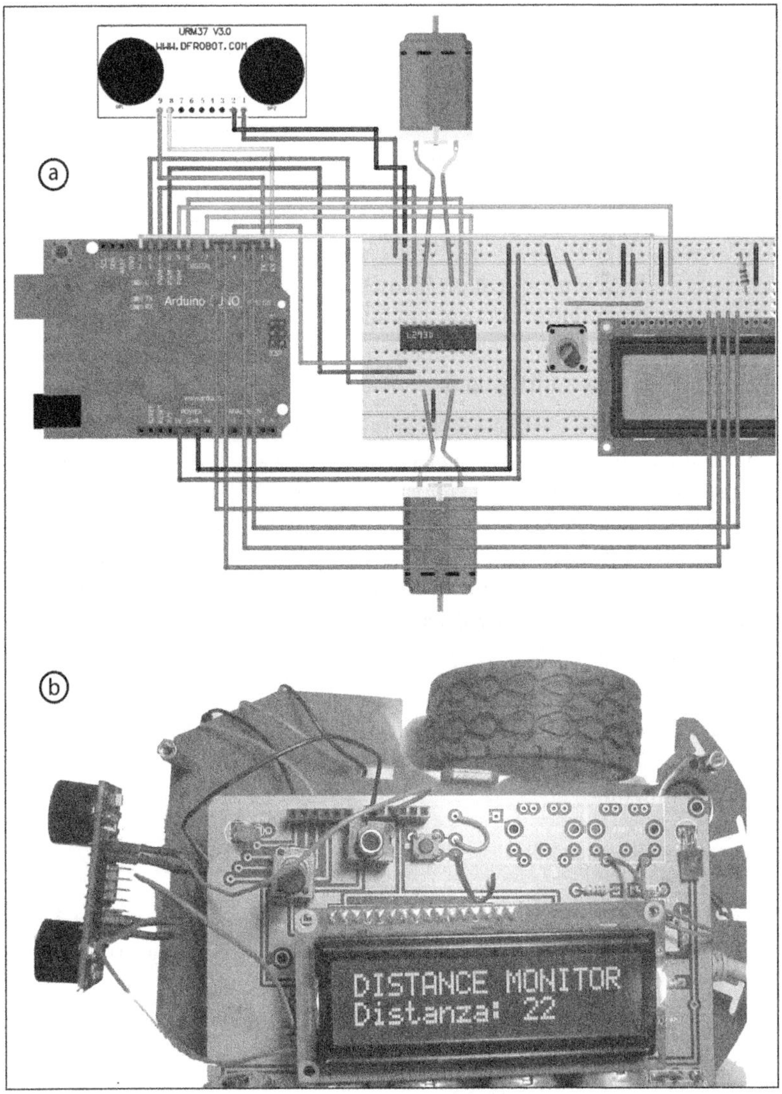

Figura 6.60 (a) Layout del circuito di controllo motore con sensore a ultrasuoni con display. (b) Circuito reale su un rover con uno shield autocostruito e il sensore in azione.

Sviluppo di programmi per comunicare con Arduino

L'utilizzo di ambienti di sviluppo per la creazione di programmi autonomi per la comunicazione con Arduino è un argomento trattato poco o nulla nei testi cartacei e pochissimo su Internet. L'idea è questa: quando si crea un progetto hardware con Arduino, per esempio un termometro digitale o qualsiasi altro dispositivo dotato di sensori, sarebbe utile fornire all'utente finale anche un programma autonomo di gestione dei dati. In altre parole, fornire un pacchetto hardware e software completo che possa essere gestito

senza problemi da chiunque. Per fare questo, sono necessari strumenti software adeguati e alcune conoscenze di base per la programmazione.
Senza entrare nei dettagli di una trattazione teorica e probabilmente fuori argomento, facciamo un esempio pratico alla portata di tutti.

Ambienti di sviluppo open source

Nel campo dei programmi open source spiccano almeno tre programmi in grado di creare applicazioni per qualsiasi piattaforma Windows, Macintosh e Linux.

- NetBeans (`https://netbeans.org`);
- Eclipse (`http://www.eclipse.org`);
- Processing (`http://processing.org`).

Mentre i primi due sono simili fra loro e sono essenzialmente dedicati allo sviluppo di applicazioni Java, Processing è l'ambiente di sviluppo che ha fornito le basi per l'IDE di Arduino ed è in grado di esportare applicazioni eseguibili in formato nativo per Windows, Macintosh e Linux creando automaticamente un wrapper Java.
Diamo quindi uno sguardo a un semplice esempio di creazione di un programma eseguibile, in grado di comunicare con la porta seriale del computer e quindi di ricevere dati al dispositivo seriale montato su Arduino.
Gli esempi seguenti e le videate si riferiscono alla piattaforma Windows. Le risorse del libro sono disponibili per qualsiasi piattaforma.

NetBeans

Una volta installato e lanciato *NetBeans* versione 7.3.1 (nel momento in cui scriviamo) la finestra principale appare simile alla Figura 6.61. Dalla finestra di avvio si possono avviare molti progetti di esempio oppure un progetto esistente.
Quello che viene dato come risorsa gratuita del libro si chiama "Temperatura" e si tratta di "Termometro Digitale Java".
Caricando il progetto, si vedrà apparire nella parte sinistra una serie di cartelle. Aprendo la cartella *Source Packages*, si potrà vedere un file chiamato *Temp.java*.
Con un doppio clic sul file si aprirà un listato con il codice sorgente della gestione della porta seriale, illustrato nella Figura 6.62a. La freccia indica la porta seriale che andrà modificata a seconda di come viene installata nel sistema. Si può aprire il file Temp.java anche in modalità "Design" premendo l'omonimo tasto e modificare a piacere la grafica, come illustrato nella Figura 6.62b.
Una volta caricato lo sketch "Temperatura_Seriale" nella memoria di Arduino, si potranno mandare i dati del sensore utilizzando la porta seriale di Arduino o collegando un qualsiasi altro dispositivo seriale. Per esempio, se si collegano due modem Xbee o un modem Bluetooth al circuito del sensore di temperatura si potranno mandare i dati in modalità wireless al computer che esegue il programma di lettura seriale "Temperatura".
La Figura 6.63a illustra un circuito con il sensore di temperatura e un modem Xbee, mentre la Figura 6.63b mostra la videata del programma "Temperatura" in esecuzione sul computer.

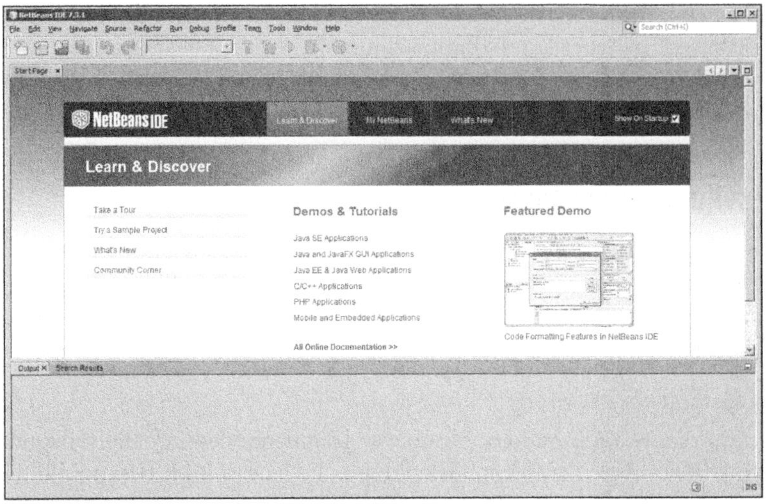

Figura 6.61 Finestra principale di NetBeans.

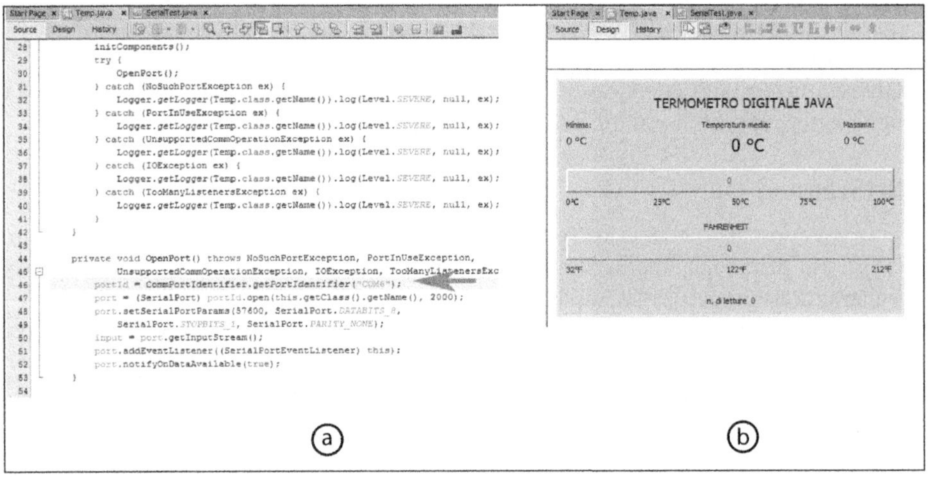

Figura 6.62 (a) Listato del file Temp.java. (b) Design dell'interfaccia grafica di Temp.java.

Il file eseguibile esportato da NetBeans è di tipo JAR, ovvero un file di archivio compresso (ZIP) che si può distribuire liberamente ed eseguire in tutte le piattaforme che abbaino installato il *Java Runtime Environment* (JRE), distribuito liberamente da Sun Microsystems. Volendo distribuire file eseguibili con estensione ".exe", esistono dei programmi con funzioni di Java Wrapper che "avvolgono" il programma JAR con il Runtime Java. Alcuni di questi programmi consentono di aggiungere lo "splash" di apertura e icone personalizzate.

Per la ricezione seriale via Xbee, sul computer deve essere collegato l'Xbee Explorer alla porta USB, con montato il modem Xbee RX, come spiegato nei progetti precedenti.

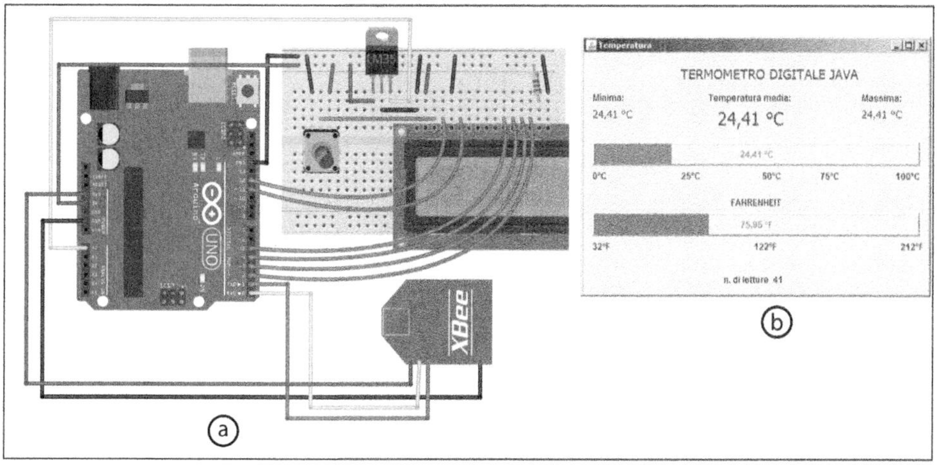

Figura 6.63 Layout del circuito sensore di temperatura con Xbee (a). Programma Temperatura in esecuzione che rileva i dati seriali mandati da Arduino (b).

Si noti che è necessario mandare alla porta seriale il dato del sensore e non il valore già convertito in floating point. La conversione in gradi centigradi e Fahrenheit viene effettuata nel programma "Temperatura". Ricordiamo che per la trasmissione via Bluetooth, la porta seriale del programma "Temperatura" deve essere impostata a 115.200.

Eclipse e Processing

Altri progetti per gli ambienti sviluppo Eclipse e Processing sono disponibili nelle risorse gratuite del libro del sito `www.robomag.net`, con relativi file e sketch di esempio.

Appendice A

Strumenti

In questo capitolo

- **ATtiny45 e ATtiny85**
- **Raspberry Pi**
- **Teensy 3.0**
- **pcDuino**
- **UDOO**

ATtiny45 e ATtiny85

Per la serie "piccolo è bello", ATtiny45 e ATtiny85 sono due microprocessori a 8 piedini DIP prodotti da Atmel (`http://www.atmel.com`). Nel loro nome c'è tutto: Tiny significa in inglese minuscolo e i processori della famiglia ATtiny lo sono per davvero. Al loro interno, però, sono grandi a sufficienza per ospitare interi programmi fatti per Arduino. Si può davvero pensare a un'infinità di applicazioni hardware di qualsiasi dimensione con un processore di pochi millimetri.

Caratteristiche di ATtiny45 e 85

I due microprocessori in questione hanno un costo irrisorio, che si aggira attorno a un euro o poco più, per cui vale veramente la pena di pensarci su. Anche perché sarebbe davvero un peccato non poter sfruttare le grandi potenzialità di un ATtiny.

Dal sito Atmel ecco le caratteristiche di ATtiny45 e ATtiny85.

Caratteristiche	ATtiny45	ATtiny85
Memoria Flash	4 KB	8 KB
Numero di pin	8	8
Frequenza massima di funzionamento	20 MHz	20 MHz
CPU	AVR 8 bit	AVR 8 bit
Numero di canali Touch	3	3
Hardware QTouch Acquisition	No	No
Numero massimo di pin I/O	6	6
Interrupt esterni	6	6
Velocità USB	No	No
Interfaccia USB	No	No

Le specifiche tecniche comuni a entrambi i microprocessori sono:

- 6 ingressi/uscite (General Purpose I/O)
- 32 registri General Purpose
- 1 × 8 bit Timer/Counter
- 1 × 8 bit High Speed Timer/Counter
- Universal Serial Interface
- Interrupt esterni e interni
- ADC a 4 canali 10 bit
- Watchdog Timer programmabile con oscilloscopio interno
- Tre modalità per risparmio energia
- Analog Comparator
- ADC Noise Reduction
- On-chip ISP Flash
- Interfaccia seriale SPI
- Programmabile in C, Macro Assembler e altri kit di sviluppo

Come si vede dalle specifiche e dalla piedinatura rappresentata nella Figura A.1a, i due microprocessori sono identici, a eccezione della memoria, che è doppia nel modello ATtiny85. A ogni modo, il seguente tutorial fa riferimento a entrambi i modelli, perché la procedura è identica.

Tutorial

Si fa riferimento al tutorial originale in inglese pubblicato da *High-Low Tech Group* del *MIT Media Lab*, facente capo al Massachusetts Institute of Technology, disponibile all'indirizzo `http://hlt.media.mit.edu/?p=1695`.

Il sito propone molte idee e progetti basati su ATtiny45/85, ma, come spesso accade con il materiale dai siti Internet, è sempre un po' difficile seguire le istruzioni passo passo, per cui il progetto ATtiny45/85 viene descritto in queste pagine in modo chiaro e funzionale.

Cosa serve

Per poter procedere con il progetto di trasferimento di un programma da Arduino alla memoria di un ATtiny45/85, ecco il materiale occorrente:

- un Arduino Uno o Duemilanove o una scheda clone, anche autoprodotta, ma che monti un processore ATmega328;
- un microprocessore ATtiny45/85;
- un condensatore da 10 μF;
- una breadboard con alcuni cavetti di collegamento;
- la IDE di Arduino installata (versione 1.0.5 o superiore);
- supporto software per ATtiny45/85 (plug-in).

Installazione del supporto software per ATtiny45/85

Partendo dall'ultima voce della lista, bisogna innanzitutto recarsi nel già citato sito `http://hlt.media.mit.edu/?p=1229` e puntare il mouse su *Download: ATtiny master.zip (hosted by GitHub)*. Scaricare il file compresso e scompattarlo. Copiare solo la cartella `attiny` nella cartella `hardware` all'interno dell'installazione di Arduino.
Il percorso risultante dovrebbe essere simile a: `...\arduino-1.0.5\hardware\attiny`.

Attivazione di Arduino ISP

In questo caso il tutorial originale è un po' carente, per cui si consiglia di seguire attentamente le seguenti istruzioni. Questa procedura serve a caricare in memoria di Arduino uno speciale sketch per la gestione delle porte ISP (*In-System Programming*) tramite interfaccia SPI (*Serial Peripheral Interface*):

- collegare Arduino UNO al computer;
- aprire la IDE di Arduino;
- dal menu *File* > *Esempi*, aprire e caricare in memoria di Arduino lo sketch `ArduinoISP`;
- scollegare Arduino dal computer.

Collegare Arduino UNO e ATtiny45/85

Osservando la Figura A.1b, per prima cosa è necessario collegare un condensatore elettrolitico da 10 μF a cavallo fra la porta RESET e GND di Arduino UNO (attenzione alla polarità del condensatore). Il condensatore impedisce alla scheda Arduino di effettuare un Reset, assicurando così che la IDE funzioni come ArduinoISP e non con il bootloader durante il caricamento degli sketch.
I collegamenti fisici della scheda Arduino a un microprocessore ATtiny sono di tipo ISP tramite piedinatura SPI. Si consiglia di fare molta attenzione alla nomenclatura delle porte, perché è fuorviante:

- piedino 7 di ATtiny (nome della porta Pin 2) al piedino 13 di Arduino (SCK);
- piedino 6 di ATtiny (nome della porta Pin 1) al piedino 12 di Arduino (MISO);
- piedino 5 di ATtiny (nome della porta Pin 0) al piedino 11 di Arduino (MOSI);
- piedino 1 di ATtiny (nome della porta Reset) al piedino 10 di Arduino (RESET).

Collegare i piedini di alimentazione +5V e GND di Arduino rispettivamente ai piedini 8 (VCC) e 4 (GND) di ATtiny45/85.

Programmare ATtiny45/85

Una volta effettuati tutti i collegamenti alla breadboard, si può collegare Arduino al computer e caricare uno sketch di esempio per provare che tutto funzioni. Si consiglia di caricare lo sketch *Blink* dal menu Esempi.

- Nel listato dello sketch cambiare il pin 13 a pin 0 in questo modo: `int led = 0;`
- Dal menu *Strumenti* impostare *Programmatore* > *Arduino as ISP*.
- Dal menu *Strumenti* > *Board* selezionare *ATtiny45 (Internal 1 MHz clock)* o *ATtiny85 (Internal 1 MHz clock)* nel caso di ATtiny85, come illustrato nella Figura A.1c.
- Caricare lo sketch nella memoria di ATtiny45/85.

Dopo il caricamento dello sketch nella memoria di ATtiny45/85, nella finestra di output appariranno i seguenti messaggi di errore, che si possono tranquillamente ignorare.

```
avrdude: please define PAGEL and BS2 signals in the configuration file for part ATtiny85
avrdude: please define PAGEL and BS2 signals in the configuration file for part ATtiny85.
```

Scollegare Arduino UNO dal computer ed estrarre dalla breadboard il microprocessore ATtiny45/85 programmato con lo sketch Blink.
Si consiglia di preparare una seconda breadboard oppure usare una parte libera della stessa breadboard per effettuare il collegamento al LED. Si può lasciare il collegamento ISP su una breadboard a parte per tutte le sperimentazioni future.

Collegamento del LED

Ora che il programma Blink è in memoria di ATtiny45/85 è possibile collegare un LED a GND e il piedino 5 (Pin 0) con relativo resistore da 330 Ω, come illustrato nella Figura A.1d. Si può collegare il circuito a una pila e il LED lampeggerà esattamente come farebbe con Arduino UNO.
Nel caso si voglia cambiare qualche parametro di Blink o collegare altri LED alle porte di ATtiny45/85, si può riscrivere il programma rimettendo il microprocessore nella breadboard ISP preparata in precedenza.

Riferimenti alla libreria di Arduino

A causa delle limitazioni della memoria, ATtiny45/85 non può supportare tutti i comandi della libreria standard di Arduino. I seguenti comandi dovrebbero essere supportati e per altri comandi o altre librerie, non resta che sperimentare.

- `pinMode()`
- `digitalWrite()`
- `digitalRead()`
- `analogRead()`
- `analogWrite()`
- `shiftOut()`

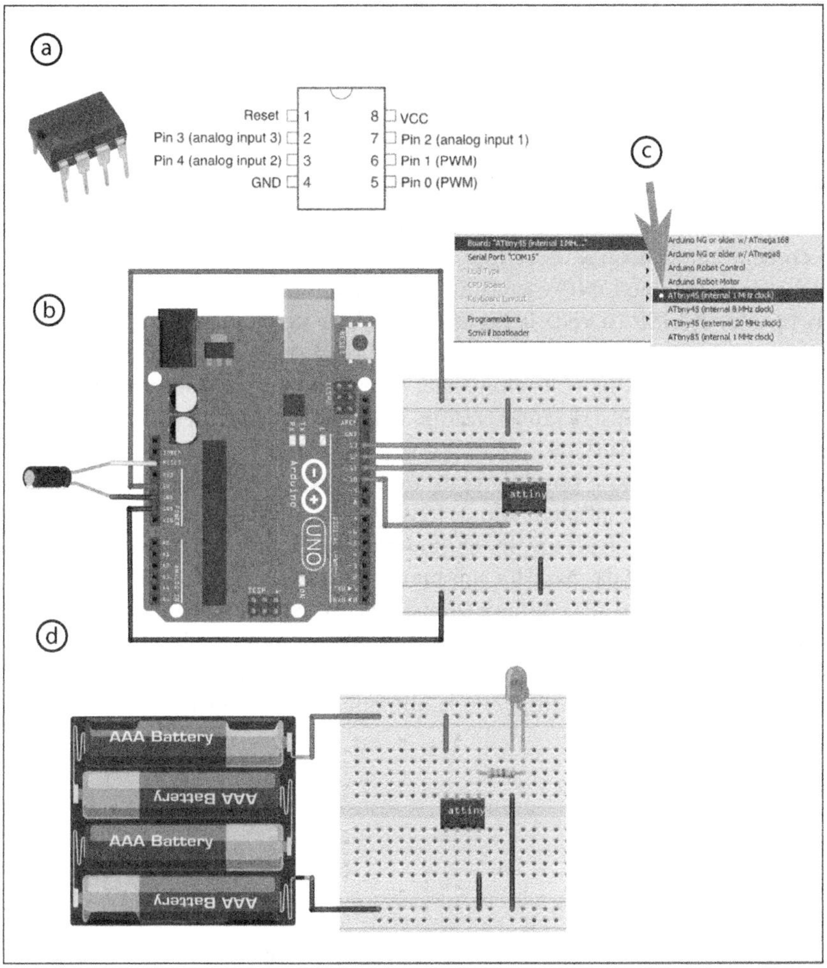

Figura A.1 (a) Il microprocessore ATtiny45/85 e la relativa piedinatura.
(b) Il collegamento di ATtiny45/85 alla scheda Arduino UNO. (c) Selezione della scheda ATtiny45 (Internal 1 MHz clock) dal menu Strumenti. (d) Collegamento del LED alla scheda ATtiny45/85.

- `pulseIn()`
- `millis()`
- `micros()`
- `delay()`
- `delayMicroseconds()`
- `SoftwareSerial()      // per gestire la comunicazione seriale`

Display a 7 segmenti con ATtiny45/85

Stufi di vedere lampeggiare il LED? Ecco un programma per dotare ATtiny45/85 di un display a 7 segmenti. Il funzionamento dell'integrato CD4511 per la gestione del display a 7 segmenti è illustrato nello schema "Contatore di bit con doppio display a 7 segmenti", descritto nel Capitolo 5.

Nella Figura A.2a è illustrato il layout su breadboard per la connessione del CD4511 al display a 7 segmenti e a un ATtiny45/85.

Programma di test da caricare in memoria di ATtiny45/85

Per provare il display ecco un semplice listato, disponibile anche come risorsa gratuita del libro come `ATtiny45_display_Test.ino`.

Aprire lo sketch in Arduino UNO e avviare il caricamento nella memoria di ATtiny45/85, tramite la breadboard ISP (si veda la Figura A.1b). Una volta terminato il caricamento nella memoria, inserire l'ATtiny45/85 nella breadboard con i collegamenti al CD4511 e al display a 7 segmenti. Una volta alimentata la breadboard con l'alimentazione a pile di circa 5-6 volt (non si consiglia una tensione maggiore), ruotare il potenziometro per vedere cambiare il valore da 0 a 9.

Al posto del potenziometro è possibile usare un sensore qualsiasi, modificando opportunamente il listato in base all'intervallo di tensione fornito dal sensore.

Nel listato, i pin 0, 1, 2 e 4 di ATtiny45/85 (piedini fisici 5, 6, 7 e 3) sono stati impostati come bit di codifica BCD da mandare agli ingressi A, B, C e D del CD4511.

Si noti che per motivi legati alla configurazione del convertitore ADC è necessario usare la coppia di canali ADC1-ADC2 (piedini fisici 7 e 3) come porte di output. Quindi la lettura analogica del sensore va fatta sul canale ADC3 (piedino fisico 2), l'unica porta impostata come input. La piedinatura con la nomenclatura completa dei pin è illustrata nella Figura A.2b.

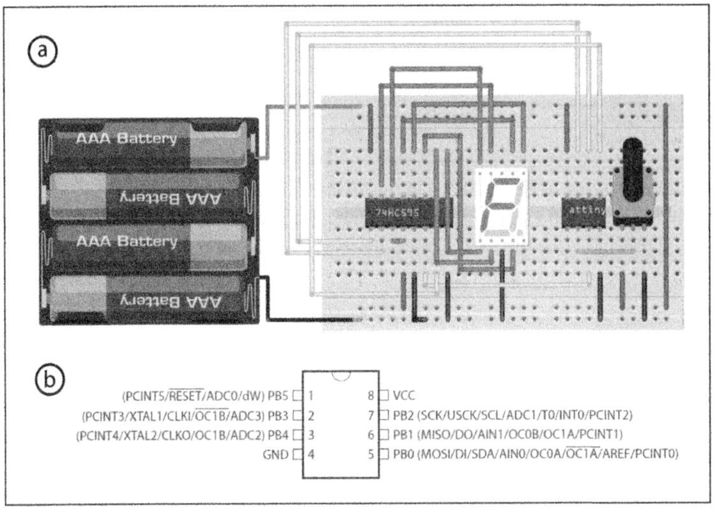

Figura A.2 (a) ATtiny45/85 collegato all'integrato CD4511, a un display a 7 segmenti e un potenziometro. (b) Piedinatura con la nomenclatura completa di ATtiny45/85.

```
const int inputA = 0;       // pin 7 dell'integrato 4511
const int inputB = 1;       // pin 1 dell'integrato 4511
const int inputC = 2;       // pin 2 dell'integrato 4511
const int inputD = 4;       // pin 6 dell'integrato 4511
const int analog = 3;       // pin analog input 3 di ATtiny45/85
int count = 0;              // variabile per il conteggio

void setup() {
pinMode(inputA, OUTPUT); // impostazione dei pin di uscita per l'integrato 4511
pinMode(inputB, OUTPUT); // impostazione dei pin di uscita per l'integrato 4511
pinMode(inputC, OUTPUT); // impostazione dei pin di uscita per l'integrato 4511
pinMode(inputD, OUTPUT); // impostazione dei pin di uscita per l'integrato 4511
pinMode(analog, INPUT);  // impostazione di analog input 3
}

// Array per la scrittura delle cifre da 0 a 9 sul display a 7 segmenti
byte SegDigit[10][4] = {
{ 0,0,0,0 }, { 1,0,0,0 }, { 0,1,0,0 }, { 1,1,0,0 },
{ 0,0,1,0 }, { 1,0,1,0 }, { 0,1,1,0 },
{ 1,1,1,0 }, { 0,0,0,1 }, { 1,0,0,1}};

void SegWrite(byte digit) {
  byte pin = 0;             // porta digitale di partenza
  for (byte SegCount = 0; SegCount < 2; ++SegCount)
  {
    digitalWrite(pin, SegDigit[digit][SegCount]); // scrive i bit 0, 1 e 2
    ++pin;
  }
  digitalWrite(4, SegDigit[digit][3]); // scrive il bit 3
}

void loop() {
  int tensione = analogRead(analog);  // lettura della tensione di ingresso all'ADC
  tensione /= 120;                    // lettura arrotondata del valore di tensione
  SegWrite(tensione);                 // scrittura della cifra sul display
  delay(25);                          // ritardo di 25 millisecondi
}
```

Per esempio, volendo collegare un sensore di temperatura tipo LM35 che dà in uscita una risoluzione di 10 mV per grado centigrado, si può modificare la lettura dell'ingresso analogico in questo modo:

```
// lettura della tensione di ingresso del sensore
int valore = analogRead(analog);
float tensione = valore * 5.0;  //conversione della tensione di ingresso a float * 5 volt
tensione /= 1024.0;             // divisione della tensione in 1024 livelli di tensione (10
bit)
float temperatura = tensione * 100 ;    //conversione da 10 mV per grado C
int temp = map(temperatura,10,50,0,9); // mappatura da 0 a 9
SegWrite(temp);
```

Ovviamente, nel display a 7 segmenti si leggerà una sola cifra corrispondente alla temperatura ambiente, in base a una mappatura da 10 a 50 °C. Se il display mostra 3 o 4 significa che la temperatura ambiente è oltre i 30 gradi. Se il display mostra 4 o 5 la temperatura è oltre i 40 gradi. Per letture più larghe o più strette, basta modificare l'intervallo della mappatura.

Libreria SoftwareSerial

Per gestire la comunicazione seriale è disponibile il supporto della libreria SoftwareSerial, già inclusa nell'installazione di Arduino dalla versione 1.0 in poi. La libreria crea una porta RX e un porta TX usando due porte digitali qualsiasi. Nel caso di ATtiny45/85 le porte disponibili sono Pin 2 (piedino7), Pin 3 (piedino2) e Pin 4 (piedino3).
Per poter funzionare, la libreria ha bisogno che il clock sia impostato a 8 MHz per cui è necessario effettuare la seguente operazione.

- Dal menu *Strumenti* > *Board* selezionare *ATtiny45 (Internal 8 MHz clock)* o *ATtiny85 (Internal 8 MHz clock)*;
- Dal menu *Strumenti* eseguire il comando *Scrivi il bootloader* per configurare il processore a 8 MHz.

Da questo momento il processore avrà il clock interno a 8 MHz e non sarà più necessario ripetere la procedura di scrittura del bootloader, a meno di non voler cambiare nuovamente la frequenza. Ovviamente, per caricare gli sketch occorrerà selezionare *ATtiny45 (Internal 8 MHz clock)* oppure *ATtiny85 (Internal 8 MHz clock)* dal menu *Strumenti* > *Board*.
Caricando lo sketch di esempio *SoftwareSerialExample*, bisognerà scegliere due porte di ATtiny45/85 diverse. Per esempio:

```
#include <SoftwareSerial.h>
SoftwareSerial mySerial(2, 3); // RX, TX.
```

Per non avere problemi di memoria con la libreria SoftwareSerial si consiglia di utilizzare un ATtiny85, perché la libreria richiede molta memoria.

Mandare in uscita i dati dalla porta seriale

Basta modificare leggermente il listato di esempio per poter mandare i dati del sensore collegato alla porta Analog Input 1 alla porta seriale.
Sarà poi possibile collegare all'uscita seriale un modem Xbee o WiFly (si vedano i progetti Xbee e WiFly del Capitolo 6) per mandare i dati a un computer o a qualsiasi altra applicazione seriale.
Nella Figura A.3 è illustrato un esempio di collegamento di un modem Xbee e di un sensore. Si noti l'uso di un regolatore di tensione LM1086 3,3V per fornire l'alimentazione corretta al modem Xbee. Il sensore usato è un LM35, sensore di temperatura già usato nei progetti del Capitolo 6.
Qui di seguito un esempio di trasmissione seriale di dati. Le porte seriali create dalla libreria SoftwareSerial sono 2 (RX) e 3 (TX) corrispondenti ai piedini fisici 3 e 2. La porta analogica del sensore è Analog Input 1, corrispondente al piedino A.

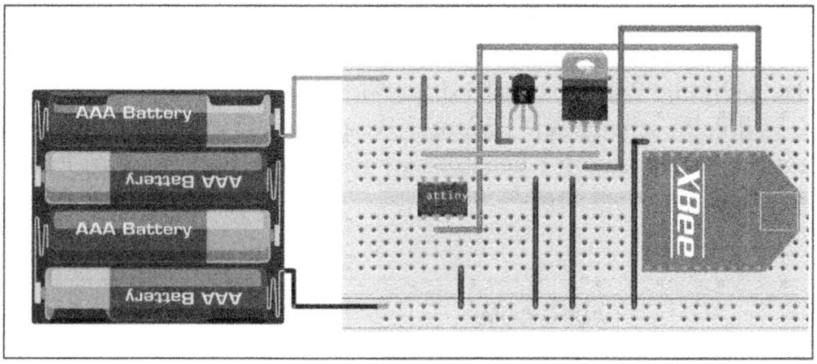

Figura A.3 Layout su breadboard del collegamento di un modem e di un sensore a un ATtiny45/85.

```
#include <SoftwareSerial.h>
int analog = 1;                  // pin 7 ATtiny45/85
SoftwareSerial mySerial(2, 3); // creazione di una porta RX e una porta TX

void setup() {
  mySerial.begin(57600);        // imposta il baud rate per il modem Xbee/WiFly
  pinMode(analog, INPUT);
}

void loop() {
  //float valore = analogRead(analog); // lettura della tensione di ingresso del sensore
  int valore = (analogRead(analog)    // 1024.0) * 100;
  mySerial.println(valore);           // trasmissione dei dati tramite la porta seriale
  delay(250);                        // ritardo di 250 millisecondi
}
```

NOTA

Per progetti definitivi è importante sapere che il piedino contrassegnato come RESET è in realtà la sesta porta del convertitore ADC. Solo che, una volta programmata come ingresso o uscita non permette più di riprogrammare il microprocessore via ISP. In pratica, una volta rotto il fusibile interno con il comando RSTDISBL in modo da poter usufruire della porta I/O, si può ricostruire il legame fisico solo tramite un programmatore esterno che ricrea la connessione con una tensione di 12 V.

Raspberry Pi

A differenza delle schede Arduino, Raspberry Pi è un computer a tutti gli effetti, implementato su una singola scheda dalle misure di una carta di credito (85 × 55 mm). Nato alla fine di febbraio 2012, si trova ora nella versione 256 e 512 MB di RAM. Bisogna dire che si tratta di capolavoro di ingegneria e di miniaturizzazione. Il prezzo? Nel momento in cui scriviamo è intorno ai 30 euro circa.

Il computer si basa infatti su un sistema a singolo chip che incorpora un processore ARM1176JZF-S a 700 MHz. Completano la dotazione una GPU VideoCore IV High Definition 1080p BCM2835 e 256 o 512 MB di memoria, a seconda dei modelli.
Nella Figura A.4 è visibile la scheda del computer Raspberry Pi e le sue connessioni con l'esterno. Per tutte le informazioni e per scaricare il sistema operativo aggiornato il sito ufficiale è `http://www.raspberrypi.org`.

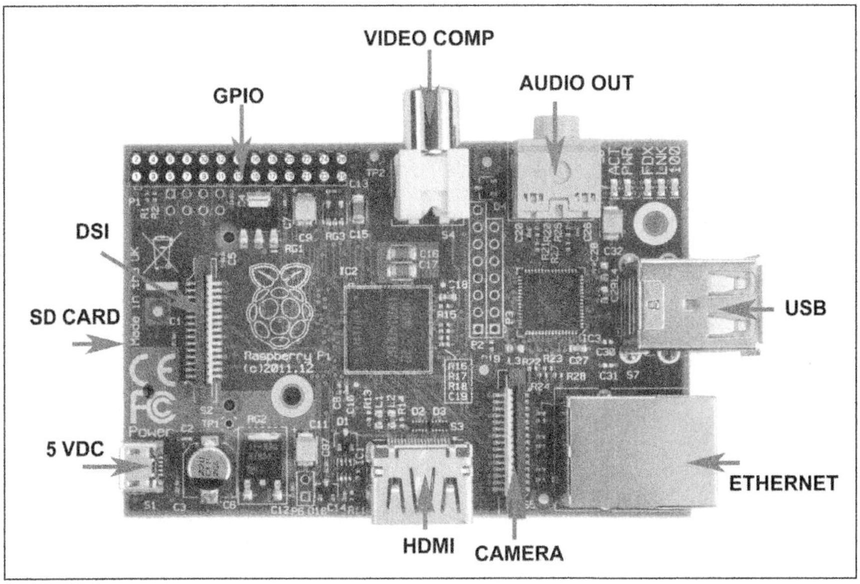

Figura A.4 Il computer Raspberry Pi.

Il processore

Il cuore del sistema è un processore multimediale BCM2835 tipo SoC (System on Chip), prodotto da Broadcom (`http://www.broadcom.com/products/BCM2835`).
Il BCM2835 è un chip di circa un centimetro quadrato che contiene i seguenti componenti:

- processore ARM1176JZ-F Low Power;
- coprocessore Dual Core VideoCore IV Multimedia;
- scheda video Encode/Decode 1080p30 Full HD HP H.264;
- Image Sensor Pipeline (ISP) per camere fino a 20 megapixel che operano fino a 220 megapixel al secondo;
- VideoCore GPU Low power, OpenGL-ES 1.1/2.0 (alte prestazioni) a 1 Gigapixel al secondo;
- Uscite simultanee per display ad alte prestazioni LCD ad alta risoluzione e HDMI con HDCP a 1080p60.

ARM1176JZF-S

Quello che rende potente Rasperry Pi è il processore con architettura ARM, più precisamente della famiglia ARMI11, con set di istruzioni di tipo RISC. Ricordiamo che la sigla ARM sta per *Advanced RISC Machine* e RISC sta per *Reduced Instruction Set Computer*, ovvero insieme di istruzioni ridotte per computer.

Un vantaggio immediato dell'insieme di istruzioni ridotte del processore è il basso assorbimento di potenza, ideale per l'implementazione su chip di piccole dimensioni per computer portatili.

Il BCM2835 è in grado di operare con un'alimentazione unica a 5V e solo 1A di corrente, fornita alla scheda tramite un connettore micro USB. Questo comporta anche una bassa produzione di calore, per cui non è necessario un sistema di raffreddamento sul dispositivo.

L'architettura ARM, non è compatibile con i tradizionali sistemi operativi Windows, che sono invece basati quasi esclusivamente su processori Intel o AMD e set di istruzioni x86. Per cui, i sistemi operativi Windows non potranno essere eseguiti su Raspberry Pi, contrariamente ai sistemi Linux.

RAM

La prima versione di Raspberry Pi è stata rilasciata con un chip di 256 MB di RAM, ma nel 2012 è stato rilasciato Raspberry Pi Model B con 512 MB di RAM. Anche se è possibile eseguire da soli l'upgrade fisico della memoria da 256 MB del primo modello, togliendo il chip della memoria infilato sopra il BCM2835, si sconsiglia di farlo se non si è più che esperti. La differenza di costo fra Raspberry Pi modello A e modello B è davvero irrisoria.

Linux

Chi non è abituato a lavorare con Linux, troverà alcune sostanziali differenze nella gestione dell'ambiente operativo. Linux non è un unico sistema operativo, ma piuttosto un insieme di sistemi operativi basati su Unix e rilasciati sotto diverse distribuzioni. La loro caratteristica è di utilizzare un kernel "Linux" comune.

Raspberry Pi è progettato per eseguire un sistema operativo GNU/Linux, più precisamente Debian, Fedora Remix e Arch Linux.

La distribuzione Linux consigliata si chiama Raspbian "wheezy", una versione di Debian ottimizzata per Raspberry Pi, scaricabile dal sito ufficiale. Inoltre, il sito autonomo Raspbian.org offre molte risorse gratuite online (`http://www.raspbian.org`). Altre distribuzioni scaricabili sono Pidora (Fedora + Raspberry Pi) e NOOBS (*New Out Of Box Software*) che il sito raccomanda ai neofiti.

Sono disponibili online le istruzioni per creare da soli una card SD con il sistema operativo preferito. La Figura A.5 illustra il desktop di Raspbian con le seguenti applicazioni di default.

- Midori: browser web ottimizzato per richiedere poche risorse alla CPU.
- Scratch: ambiente di sviluppo software per bambini.
- LXTerminal: applicazione del desktop LXDE a riga di comando.
- Debian Reference: guida di riferimento dettagliata della distribuzione Linux Debian.

- IDLE e IDLE3: IDLE è la versione 2 di Python e IDLE3 è la versione 3 di Python.
- Python Games: collezione di esempio di giochi realizzati in Pygame per Python.

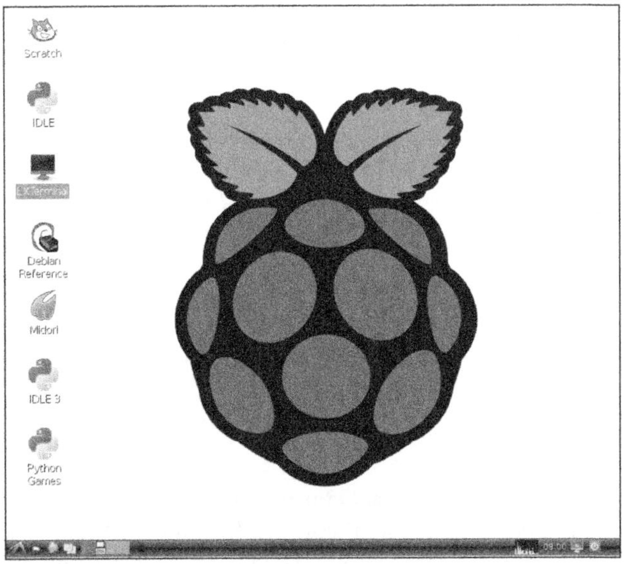

Figura A.5 Il desktop di Raspbian.

Display

Sono supportati ben tre sistemi video diversi:

- video composito;
- video HDMI;
- video DSI.

Video composito

La porta di uscita per il video composito è disponibile tramite il connettore RCA giallo, visibile chiaramente su un lato della scheda. Il video composito combina in modo analogico i tre segnali RGB (Red, Green, Blue) del segnale video e non è un'uscita ad alta risoluzione.

Video HDMI

La qualità dell'immagine ad alta definizione è ottenibile tramite l'uscita HDMI (*High Definition Multimedia Interface*). Si tratta del tipico connettore digitale presente ormai in quasi tutti i monitor TV a cristalli liquidi o a LED. A differenza dell'uscita analogica del video composito, la porta HDMI offre una connessione digitale ad alta velocità, per cui l'immagine è molto dettagliata. Utilizzando la porta HDMI, Raspberry Pi è in grado di gestire una risoluzione Full HD 1920×1080 nella maggior parte dei moderni televisori HDTV.

Video DSI

L'uscita video DSI è per lo standard video noto come DSI (*Serial Digital Interface*) cioè interfaccia digitale seriale. Viene utilizzata nei monitor a schermo piatto dei tablet e smartphone tramite un cavo flat. I monitor con connettore DSI sono abbastanza rari ed è comunque necessario acquistare anche un cavo con connettore per inserirlo nello slot di Raspberry Pi.

Audio

Se si usa la porta HDMI collegata a un monitor multimediale, l'audio viene già trasportato insieme al segnale video. Se si usa un monitor con ingresso DVI e si usa un adattatore o un cavo HDMI-DVI, l'audio non viene trasmesso. Per questo motivo è necessario collegare l'audio a un sistema di amplificazione.

Tastiera e mouse

Le due porte USB servono a collegare essenzialmente un mouse e una tastiera o un hub per moltiplicare le porte USB.

Card SD

Raspberry Pi non possiede un hard disk interno per il salvataggio e la lettura dei dati. Tutto viene delegato a una card di memoria standard di tipo SD (Secure Digital). All'atto dell'acquisto si può ordinare anche una card SD con il sistema operativo preinstallato oppure recarsi nel sito ufficiale `http://www.raspberrypi.org` e scaricare il sistema operativo preferito e anche più aggiornato.

Collegamento in rete

Per il collegamento in rete del Model A è necessario un adattatore USB-Ethernet collegato a una porta USB. Ne consegue l'uso di un hub per avere la possibilità di usare anche tastiera e mouse.
Raspberry Pi Model B è dotato di porta RJ45 con auto-MDIX che permette di riconfigurare automaticamente la connessione Ethernet.
Invece del cavo Ethernet per il collegamento alla rete cablata, è possibile aggiungere il supporto Wi-Fi tramite un adattatore wireless USB o un router Ethernet wireless.

Porta GPIO

L'interfaccia *General Purpose Input Output*, abbreviata come porta GPIO, è diffusa su alcuni dispositivi elettronici come microprocessori e microcontroller. La porta può avere una o più connessioni di ingresso e uscita. Gli ingressi (*input*) leggono i segnali digitali dall'esterno mentre le uscite (*output*) possono controllare o mandare segnali digitali a dispositivi esterni.
Guardando la scheda dal lato componenti, la porta GPIO di Raspberry Pi è dotata di 26 piedini maschi su due file di 13, con spaziatura standard di 2,54 millimetri, come illustrato nella Figura A.6a.

La distanza standard dei piedini è molto utile, perché permette di collegare facilmente cavi flat dotati di connettori femmina standard, come quelli usati normalmente nei computer, o di basette millefori a passo standard. Risulta facile anche la connessione di cavi femmina per breadboard, che possono venire infilati senza problemi di spaziatura.
È estremamente importante imparare la piedinatura della porta per effettuare i collegamenti corretti con cavi flat, basette o cavi per breadboard o con circuiti di terze parti.
Notare che la disposizione dei piedini è numerata su due file alternate e non su una fila alla volta. Si consiglia di studiare bene la disposizione delle porte GPIO rispetto alla numerazione dei piedini fisici, per non confondere il numero di porta GPIO con il numero del piedino.
Non bisogna collegare mai i piedini contrassegnati nella figura con "n.c." (NON COLLEGARE). Si tratta di piedini riservati a funzioni interne del processore BCM2835. Il collegamento di componenti o dispositivi a questi piedini può provocare danni irreversibili al Raspberry Pi.
A seconda del modello di Raspberry Pi la piedinatura della porta GPIO cambia leggermente. Per individuare la versione della propria scheda Raspberry Pi, basta aprire una shell di LXTerminal e digitare il comando: `cat /proc/cpuinfo`
Se viene visualizzata la versione 0002 o 0003, si tratta della prima versione della scheda. Se appare un numero più alto o una lettera, si tratta di una versione successiva.
La Figura A.6b illustra l'assegnazione delle funzioni di ogni piedino della prima revisione, ovvero della scheda Raspberry Pi rev. 1.
La Figura A.6c illustra l'assegnazione delle funzioni di ogni piedino della seconda revisione, ovvero della scheda Raspberry Pi rev. 2.

Livello logico della porta GPIO

La porta GPIO fornisce un'alimentazione di 5V al piedino 2, ma è solo un collegamento diretto proveniente dalla presa micro-USB.
Bisogna sempre tenere presente che i circuiti interni di Raspberry Pi si basano su livelli logici TTL a 3,3V e che tutti i componenti interni lavorano con alimentazione 3,3V.
Quando si progetta un circuito da collegare alla porta GPIO, è necessario usare componenti compatibili con il livello logico TTL di 3,3V.
Ricordiamo che i livelli di tolleranza per le tensioni CMOS e TTL sono i seguenti.

Tecnologia	Tensione livello 0	Tensione livello 1
CMOS	0~2V	2~18V
TTL	0~0,8V	2~5,25V max

ATTENZIONE

Se si collega un'alimentazione a 5 V a un piedino qualsiasi della porta GPIO si danneggia irrimediabilmente la scheda Raspberry Pi. Fare molta attenzione quando si usa il piedino 2 (5 V) per alimentare circuiti esterni quando questi vengono collegati direttamente o indirettamente ai piedini della porta GPIO con livello di tensione TTL a 3,3 V.

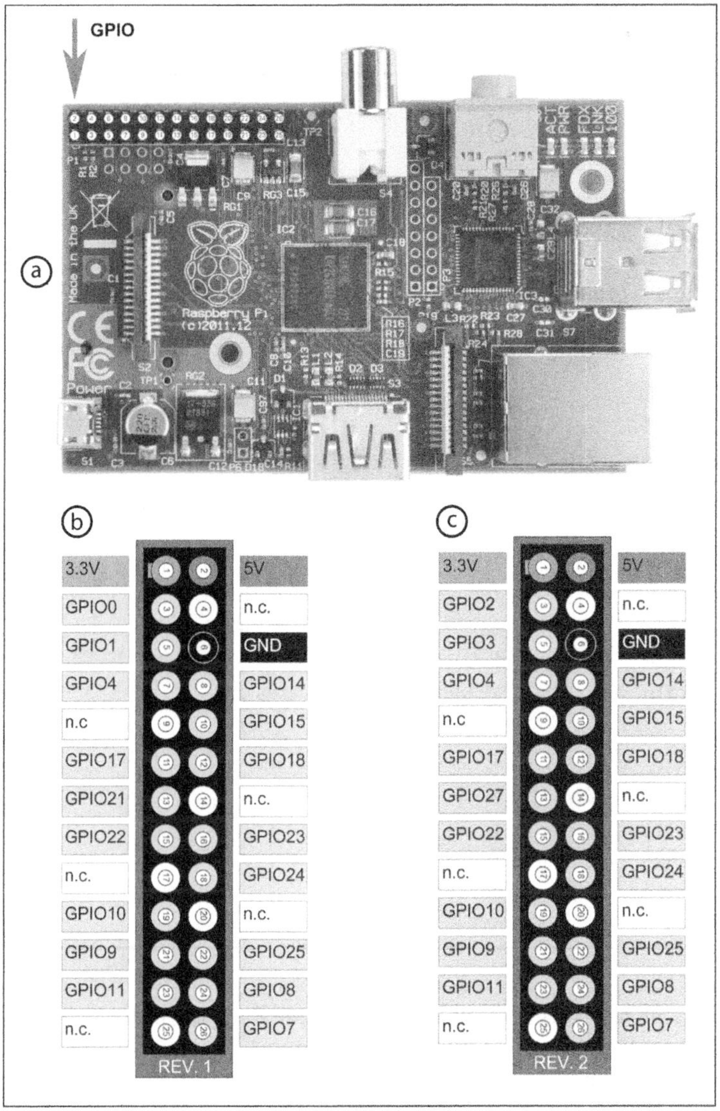

Figura A.6 (a) Porta GPIO. (b) Configurazione dei piedini della porta GPIO della prima revisione e (c) della seconda revisione.

Piedinatura rev. 1 e rev. 2

Per una maggiore chiarezza, la Tabella A.1 riporta nella prima e seconda colonna i piedini fisici ordinati in modo ascendente e le corrispondenti funzioni GPIO della revisione 1. Per comodità, la terza e quarta colonna riportano i piedini fisici corrispondenti alle funzioni GPIO ordinate in modo ascendente.

Tabella A.1 Piedinatura GPIO rev. 1.

Piedino	GPIO	Piedino	GPIO
1	+3,3V	3	GPIO0
2	+5V	5	GPIO1
3	GPIO0	7	GPIO4
4	n.c.	26	GPIO7
5	GPIO1	24	GPIO8
6	GND	21	GPIO9
7	GPIO4	19	GPIO10
8	GPIO14	23	GPIO11
9	n.c.	8	GPIO14
10	GPIO15	10	GPIO15
11	GPIO17	11	GPIO17
12	GPIO18	12	GPIO18
13	GPIO21	13	GPIO21
14	n.c.	15	GPIO22
15	GPIO22	16	GPIO23
16	GPIO23	18	GPIO24
17	n.c.	22	GPIO25
18	GPIO24	1	+3,3V
19	GPIO10	2	+5V
20	n.c.	6	GND
21	GPIO9	4	n.c.
22	GPIO25	9	n.c.
23	GPIO11	14	n.c.
24	GPIO8	17	n.c.
25	n.c.	20	n.c.
26	GPIO7	25	n.c.

La Tabella A.2 riporta nella prima e seconda colonna i piedini fisici ordinati in modo ascendente e le corrispondenti funzioni GPIO della revisione 2. La terza e quarta colonna riportano i piedini fisici corrispondenti alle funzioni GPIO ordinate in modo ascendente.

Tabella A.2 Piedinatura GPIO rev. 2.

Piedino	GPIO	Piedino	GPIO
1	+3,3V	3	GPIO2
2	+5V	5	GPIO3
3	GPIO2	7	GPIO4
4	n.c.	26	GPIO7
5	GPIO3	24	GPIO8
6	GND	21	GPIO9
7	GPIO4	19	GPIO10
8	GPIO14	23	GPIO11
9	n.c.	8	GPIO14

10	GPIO15	10	GPIO15
11	GPIO17	11	GPIO17
12	GPIO18	12	GPIO18
13	GPIO27	13	GPIO27
14	n.c.	15	GPIO22
15	GPIO22	16	GPIO23
16	GPIO23	18	GPIO24
17	+3,3V	22	GPIO25
18	GPIO24	1	+3,3V
19	GPIO10	17	n.c.
20	n.c.	2	+5V
21	GPIO9	4	n.c.
22	GPIO25	6	GND
23	GPIO11	9	n.c.
24	GPIO8	14	n.c.
25	n.c.	20	n.c.
26	GPIO7	25	n.c.

Bus della porta GPIO

Oltre alla gestione delle normali funzioni GPIO di ingresso e uscita, alcuni piedini sono dedicati a particolari bus.

- Bus seriale UART: piedino 8 Trasmissione (TX), piedino 10 Ricezione (RX).
- Bus seriale I^2C: piedino 3 dati (SDA), piedino 5 `clock` (SCL).
- Bus seriale SPI (vedi sotto).

Bus SPI

Il bus SPI (*Serial Peripheral Interface*) è un bus seriale sincrono progettato principalmente per la programmazione ISP (*In-System Programming*) di microprocessori e altri dispositivi. I microprocessori che adottano la tecnologia ISP possono venire programmati mentre sono già installati in un sistema. In questo modo, il bus SPI, essendo dotato di quattro collegamenti, consente di comunicare con più di un dispositivo di destinazione.
Il bus SPI di Raspberry Pi è disponibile sui seguenti piedini.

- MOSI (Master Output Slave Input): piedino 19.
- MISO (Master Input Slave Output): piedino 21.
- SLCK (Serial Clock): piedino 23.
- CS0 (Chip Select 0): piedino 24.
- CS1 (Chip Select 1); piedino 26.

Per maggiore chiarezza:

- il piedino 19 fornisce l'uscita SPI Master (MOSI);
- il piedino 21 fornisce l'ingresso SPI Master (MISO);
- il piedino 23 fornisce il clock per sincronizzare la comunicazione;
- i piedini 24 e 26 forniscono i segnali per la selezione (*chip select*) di due dispositivi *Slave* indipendenti.

Uso della porta GPIO in Python

La porta GPIO può essere gestita da qualsiasi applicazione presente nel sistema operativo di Raspberry Pi. Ci limiteremo alla gestione della porta GPIO tramite Python, anche perché Raspberry Pi è legato indissolubilmente a questo ambiente di programmazione, che è già presente nel suo sistema operativo.

Installazione della libreria RPi.GPIO per Python

Per poter sviluppare software con Python spesso sono necessarie librerie particolari o aggiornare quelle già esistenti nella distribuzione installata. Per poter gestire la porta GPIO con Python è necessaria la libreria *RPi.GPIO*. Dato che la libreria è in costante aggiornamento, non è presente nel sistema e, anche se lo fosse, conviene sempre installare la versione più recente. Benché sia possibile scaricare la libreria Python da vari siti dedicati, è molto più semplice operare da LXTerminal di Raspbian.

- Aprire una shell di LXTerminal.
- Scaricare il file della libreria GPIO per Python digitando su una sola riga il seguente comando: `wget http://raspberry-gpio-python.googlecode.com/files/RPi.GPIO-0.5.0a.tar.gz`.

Per verificare se è stata rilasciata una versione più recente, visitare il sito seguente:

```
https://code.google.com/p/raspberry-gpio-python/downloads/list
```

Nel caso fosse disponibile una versione più recente, basta sostituire il nome del file `RPi.GPIO-0.5.0a.tar.gz` nella riga di comando vista prima con il nome del file aggiornato. Nello stesso sito si possono trovare tutte le informazioni, i Wiki e il codice sorgente della libreria RPi.GPIO.

1. Dalla finestra della shell, digitare il comando seguente per estrarre il contenuto del file tarball: `tar xvzf RPi.GPIO-0.5.0a.tar.gz` (come per tutti i comandi, fare attenzione alle maiuscole e minuscole).
2. Digitare il comando `cd RPi.GPIO-0.5.0a` per entrare nella directory appena creata.
3. Digitare il comando `sudo python setup.py install` per installare la libreria Python.

Al termine dell'installazione, la libreria RPi.GPIO sarà disponibile all'interno dell'ambiente Python. Basterà richiamare all'interno di un programma scritto con Python la libreria RPi.GPIO per gestire direttamente la porta GPIO.

Controllo LED

Imparare ad accendere e spegnere un LED può sembrare banale, ma, anche in questo caso, si tratta di una sorta di "Hello World!". Per schede come Arduino e i suoi cloni si carica l'esempio *Blink* per vedere se tutto funziona. In Raspberry Pi, non essendoci un LED incorporato nella scheda madre che possa avere la stessa funzione, è necessario costruire un piccolo circuito esterno di monitoraggio.
Ecco l'attrezzatura e i componenti necessari:

- un diodo LED di bassa potenza;
- un resistore da 330 ohm;

- due cavetti maschio-femmina per breadboard;
- una breadboard.

Se non si vogliono usare cavetti maschio-femmina per breadboard, perché ritenuti "volanti" e poco sicuri, si può pensare alla costruzione di un cavo flat fai-da-te. Sono necessari questi materiali:

- un cavo flat con almeno 26 fili, meglio se i fili hanno colori diversi;
- un connettore da 26 pin femmina (con inserimento a pressione);
- un pin header maschio con i piedini lunghi da inserire nella breadboard.

Come illustrato nella Figura A.7a, si potranno saldare solo i piedini che servono e lasciare liberi quelli da non connettere. In alternativa al cavo fai-da-te, si può acquistare una comoda basetta Pi T-Cobbler della Adafruit (Figura A.7b) con tutto il necessario per il collegamento alla porta GPIO.
I materiali della basetta Pi T-Cobbler sono i seguenti:

- un cavo flat per il collegamento a Raspberry Pi;
- un PCB a forma di T;
- un connettore a vaschetta 26 pin;
- due connettori pin header a 13 pin da inserire nella breadboard.

È sicuramente meno impegnativo del primo cavo fai-da-te, ma è comunque richiesta un'operazione di saldatura dei pin header alla basetta.

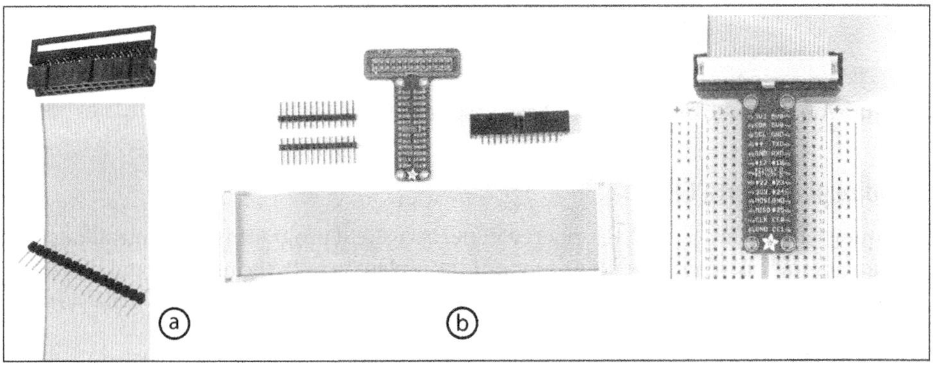

Figura A.7 (a) Costruzione di un cavo flat fai-da-te per porta GPIO.
(b) Un kit di montaggio per cavo GPIO della Adafruit (`http://www.adafruit.com`).

Il circuito da preparare su breadboard è illustrato nella Figura A.8:

- il negativo (GND) della porta GPIO va collegato al negativo della breadboard;
- il piedino 26 della porta GPIO7 va collegato al positivo della breadboard;
- il resistore da 330 ohm va collegato in serie fra il negativo della breadboard e il catodo del LED;
- il positivo della breadboard va collegato all'anodo del LED.

ATTENZIONE

Effettuare tutti i collegamenti con l'alimentazione spenta! Ricordiamo che la porta GPIO non fornisce alcuna protezione contro i picchi di tensione o i cortocircuiti. Verificare sempre il circuito prima di collegarlo. Se non si è esperti, sono disponibili schede di terze parti che garantiscono maggiore sicurezza.

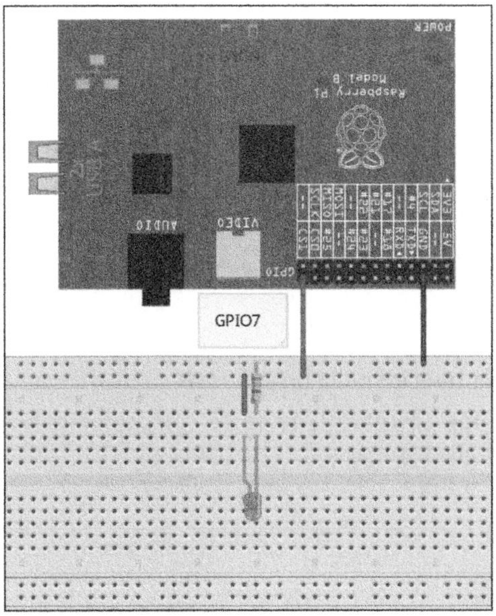

Figura A.8 Circuito di controllo LED con Raspberry Pi.

Codice per la porta GPIO

A questo punto, si accende Raspberry Pi per scrivere il programma di controllo del LED. Prima di iniziare a scrivere un programma completo con Python o altri ambienti di sviluppo software, è molto utile sapere come gestire il kernel dell'hardware della `porta GPIO`.

NOTA

La documentazione completa delle convenzioni di accesso GPIO su Linux è disponibile in un file di testo a questo indirizzo: `https://www.kernel.org/doc/Documentation/gpio.txt`.

Innanzitutto, il sistema impedisce l'accesso normale al kernel onde evitare attacchi malevoli, per cui bisogna eseguire sempre i comandi come superuser. Aprire la console Root Terminal per avere l'accesso diretto come superuser oppure da una shell normale di LXTerminal digitare il seguente comando:

```
pi@raspberrypi ~ $ su
```

immettere la password per l'utente superuser (quella di default o quella modificata) e premere Invio.

Dopo aver immesso la password di accesso *root*, la riga di comando apparirà così:

```
root@raspberrypi:~#
```

Ottenuto l'accesso al sistema come superuser, lo scopo è quello di accendere e spegnere il LED collegato alla porta GPIO7 con comandi immessi direttamente nel terminale root. Per fare questo, digitare il comando:

```
echo 7 > /sys/class/gpio/export
```

NOTA

echo è un comando dei sistemi operativi Unix e Unix-like usato per scrivere i dati sulla periferica di uscita standard, normalmente il terminale in cui si digita il comando.

Nell'esempio, si tratta del pin contrassegnato come GPIO7.
A questo punto, basta impostare la "direzione dei dati" della porta, cioè la direzione *in* per i dati ingresso e la direzione *out* per i dati in uscita.
Volendo mandare un dato in uscita, si dovrà impostare la direzione *out* digitando il comando seguente:

```
echo out > /sys/class/gpio/gpio7/direction
```

La sintassi è chiara e non richiede particolari spiegazioni. Per provare a vedere cosa succede nella realtà, basta recarsi nella cartella */sys/class/gpio/gpio7/* e aprire con un editor di testo il file *direction*. Si vedrà scritto *out*.
Quindi con la stessa semplicità, basta mandare in uscita sullo stesso pin GPIO7 il valore `1` per accendere il LED, e il valore `0` per spegnerlo.
Per portare il livello logico a `1` e quindi accendere il LED collegato, digitare il seguente comando:

```
echo 1 > /sys/class/gpio/gpio7/value
```

Per portare il livello logico a `0` e quindi spegnere il LED collegato, digitare il seguente comando:

```
echo 0 > /sys/class/gpio/gpio7/value
```

Si può ripetere l'operazione tornando indietro con la history dei comandi (tasti freccia su/giù). Al termine del test, per non tenere impegnata fisicamente la porta, si consiglia di eseguire il comando *unexport* per eliminare il nodo nello userspace e rendere la cartella gpio7 inaccessibile. Per fare questo, digitare il comando:

```
echo 7 > /sys/class/gpio/unexport
```

A questo punto, la porta GPIO è di nuovo disponibile per un eventuale nuovo comando *export*. Questo serve a non creare errori di comunicazione. Se la porta già in uso venisse

impegnata da un altro processo, verrebbe visualizzato un messaggio d'errore. Si vedrà in seguito come ignorare questi avvertimenti.
Questa breve descrizione delle convenzioni usate per l'accesso al kernel GPIO aiuta a capire come un sistema Linux gestisce la porta fisica GPIO del processore. Per cui diventa più facile procedere nella programmazione software di un controllo hardware.

Python Blink

Per creare un programma simile a "Blink", si può aprire una finestra dell'editor IDLE e scrivere il codice seguente, come illustrato nella Figura A.9. Salvare il file nella home dell'utente (*/home/pi*) usando il menu *File* dell'editor, dando un nome come, per esempio, "blink.py".

```
# Pyhon Blink.
# Cambiare il parametro time
# per impostare la velocità del LED
import RPi.GPIO as GPIO
import time

GPIO.setmode(GPIO.BCM)
GPIO.setup(7, GPIO.OUT)
GPIO.setwarnings(False)

while True:
        GPIO.output(7, True)
        time.sleep(1)
        GPIO.output(7, False)
        time.sleep(1)
#EOF
```

NOTA

Al posto dei termini *True* e *False* si possono usare indifferentemente i valori 1 e 0, ottenendo lo stesso risultato in uscita.

Una volta salvato il file modificato "blink.py", il programma non potrà venire eseguito all'interno di Python. Come già anticipato prima, l'accesso al kernel della porta GPIO è possibile solo come superuser, per cui bisogna aprire una shell di LXTerminal e digitare il seguente comando come superuser:

```
sudo python blink.py
```

Il LED si accenderà e si spegnerà a intervalli di un secondo. Per aumentare o diminuire il tempo di accensione/spegnimento del LED, bisogna modificare il file nell'editor IDLE, impostando *time.sleep(1)* con un valore a piacere. I valori della libreria *time* sono espressi in secondi, per cui, con *time.sleep(0.1)*, si imposta la temporizzazione di 1/10 di secondo, con *time.sleep(30)* si impostano trenta secondi.
Per terminare il programma e tornare al terminale, premere Ctrl+C.

Figura A.9 Il listato del programma blink.py.

Si consiglia di tenere aperto il file nell'editor e apportare di volta in volta le modifiche salvando il file modificato. Usare quindi la storia dei comandi per verificare il codice da terminale. Ripetendo l'esecuzione del programma, apparirà il messaggio che il canale (porta GPIO) è ancora in uso, ma con l'istruzione `GPIO.setwarnings(False)` l'errore viene ignorato e il programma verrà eseguito normalmente.

Raspberry Pi Connection Bridge

Cooking Hacks produce e commercializza *Raspberry Pi to Arduino Shields Connection Bridge*, una scheda di collegamento fra Raspberry Pi e i numerosissimi shield di Arduino.
Il sito ufficiale del produttore è `http://www.cooking-hacks.com`.
L'idea alla base del prodotto è quella di consentire l'uso di un qualsiasi shield per Arduino, acquistato o autoprodotto.
La cosa più interessante è che Cooking Hacks ha creato la libreria *arduPi* per l'uso di Raspberry Pi con lo stesso codice utilizzato per gli sketch di Arduino.
Sono state implementate funzioni di conversione in modo da poter controllare Raspberry Pi allo stesso modo di un Arduino con tutte le sue interfacce I^{2}C, SPI, UART, ingressi analogici, ingressi e uscite digitali.
Riassumendo, ecco un elenco di shield che si possono collegare a Raspberry Pi attraverso il Connection Bridge.

- Shield wireless: XBee 802.15.4/XBee ZigBee, RFID, NFC, Bluetooth, Bluetooth Pro, Wifi, GPRS, 3G.
- Shield con qualsiasi sensore (analogico 0-5V o digitale) con una precisione di 16 bit usando un ADC integrato. Si possono collegare anche sensori complessi attraverso il bus I^{2}C e UART.

- Shield specifici quali: sensore di radiazioni, CanBus, Relay.
- Qualsiasi modulo elettronico o attuatore che funzioni su bus I²C, SPI, UART.

Nella Figura A.10 è illustrata la scheda Connection Bridge montata su Raspberry Pi e la descrizione dei connettori e dei bus:

- 8 pin digitali;
- zoccolo per moduli wireless (tipo Xbee, WiFly e così via);
- Pin RX/TX (UART);
- Pin I²C (SDA, SCL);
- Pin SPI (SCK, MISO, MOSI, CS), possono essere usati anche come GPIO;
- convertitore analogico-digitale a 8 canali;
- interruttore per consentire l'alimentazione esterna.

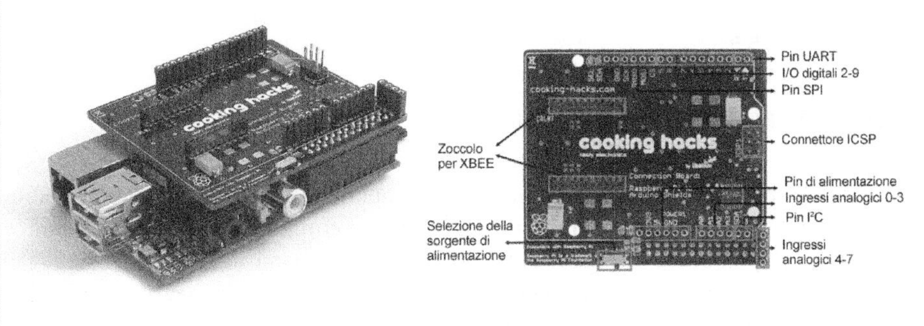

Figura A.10 Connection Bridge montato su Raspberry Pi e la descrizione dei connettori e dei bus.

Risorse Raspberry Pi

Per altre sperimentazioni hardware con Raspberry Pi, oltre al libro *Raspberry Pi – Guida completa al computer più piccolo del mondo* (Pier Calderan, Apogeo 2013), si consiglia di visitare il sito `www.raspier.net` per scaricare le risorse gratuite del libro.

Teensy 3.0

Nata nel 2012 come risposta ad Arduino Leonardo, la scheda Teensy è arrivata nel 2013 alla versione 3.0, come evoluzione di Teensy++ 2.0. È una scheda dalle dimensioni microscopiche, solo 35 × 18 mm.

Si tratta di una scheda di sviluppo breadboard-friendly, ovvero fatta apposta per essere gestita su breadboard, compatibile (quasi) al 100% con le librerie di Arduino.

Viene prodotta dall'azienda americana PJRC, gestita da Paul J. Stoffregen e Robin C. Coon e viene venduta anche in Italia intorno ai 20-25 euro. Il sito ufficiale per informazioni, progetti e per scaricare il software aggiornato è `http://www.pjrc.com`.

Teensy 3.0 possiede un suo bootloader ed è programmabile via USB tramite l'IDE di Arduino. Basta solo installare il software Teensyduino come add-on multipiattaforma per l'IDE di Arduino.
Il processore è ARM Cortex-M4 a 32 bit e 48 MHz e ha anche accesso alla porta USB per emulare qualsiasi tipo di dispositivo USB, rendendolo ideale per progetti USB-MIDI e altri progetti HID. Nella Figura A.11a sono visibili la piedinatura e le connessioni con l'esterno. Sul sito la scheda viene fornita anche assemblata a prezzo maggiorato, ma quella disponibile in Italia viene fornita senza pin header e nel caso la si voglia utilizzare in progetti di sviluppo su breadboard, sono necessari dei pin header a passo standard 2,54 mm da saldare sulla scheda in base alle esigenze progettuali. Si consiglia di saldare due pin header maschi da 14 piedini sui due lati lunghi e uno da 5 piedini femmina con il lato rivolto all'esterno, come illustrato nella Figura A.11b. In questo modo, si può inserire senza problemi Teensy in una breadboard.
I piedini numerati da 0 a 13 sono I/O digitali, i piedini numerati da 14 a 23 sono ingressi analogici (A0~A10). Sul retro della scheda sono disponibili gli altri ingressi analogici (A11~A13) e digitali (24~33), l'opzione per collegare un quarzo da 32.768 kHz e la pila da 3 volt per alimentare l'orologio interno e l'opzione per un condensatore da 150 μF per la modalità USB Host.
In questa sede si fa riferimento solo all'ultimo modello di Teensy 3.0, di cui riportiamo le caratteristiche principali:

- CPU 32 bit ARM Cortex-M4, 48 MHz;
- 128K di memoria Flash, 16K RAM, 2K EEPROM;
- 14 ingressi analogici ad alta risoluzione (13 bit utilizzabili, hardware a 16 bit);
- 34 pin digitali di I/O (10 analogici condivisi);
- 10 uscite PWM;
- 7 timer per intervalli/ritardi, separati dal timer PWM;
- USB con trasferimenti di memoria dedicati DMA;
- 3 UART (porte seriali);
- Interface SPI, I2C, I2S, modulatore IR;
- I2S (interfaccia audio di alta qualità);
- Orologio in tempo reale (con batteria e quarzo 32.768 kHz aggiunti dall'utente);
- 4 canali DMA per uso generale (separati dal bus USB);
- Ingressi sensori analogici Touch;
- Programmabile in C, AVR studio e tramite Teensyduino.

Livello logico

Le schede Teensy hanno le porte TTL a 3,3 V, quindi permettono la compatibilità con sensori e dispositivi che utilizzano segnali a TTL 3,3 V.
Se si prova a collegare un dispositivo a 3,3 V a un sistema a 5V ci possono essere seri problemi funzionali e si rischia di bruciare gli ingressi della scheda. È consigliato l'acquisto (o la costruzione fai-da-te) di un convertitore di livello logico, altrimenti conosciuto come *Logic Level Converter*.

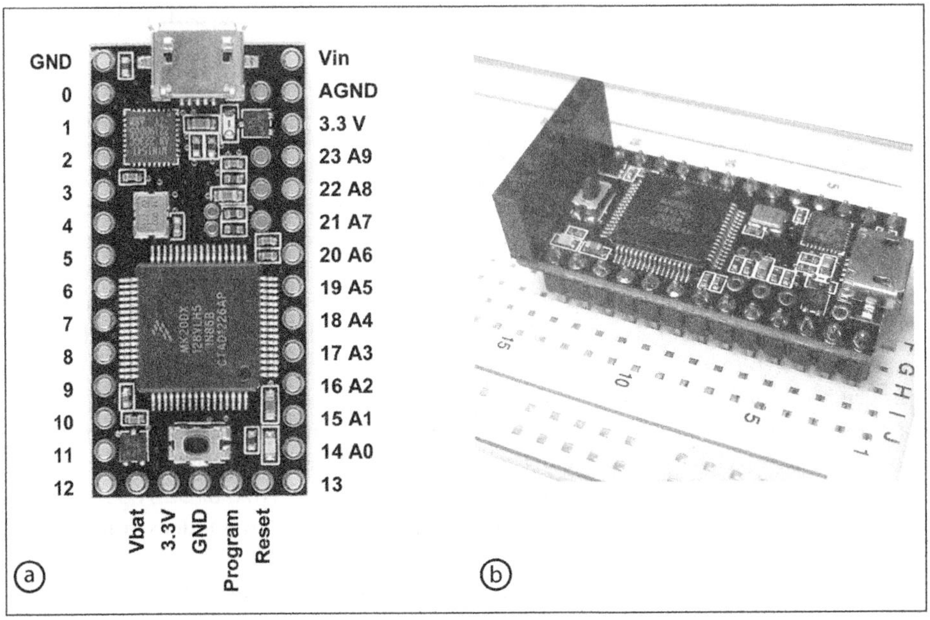

Figura A.11 (a) Piednatura della scheda Teensy 3.0.
(b) Soluzione con i pin header per inserimento su breadboard.

Per esempio, il convertitore di livello logico, distribuito da SparkFun a un prezzo irrisorio, è un piccolo dispositivo che interviene in modo sicuro su segnali a 5V portandoli a 3,3V e su quelli a 3,3 portandoli a 5V. Ogni convertitore è in grado di convertire due ingressi e due uscite per ogni lato.

Installazione e test

Dopo la saldatura dei pin, si può inserire Teensy 3.0 in una breadboard e lanciare il programma di installazione Teensyduino per installare il software necessario.

- In Windows, è necessario un driver che consente di accedere al dispositivo seriale USB. Per Mac OS X e Linux non serve.
- Selezionare il percorso della cartella di Arduino 1.0.5 (l'ultima versione disponibile al momento in cui scriviamo).
- L'installazione chiederà quali librerie installare automaticamente. Le librerie nell'elenco state testate e verificate per lavorare con Teensy. Si può decidere di selezionarle tutte.
- Al termine dell'installazione, viene visualizzata la schermata finale.
- A questo punto si può collegare Teensy alla porta USB del computer tramite un cavetto con presa micro-USB. Si vedrà lampeggiare il piccolo LED a bordo della scheda. Windows riconoscerà il driver seriale USB e installerà il dispositivo.
- Dalla IDE di Arduino sarà visibile l'elenco di schede Teensy nel menu *Strumenti > Board*, come illustrato nella Figura A.12a.
- Selezionare la scheda Teensy 3.0 e aprire uno sketch di prova per vedere se tutto funziona. Lo sketch consigliato è il consueto *Blink* dal menu *Esempi > 01. Basics*.

- Una volta lanciato il caricamento, apparirà una piccola finestra con il messaggio di attivare la scheda Teensy, ovvero di premere il tasto Reset della scheda. Apparirà anche un messaggio di sicurezza, come illustrato nella Figura A.12b.
- Una volta dato l'OK e caricato lo sketch in memoria, si consiglia di attivare la funzione "Auto" dalla finestra messaggi di Teensy. Questo farà in modo che i successivi caricamenti degli sketch avvengano in modo automatico, senza dover premere ogni volta il tasto Reset.
- Una volta chiusa la IDE di Arduino, alla successiva riapertura bisogna premere nuovamente il tasto Reset per attivare la scheda in modalità Auto.
- Dopo aver impostato la funzione Auto, a ogni caricamento apparirà solo la finestra messaggi di Teensy, come illustrato nella Figura A.12c.
- Dal menu di questa finestra è possibile impostare la funzione Auto, aprire il file hex o attivare la finestra Verbose per leggere i messaggi in forma estesa. Premere Quit per chiudere la finestra.

Siccome lo sketch Blink fa lampeggiare il piccolo LED a bordo della scheda a intervalli di un secondo, non si noterà nessuna differenza, perché Teensy ha lo sketch Blink precaricato con l'intervallo di default. Si consiglia pertanto di cambiare l'intervallo di lampeggio a qualsiasi valore diverso da un secondo.

Sketch per Teensy

Gli sketch di esempio di Arduino sono quasi sempre accompagnati anche dalla piedinatura per le varie versioni di Teensy:

```
// Pin 13: Arduino has an LED connected on pin 13
// Pin 11: Teensy 2.0 has the LED on pin 11
// Pin  6: Teensy++ 2.0 has the LED on pin 6
// Pin 13: Teensy 3.0 has the LED on pin 13
```

Inoltre, dal menu *Esempi* è disponibile anche un menu *Teensy* con molti sketch di esempio e tutorial, come illustrato nella Figura A.12d.

Gli sketch per Arduino sono quasi tutti compatibili con Teensy 3.0. Qualche libreria non è ancora stata aggiornata, ma è molto probabile che lo sia in futuro. Per esempio la libreria GLCD per la gestione del display grafico 128×64 non funziona. Funziona però la libreria ST7565 per il display grafico 128×64 prodotto dalla Adafruit. Basta scaricare la libreria dal sito ufficiale PJRC e copiarla nella cartelle "libraries" di Arduino.

Infine, si possono compilare e caricare in memoria di Teensy 3.0 quasi tutti i progetti per Arduino descritti nel Capitolo 6, modificando opportunamente il codice per le connessioni alla scheda.

Prova sul campo

La Figura A.13 illustra un circuito con Teensy 3.0 e un display LCD retroilluminato. Lo sketch di esempio è quello dal menu *Esempi* > *LiquidCrystalFast* > *HelloWorld* il quale suggerisce i collegamenti da effettuare:

```
LiquidCrystalFast lcd(12, 10, 11, 5, 4, 3, 2);
            // LCD pins: RS  RW  EN  D4 D5 D6 D7
```

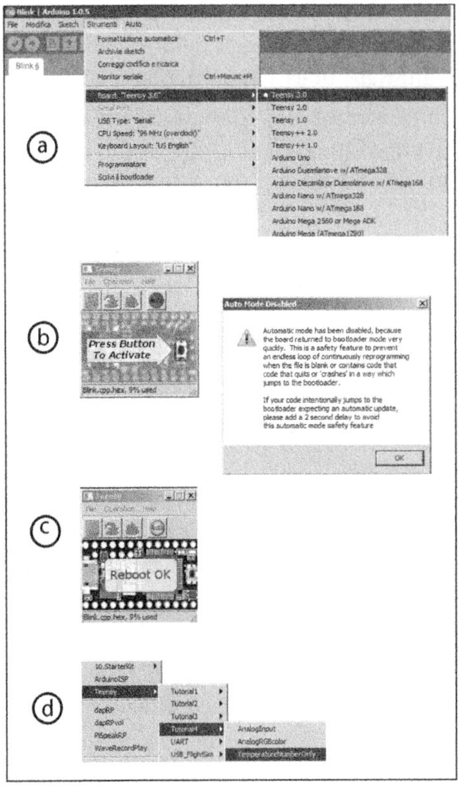

Figura A.12 Finestra messaggi di Teensy (a) al primo avvio e (b) l'avviso di sicurezza. (c) Finestra messaggi di Teensy in modalità Auto. (d) Il menu Teensy con gli sketch di esempio e tutorial.

Come si può vedere, la libreria `LiquidCrystalFast` prevede il collegamento del piedino `RW` del display alla scheda, contrariamente alla libreria "LiquidCrystal" standard che mette questo piedino a massa (si vedano i progetti con LiquidCrystal descritti nel Capitolo 6). Con la gestione Read/Write la connessione con il display è più veloce quindi può essere tranquillamente usata con Teensy 3.0. Gli altri collegamenti sono identici a quelli usati con la libreria standard.

ATTENZIONE

I collegamenti vanno eseguiti come illustrato nella figura, prestando attenzione a montare 4 resistori da 1 KΩ in serie ai collegamenti alle porte dati (D4, D5, D6 e D7) perché LiquidCrystalFast trasmette e riceve sui quattro piedini. Per cui la tensione della linea dati di ricezione deve essere a livello TTL a 3,3 V. Con un assorbimento di circa 1 mA e tensione di alimentazione a 5 V, sono sufficienti 1000 Ω.

Alimentazione

L'alimentazione di Teensy è di 5V e può venire fornita tramite il connettore micro-USB da un computer o un adattatore 230V/USB (quello per i telefoni cellulari, per esempio).

La tensione minima è di 3 volt, per cui, se si vuole alimentare la scheda a pile, sono sufficienti due pile da 1,5 V e massimo tre pile da 1,5 per un totale di 4,5 volt. Se però si usano dispositivi ad alto assorbimento (display LCD retroilluminati, matrici di LED, motori elettrici e così via), si deve usare un alimentatore esterno da 5 V con corrente sufficiente per l'attuatore collegato. Alimentazioni superiori o assorbimenti eccessivi di corrente possono danneggiare irreparabilmente la scheda.

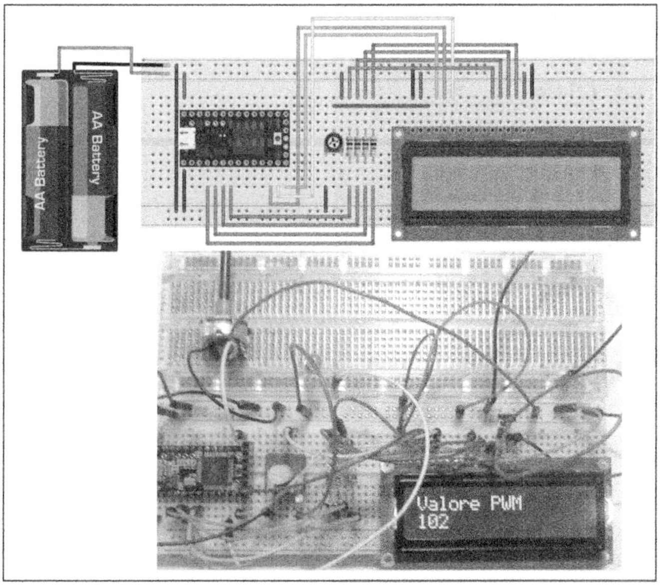

Figura A.13 (a) Layout su breadboard di un display LCD collegato a Teensy 3.0. (b) Il circuito reale realizzato con un potenziometro che controlla la luminosità di un LED collegato a una porta PWM.

pcDuino

La piattaforma fa parte della folta schiera di schede di sviluppo ad alte prestazioni, ma il suo punto di forza è la compatibilità con gli shield Arduino. La sua architettura ARM lo rende funzionale con sistemi operativi Ubuntu o Android.
pcDuino spopola nei forum internazionali soprattutto per quanto riguarda lo sviluppo di applicazioni Linux/Android e sperimentazione con hardware Arduino.
Il sito ufficiale è `www.pcduino.com`, mentre il sito che si occupa del supporto e vendita è `www.cutedigi.com`. La scheda è in vendita anche diversi siti italiani intorno ai 60-70 euro.

Dotazione

La scheda pcDuino viene presentata come un mini PC + Arduino, da cui il nome del prodotto. Già da questa compatibilità deriva una potenza intrinseca da non sottovalutare. Il fatto di disporre di una dotazione di ingressi e uscite compatibile con gli shield di Arduino ne fa un prodotto molto desiderabile.

Caratteristiche principali.

- CPU Cortex A81GHz ARM.
- GPU: OpenGL ES2.0, OpenVG 1.1 Mali 400 core.
- 1 GB di DRAM.
- Unità di memorizzazione: slot per schede microSD (TF), 2 GB Flash fino di 32 GB.
- Uscita video: HDMI.
- Sistemi operativi supportati: Linux 3.0 + Ubuntu 12.10.
- Pin GPIO spaziati 2,54 mm.
- Collegamento Ethernet: RJ45.
- Requisiti di alimentazione: 2A @ 5VDC.
- Compatibile con shield Arduino.
- API per accedere a varie interfacce.
- Programmazione in C, C++ con catena strumenti GNU.
- Programmazione in Java con lo standard Android SDK.
- Python.
- IDE di Arduino.

Dando un'occhiata alle caratteristiche possiamo aggiungere il dato più importante, ovvero quello relativo ai bus hardware:

- GPIO;
- UART;
- ADC;
- PWM;
- I2C;
- USB.

Nella Figura A.14 vengono descritte le connessioni con l'esterno e la piedinatura della porta GPIO. La gestione di input e output all'interno di un framework Linux permette lo sviluppo di applicazioni ad alto livello. Inoltre, potrà sembrare superfluo sottolineare che con pcDuino può venire sfruttato il vasto catalogo di shield per Arduino. Per esempio, si potrebbe collegare e programmare uno shield Arduino e contemporaneamente usare altre porte o interfacce per controllare l'hardware tramite il software residente. Si può pensare anche di collegare la porta GPIO di Raspberry Pi e la GPIO di pcDuino e controllarle entrambe all'interno di un unico sistema.

Connessioni con l'esterno

La scheda misura 125 × 52 millimetri e, rispettando un intelligente fattore di forma, il livello di miniaturizzazione è stato ottimizzato per non sacrificare i componenti in spazi pericolosi con possibile instabilità da interferenze ad alta frequenza. La CPU viaggia a 1 GHz e la GPU a quasi 400 MHz.

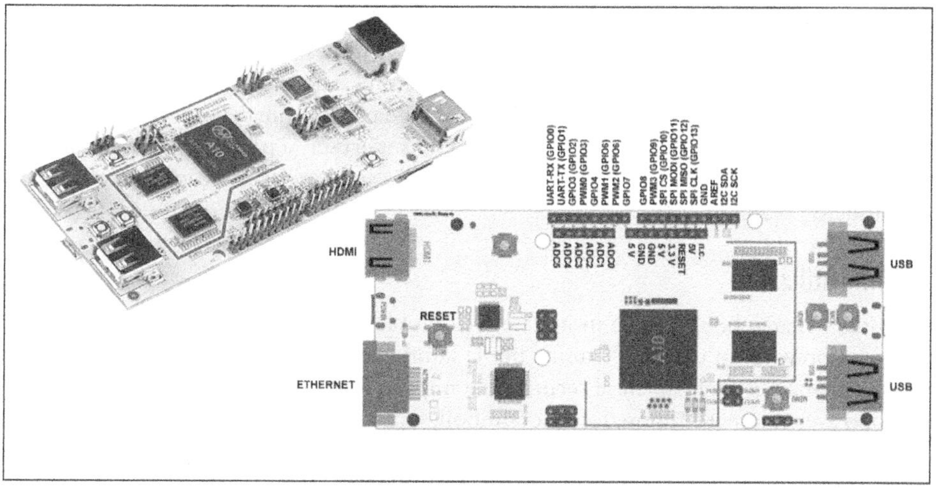

Figura A.14 (a) Le connessioni con l'esterno della scheda pcDuino.
(b) Piedinatura della porta GPIO.

I connettori HDMI e Ethernet sono su un lato assieme alla presa micro-USB per l'alimentazione +5V. Le caratteristiche indicano una corrente di 2 ampere, ma non bisogna dimenticare che si possono usare anche altre periferiche USB tramite hub e quindi è meglio non lesinare nell'alimentatore USB.
Dalla parte opposta sono alloggiate le due prese USB, alle quali collegare almeno un mouse e una tastiera per il primo accesso al sistema.
Un accessorio utile, ma non obbligatorio, è il dongle Wi-Fi previsto come optional. Se si desidera la connettività Wi-Fi, basta connettere il dongle in una presa dell'hub USB, che a questo punto si rende necessario per il collegamento anche della tastiera e del mouse.
Una volta alimentata la presa micro-USB, pcDuino è pronto all'uso.

Sistema operativo

pcDuino viene fornito con una distribuzione Ubuntu in memoria, per l'esattezza Lubuntu, ovvero Ubuntu più l'ambiente LXDE. Per cui, una volta alimentata la scheda, il sistema operativo dopo una manciata di secondi si apre con il consueto ambiente grafico del desktop LXDE.
A parte il sistema operativo, che si può scaricare dal sito ufficiale, si possono installare distribuzioni diverse da quelle suggerite. Non solo, si può pensare di creare una propria distribuzione Ubuntu in modo che diventi un sistema totalmente personalizzato.
Un esempio fra i tanti è la versione Lubuntu for Pitaya. Una volta creata la card SD con autoboot e inserita nello slot di pcDuino, si potrà accedere a un desktop personalizzato e a varie risorse previste per l'hardware Pitaya, ma che possono egregiamente funzionare anche su pcDuino.
Si consiglia di scaricare sempre dal sito ufficiale l'ultima versione di Ubuntu ed effettuare poi i vari aggiornamenti. Per installare nella card microSD l'immagine del file di sistema con auto-boot, gli utenti Linux e Mac possono usare il comando `dd` da terminale, mentre gli utenti Windows devono usare l'applicazione Win32DiskImager. Per creare la card

con i file di sistema da trasferire nella memoria NAND di pcDuino bisogna usare Phoenix o LiveSuite. Tutte queste applicazioni per Windows sono disponibili nella sezione download del sito ufficiale. Per installare i programmi si consiglia ai meno esperti di usare l'applicazione Synaptic invece di `apt-get install` da LXterminal. Per non perdere tempo nella ricerca della password per l'accesso come superuser (a pagina 19 di pcDuino User Guide), la password è `ubuntu`. Si può ovviamente cambiare la password in seguito con il consueto comando `sudo passwd root`.

Primo utilizzo

Inutile negare che il sistema in inglese crea problemi, soprattutto il layout della tastiera. Non è prevista un'utilità di sistema per la configurazione della lingua della tastiera, per cui bisogna per forza aprire il terminale e impostare la configurazione manualmente. Dopo aver sistemato la posizione dei simboli, soprattutto quello del "trattino", si devono installare alcune applicazioni tramite il sistema apt-get di Linux.
Una volta ottenuto l'accesso superuser è possibile installare le applicazioni che di solito servono di più nei sistemi Linux. Si consiglia l'installazione dei seguenti pacchetti:

- git
- nano
- wget
- gimp
- ssh

Per cambiare il layout della tastiera, digitare:

```
sudo leafpad /etc/default/keyboard
```

Una volta aperto il file, impostare `XKBLAYOUT="it"`, salvare il file e riavviare.
Anche con l'ultima versione di Ubuntu (nel momento in cui scriviamo è quella datata 6 agosto 2013) la nuova schermata di avvio per la configurazione di sistema permette di scegliere fra inglese e cinese.

Applicazioni residenti

Al primo avvio di pcDuino, il desktop di Ubuntu e il menu offrono la possibilità di accedere a qualche applicazione standard:

- Chromium
- Leafpad
- Synaptic
- LXterminal
- Abiword
- Gnumeric
- Gnome Player
- Document Viewer
- File Manager
- Disk Utility

A queste, si consiglia di aggiungere manualmente:

- Arduino IDE
- Python IDLE

Esempi di programmazione hardware

Nell'ultima versione di Ubuntu (2013-08-06) e sicuramente anche nelle prossime, è presente una finestra di configurazione iniziale che permette di aggiornare il sistema oltre a configurare il sistema.
Come suggerito dal sito ufficiale, è possibile selezionare la voce `update` e quindi la voce `all` all'avvio del sistema oppure digitare nel terminale il comando `sudo board-config.sh` per far apparire la finestra simile alla Figura A.15.

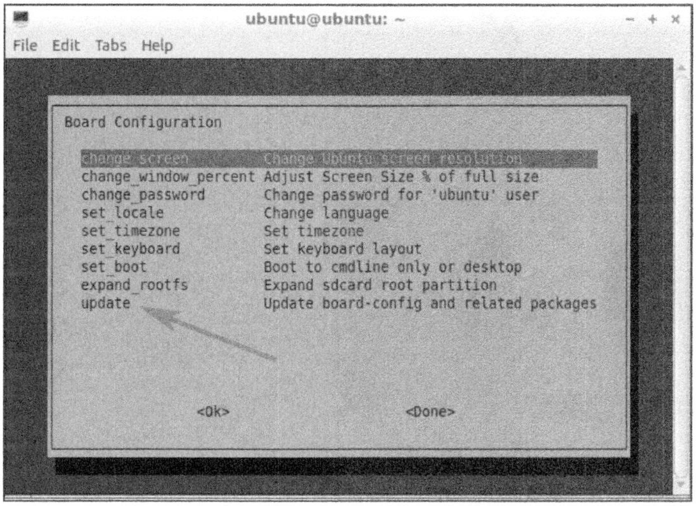

Figura A.15 Finestra di configurazione del sistema di Ubuntu versione 2013-08-06.

Dopo aver effettuato l'aggiornamento, è possibile scaricare la versione aggiornata della IDE di Arduino personalizzata per pcDuino. I comandi per l'aggiornamento sono:

```
sudo apt-get update
sudo apt-get install pcduino
```

Dopo aver lanciato l'IDE di Arduino con il comando `sudo arduino`, si potrà selezionare la scheda pcDuino dal menu *Tools* > *Board*, come si può vedere nella Figura A.16a. Questo significa che la compilazione avviene direttamente dall'IDE di Arduino e non a riga di comando come si doveva fare prima dell'aggiornamento.
Dal menu *File* > *Examples* è disponibile un sottomenu *00pcDuino* con molti esempi per la programmazione hardware della porta GPIO compatibile con la piedinatura di Arduino. Si consiglia di aprire lo sketch *io_test*, uno dei più semplici del sottomenu *01.Basics*, che permette di testare sia l'input che l'output con un semplice LED e un pulsante, come illustrato nella Figura A.16b.

Basta collegare il LED al piedino 1 (GPIO1) con un resistore da 220 Ω (sufficiente perché la tensione di uscita è 3,3 V) e un pulsante normalmente aperto sul piedino 3.3V e il piedino 5 (GPIO5). Premendo il pulsante si mandano 3,3V al piedino 5 (ricordarsi che il livello logico delle porte digitali è TTL 3,3 V) per far accendere il LED.

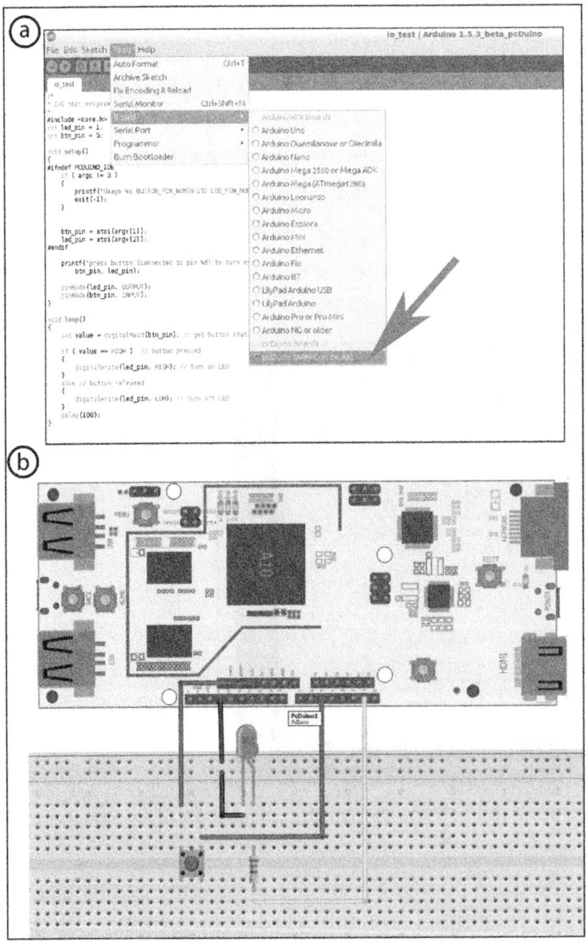

Figura A.16 (a) Finestra della nuova IDE di Arduino personalizzata per pcDuino. (b) Layout di collegamento per lo sketch io_test.ino per pcDuino.

Listato commentato

Si noti il listato leggermente diverso dal solito. All'inizio, viene importata obbligatoriamente la libreria `core.h`, che serve a compilare gli sketch per il processore ARM Cortex A8 e non per il processore ATmega delle schede Arduino. Poi, si noti l'uso di parti di codice scritto in C per alcune funzioni, come, per esempio la funzione `printf` che serve a stampare il testo nella finestra del terminale e la funzione `atoi` che serve a convertire il valore ASCII in *integer*. Tutto il resto rimane identico alla sintassi usata per Arduino.

Al termine del caricamento dello sketch in memoria di pcDuino, appare anche la schermata del terminale con le istruzioni. Per terminare il programma, premere [CTRL + C]. Per riavviare il programma, basta ricaricare lo sketch.

```
#include <core.h>
int led_pin = 1;
int btn_pin = 5;

void setup()
{
  #ifndef PCDUINO_IDE
  if ( argc != 3 )
  {
    printf("Usage %s BUTTON_PIN_NUM(0-13) LED_PIN_NUM(0-13)\n", argv[0]);
    exit(-1);
  }
  btn_pin = atoi(argv[1]);
  led_pin = atoi(argv[2]);
  #endif

  printf("press button (connected to pin %d) to turn on LED (connected to pin %d)\n",
  btn_pin, led_pin);

  pinMode(led_pin, OUTPUT);
  pinMode(btn_pin, INPUT);
}

void loop()
{
  int value = digitalRead(btn_pin); // rileva lo stato del pulsante
  if ( value == HIGH )  // pulsante premuto
  {
    digitalWrite(led_pin, HIGH); // LED acceso
  }
  else // pulsante rilasciato
  {
    digitalWrite(led_pin, LOW); // LED spento
  }
  delay(100);
}
```

Chiaramente, la potenza di pcDuino sta nella sua porta GPIO. Per la compatibilità con i progetti per Arduino è necessario fare un po' di pratica e ovviamente, si invita alla sperimentazione dei progetti descritti nel Capitolo 6. Possiamo dire che pcDuino può diventare anche una buona scuola per imparare anche il linguaggio C.

UDOO

Nel momento in cui scriviamo, la scheda UDOO sarà disponibile da ottobre 2013. Si tratta di un progetto tutto italiano, nato a Siena da uno sforzo congiunto di Seco (`www.seco.com`), Aidilab (`www.aidilab.com`) e una collaborazione di esperti internazionali del settore. Dopo aver raggiunto il finanziamento tramite il sistema di crowd funding Kickstarter, UDOO è ora una realtà che riunisce in una sola scheda le potenzialità di un processore

Dual o Quad Core più un processore Atmel, simile a quello montato sulla scheda Arduino DUE. Peccato non aver avuto fra le mani il prototipo. Per il momento ci accontentiamo di guardare la scheda in foto (Figura A.17).

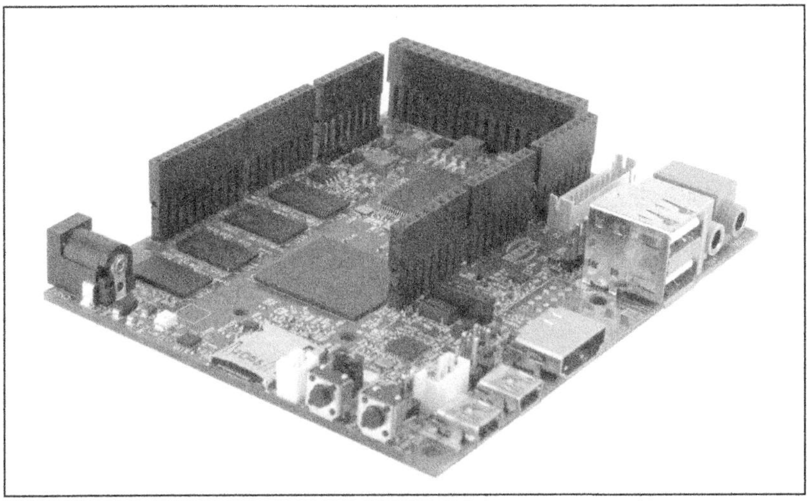

Figura A.17 La scheda UDOO (fonte: `www.udoo.org`).

Leggendo le sue caratteristiche, UDOO si presenta come una scheda molto potente:

- CPU dual/quad-core da 1 GHz, Freescale i.MX 6 ARM Cortex-A9;
- Grafica integrata, ogni processore fornisce 3 acceleratori separati per 2D, OpenGL ES2.0 3D e OpenVG;
- CPU Atmel SAM3X8E ARM Cortex-M3 CPU (come Arduino DUE);
- Memoria 1GB RAM DDR3;
- GPIO con 76 porte completamente disponibili;
- Piedinatura compatibile Arduino R3 1.0;
- HDMI e LVDS + Touch (segnali I2C);
- Ethernet RJ45 (10/100/1000 Mbit);
- Modulo Wi-Fi;
- Mini USB e mini USB OTG;
- USB di tipo A (x2) e connettore USB (richiede un cavo specifico);
- Audio analogico e microfono;
- Interfaccia SATA (solo versione Quad Core);
- Interfaccia CSI Camera Connection;
- Supporto microSD (dispositivo di boot);
- Alimentazione elettrica 12V e connettore batteria esterna.

Per ulteriori informazioni sui vari modelli e prezzi il sito ufficiale è `http://www.udoo.org`.

Indice analitico

Simboli

3 ingressi AND/NAND, 205

A

accelerometro, 96
accensione e spegnimento di tre LED, 252
accumulatore agli ioni di litio, 140
accumulatore al litio-polimero, 140
accumulatore al nichel-cadmio, 139
accumulatore al nichel-metallo idruro, 139
accumulatori, 138
  in parallelo, 143
Alessandro Volta, 39
alimentatore da banco, 33
alimentatore "splitter" con operazionale, 183
alimentatori, 148
alimentazione, 32
altoparlante, 65
ALU (Arithmetic Logic Unit), 82
ambienti di sviluppo open source, 325
amplificatore audio 12 W, 186
analog e digital, 255
AND, 197
anodo, 38
architettura, 82
Arduino, 4
  collegamento di una card SD, 286
  IDE, 243
  installazione, 243
  progetti hardware, 250
  programmi per, 272
  risorse, 250
  sviluppo di programmi per comunicare con, 324
Arduino ISP, 331
Arduino Prototyping Shield, 239
Arduino UNO, 331
ARM1176JZF-S, 339
array di dati, 261
ATmega328, 229
ATtiny45, 329
ATtiny85, 329
audio, 341

B

basetta
  incisione, 12
  pulitura e foratura, 13
basetta millefori, 8
basetta presensibilizzata, 9
BC547, 173
binario, 207
Blink
  listato originale, 246
  modifica dello sketch, 249
  sintassi, 247
  verifica e compilazione, 248
Bluetooth, 304, 320
Bootloader, 229
Bootloader precaricato, 237
braccio meccanico con controllo remoto, 315
breadboard, 6
  alimentazione della, 8
  uso della, 6
buffer a tre stati, 205

C

caduta di tensione, 150
capacità, 44
Card SD, 341
catodo, 38
cavi, 14, 18
cella fotovoltaica, 141
celle fotovoltaiche
  in parallelo, 143
celle solari
  esperimenti, 144
Charlieplexing, 218
circuiti
  altri usi, 228
circuiti integrati
  esperimenti, 178

circuiti integrati digitali, 196
circuiti integrati serie 4000, 210
circuiti multiplexer, 218
CircuitLab, 130
creare un circuito da zero, 132
circuito di prova, 132
circuito integrato, 79
Circuit Simulator, 128
CNMAT (Center for New Music and Audio Technologies), 310
coccodrilli, 25
codice di prova, 260
coefficiente di amplificazione, 77
combinazione di colori, 271
componenti, fonti per il reperimento, 112
componenti attivi, 108
componenti elettronici, 69
Componenti, pannello, 115
componenti passivi, 47, 108
comunicazione wireless, 297
condensatori, 44, 56
caricare i, 163
esperimenti, 162
scaricare i, 164
condensatori in parallelo, 59
condensatori in serie, 59
connessione Internet, 290
connettori, 14
contatore automatico con CD4026, 220
contatore automatico con due CD4026, 221
contatore con CD4026, 219
contatore di bit 74LS193, 224
contatore di bit con doppio display a 7 segmenti, 225
contatore di bit con timer 555, 224
contatori, 218
controllo bidirezionale di due motori DC, 265
controllo Bluetooth, 320
da smartphone, 322
controllo con sensore a ultrasuoni, 322
controllo crepuscolare, 155
controllo della luminosità di LED, 253
controllo di LED RGB con potenziometri e sensori, 270
controllo di potenza per luci di casa con relè, 271
controllo di servomotori con potenziometri e sensori, 269
controllo di velocità di due motori DC, 255
controllo motore con sensore a ultrasuoni, 323
controllo remoto da un dispositivo wireless, 306
controllo remoto da Web, 293
controllo remoto Wi-Fi da tablet/smarthone, 306
controllo remoto Xbee da computer/Wi-Fi, 308
corrente, 40
corrente alternata, 29, 41
corrente continua, 29, 41
CU (Control Unit), 82

D

datasheet, 110
dati dei sensori, 261
decimale, 207
descrizione dei pin del display, 257
diodi
esperimenti, 158
raddrizzatore, 158
diodi LASER, 71
diodo, 69
diodo a giunzione, 69
diodo Schottky, 210
Diodo Zener, 169
display, 100
display a 7 segmenti, 102
display a 7 segmenti a catodo comune, 102
display a 7 segmenti ad anodo comune, 102
display a 7 segmenti con ATtiny45/85, 333
display a LED sette segmenti, 102
dissaldatura, 22
doppio generatore di onda quadra con 4011, 215

E

Eclipse, 327
elettronica analogica, 35
elettronica di base, 37
elettronica digitale, 35
esadecimale, 207

F

famiglie di IC logici, 209
file di produzione, 126
fili, 19
filtro passa-alto, 165
filtro passa-banda, 166
filtro passa-basso, 165
fotocellula, 90
fotocellule, 55
fotodiodo, 92
fotoresistori, 55
fototransistor, 92
FPU (Floating Point Unit), 82
frequenza dell'oscillatore, 212
Fritzing, 7, 113
esempi pratici, 118
interfaccia, 113
FT232RL USB to Serial, scheda, 236

FTDI, scheda, 234
alimentazione, 235
Basic 5V, 236
con cavo, 236

G

generatore di forme d'onda con display, 281
generatore di impulsi a onda quadra, 189
generatore di impulsi a onda triangolare, 191
generatore di onda quadra con 4011, 214
generatore di onda quadra con 7400, 212
generatore di segnali con il 555, 188
GPS (Global Positioning System), 99
guaina termoretraibile, 21

H

Herbert Schmitt, 206

I

IC 555, 188
IC amplificatori audio, 184
IC amplificatori operazionali, 180
IC regolatori di tensione, 179
IDE di Arduino, 243
indirizzo IP, 313
induttanza, 46
induttore, 61
inspector, 117
intensità luminosa misurazione, 155
interfaccia display a 7 segmenti, 259
interfaccia display grafico 128×64 pixel, 262
interfaccia display retroilluminato 16×2, 256
interfaccia MIDI con display, 276
interruttori, 16, 109
isolare un circuito, 148

J

James Watt, 42
Joseph Henry, 46

L

laboratorio di elettronica
consigli per gli acquisti, 3
strumenti e materiali, 2
lampeggiatore con 4011, 216
lampeggiatore con 7400, 216
lampeggiatore variabile, 195
LCD 16×2, 100
LCD grafico 128 x 64 pixel, 101
LED, 71, 103
alimentazione, 159
costruire uno specchio infinito, 160
diagnostica, 160
illuminazione con molti, 160
LED RGB, 104
illuminazione, 162
LED sequencer con CD4051, 222
legge di Ohm, 43
libreria GLCD, 264
Linux, 339
LiquidCrystal, 258
logica di funzionamento, 102

M

MAC Address, 291
matrice di LED, 106
microfono, 67
microprocessore, 80, 229
microprocessori, 196
micro-storia, 81
MIDI In, 279
MIDI (Musical Instrument Digital Interface), 199
MIDI Out, 278
MIDI.sendNoteOn, 280
MIDI Thru, 279
millefori con pin header impilabili per Arduino, 239
mini synth programmabile con 6 potenziometri, 282
misura della resistenza, 150
misura della resistenza elettrica, 43
MMU (Memory Management Unit), 82
modem
alimentazione e pin header, 237
configurazione, 302
modem WiFly, 299
modularità, 85
modulo IR, 92
monitoraggio dei segnali, 32
morsetti, 25
motore DC, 86
motore DC senza spazzole, 86
motore passo-passo, 87
motori elettrici, 85
mouse, 341
multimetro, 27
Multiplexing, 218

N

NetBeans, 325
NOT, 198
NTC (Negative Temperature Coefficient), 55

O

Open Sound Control, 310
OR, 197
orologio con allarme
  controllato via Web, 296
orologio con display
  controllato via Web, 295
oscillatore al quarzo, 64
oscillatore sinusoidale
  con un transistor, 170
oscilloscopio, 29
  uso, 31
oscilloscopio con display
  grafico, 264

P

pagine HTML, 293
partitore di tensione, 153
PCB, 14, 124
  vista, 125
pcDuino, 357
piedinatura, 230
pile, 39
  accumulatori e celle
  fotovoltaiche in serie, 143
  alcaline, 138
  esperimenti, 138
  in parallelo, 143
  misurare la tensione, 142
polarizzazione, 75
polarizzazione di un
  transistor, 172
ponte di Graetz, 159
porta 3 ingressi AND, 205
porta 3 ingressi NAND,
  205
porta GPIO, 341
porta NOR, 204
porta XNOR, 204
porta XOR, 204
porte, analisi, 230
porte logiche, 109, 197
porte logiche, simboli, 203
Potential Divider
  Calculator, 154
Potentiometer
  cosa fa, 120
  esempio fai da te, 120
  sketch di esempio
  del progetto, 119
potenza, 42
potenziometro, 54, 157
preamplificatore con
  controllo di ingresso, 174
preamplificatore con
  controllo di toni, 176
preamplificatore con filtri,
  184
prese, 15
Processing, 327
progettazione, trumenti
  per la, 110
programmazione hardware,
  361
programmazione ISP, 237
prototipazione, 4
prova MIDI sul campo, 278
PTC (Positive Temperature
  Coefficient), 56
pulsanti, 16
Pure data, 312
Python Blink, 350

Q

Qucs, 133

R

RAM, 339
Raspberry Pi, 337, 352
Raspberry Pi Connection
  Bridge, 351
reattanza capacitiva, 164
regolatore di tensione, 157
relè, 63
resistenza, 43
resistenza elettrica, 29
resistore, 47
resistore fisso, 48
resistori
  esperimenti, 150
resistori in parallelo,
  collegamento, 51
resistori in serie,
  collegamento, 51
resistori variabili, 53
RISC, 83
rover con controllo Wi-,
  318

S

saldatura, 23
scheda personalizzata
  con ATmega328, 242
schema elettrico, 110
schemi elettrici, esempi, 112
SD card
  scrivere e leggere i dati,
  293
SD Card
  scrittura e lettura dati, 286
sensore acustico, 94
sensore all'infrarosso, 94
sensore di movimento, 96
sensore di temperatura, 98
sensore di tilt, 97, 273
sensore GPS, 99
sensore magnetico, 98
sensore ottico, 90
sensori, 90
sensori a ultrasuoni, 95
servomotori, 89
Shield fai-da-te, 239
Shield su PCB, 241
Shield Xbee, 234
simboli delle porte
  logiche, 203
simboli vari, 109
simulazione logica, 217
sistema operativo, 359
sketchbook, 250
slitta scorrevole, 54
software di simulazione,
  113, 127
software per la progettazio-
  ne assistita, 113
SoftwareSerial, 336

spine, 15
SPI (Serial Peripheral Interface), 230
stabilizzare e regolare la tensione, 168
standard IEEE 802.15.4, 300
sviluppo di programmi per comunicare con Arduino, 324

T

tastiera, 341
tecnologia TTL, 200
Teensy, 355
Teensy 3.0, 352
tensione, 39
  elevare, 147
  livellare la, 167
  riduzione, 146
tensione alternata, 28
tensione continua, 28
tensione di rete
  misurazione, 145
termistori, 55
termometro a LED con sensore di temperatura, 274
termometro con visualizzazione su display, 275
test della scheda con processore ATmega328, 237
tester, 27
Theremin con il 555, 192
timer con il 555, 193
timer con operazionale, 181
transistor, 72, 168
  esperimenti, 167
Transistor Darlington, 170
transistor MOSFET, 77
Transistor Transistor Logic, 200
trasduttore piezoelettrico, 94
trasformatori, 63
  esperimenti, 144
trigger di Schmitt, 206

U

UDOO, 363

V

video composito, 340
video DSI, 341
video HDMI, 340
vista Breadboard, 114
vista PCB, 115
vista Schema, 115
visualizzare il "termometro" sul Web, 292
volt, 39
VU meter audio LED, 283
VU meter audio stereo con display, 285

W

Walter Schottky, 210
Wi-Fi, 298
WPAN (Wireless Personal Area Network), 304

X

X86, 81
Xbee, 299
  uso dei modem, 304
XBee 1mW Chip Antenna Series 1, 300
X-CTU, 301